ŒUVRES FRANÇOISES

DE BONAVENTURE

DES PERIERS

Revues sur les éditions originales
et annotées

PAR M. LOUIS LACOUR

Tome I

ŒUVRES DIVERSES — L'ANDRIE
LE CYMBALUM MUNDI

A PARIS
Chez P. JANNET, Libraire
—
MDCCCLVI

BONAVENTURE
DES PERIERS

OEUVRES DIVERSES
L'ANDRIE
LE CYMBALUM MUNDI

Paris, imprimé par GUIRAUDET et JOUAUST, 338, rue S.-Honoré,
avec les caractères elzeviriens de P. JANNET.

A

MON DIGNE ET SAVANT MAITRE

M. JULES QUICHERAT

JE DÉDIE

CETTE ÉDITION DES ŒUVRES FRANÇOISES

DE

BONAVENTURE DES PERIERS

En témoignage de reconnaissance.

Louis Lacour.

LA VIE ET LES ŒUVRES
DE
BONAVENTURE DES PERIERS.

Vita verecunda est, musa jocosa mihi.
(I, p. 144.)

I

L'érudition a parfois des prétentions singulières ; mais jamais elle n'est moins exempte de ridicule que lorsqu'elle cherche à dresser la généalogie littéraire d'un écrivain. Le premier qu'elle accoste, sur-le-champ tourné, palpé, retourné, flairé, n'est tenu quitte qu'elle n'ait tracé sa filiation et dûment établi les trente-deux quartiers de rigueur. Alors elle éteint sa lampe et dort en paix. Quant à la pauvre victime, son éloquent silence a beau plaider pour elle, on ne l'écoute : il est décidé que son arbre généalogique se perd dans la nuit des âges. On lui nomme des aïeux, on lui désigne un père et des cousins. Enfin, ses armoiries, blasonnées dans les règles, sont déclarées bonnes ; chanoines les plus fiers ouvriroient à deux battants les portes de leurs chapitres à qui s'en prévaudroit. C'est de la sorte que Des Periers, de par le bon plaisir de plusieurs hérauts d'armes du royaume savant, a été proclamé arrière petit-neveu d'Apulée et de Lucien, — sans parler des Indous et des Chinois leurs ancêtres et collatéraux. Apulée engendra Lucien ; Lucien engendra les trouvères ; les trouvères engendrèrent Boccace ; Boccace engendra les *Cent Nouvelles*; les *Cent Nouvelles* engendrèrent Rabelais, Marguerite de Navarre, Des Periers, qui fut prince de poésie et le parangon des conteurs. Ainsi soit-il.

Avant de poursuivre, relevons cette erreur. Des Periers ne tient à personne. Il se distingue parfaitement de Rabelais et de Marot, les seuls de ses contemporains auxquels on pourroit le comparer. Sa place est marquée à côté, un peu au-dessous d'eux, sans qu'aucun rapport de parenté les unisse. On n'a point songé à établir un rapprochement entre La Fontaine et ceux dont il s'est inspiré. Des Periers, qui a puisé aux mêmes sources que le Fabuliste, est aussi complétement original, et, comme lui, fils de fortune, n'a pas d'ancêtres connus. Ceci posé, nous étudierons l'auteur des *Joyeux Devis* avec une sorte de culte, parce qu'il est l'un des fondateurs et des vulgarisateurs du pur langage françois. A de vieux routiers la besogne seroit mince ; au nouveau venu, chose lourde. Tel sillon bien étroit, enjambée pour ceux-là, est, pour d'autres, immense désert. En chargeant le havre-sac, adressons donc au Seigneur une humble supplication, et prière à la galerie de ne point trop tôt se récrier, si, par aventure, le pèlerin s'égare ; attendons, pour juger son voyage, qu'il ait tourné ou vaincu les obstacles et touché le but.

Les véritables ancêtres de Des Periers, selon la chair, sont beaucoup moins connus que les aïeux si savamment supposés dont il vient d'être question. Selon les conjectures les moins mal étayées, Jean-Bonaventure, ou simplement Bonaventure Des Periers, auroit vu le jour dans la petite ville d'Arnay-le-Duc, en Bourgogne, au commencement du XVIe siècle (1). Sa famille étoit, dit-on, noble et ancienne. On prétend que la maison qu'elle habitoit existe encore, et que l'on voit sur la façade un médaillon de pierre où son nom est inscrit (2). Parlant quelque part, dans ses poésies, de la célébrité d'Homère, Des Periers n'a garde d'oublier les disputes des sept villes rivales qui veulent avoir donné le jour au chantre de l'Iliade et de l'Odyssée ; s'il eût pu songer qu'un pareil sort lui étoit réservé, nul doute qu'il se fût hâté, par de bonnes indications, d'éviter aux *Saumaises futurs* tous labeurs et toutes fatigues. De ces Saumaises nous en sommes ; mais, sans chercher à résoudre la question, contentons-nous de rappeler que l'Embrunois (3), la ville de Bar-sur-Aube (4), la ville d'Autun (5), ont été successivement regardés comme pouvant être le berceau de Des Periers. Nous prenons parti pour Arnay-le-Duc avec le plus grand nombre. Les titres de gloire de

1. Les biographes les plus autorisés adoptent cette opinion, basée sur un passage de Dolet où celui-ci donne à Des Periers la qualification de *Heduum poetam*. La Curne, lieutenant criminel d'Arlay-le-Duc, mort âgé le 21 juin 1631, a écrit la même chose sur un exemplaire du *Recueil des œuvres de Des Periers*.

2. « Cette maison est la première joignant le pont Saint-Jacques, à main gauche, vis-à-vis l'ancienne hôtellerie de la Croix-Blanche et la poste aux chevaux. » (Lavirotte, *Annales de la ville d'Arnay-le-Duc*, 1837, in-8.)

3. Gui Allard, *Bibliothèque du Dauphiné*, p. 72.

4. La Croix du Maine, *Bibl. franç.*; Bayle, *Dict.*; P. Marchand, *Lettre*, en tête du *Cymbalum* de 1732 ; *Ducatiana*, etc.

5. « *Hedua* s'est dit pour la ville d'Autun elle-même, comme pour l'Autunois, et ce seroit là une quatrième hypothèse à débattre avec les autres. » Et ce ne seroit pas la plus mauvaise. (Nodier, *Bonaventure Des Periers*, article inséré d'abord en 1839 dans la *Revue des Deux Mondes*, et réimprimé par M. Lacroix, dans son édition des *Contes*, 1841, in-8. C'est cette réimpression que nous citons toujours.)

cette petite ville, à part cette naissance illustre et la mort de Thévenot de Morande, célèbre pamphlétaire du XVIIIe siècle, sont peu de chose d'ailleurs. Si nous ajoutons que Henri IV, enfant, secondé, ou plutôt dirigé par Coligny, remporta sous ses murs sa première victoire, nous aurons dit l'histoire d'Arnay.

L'une des étapes du grand chemin qui unit Lyon et Paris, ces deux capitales de l'intelligence, Arnay n'a jamais pris garde à profiter de sa position : sa jeunesse est brillante et folle ; elle dépense toute sa sève dans les jeux et les plaisirs, et, quand vient l'âge mûr, regrette le temps perdu. Des Periers concilia le travail aride et les amusements, et ne justifia qu'à demi la devise de ses compatriotes : *Arneti læta juventus*.

Les premières années de Des Periers (1) s'écoulèrent dans une abbaye dédiée à saint Martin (2), mais laquelle ? car il en foisonne. Nous nous serions arrêté là, si des suppositions raisonnables ne nous précisoient avant tout le monastère d'Autun et celui de l'Ile-Barbe, près de Lyon (3). En faveur du premier milite cette raison, que Marguerite d'Angoulême, à laquelle doit bientôt appartenir notre Bonaventure, eut pour précepteur Robert Hurault, baron d'Auzay, « grand archidiacre et abbé de Saint-Martin d'Autun ». Quelques considérations, dont on retrouvera les motifs dans le courant de ce récit, nous ont décidé pour le second. C'est là qu'il apprend « quel est son rédempteur », qu'on lui montre « rythmes grec et latin », là qu'on lui donne le vivre et le couvert, à condition qu'il consacrera la grasse matinée à l'éducation de jeunes enfants, également privés d'instituteur. L'enseignement mutuel — quoi qu'on die — ne date pas d'hier.

1. Ce que nous racontons de la vie de Des Periers est, en général, extrait de son *Recueil des œuvres*, livre rare, ci-dessous intégralement réimprimé pour la première fois. Le lecteur trouvera les moyens de nous critiquer dans les renvois exacts que nous lui indiquons.

2. I, p. 150. — 3. Voy. *Ainay* (l'abbaye d'), à la table.

Ces marmousets donnant à leur maître fil à retordre(1), il s'éloigne, et bientôt, plein d'ardeur, se jette dans cette vie d'aventures et de déboires qu'il ne doit quitter qu'en tendant à l'aumône une main décharnée, toujours vide.

Certaine citation qu'on trouvera plus loin nous dit que ses protecteurs, impuissants à l'entretenir, lui reprochoient de « perdre son âge ». Il entre enfin au service d'une grande dame, puis se laisse tenter par la reine Marguerite. En vain celle-là le retient-elle lorsque le moment du départ est venu, la mauvaise fortune du poëte le porte vers la vie agitée des cours: « Disois ainsi : Estes-vous pas contente que je vous laisse en change d'une royne, pourveu que sois suffisant et idoyne (2)? » Des amis, peut-être imprudents, mais courtisans eux-mêmes, l'avoient poussé à solliciter et à accepter une charge auprès de la savante reine. N'est-il pas né pour la servir? Ne l'a-t-on pas, dès longtemps, surnommé *possession royale?* Arrière donc les hobereaux et la foule !

Néanmoins, autre chose que le faste l'a tenté. Qu'on ne s'y trompe, il avoit un motif bien autrement sérieux : la liberté d'opinion qui règne autour de Marguerite, et qu'elle encourage. Il connoît le *Miroir de l'ame pescheresse* (3), qui court manuscrit et que l'on regarde comme un livre rebelle, favorable aux doctrines de la rénovation religieuse, digne d'anoblissement en place de Grève. Dans ces pages, d'avance proscrites, à peine salue-t-on la Vierge immaculée;

1. I, p. 160. Le précepte orthographique qu'il leur donne là est sans valeur aujourd'hui ; mais à cette époque il auroit été mal d'écrire *notez* pour notes, et *bontés* pour bontez.

2. I, p. 142.

3. I, p. 155. Le succès tout religieux de ce livre engagea Marguerite à en écrire un autre sur le même plan, *Le Miroir de Jesus crucifié*, dont il existe un manuscrit à la Bibliothèque impériale : 7576 5.5.A. C'est le dernier ouvrage de Marguerite; il a été publié en 1556.

les saints n'ont qu'un regard; les Evangiles sont traduisibles; le reste est criminel à l'avenant. Quelles lèvres ont palpé le fruit défendu sans y vouloir mordre? Des Periers se prend d'admiration pour la reine auteur d'un pareil ouvrage, veut à tout prix obtenir près d'elle un emploi, et, dans son enthousiasme, déclare que la vileté de l'office ne l'effrayera pas :

> ...Bien pourrois estre laquais de court
> Pour bien courir la poste en sale ou court;
> Ou si j'avois sur moy ton equipage,
> Je pourrois estre un tien honneste page,
> Ou cuisinier, pour servir (quoy qu'il tarde)
> Après disner de saulse ou de moustarde;
> Ou, pour mieulx estre eslongné de la table,
> Estre pourrois quelque valet d'estable (1).

La reine est si bonne qu'à son service il n'est emploi qu'un archange ne descendît du ciel pour remplir. Écoutez ses flatteurs : leurs louanges ont autant de délicatesse que de naïveté. Le palais de Marguerite est un paradis, tout valet un coq en pâte. « Elle s'estoit faite, dit Charles de Sainte-Marthe (2), le port et le refuge de tous les désolés. Tu les eusses vus à ce port, les uns lever la teste hors de mendicité; les autres, comme après le naufrage, embrasser la tranquillité tant désirée; les autres se couvrir de sa faveur, comme d'un bouclier d'Ajax, contre ceux qui les persécutoient. Somme, les voyant à l'entour de ceste bonne dame, tu eusses dit d'elle que c'estoit une poulle qui soigneusement appelle et assemble ses petits poulets et les couvre de ses ailes. » La vérité n'a pas les riantes couleurs de ce tableau. Des Periers, d'abord, n'obtint qu'une position précaire; il ne sait où faire la tâche qu'on lui impose et griffonne ce huitain :

> Baillé m'avez de la besongne à faire,
> Et pour ouvrer je m'appareille aussi.

---

1. I, p. 140.
2. *Oraison funèbre de Marguerite*, p. 84 (1550, 4º).

> Ce nonobstant, encor pour mon affaire
> Je vous escris, comme voyez icy,
> Veu que ne puis pour vous escrire ainsy
> Comme je suis. Pourtant donc vous requiers-je
> Que m'ordonniez lieu hors trouble et soucy,
> Et j'escriray aussi droit comme un cierge (1).

Bientôt il se plaindra de son *équipage*, qu'il trouve par trop modeste :

> Achevez moy l'evangelique gage,
> Qui est avoir la vesture en vivant (2).

Puis, comparant son sort présent à son existence passée, il ne semble pas établir de différence :

> Ayant servy plusieurs par cy-devant,
> Où j'ay esté indigence esprouvant,
> Tant qu'on disoit : « Cestuy la perd son aage ! »
> Dieu, maintenant, d'un royal personnage
> Face que sois la grace desservant !
>   Ce m'est assez !

A la charge de valet de chambre étoit attachée une sorte de surnumérariat. La maîtresse donnoit d'abord le titre, assignoit le travail ; mais d'argent, point. C'est ce qui nous a valu le joli rondeau dont nous venons d'extraire ce couplet.

Une autre pièce de vers nous représente toujours notre Bonaventure en pareil état, mais à la fois précise bien la nature de ses occupations :

> Pour vostre lictière presente,
> Je n'ay rien que je vous presente,
> Sinon ce vostre immortel livre (3),
> Lequel pour lire je vous livre,
> Par tel si que me le rendrez,

1. I, p. 154.
2. I, p. 166.
3. Est-ce son recueil des *Marguerites de la Marguerite*, ou l'*Heptameron* ?

> Et mes faultes y reprendrez ;
> Mes faultes, dis-je, d'escrivain,
> Qui fais souvent maint escript vain :
> Car, leans, la mienne escripture
> Faict grand tort à vostre facture ;
> Mais du tort me corrigeray,
> Quand temps, loysir et lieu j'auray (1).

Plaintes poussées dans le désert ! Marguerite veut du bien, sans doute, à ses valets de chambre en survivance ; mais de plus graves pensées l'occupent. Nous sommes en 1529 ; la veuve du comte d'Alençon est devenue reine de Navarre par son union avec Henri d'Albret. N'a-t-elle pas une fille à élever ? N'a-t-elle pas à surveiller un mari dont elle connoît le foible amoureux ? « Puisque vous estes avec le roy de Navarre, écrivoit-elle à quelque temps de là au maréchal de Montmorency, je n'ay point de peur que tout n'aille bien, si non que vous le puissiez garder d'aimer les dames espaignoles (2). » Ce n'est point sans inquiétude qu'elle considère le long supplice qui l'attend dans son intérieur, si elle ne se contraint à la résignation. Or Des Periers, voyant la reine de Navarre sourde à ses demandes, reçut de sa mauvaise étoile le conseil de s'adresser au roi. A la veille d'un départ, il lui rime, dans une pétition, ses souhaits de bon voyage (3). La médisance, aussitôt, de porter cette nouvelle à Marguerite. Celle-ci apprit en reine, — c'est-à-dire la menace sur les lèvres, — la désertion apparente de son valet de chambre ; elle s'en vengea en femme de cœur, — par le pardon.

Le poëte imploroit peu de chose :

> Donnez sans demander, car demander je n'ose.
> Mais qu'est-ce qu'il me fault, que me fault-il ? — Rien,
> Rien, madame, que tout... ; et me contente bien (4).

---
1. I, p. 158.
2. Génin, *Lettres de Marguerite d'Angoulême*, Paris, Renouard, 1841, in-8, p. 246.
3. I, p. 143.
4. I, p. 144.

Marguerite sourit et donna des deux mains; puis elle donna encore à l'époque de son second accouchement, si nous ne nous trompons en regardant comme vicomte du Perche le petit prince Jean, né vers le 15 juillet 1530. La prière que Des Periers adresse à cet enfant (1) dateroit donc du mois d'août ou du commencement de septembre suivant (2).

Enfin, le sort du poëte est assuré pour le temps qu'il plaira au bon plaisir royal, et sa reconnoissance revêt toutes les formes poétiques : elle est ballade, épigramme, rondeau. C'est la reine elle-même qui a fixé le chiffre de la pension, car Des Periers, interrogé à cette occasion, gardoit un silence prudent :

> Car si je dy trop, veu le personnage,
> Je vous feray grand tort et à moy honte ;
> Si je dy peu et que je me mescompte,
> Veu que n'ay rien, ce n'est pas saine chose,
> Et diroit on que tiendrois peu de compte
> De royaulté.., par quoy rien dire n'ose (3).

Voici son hymne d'actions de grâces :

> Trop plus qu'heureux je suis par vous, princesse,
> Car mes soucys langoureux ont pris cesse,
> Puis qu'il vous plaist pour vostre m'advouer :
> J'en rimerai doncques, sans m'enrouer,
> Jusques à temps que vous me disiez : « Cesse ! »
>
> Je ne craindray plus ennuy ne destresse,
> Puisque Dieu m'a donné telle maistresse,
> Dont ne l'en puis jamais assez louer,
>   Trop plus qu'heureux.

1. Le petit prince Jean mourut deux mois après sa naissance. Marguerite étoit alors à Alençon. Elle fit chanter un *Te Deum* et afficher dans la ville un placard contenant ces mots : « *Le Seigneur l'avoit donné, le Seigneur l'a osté.* » (Sainte-Marthe, *Oraison funèbre*, p. 35.)
2. I, p. 149.
3. I, p. 153.

> Si vous trouvez en moy d'escrire adresse,
> Si me gardez du peché de paresse
> Et que je n'aye appetit de jouer :
> Car au labeur me veulx du tout vouer,
> Pour mieulx servir à la vostre noblesse,
>   Trop plus qu'heureux (1).

Ainsi, de beaux jours vont luire pour le poète. Le pain qu'il mendioit, il le gagnera, non sans noblesse ; sa muse aura ses loisirs ; les *Joyeux Devis*, consolateurs de son existence nomade, s'achèveront dans le silence des longues veillées, et son cœur aimant, si l'aide la Providence, trouvera confidents de ses peines et de ses joies. Lorsque, dans la suite, l'adversité le frappera de nouveau, qu'il sera forcé d'implorer une seconde fois la générosité de celle à laquelle il consacra sa vie, gardons-nous de porter sur lui le jugement inique réservé aux déshérités de ce monde, et que nous lui avons épargné dans sa jeunesse : « Dieu garde de mal, — c'est Colletet qui forme ce vœu, — ceux qui, dans le besoin qu'ils ont des faveurs des grands et de la fortune, ne feront jamais rien qui soit indigne de la profession d'un homme de lettres et d'un véritable homme de cœur (2) ! »

L'emploi de Des Periers à la cour de Navarre étoit, on le sait, celui de valet de chambre ; on sait aussi que son travail consistoit à copier les écrits de sa maîtresse. D'autres gens de lettres partageoient ce labeur ; nous en parlerons. Citons d'abord spécialement l'un d'entre eux, qui fut un calligraphe émérite : Jacques Thiboust, seigneur de Quantilly, en premier lieu notaire du roi, et dont la plume, fort honnêtement exercée, a mis au jour quelques productions que l'on conserve (3). Nous ignorons si Clément Marot, valet de chambre de Marguerite avant Des Periers, exerçoit

---

1. I, p. 166.
2. Voy. ci-dessous, p. 5, note.
3. Raynal, *Hist. du Berry*, table. *Bulletin du comité de la langue*, etc., III (1855-56), 1, p. 162.

aussi près d'elle le métier de copiste. Ce que nous savons, c'est qu'en cet heureux âge le valet de cour ne demandoit qu'une chose, servir son prince; le reste importoit peu. Plus d'un siècle après, Molière (Molière!) ne se paroit-il pas d'un pareil titre, et, au sortir de la chambre de Louis XIV, où il venoit de vaquer aux devoirs de sa charge, n'alloit-il pas composer Tartuffe et faire parler Alceste (1)?

Sous François Ier, les fonctions de valet de chambre s'accordoient généralement à des gens de lettres, à des artistes, à des fils de magistrats et d'anciens serviteurs, à des personnages puissamment recommandés, enfin à des artisans auxquels, parce qu'ils approchoient de la personne royale, il étoit nécessaire de donner de la considération (2). Immédiatement au-dessous d'eux, dans l'échelle de la domesticité, venoient les valets de garde-robe. Parmi ceux du roi de France, en 1523, nous remarquons des peintres célèbres, un musicien (3), un tailleur, un chaussetier. Sur le rôle du trésorier, rien ne les distingue; l'artiste n'est pas mieux payé que le chaussetier, possible moins.

Les revenus de Marguerite de Navarre, mesquins, comparés à ceux de plusieurs grands officiers de la couronne (4), ne lui permettoient pas de rétribuer aussi

1. Ce titre de valet de chambre n'avoit rien que d'honorable : chez les seigneurs, comme chez les rois, l'on s'en montroit fier. Bardin, protecteur d'Ollenix du Mont-Sacré, signoit, *gros comme le bras, valet de chambre de monseigneur le gouverneur de Bretagne*.

2. Ainsi, en 1523, parmi les valets de chambre de ce roi, nous remarquons : Laurent Meigret, le trésorier Babou, *l'homme du cardinal d'Iorc;* Lazare de Salva, fils du premier président; *le Portugaloys*, le perfumeur espaignol, Françoys d'Escoubal.

3. Jean de Paris, Jehannet Clouet, peintres; Hubert, joueur de lutz. (Archives de l'empire, section hist., K 98.)

4. Le maréchal de Montmorency, entre autres, se faisoit, bon an mal an, par ses biens et dignités, près de cent mille livres de rente; trois fois plus que la reine Marguerite.

Des Periers. I.   *b*

largement ses serviteurs qu'elle auroit bien voulu. Elle en trouva, néanmoins, gens de cœur et talents distingués. A leur tête Gruget, Boaistuau, Sylvius, Du Moulin, ses secrétaires, comme Bonaventure et Jacques de Quantilly. Charles de Sainte-Marthe, homme d'esprit et sachant parler, étoit de leur bande, ainsi que Denisot, fade *conte d'Alsinois* que de chétifs talents de société firent remarquer; il savoit peindre(1), si l'on en croit Ronsard, et rimoit. Je nourris contre Denisot une haine peu chrétienne; il a fait, vilaine chenille, son cocon dans les *Récréations* de notre Bonaventure, et j'ai hâte de l'en chasser.

Il seroit étonnant de voir Marguerite s'entourer de tant de secrétaires, si l'on n'étoit instruit de son ardeur au travail. « Si la royne s'appliquoit, dit Sainte-Marthe, ou aux tappis, ou à d'aultres ouvrages de l'eguille (qui luy estoit une très delectable occupation), elle avoit auprès d'elle quelc'un qui luy lisoit, ou un historiographe ou un poète, ou un autre notable et utile auteur; ou elle luy dictoit quelque meditation qu'il mettoit par escrit... Bien souvent elle entendoit à son ouvrage et de deux costés; autour d'elle, deux de ses secretaires ou aultres estoient soubs elle occupés, l'un à recevoir des vers françois qu'elle composoit promptement, mais avec une érudition et gravité admirable; l'autre à escrire des lettres qu'elle envoioit à quelc'un (2). » L'étonnante activité de Marguerite se trouve

1. Ronsard, dans ses *Amours*, s'exprime ainsi :

Hors de mon sein je tire une peinture,
De tous mes maux le seul allègement
Dont les beautés, par Denisot encloses, etc.
(I, sonnet IX.)

Dans son 133e sonnet, Ronsard prie Denisot de voler au ciel contempler les déesses, avant de saisir le pinceau pour représenter l'objet de sa passion. Je ne sache pas qu'il reste rien de Denisot comme peintre; si son crayon valoit ses vers, triste sire !

2. *Oraison funèbre*, etc., p. 68.

confirmée par le grand nombre d'ouvrages qu'elle a produits. On n'a encore publié qu'une faible partie de sa correspondance, et déjà nous avons deux volumes de lettres(1); les unes sont datées d'Espagne, la plupart de tous les coins du royaume de France. Des Periers peut avoir fourni à quelques-unes l'aide de sa plume; mais il paroît, en général, ne s'être donné qu'aux poésies et autres œuvres.

Entre Marguerite et ses valets de chambre, des dames d'honneur, en petit nombre, servoient d'intermédiaires. Des Periers n'eut affaire qu'à deux parmi elles : à madame de Saint-Pater, dont il loue assez haut la bonté (2), et à Louise de Daillon (3), femme d'André de Vivonne, seigneur de la Chasteigneraye, sénéchal de Poitou, dont la seconde fille, Anne de Vivonne, épousa François de Bourdeille, père de l'historien Branthome. Louise de Daillon, intime amie de Marguerite (4), est le vivant chaînon qui relie Des Periers à Branthome; il n'y auroit nullement hérésie à croire que tous deux tiennent de la même bouche la jolie historiette de Louis XI et de l'écolier, que, chacun dans leur genre, ils racontent avec tant de charme et de couleur (5).

La sénéchale de Poitou étoit la compagne ordinaire et extraordinaire (6) de Marguerite ; c'est-à-dire

1. Génin, pour la *Société d'hist. de France*, 1841 et 1842, Paris, Renouard, in-8.
2. I, p. 145.
3. Et non *Daillan*, comme dit M. Génin, t. 1 des *Lettres*, p. 66. Louise de Daillon présidoit à la seconde table quand Marguerite d'Angoulême traitoit quelque grand personnage qu'elle ne vouloit admettre à la sienne propre.
4. « Elle savoit tous les secrets des *Nouvelles* de Marguerite et elle en estoit l'une des devisantes. » (Branthome.)
5. Nouv. 51 de notre édit., II, p. 192, et Branthome, édit. du *Panthéon*, I, p. 189.
6. On sait que Jeanne de Navarre, plus tard Jeanne d'Albret, fut, dès son plus jeune âge, enlevée à sa mère et confinée par François Ier au Plessis-les-Tours. Un soir de dé-

qu'elle la suivoit dans ses voyages particuliers et dans ceux de la cour. Assise aux côtés de l'impatiente princesse, au fond de la lourde litière (1), elle tenoit l'écritoire. Des Periers, en s'adressant à elle, on le verra plus tard, parloit à son chef immédiat et comme à la reine même.

Après avoir remercié sa maîtresse des biens dont elle le comble, l'auteur des *Joyeux Devis*, soit pour l'amour d'elle, soit par émulation, se met avec ardeur au travail. Il revient à l'étude de l'antiquité grecque, où déjà il a puisé sa franchise d'opinions et son amour du vrai. Platon, son vieux maître de l'abbaye Saint-Martin, le vient prendre pour le conduire à l'Académie. De tout cœur aux leçons du philosophe, le futur conteur fait tant qu'il a bientôt traduit *Lysis*. Longues années avant Vigenère et M. Cousin, la dialectique platonicienne lui livre ses secrets. « Nous regardons le *Lysis*, dit M. Cousin, comme un des premiers essais

cembre, Marguerite apprend que sa fille est gravement indisposée; elle fait mander sa litière, qui ne se trouve pas, prend celle de Marguerite sa nièce et part avec ses gens. Arrivée au Bourg-la-Reine, son désir est d'entrer seule dans l'église : « Tous luy obeissent, et en grand ennuy attendent leur maistresse à la porte de l'eglise; *la seneschale de Poitou, très fidèle dame et très soigneuse de Marguerite, entra seule avec elle.* » (Sainte-Marthe, p. 38.)

1. Marguerite a passé partie de sa vie en litière, tant ses voyages furent fréquents. Aussi la litière revient parfois dans les vers de Des Periers et sous la plume des contemporains. On en a parlé ci-dessus; on en reparlera plus loin. V. aussi la note, I, p. 158. La reine de Navarre elle-même n'a garde de l'oublier, son importune litière :

> Le desir du bien que j'attends
> Me donne de travail matière,
> Une heure me dure cent ans;
> Et me semble que ma litière
> Ne bouge, ou retourne en arrière,
> Tant j'ay de m'advancer desir.
> O! qu'elle est longue, la carrière
> Où gist, à la fin, mon plaisir!

dialectiques de Platon, essai encore un peu rude, et où il est d'autant plus curieux et plus aisé d'étudier le procédé de son esprit et l'artifice fondamental de sa composition » (1). Nous nous sommes inquiété de l'exactitude de cette *translation* : elle est aussi parfaite que possible (2) ; de plus, le dialogue a tout entier ce nonchaloir et cette naïveté qu'on loue dans Amyot. Des Periers, seulement, pour donner au récit cet intérêt d'actualité qu'on recherchoit de son temps, change le nom de quelques coutumes et cérémonies : ainsi la fête d'Hermès devient celle des Mercuriales. Petite affaire. Dans la traduction des vers de Solon (3), je ne reconnois pas l'auteur du poème des *Roses* ; dans celle d'Homère (4), moins encore. Huit vers françois pour un vers grec, c'est trop ; et puis il n'est urgent en rien de faire intervenir dans l'Odyssée : Marion, Ro-

---

1. *Lysis*, trad. de M. Cousin, p. 7 (*OEuvres de Platon*). Empruntons au même critique un autre passage de son introduction, qui facilitera la lecture de Des Periers :

« Le sujet du *Lysis* est la φιλία des Grecs, ce sentiment qui n'est proprement ni l'amour ni l'amitié des modernes, mais l'un et l'autre, considérés dans ce qu'ils ont de général et de commun, indépendamment du sexe et du plus ou moins de vivacité du sentiment ; la question est de savoir ce que c'est que l'amitié et en quoi elle consiste... Toutes les solutions incomplètes du système de l'amitié sont successivement parcourues... Cette solution n'est qu'indiquée dans le *Lysis* : le *Phèdre* et le *Banquet* la développeront. » (P. 13 et 33.)

2. Exemple : p. 11, ci-dessous, le mot χρονικώτερα a été traduit par *antiques* (gestes bien plus *antiques* que ceux-ci), sens adopté par M. Cousin (mainte autre histoire *plus vieille* encore), après une longue dissertation pour prouver que les Allemands se sont trompés en traduisant par *ineptiora* ce qui devroit l'être par *antiquiora*. (P. 39 et 438.)

3. Scolies d'Hermias sur le *Phèdre* de Platon, citées par Ruhnken. (Cf. Callimaque, édit. par Ernesti, fragm., p. 421.) Voy. ci-dessous, p. 24 : « *L'homme ayant de beaux enfants*, etc. »

4. *Odyssée*, chap. 17 ; ci-dessous, p. 27 : « *Toujours Dieu meine*, etc. »

bin et leur cortége. « Justes Dieux ! s'écria Socrate en entendant réciter le Lysis de Platon, que de choses me fait dire ce jeune homme que je n'ai jamais dites ! (1) » Puisse M. Cousin, en lisant cette traduction du *Lysis*, que jadis il n'avoit pu se procurer (2) et que notre édition rendra moins rare, ne pas dire à son tour : « Que de passages ici j'eusse voulu rendre avec autant de vigueur juvénile, de naturel et de clarté ! »

Des Periers offrit la dédicace de sa *translation* à sa protectrice, en l'accompagnant de la *Queste d'amitié*, longue, trop longue pièce de vers, foible en comparaison, mal venue. De toutes les poésies de Des Periers, c'est celle où il se retrouve le moins. Là, plus de clarté ; adieu la pointe incisive et sûrement dirigée. Le sens est voilé, avec intention, ce semble. On comprend à peine que le poëte est l'ami d'une *tierce* personne et que ce titre d'ami ne lui suffit plus. Sur le style déteint cette métaphysique, subtile à l'excès, qui assombrit le dialogue, charmant d'ailleurs, du *Lysis*. Par son allure sautillante, la forme plus étrangement encore jure avec le fond. Sans les quatre derniers vers nous serions bien à plaindre ; ils viennent à point nous apprendre quelque chose :

> Arrestez vous, ô petits vers courantz !
> Et merciez amytié et la dame
> Dont vous tenez, si n'estes ignorantz,
> Tout quant qu'avez : le corps, l'esprit et l'ame.

Le *Lysis* fut traduit à Paris ; Des Periers auroit quitté Lyon vers 1531, pour n'y revenir plus que quatre ou cinq ans après. C'est le seul intervalle de temps

---

1. Diogène de Laerte, liv. III, chap. 35.
2. « Il doit exister deux vieilles traductions françoises du *Lysis* : l'une de Bonaventure Des Periers, Lyon, 1544 ; l'autre de Vigénère, 1579. Je n'ai pu me procurer aucun de ces ouvrages. » (Cousin, *OEuvres de Platon*, Bossange, 1827, in-8, t. 4, p. 437.)

— à l'exception de quelques mois en 1537 — où nous ne constations pas sa présence dans la ville célèbre qu'il avoit choisie pour patrie.

Si Des Periers connut Calvin à Nérac, comme cela est supposable ; s'il vit représenter à Pau les momeries et farces de Marguerite d'Angoulême, s'il visita la Guienne et le Poitou, c'est à cette époque de sa vie qu'il faut placer ces voyages. Vers le même temps, il tombe malade, et la cour prend intérêt à sa santé : la petite Marguerite, la seconde des Marguerite de ce siècle fécond en grandes princesses, celle qui sera duchesse de Savoie, qui verra, aux fêtes de son mariage, son frère périr sous ses yeux, tout enfant alors, s'inquiète, dans sa précoce bonté, du poëte souffrant, et lui envoie, mignonne, de douces confitures. Aussi, avec quelle effusion son protégé, entré en convalescence, la remercie-t-il :

> Ha ! j'entends vostre entente :
> Vous aymez tant et tant la vostre tante,
> Que tout cela qu'estre à elle sçavez
> (Pour l'amour d'elle) en grand amour avez.
> Dont, quand ce vint qu'ouystes le propos
> Que de santé n'estoit plus au repos
> Le sien servant nommé Bonaventure (1),

1. On voit que Des Periers, dans une pièce de poésie qui devoit être officielle comme l'offrande l'avoit été, ne prend que le nom de Bonaventure, le seul sous lequel on le connût à la cour. C'est le sort des valets : on ne leur sait pas de nom de famille, si ce n'est celui de leurs maîtres, qu'ils prennent par occasion. Nodier s'est donc parfaitement trompé lorsque, ayant dit que Des Periers n'avoit rien publié de son vivant que sous le voile de l'anonyme, il a cité pour preuve : « L'*Apologie de Marot absent*, imprimée dans le recueil des *Disciples et amis de Marot*, Lyon, Pierre de Sainte-Lucie, sans date, et attribuée à Bonaventure, valet de chambre de la reine de Navarre, par l'éditeur. » (*Not. sur Des Périers*, p. 9). *Bonaventure, valet de chambre de la reine de Navarre*, rien n'étoit moins anonyme ; Nodier s'égare donc de plus en plus lorsqu'il ajoute : « La réticence du nom de

Pour luy un don de doulce confiture
Donnastes lors à Frotté secretaire
(Lequel ne peult des cieulx le secret taire)
Qui tost à moy, de par vous, l'apporta.

Confiée à Frotté, cette mission est preuve nouvelle de l'intérêt et des égards dont nous avons parlé ; car Frotté étoit un personnage (1), tout inconnu que sem-

famille est probablement imposée par quelque circonstance particulière, et la persécution exercée dès lors contre Des Periers est *très suffisante* pour l'expliquer. Dans la réimpression de Paris, publiée en 1539, Bonaventure est écrit Bonadventure (*c'est l'orthographe de la Croix du Maine*, I, p. 90 : Bonnadventure), avec une intention *sensible* de déguisement, et La Monnoye, à qui appartenoit mon exemplaire, se croit obligé de marquer à la marge qu'il s'agit ici de Des Periers. »

1. Jean Frotté, seigneur de Couterne, fils de Jacques Frotté, maître d'hôtel du connétable de Bourbon, et de Jacquette Seguier, mourut vers 1565, ayant exercé l'emploi de secrétaire du roi, puis celui de contrôleur général des finances du duché d'Alençon. Les lettres de Marguerite donnent enseignes nombreuses de sa confiance en Frotté : « Monseigneur, mande-t-elle à son frère, en mars 1541, despuis la lettre que je vous escripvis, vous merciant des bons propous que Frotté m'avoit escript qu'il vous avoit pleu luy tenir de moy, j'ay entendu plus au long par luy ce qu'il vous a pleu luy commander me dire. » En novembre, la même année : « Monseigneur, Frotté n'est point encore icy, et m'a mandé que la dame qu'il m'amaine par vostre commandement est si delicate et divine qu'elle ne peut fère grandes journées. » Puis, en 1544 : « Monseigneur, il vous a pleu despescher Frotté avec tant de biens et d'honneurs qu'il vous plest par luy m'envoyer, qu'il a eu crainte que, si tout à coup je les recevois, je ne les eusse sceu porter. Par quoy il m'a envoyé davant toutes les lettres que l'on luy a baillées. » Bien plus, la reine de Navarre et le roi de France étoient en correspondance avec lui. Voici une lettre du second : « Frotté, je vous envoye un crucifix accompagné d'une ballade, que je vueil que vous presentez de ma part à ma seur pour mes estrennes, suivant ce que vous commanday à vostre partement. Sur quoy faisant fin, je prieray Dieu, Frotté, qu'il vous ait en sa garde. Escript à Fontainebleau, le VIIe

ble son nom. On le vit, longues années, servir de confident aux trois personnes de la Trinité royale : Louise de Savoie, sa fille et François Ier. C'étoit pour Marguerite l'ami des heures d'inquiétude et de chagrin, un serviteur dévoué, à toute épreuve. Lorsque la pe-

jour de febvrier 1543. » De la première on a des vers : *La royne, estant malade, envoye ce dizain à Frotté :*

> Seroit-ce bien à bon escient, mon Dieu,
> En ensuivant ta bonté charitable,
> Que tout le mal que je souffre en ce lieu
> Fust le dernier messagier veritable
> Pour me pousser au lieu tant desirable
> Qu'à ses esleus par ton fils as promis ?
> S'il est ainsy, messagier agreable,
> Je tiens mon mal, à la chair importable,
> Puisqu'il me poulse au rang de tes amis.

Response dudict Frotté.

> Ce messagier que nommez le dernier,
> Seroit-il tant aux esleus miserable
> De s'advancer et mettre le premier
> Pour leur oster leur bien tant desirable ?
> Certes, nenny ; car la bonté durable,
> De toy, Seigneur, qui tes enfans repais,
> Ne permettra porter un si dur faix
> A tes esleus, qui nuit et jour t'en prient.
> Doncques, dame, pour les tenir en paix,
> Fault demourer, quoy que vos maux vous crient.

On trouvera d'autres vers de Frotté dans le *Tombeau*, de Marguerite, recueil fait par Denisot. Jean Frotté avoit épousé Jeanne Le Coustelier en 1536. Charles de Sainte-Marthe l'appelle « *Vir experientia edoctus, præstans ingenio, prudentia excellens et diligentia cedens nemini* »; et, dans l'*Oraison funèbre* de Marguerite, il dit que lorsque cette princesse fut advertie que « de son credit et auctorité elle pouvoit faire plaisir à quelc'un, ou elle escrivoit de sa main lettres de recommandation, ou, si les affaires ne le permettoient, elle disoit l'argument de sa lettre à son secretaire Jehan Frotté ; sien le dy-je, pour ce qu'il estoit de son privé conseil, comme son premier et très esprouvé secretaire. » (P. 52.) Selon M. Le Roux de Lincy (*Heptameron*, I, préface), le manuscrit 2286. S. F. de la Bibliothèque impériale seroit de a main de J. Frotté.

tite Jeanne de Navarre, qui devoit être la femme forte qu'a chantée Des Periers d'après les livres saints, fut, par rescrit royal, enlevée à sa mère et à Henri d'Albret, Frotté se présenta pour transmettre à Marguerite des nouvelles de son enfant, et pour consoler la pauvre petite, sevrée avant l'âge des caresses maternelles. Possible fut-ce lui qui effeuilla devant elle ce joli poème des *Roses*, la meilleure inspiration de Des Periers et que Malherbe imita :

> Les beaulx boutons estoient jà sur le poinct
> D'eulx espanouir et leurs ailes estendre ;
> Entre lesquelz l'un étoit mince et tendre,
> Encor tapy sous sa coeffe verte ;
> L'autre monstroit sa creste descouverte,
> Dont le fin bout un petit rougissoit ;
> De ce bouton la prime rose issoit...
> Tant de joyaux, tant de nouveautez belles,
> Tant de presens, tant de beautez nouvelles,
> Brief, tant de biens que nous voyons florir,
> Un mesme jour les faict naistre et mourir (1) !

Mais qui ne sait par cœur ces excellents vers, souvent réimprimés et dont un mot feroit l'éloge : ils sont dignes de Jeanne !

Les années suivantes furent sans doute pour Des Periers de longs siècles de deuil. Marot, son ami, son père, *puisqu'il faut l'appeler par son nom* (2), compromis avec Roussel dans l'affaire des placards, fuit, sous le coup de la mort, dans la terre d'exil, tandis que la bonne Marguerite, fille de reine, femme et sœur de roi, impudemment accusée par un sacerdoce corrompu et sanguinaire, voit son nom flétri sur les bancs de Sorbonne. *Le Miroir de l'ame pescheresse*, depuis un an publié, lui valoit cet honneur. Noël Béda, qui s'étoit chargé de formuler les plaintes de la fanatique compagnie, paya chèrement son exaltation ; et les rochers

---

1. I, p. 70 et 71.
2. I, p. 75.

du mont Saint-Michel se chargèrent de lui apprendre que s'il est à Rome des bulles, des foudres à la Sorbonne, le Louvre a des hallebardes et arquebuses devant lesquelles tout le reste est jouet. L'éloignement de Béda, la réhabilitation éclatante et imposée de la reine, ne calmèrent pas les orages que dès longtemps Lizet—loup quelque peu clerc, celui-là, s'il en fut— et l'inquisition avoient soulevés contre les prêcheurs d'une réformation religieuse. Il n'étoit mot couvert où l'on ne vît des traces d'hérésie. Marot, dans l'exil, inquiétoit encore les dominations ecclésiastiques, castes craintives, dont l'insolence et la cruauté n'égalent que l'ignorance, quand la tyrannie les protége ; mais, comme sa prudence ne donne pas prise aux accusations, on soulève contre lui la race irritable des mauvais poëtes. Un Sagon, moine,

> Car quel autre qu'un moine auroit cette bassesse ?

ou secrétaire d'un moine—les deux font la paire—se met à la tête du parti et commence l'attaque. Nous répugnons à l'idée de mettre sous les yeux du lecteur les pièces de ce long procès, que lui ont suffisamment fait connoître les éditions successives des œuvres de Marot (1). Les amis de celui-ci n'eurent pas le courage de se taire, et ils répondirent avec une acrimonie, une grossièreté, qui n'est à l'honneur ni de leur esprit, ni de leur bon goût (2). Si Des Periers, auquel son talent et son

---

1. L'éditeur des *OEuvres* de Marot, 1731, a inséré quarante-trois pièces sur le différend de Marot et de Sagon : deux dans le 1er volume, le reste dans le 4e et dernier.
2. Voici un dizain émanant de leur muse ; c'est l'épitaphe de ce Sagon :

> Arreste toy, passant, par ce lieu-cy,
> Si tu veulx voir de terribles merveilles.
> Icy repose un corps humain transsy,
> Qui jadis eust au chef plusieurs cervelles.
> Comment cela ? Or, ne t'en esmerveillés,
> Car ce gros beuf avoit semblable grouing

intimité avec l'ancien valet de chambre de Marguerite avoient assigné une belle place (1) parmi les défenseurs du poëte exilé, ne put les contraindre à se respecter, au moins dans ce qu'il écrivit (2) sut-il rester étranger à leurs exagérations et montrer bien qu'il avoit encore le sens commun, sinon la verve et le génie. « Que les poëtes, dit-il par allusion dans le *Cymbalum*, se deportent de plus ecrire l'un contre l'autre, ou Minerve les desavouera; car elle n'en aime ni approuve aucunement la façon (3)! » N'insistons pas davantage; l'histoire de ces disputes est ennuyeuse et vaine. Nous trouverions plus de profit à rechercher la part qu'a pu prendre, les années précédentes, Bonaventure Des Periers, à la traduction de la Bible françoise de Calvin et d'Olivetan. Ce respectable et gothique in-folio parut à Neufchâtel en 1535. A la fin, dans une *Table de tous les mots ebrieux, caldées, grecs*, on trouve deux distiques sous cette rubrique : *Concinnatores Tabulæ ad lectorem*. Le second de ces distiques

   Que le marmot que l'on nomme Sagouyn ;
   Puis, quant le monde eust veu de son cerveau,
   Il fut jugé que ce gentil babouin
   Tenoit autant de l'âne que du veau.

1. Clément Marot, dans la réponse qu'il fit parvenir, sous le nom de Frippelipes, à Sagon, fait cet éloge de Des Periers :

   Redressons cest asne qui choppe,
   Qu'il sente de tous la poincture,
   Et nous aurons Bonadventure,
   A mon advis assez savant
   Pour le faire tirer avant.

Sagon, se moquant des défenseurs de Marot, n'oublie pas non plus Bonaventure :

   Ton maistre a espoir d'un *Rocher*,
   Il a besoin d'eau de *Fontaine* ;
   Il tient Borderie amy cher...
   Et ne craindra Sagon trouver
   Le secours de Bonaventure.

2. I, p. 177.
3. I, p. 353.

est signé : *Eutychus Dep.*—*Eutychus*, tiré du grec, signifie Bonaventure.—Des Periers est donc l'un des deux auteurs de cette longue table, qui demanda temps et savoir. Par une habitude salutaire, sans doute, et tout à la fois par prosélytisme, le conteur des *Nouvelles récréations* mêloit de la sorte *le grave au doux, le plaisant au sévère*. Dolet (¹), un an plus tard, nomme aussi *Eutychus* parmi les savants qui l'ont aidé à la composition de son immense recueil : *Commentarii linguæ latinæ*. Qui se seroit avisé, si nous ne possédions ces aveux, de rechercher le joyeux historiographe de Teiran et du curé de Brou sous la poussière des commentaires de Dolet et des Bibles de l'an de grâce 1535 ?

C'est à cette époque également que se rapporte la traduction des hymnes et autres poésies sacrées qu'on trouvera dans le *Recueil des Œuvres* (²), traduction entreprise à l'imitation et d'après les conseils de la reine de Navarre, de Marot, de Le Maistre (³) et autres hérétiques.

Ici, l'histoire du conteur nous laisse, entre deux voyages, un répit que nous emploierons à un éclaircissement indispensable. Au milieu des énigmes dont il restoit à trouver le mot dans le *Recueil des Œuvres*, il en est une qui tient une large place : Pourquoi Des Periers prend-il à différentes reprises le nom de *Dedalus ?* Lors du mariage d'Aliénor d'Autriche, Marguerite reçut de Des Periers, qu'elle venoit de combler de ses bienfaits, une pièce dont nous aurions dû parler plus haut, si nous nous étions imposé l'obliga-

---

1. Le nom de ce fameux confesseur, d'une philosophie aussi élevée que hardie, revient quelquefois sous notre plume ; nous ne donnons aucun détail sur son compte : tout a été dit par M. Boulmier, dans son *Dolet, sa vie, ses œuvres, son martyre*; Paris, Aubry, in-12.

2. I, p. 83, 84, 85, 87, 103.

3. Ce Claude Le Maistre me paroît être le *frère* en poésie

tion de marcher posément et chronologiquement. Cette pièce, intitulée : *Prognostication des prognostications pour tous temps, à jamais, sur toutes autres véritable*, est écrite en ce style familier, spirituel, que nous connoissons, et sa dédicace, gaie, dégagée, annonce un auteur en bon point, sûr de la fortune et confiant dans l'avenir. Après quelques subtilités astrologiques, qui, si elles n'étoient à leur place, ne le seroient nulle part (1), Des Periers arrive à parler religion, et là, sur son terrain, va de bon pied et court allégrement :

> Laissons les là en ce terrestre esmoy,
> Laissons les là et allons, toy et moy,
> Là hault, ès cieulx, pour veoir d'astrologie
> L'art et la fin, et comme elle est régie.
> Depesche toy, pose de chair la charge
> Tout enchargeable, et qui si fort te charge,
> Afin que sois à voler plus dehait.
> Sus, est-ce faict? Or, volons à souhait
> Par ce bel air auquel Dieu nous convoye (2) !

Les grands, qui, pour bonnes raisons, n'admirent

---

avec lequel Des Periers prie Marot de le réconcilier (I, p. 75). Le nom de « Doulce nièce » que Des Periers donne à une églogue de Le Maistre (I, p. 160) rend vraisemblable cette hypothèse. D'ailleurs il y a échange de poésies entre ces deux écrivains. Voy. I, p. 84, et Marot, *Œuvres*, édit. in-4, III, p. 372.

1. Des Periers, quoiqu'il ne s'en doute guère, est de l'école de ces *prognostiqueurs*. C'étoient personnes sensées, d'une crédulité équivoque et par-dessus tout pleines d'humanité. Côme Ruggieri, au lendemain de la Saint-Barthélemy, interrogé par Catherine de Médicis, eut l'air de consulter les astres et ne laissa échapper que des paroles bienveillantes pour les huguenots. « Il n'y a point, disoit-il, d'autres diables que les ennemis qui nous tourmentent en ce monde, ni d'autres dieux que les rois ou princes, qui seuls peuvent nous avancer et faire du bien. »

2. I, p. 136-137.

que l'esprit facile, et qui en abusent,—si les grands peuvent abuser de quelque chose,—firent fête à ce passage, et eussent volontiers payé de tout l'or du Pactole la gloire de l'avoir écrit. C'est beaucoup dire; mais, de fait, si je comprends bien, ils y virent d'abord une finesse *sans seconde;* puis, la satiété venant, on tourna en ridicule la prétention de Des Periers à vouloir arpenter les airs, et, finalement, on ne trouva rien de mieux que de le comparer au fils d'Hyméthéon,—tout en lui prédisant le sort d'Icare,—m'est avis, fort sensément.

Comme on le suppose, Des Periers se sentit honoré, et crut faire aux nobles personnages une galanterie en prenant pour habituel surnom celui que l'ironie titrée et couronnée lui avoit appliqué; et voilà pourquoi, dans les vers qui suivront, reviendra vingt fois sous le crayon du poëte cette qualification, pour le commun des martyrs incompréhensible à première lecture (1). Bien entendu que nous soumettons, messieurs les critiques, cette interprétation à votre entendement, lequel, mûres réflexions faites, la repoussera ou lui donnera son laissez-passer.

Des Periers faisoit trois parts de son temps: l'une étoit consacrée à ses études; l'autre revenoit de droit à la princesse; la troisième aux plaisirs et à l'amitié. De ses relations avec les autres valets de chambre nous savons peu de chose: il nous apprend que le

---

1. Il s'intitule de Marguerite

> Le sien volant *Dedalus.*
> (I, p. 158.)

> Vous voulez donc voir *Dedalus* qui vole,
> O Marguerite! où notre espoir espère?
> (I, p. 155.)

> Fleuron royal, Marguerite croissante,
> Qu'attendez-vous du pauvre *Dedalus?*
> Qu'attendez-vous?
> (I, p. 72.)

jeu en étoit exclu (¹); la bouteille, au contraire, et les contes gaillards, avoient la place d'honneur. Ses vers nous le peignent bon enfant, Roger Bontemps, menant à son heure et rondement la vie entre les brocs et les pots. *Contentement* est sa devise quelque part (2), et ailleurs : « Le plus gentil enseignement pour la vie, c'est *bene vivere et lætari*. L'un vous baillera pour un grand notable qu'il faut reprimer son courroux, l'autre peu parler, l'autre croire conseil, l'autre être sobre, l'autre faire des amis. Et bien ! tout cela est bon ; mais vous avez beau estudier, vous n'en trouverez point de tel qu'est : « Bien vivre et se resjouir. » Voilà Des Periers. Sa muse est court vêtue, immodeste non :

> ... De nature [elle] ne s'amuse
> Volontiers qu'à joyeuseté (3).

« *Jocosa* », la qualifie-t-il encore. Il ne veut pas qu'on lui donne un autre nom, et rejette le vers de Martial, qui en auroit, en un sens, trop dit :

Lasciva est nobis pagina, vita proba est.

Nous sommes un honnête bachelier, non point un satyre, vraiment. « Si les poëtes veulent ecrire d'amour, que ce soit le plus honnestement, chastement et divinement qu'il leur sera possible », disons-nous dans le *Cymbalum*. On nous surnomme Jacques le gros (4); trouvez de l'Arétin là-dessous et autre chose qu'un gai compère et qu'un franc luron. Guerre à l'estur-

---

1. Je prends à la lettre ces mots d'un rondeau :
> Si vous trouvez en moy d'escrire adresse
> *Et que je n'aye appetit de jouer*, etc.
> (I, p 366.)

La petite pièce *du Jeu*, à Georges Renard, I, p. 96, est déjà pas mal édifiante.

2. I, p. 46.
3. I, p. 156.
4. I, p. 156.

geon, aux ragoûts exquis! mais fête aux jambons de Mayence, à la morue des Terres-Neuves!

Jacques le gros n'aime que du salé!

Ah! c'est qu'après le salé, la dive liqueur est plus douce au boire, que les flacons bourguignons se choquent plus gaiement.

Puis venoient de petits concerts, car Des Periers aimoit la musique et la connoissoit, si l'on en juge par certains passages des *Joyeux devis* (1) et par cet éloge qu'il fait d'Albert:

Ouvrier expert
Du roy en musique haultaine (2).

Notre science s'arrête là. D'autres ont affirmé que Bonaventure touchoit le luth (3); nous cherchons encore les sources où ils ont puisé.

Nous cherchons aussi la trace de ces *soirées* données par Marguerite, selon Nodier (4), et dont Des Periers auroit fait le principal ornement comme poëte, musicien et conteur. La fable est jolie, que vous en sem-

1. Nous en avons cité quelques-uns quand ils se sont présentés; mais il en est d'autres qu'on notera aisément. Quelquefois Des Periers prend à partie des gens de musique. Voy., Nouv. III et IV, ses bassecontres en belle humeur.
2. I, p. 67.
3. « Les soirées de Marguerite ne ressembloient pas aux soirées vives et turbulentes du XIXe siècle. La danse n'étoit pas encore en honneur comme elle l'est aujourd'hui; le jeu n'occupoit que les personnes d'un esprit peu élevé; les belles dames prenoient plaisir à entendre jouer du luth, ou, ainsi qu'on le disoit alors, du *luc* et de la *guiterne*, par quelque artiste habile, et Des Periers excelloit à jouer du luth en s'accompagnant de sa voix. Il est presque inutile de dire qu'il chantoit ses propres vers et qu'il les improvisoit souvent. Ces fêtes rappeloient donc quelque chose du temps des troubadours et des ménestrels, dont le souvenir vivoit toujours dans la mémoire des vieillards. » (Nodier, *Not. sur Des Periers*, p. 7.)
4. Voy. la note précédente.

ble? Marguerite a pu charmer la cour d'Alençon, puis celle de Navarre, par des fêtes de nuit, il est même certain qu'elle l'a fait; mais *donner des soirées*, et surtout à ses valets de chambre, et pour les faire trôner encore! Elle les admettoit à ses soupers avec toute la déférence qu'elle devoit à leur savoir, mais ils ne soupoient pas; ils restoient debout devant elle, et se tenoient pour honorés de répondre aux questions qu'elle daignoit leur adresser (1). On parloit philosophie, médecine, religion; on commentoit de belles paroles de Christ, par exemple celle-ci : « Si vous ne ressemblez pas aux petits enfants, vous n'entrerez jamais au royaume des cieux. » Et c'étoit tout. Quant à les admettre dans les hautes chambres tapissées de l'appartement royal, nenni; ils n'en touchoient le seuil que pour recevoir des ordres, nullement pour venir se livrer à de fols ébattements sur les nattes et carreaux. Marguerite étoit trop grande dame, étoit entourée de trop grandes dames, pour sortir des sages convenances que respirent ses œuvres. Autrement, où seroient les bornes? Marguerite *donner des soirées* à ses valets de chambre! Ah! monsieur Nodier, que n'ajoutiez-vous qu'on y servoit le thé, comme au Temple, chez le prince de Conti? L'anachronisme n'eût été ni moins plaisant ni plus pesant.

Nous n'en finirons pas avec M. Nodier. Le même critique ajoute : « Un autre genre de divertissement

---

1. Tout cela n'est point étiquette (on veut que l'étiquette n'ait été inventée que sous Henri III), mais simple convenance, à la façon des cours, vous m'entendez. C'est aussi par convenance que l'on ne contoit pas, dans ces occasions, des aventures légères, non parce qu'elles auroient choqué les oreilles des femmes, mais parce qu'elles eussent amené familiarité trop grande. De ce temps la pruderie n'alloit pas si loin :

Les propos des vices
Ne sont nuisants aux esprits vertueux.

(I, p. 89.)

s'étoit introduit en France dès le règne de Louis XI, et faisoit le charme des veillées : c'étoit la lecture de ces nouvelles, quelquefois intéressantes et tragiques, presque toujours galantes et licencieuses, dont il paroît que Boccace avoit puisé le goût à Paris. Marguerite y fournissoit quelque chose pour sa part, et sa part est facile à reconnoître quand on a fait quelque étude de son style. Pelletier, Denisot, Des Periers surtout, concouroient à cet agréable amusement avec toute l'ardeur de leur âge et toute la vivacité de leur esprit. Boaistuau et peut-être Gruget, qui sortoient à peine de l'adolescence, tenoient tour à tour la plume, et nous avons à ces scribes fidèles l'obligation d'un livre charmant dont je ne tarderai pas à nommer le véritable auteur (1). » Des Periers ne lisoit pas ses contes à la reine de Navarre. Quand un valet de chambre de la princesse avoit obtenu la permission de lui soumettre une de ses œuvres, il la lui présentoit convenablement écrite, et celle-ci en prenoit connoissance si loisir trouvoit. Des Periers fait comme les autres ; il lui faut même avoir recours à l'obligeance d'une des dames d'honneur, à madame de Saint-Pater :

> Tous mes ecritz [dit-il] sont passez
> Par vos mains, après que la royne
> A faict d'iceux lecture idoyne (2).

Puis il ajoute :

> Puisque vous voy de près hanter
> La royne, à vous viens presenter
> Un don des Muses mal nourries ;
> Le voicy : sont *Pasques flouries*,
> Que, s'il vous plaist, luy baillerez.

Autre chose donc sont les rapports de Des Periers

1. *Not. sur Des Periers*, p. 7.
2. I, p. 147.

avec la reine, autre chose les brillantes *soirées* de
M. Nodier. Bien plus, le poëte, lorsqu'une fois ses
écrits sont entre les mains de Marguerite, n'ose les
reprendre; il mourra sans les avoir revus, sans avoir
pu les mettre « en leur entière perfection et grace » (1).
C'est avec une prudente réserve que son éditeur et
ami Du Moulin les redemandera : « J'espère qu'à
vostre faveur, nous recouvrerons partie de ces nobles
reliques, desquelles (à ce que j'ay ouy dire au défunct)
avez *bonne quantité* rière vous. »

Cependant la raison d'Etat appelle à Lyon le roi
de France, qui s'y rend avec toute la cour (juillet
1536). François Ier et la famille royale descendent à
l'abbaye d'Ainay; les conseillers et la valetaille sont
disséminés dans les autres monastères. Il s'agit de se
préparer à la guerre, et, moins ouvertement, de veiller à ce que l'esprit religieux du peuple, dans ce centre important, ne se détache pas des pures pratiques
du catholicisme romain. Peu de jours après l'installation du roi, un sacrilége horrible (*o altitudo !*) est commis aux Jacobins. On enlève sur l'autel une hostie consacrée ! Jamais crime ne vint plus à propos et ne fut
reçu avec plus d'allégresse, si l'on en juge par les
éclatantes cérémonies auxquelles il donna lieu. L'Eglise n'eut point assez de splendeurs pour fêter la
présence du roi et l'auguste réconciliation. Nous en
pourrions narrer les détails; mais ne touchons qu'à un
point qui va nous montrer Des Periers, à l'époque
où il compose le *Cymbalum*, influencé par les pompes
mondaines de cette cérémonie religieuse. Pour rendre
la procession plus solennelle, dit un témoin oculaire,
le *corpus Domini* y fut porté sous un *pallium* de velours violet, semé de fleurs de lis d'or. « Après, cheminoit le roi, tenant une torche ardente, et la reine et
mesdames filles de France, avec la reine de Navarre,
bien esbahie de cette cérémonie et des chants lugubres

---

1. I, p. 4.

dont elle estoit accompagnée. Après, venoient princes, princesses, seigneurs et gens de la cour. » C'est de ce jour (27 juillet 1536), où la reine de Navarre fut bien ébahie, qu'il faut dater la seconde des épigrammes de notre poëte, son valet de chambre. On ne sauroit exprimer plus énergiquement la surprise qu'à lui aussi a causée la promenade de *Jean le Blanc* (nom que les nouveaux convertis donnoient à l'hostie consacrée) dans les rues de Lyon :

> Or l'ay-je veu cheminer en publique,
> Ce monstre là, princesse, que tu sçais... (1).

Puis il termine en la reconfortant par une parole d'espoir. Gardons souvenance de cet épisode jusqu'au moment où nous viendrons à parler de l'esprit religieux de Des Periers, et ne quittons pas Lyon.

L'attention que les habitants de cette bonne ville portoient à Marguerite engagea sur les entrefaites son fidèle valet de chambre à se constituer son apologiste :

> Tu es trompé, ô peuple lyonnois !
> Quand tu prends garde au magnifique arroy ;
> Car parmy toy, cachée, mescongnois
> En simple habit la sœur de ton bon roy.
> Mieulx es trompé quand, en royal charroy,
> La regardant l'estimes mondaine estre.
> Dieu ne l'a pas, non, pour cela faict naistre...
> Que pleust à Dieu que tu sceusses congnoistre
> L'heureux secret de telle tromperie (2) !

Des Periers veut dire que le luxe de Marguerite n'est en maintes circonstances qu'un acte de condescendance ; ne faut-il pas qu'elle n'épargne rien pour plaire à un roi dont elle a tant à obtenir dans l'intérêt de ceux qu'elle protége ? Quel plus heureux secret ?

Bonaventure Des Periers se montra toujours fidèle

1. I, p. 147.
2. I, p. 147.

sujet de François Ier : c'est à ce titre qu'en 1535 il implore la grâce de Marot (1), et que, l'année suivante, il se lamente sur la mort du Dauphin, de ce jeune François né pour porter la couronne qui échut à Henri II. Dans ces dernières poésies officielles, qu'on aimeroit autant ne pas trouver sur son chemin, Des Periers ne fait nulle allusion à l'horrible supplice de Montecuculli. S'il y fut présent, nous l'ignorons ; mais Marguerite s'y conduisit avec trop de dignité pour que nous ne donnions pas un court récit de ces événements peu connus (2). Si le proverbe dit juste : Tel maître tel valet, la considération que la reine de Navarre acquit dans cette journée doit être aussi en partie donnée à son entourage, et, de la sorte, à Des Periers. Montecuculli, échanson du Dauphin, convaincu de l'avoir empoisonné « en poudre d'arsenic sublimé, par lui mise dedans un vase de terre rouge en la maison du *Plat*, à Lyon », fut écartelé à quatre chevaux, et les quatre quartiers de son corps pendus aux quatre portes de la ville, sa tête au bout d'une lance fichée sur le pont du Rhône. Jamais assemblée plus brillante ne se réunit pour une fête. Une estrade avoit été élevée sur le lieu de l'exécution, dans la rue de la Grenette ; les fenestrages étoient sans prix, et l'on vit des citoyens implorer du bourreau, à sommes folles, la permission de se placer, pour mieux voir, dans la cage de fer circulaire où chaque jour de marché on mettoit au carcan les vagabonds. Durant le supplice, le sire de Tournon, principal conseiller de François, s'écria qu'il éprouvoit la même jouissance que s'il voyoit brûler un hérétique, et, tandis que le roi demeuroit impassible, les courti-

1. I, p. 177.
2. Les historiens de Marguerite les passent sous silence ; cependant ils ont été racontés par le secrétaire du consulat de Lyon, témoin oculaire. Sa relation paroissoit inédite lorsque, il y a quelques années, M. Clerjon l'utilisa dans son *Histoire de Lyon*.

sans se montroient entre eux le bras, la cuisse, qui résistoient le plus, ou les chevaux qui tiroient le mieux. Quant à Marguerite, que le secrétaire du consulat de Lyon appelle « la sensible reine de Navarre », elle se jeta sur le sein de son royal frère pour se soustraire au spectacle dégoûtant où on l'avoit amenée malgré elle (1). »

Aussitôt après ces sanglantes saturnales, Marguerite d'Angoulême rejoint son frère à Valence, puis se rend à Avignon, ville chère à Des Periers. C'est là qu'il avoit connu Du Moulin, son *maître Antoine*, son futur et si dévoué exécuteur testamentaire; c'est là qu'abandonnée de Dieu et des hommes,

> Ceste pauvre et lasse creature,
> En s'en allant, comme chose sans nom,
> Je ne sais où, chercher son aventure,
> Ha rencontré un ami de renom (2).

Reine et poëte traversent ensuite Lyon et gagnent promptement Paris; l'une pour courir en Picardie et en Artois inspecter les hommes d'armes de l'armée royale, difficile mission que son frère confie à son dévouement et à son amitié; l'autre pour mettre sous presse les essais de sa plume, qu'il croit bon de répandre. C'est la *Défense de Marot absent*, c'est la *Prognostication des prognostications*, que les vilains veulent connoître à leur tour; c'est enfin le *Cymbalum mundi*, le père et le modèle des pamphlets politiques et religieux. Nous racontons plus loin (3) les péripéties de la naissance de ce fameux livre, qui n'échappa que par miracle à la rage des cagots de toutes sectes. Sans doute il occasionna dès lors des persécutions à Des Periers, nous n'en retrouvons trace; l'imagination peut à sa guise créer tous les tour-

---

1. Clerjon, *Hist. de Lyon*, IV, p. 386.
2. I, p. 160.
3. I, p. 301.

ments qu'il lui plaira et qu'elle concevra capables de payer pareil forfait. La seconde édition du *Cymbalum*, qui parut à Lyon l'année suivante (1), nous rappelle dans cette ville, d'où, à notre su, Des Periers ne doit plus sortir.

Vous plairoit-il, chers lecteurs, me suivre à l'Ile-Barbe (1)? Ceux d'entre vous qui connoissent Lyon savent que l'Ile-Barbe est sur la Saône une délicieuse retraite, couverte de rosiers et de villas, mais aussi de guinguettes. Jadis, il y a bien longtemps, avant 1562, où les calvinistes s'avisèrent de s'emparer de Lyon et d'y gouverner, sous Des Periers, si vous m'accordez cette expression, l'Ile-Barbe étoit un monastère dédié en apparence à monsieur saint Martin, mais en fait à monsieur Bacchus, personnage

---

1. Il ne reste plus qu'un exemplaire de la première édition du *Cymbalum*. (Voy. ci-dessous, p. 306.) De la seconde édition on en connoît deux : l'un a été vendu 401 fr. à la vente Nodier; l'autre, conservé à la Bibliothèque impériale, porte, sur la couverture en parchemin, ce titre : *Simbalum mundi* (sic), et se termine par ces mots : *Fin du présent livre, intitulé Cymbalm mundi, en françoys, imprimé nouvellement à Lyon par Benoist Bonyn, demourant audict lieu, en la rue de Paradis, MDXXXVIII.* A propos de Benoît Bonyn, que jusqu'ici on a regardé comme un mythe ou plutôt comme le masque de Michel Parmentier, nous publierons cette note inédite de Saint-Léger (Exemplaire annoté de la *Bibliothèque* de La Croix du Maine, et de Du Verdier, à la Bibliothèque impériale) : « Je doute de cette anecdote. Michel Parmentier imprimoit, il est vrai, à Lyon, en 1537 et 1543, mais l'estampe ronde (voy. ci-dessous, p. 307, note 2) n'a-t-elle pu servir à deux imprimeurs? L'édition du *Cymbalum* de 1538 porte que B. Bonyn demeuroit à Lyon, rue de Paradis. En outre, Du Verdier (IV, p. 223) cite un livre de Symphorien Champier imprimé *apud Benedictum Bonyn*, et p. 120, même tome, il en cite une édition de 1533. »

2. L'Ile-Barbe (*insula Barbara*), est située au milieu de la Saône, en venant de Mâcon, à deux kilomètres au-dessus de Lyon, entre Cuires et Saint-Rambert. Voy. Menestrier, *Hist. civile de Lyon*, Lyon, 1696, in-folio, p. 475.

de bien plus honnête composition. Les moines de l'Ile-Barbe, tous nobles, vivoient comme ceux de Thélème, dont maître François vous raconte la vie. Ils avoient grasse panse et jolies cellules (1); ils avoient parc giboyeux et potager plantureux; ils tentèrent Erasme, qui se fit préparer logis sous leurs lambris (2); ils avoient femmes et enfants, je dis pour voisins et voisines (3); ils... Vous savez ce qui les fait vivre dans l'histoire, ce n'est point leur historien (4), mais notre poëte, qui a chanté sa ravissante promenade chez eux, *par une belle journée de printemps*, le 15 mai 1539 (5). Ce jour étoit l'Ascension, fête que l'on célébroit comme toutes les fêtes à l'Ile-Barbe, au carillon des brocs, pour honorer monsieur Bacchus, je dis monsieur saint Martin (6). Tout Lyon se pressoit aux portes et dans les jardins du monastère, sous l'œil du magistrat

1. Ils avoient fait venir jusque dans leurs cellules les eaux des collines de Saint-Cyr, de Saint-Didier, de Saint-Rambert.

2. Péricaud, *Erasme dans ses rapports avec Lyon*, Lyon, 1838, in-8.

3. On ne sauroit imaginer mœurs plus relâchées que celles des couvents de ce temps. En 1520, à Lyon, la secrétaire de l'abbaye de Saint-Pierre mourut publiquement du mal horrible défini par Pangloss.

4. Le Laboureur, *Les Masures de l'Isle-Barbe*, Lyon, Galbit, 1665, 2 vol. in-4.

5. I, p. 54.

6. On peut lire, dans les *Masures*, combien les fêtes étoient fréquentes à l'Ile-Barbe. Outre les religieuses, il y en avoit de corporations. Ainsi la Bazoche alloit princièrement, chaque année, promener son roi au monastère, quelques jours après le couronnement. Consultez Clerjon, *Hist. de Lyon*; Montfalcon, *Hist. de Lyon*; Colonia, *Hist. litt. de Lyon*, II, p. 576. Le commencement de la note p. 54, ci-dessous, est à rectifier, d'après ce qu'on vient de lire ici et plus haut. L'Ascension tomba, en 1539, le 15 mai. Quant à saint Martin, rien à redire, ce grand saint étant, d'après les rituels de l'Ile-Barbe, l'objet d'un culte particulier à toutes les principales fêtes de l'année.

du pays, dit *lieutenant de roy*. On levoit de toutes parts tentes de soie, de drap, de serge, et petits bateaux, aussi drus que sauterelles, animoient le fleuve et le barioloient de leurs flammes et pavillons. Ici se pressoient, parmi les chèvrefeuilles des bosquets et les paquerettes du verger, ces damoiselles et dames,

> Plaisir des yeux et passion des ames,
> Aux visages tant beaux,

qu'a chantées Pelletier et que Des Periers salue si courtoisement. Là balloient jeunes paysannes aux corsages parés; plus loin les écoliers; ailleurs

> L'imprimerie
> Chérie
> Des muses, comme leur sœur,

est représentée par de nombreux amis du poète que nous connoîtrons tantôt. De ce côté la Bazoche, tout de bleu revêtue et folle de son roi, jette aux échos ses fanfares, auxquelles répond la bande des archers noblement rangée sous la bannière; enfin, la rive couverte d'une foule innombrable voit défiler tous ceux de Vaise,

> Moult gracieux
> Et joyeux:
> Dieu les maintienne en tel aise!

Car souvent, sur la fin du jour, le sang, au lieu d'eau, se mêloit au vin, et les festins joyeux devenoient scènes de scandale. Des Periers dit un mot (1) de ces désordres, que vient à point commenter Le Laboureur dans ses *Masures* : « Il falloit des gardes pour veiller de nuict et de jour à ce qu'il ne se commît quelque désordre dans cette grande foulle, où les méchans se meslent fort aisement parmy les gens de bien (2). »

1. I, p. 64.
2. *Les Masures*, I, p. 144. — Les fêtes de l'Ile-Barbe avoient succédé à celle des *Merveilles* ou miraculeuse, sur laquelle on conte d'étranges choses. Charles VI les sut et y mit bon ordre.

L'Ile-Barbe a bien inspiré Bonaventure Des Periers. Le *Voyage* est assurément la pièce la plus soignée du Recueil de 1544 ; il n'est pas une strophe inutile, pas une qui ne fasse image et n'offre l'esquisse d'un gracieux tableau (1). Dans le *Cymbalum*, ces lieux étoient déjà revenus à sa mémoire, mais non point en habits de fête. Alors sombres et hideux comme la superstition à laquelle ils servent de temple, ils rappellent à Des Periers que dans les processions le doyen presse contre son cœur la coupe de Jésus-Christ, que le prévôt et le réfectorier portent la nappe du dernier repas de la sainte famille, que le camérier est chargé du bras de saint Martin et d'un morceau du corps de sainte Anne ; qu'enfin, dans une chapelle de l'église on honore, à grands renforts de cierges, le reste du corps de cette sainte, qui est, comme chacun sait, mère de la Vierge. Cherchez aujourd'hui l'abbaye de l'Ile-Barbe, les ruines d'un portail vous répondront : *Sic transit gloria mundi!*

La gloire de Des Periers est assurée pour plus long-temps, grâces en soient rendues à ses religieux amis qui la consacrèrent. Nous allons rechercher quels ils sont et dans quelle société Des Periers vivoit à Lyon, quand, absent de la cour et loin de Marguerite, il venoit demander le repos aux lieux témoins de ses premiers pas. Les physionomies connues qui frappent d'abord nos yeux sont celles de ces imprimeurs, confrères des Muses, qu'on a immortalisés dans le *Voya-*

1. Des Periers étoit-il en bonne santé lorsqu'il composa ces jolies strophes ? Qui s'aviseroit d'en douter ? Eh ! ceux qui le font mourir un an ou deux auparavant, M. Rœderer, entre autres, qui, dans ses *Mémoires critiques sur François Ier* (p. 169), a la bonhomie d'écrire : « La terreur étoit si grande, jusques dans la famille du roi, que Bonaventure Des Periers, domestique de Marguerite de Valois, sa sœur, poursuivi pour un ouvrage intitulé *Cymbalum mundi*, s'est tué de son épée, dans le palais de Marguerite même, *en apprenant* que son imprimeur Morin étoit arrêté. » Morin fut arrêté à la fin de mars 1537, avant Pâques.

ge à *l'Ile-Barbe*. C'est à eux que l'élève de l'abbé de Saint-Martin a dû son éducation philosophique. Dès 1511 les imprimeurs de Lyon se mettoient à la tête du mouvement religieux, et, forts des soutiens qu'ils avoient dans l'échevinage, imprimoient, placardoient, répandoient de petites feuilles contenant menaces et provocations. Dans l'âge mûr de Des Periers, ceux qui florissoient à Lyon étoient des maîtres en l'art typographique : les citerons-nous? Griphe, Dolet, Granjon, Parmentier, Juste, Horace Cardon, Rigaud, Roville, de Tournes, sont destinés à une éternelle célébrité. Que de fois vit-on le conteur des *Devis* dans les rues depuis nommées Sala et Thomassin, frapper au logis des Griphe. Chez Dolet, on sait ce qu'il fit. Là, de ce temps, travailloit Rabelais (1), qu'il connut, et possible apprit-il de sa bouche les anecdotes ayant trait à la médecine que contiennent ses œuvres, et celles qui lui sont communes avec l'auteur de Pantagruel. Le nom de Cardon est resté attaché à l'un des plus jolis sites de la campagne lyonnoise (2); celui des de Tournes a traversé les âges. A la fin du XVIIIe siècle, deux frères de Tournes étoient imprimeurs à Lyon et les doyens de la librairie européenne. Jean de Tournes, celui qu'on voit figurer sur le *Recueil des œuvres* (3), fut le premier de son nom. C'étoit « un homme de toute diligance et de nule epergne aux choses de son estat », dit Pelletier, à la fin de son *Dialogue sur l'orthographe* (4). D'une probité rare, Jean de Tournes est le premier des imprimeurs qui ait respecté ses presses, fait la guerre à la contrefaçon et compris le principe de la propriété littéraire (5) : à ce titre seul il mériteroit la renommée que son habileté lui a value. Les écrivains dont il imprima les œuvres,

1. Rabelais travailloit pour Griphe, Dolet, Juste, Cl. Nourry, à la médecine, l'astronomie et la jurisprudence.
2. Voy. *La Roche*, à la table.
3. I, p. 1.
4. *Discours à Toumas Corbin.*
5. Voy. ci-dessous, p. 173, sa belle lettre à ses confrères.

restés célèbres, témoignent en faveur de son jugement ; l'élégance des caractères qu'il employa fait honneur à son bon goût, et l'exactitude de sa correction à sa science. Il mourut protestant, en 1550. Son fils quitta Lyon pour Genève. Leurs descendants revinrent à Lyon, et en 1767 (le 24 mars) écrivoient à l'abbé de Tersan pour le prier de leur procurer un exemplaire du *Recueil des œuvres* de Des Periers : « La grande raison qui nous engage à vous demander Bonaventure Des Periers est que nous n'avons aucun livre de notre nom aussi ancien, et que cela peut nous être utile dans l'occasion (1). »

Passons aux savants et aux poëtes que Des Periers fréquenta chez ces maîtres imprimeurs. Nous ne saurions les nommer tous. A leur tête se placent les Grollier, amis des beaux livres et de ceux qui les aiment comme eux ; les Bellièvre, premiers antiquaires lyonnois, dont la maison, depuis occupée par les Trinitaires, est un musée qu'on vient de tous côtés visiter ; Guillaume du Choul, autre amateur distingué et complaisant, qui demeure au haut du Gourguillon ; Champier, qui se fait vieux et misanthrope ; Michel Servet, l'ardent novateur ; Louis Meigret, le réformateur de l'orthographe, et son disciple Pelletier ; puis des artistes : le petit Bernard, excellent dessinateur et graveur sur bois ; Philibert Delorme, dont on admire les élégantes constructions et le beau portail de Saint-Nizier (2). Les poëtes sont plus nombreux. Leur prince, Marot, est entouré d'une véritable cour. On vient le consulter, on le prend pour juge ; il est accessible à tous, et Des Periers lui sert de second. Les étrangers eux-mêmes, après s'être adressés à Marot, saluent Des Periers et mettent sa muse à contribution. Ainsi,

---

1. Exemplaire annoté de La Croix du Maine, déjà cité.
2. Que l'on découvre aujourd'hui dans toute sa grâce du pont de Nemours.

Alexis Jure de Quiers, rencontrant Marot dans l'exil, l'interroge : Ami Jure, lui répond Marot,

> Amy Jure,
> Je te jure
> Que desir,
> Non loisir,
> J'ai d'escrire.
> Or de dire
> Que tes vers
> Me sont vers,
> Durs ou aigres,
> Ou trop maigres,
> Qui l'a dit
> A mesdit (1).

Aussitôt, fier de cette haute approbation, Jure écrit à Des Periers, qui lui envoie aussi une réponse en vers, un tantinet plus longs que ceux de son maître, mais pleins de verve et de gaîté. Jean des Goutes, littérateur de troisième ordre et traducteur de l'Arioste (1544), est gratifié d'une pièce de vers par Des Periers (2). Il fait un pareil honneur à quelques autres noms moins connus : Benoît Baumet, Noël Alibert, Guynet Thibault, Claude Féraud. Pierre de Bourg, ancien échevin de Lyon (1502) et d'une famille célèbre, reçoit la dédicace des *Malcontents*. Quant à maître Antoine, il prend la place de quelques érudits : car les vers à sa louange reviennent plusieurs fois ; ainsi sont oubliés de diserts causeurs, comme les Sala, les Rousselet, les Scève, Troncy, Voulté, Charles Fontaine, Benoit Court et cent autres. Tels étoient, à Lyon, les soldats du grand mouvement de la Renaissance, au milieu desquels brilloit Des Periers. Marchant unis et d'enthousiasme, ils devoient aller loin. La foi en eux-mêmes est le secret de leur force. L'un d'eux : « Me semble, dit-il, que le temps faict ainsy que la

---

1. Marot, *Œuvres*, in-4, épît. 38.
2. I, p. 77.

terre labourable, laquelle, après s'estre reposée à son plaisir, apporte une foison de biens autant ou plus grande qu'elle ne fit oncques. Quel temps s'est-il jamais trouvé plus florissant en philosophie, poésie, peinture, architecture et inventions nouvelles de toutes choses nécessaires à la vie de l'homme, que le nostre? Si le lieu estoit capable, je pourroye remplir la fueille d'innumérables personnages, d'excellence que j'ameneroye d'Allemagne, d'Italie, d'Espagne, et que je prendroye en nostre France : lesquels je n'auroye honte de comparer aux anciens, en quelque profession que ce fust (1). »

Ce peuple de lettrés avoit à Lyon des Mécènes. Les banquiers et grands commerçants, dont on parle peu, étoient les protecteurs immédiats des poëtes et artistes. Ils savoient, en Italiens qu'ils étoient, apprécier les talents et les récompenser. Les Strozzi, les Altoviti, les Capponi, les Orlandini, les Bartholi, les Spinaci, les Burlamachi, les Cennami, les Bonvisi, les Frangipani, les Spini, les Guivisi, les Pazzi, les Gondi, furent, près d'un siècle, la providence de la cité lyonnoise. Les Capponi particulièrement allèrent jusqu'à nourrir quatre mille pauvres, et les gens de lettres trouvoient chez eux une main toujours ouverte. *O tempora!*

Si à une société de protecteurs se joint une autorité bienveillante, secourable, tolérante, ce sera l'âge d'or, et nous ne saurons qui louer davantage, du poëte, du banquier ou du magistrat. Il faut se décider à les mettre sur la même ligne; car Jean Du Peyrat (2), lieutenant du roi, négligeant un peu les intérêts de son maître, se dévoue à ceux de la cause poétique et

1. Pelletier, proëme de *l'Arithmétique*, Lyon, Gabiano, 1605, in-8.
2. Du Peyrat fut d'abord chef des conseillers de ville, puis lieutenant du roi dans le Lyonnois, sous le maréchal de Saint-André, qui en étoit gouverneur. Il avoit épousé Claudine Laurencin et mourut en 1550.

savante. Si Symphorien Champier échappa au misérable sort que lui réservoit le ressentiment populaire en 1529, ce fut grâce à Du Peyrat; si Des Periers n'a point été persécuté à Lyon, Du Peyrat y est pour quelque chose : la dédicace du *Voyage* à l'Ile-Barbe ne le fait-elle point entendre ?

C'est à la petite cour de Du Peyrat, c'est dans les palais des riches négociants florentins dont il vient d'être question, que les gens de lettres fréquentoient le monde brillant des jolies et des savantes femmes, que nous n'avons nulle intention d'oublier. Marot en a chanté quelques-unes : Jeanne Gaillarde, les deux sœurs Scève, Jeanne Faye, cette jolie Jeanne Creste qui, pour gagner un pari, donna dans la rue un baiser à un ramoneur. Combien d'autres encore, et il nous en échappera ! Celles-ci sont connues dans les lettres, soit qu'elles aient écrit, soit qu'on les ait chantées : Sybille Bullioud, Claudine Peronne, Catherine de Vauxelles, Julia Blanche, Marguerite de Bourg. Mesdamoiselles Perreal sœurs manient le pinceau; les filles d'Appelles sont rares : deux c'est donc quelque chose parmi ces honnêtes Saphos. La reine, par la beauté plus que par le talent, de ce groupe d'illustrations féminines, avoit nom Jacqueline de Stuard [1], « si agréable, dit-on, que les plus grands personnages recherchoient sa société », la même que Des Periers pria d'amour [2], et qui le repoussa, la cruelle, après avoir autorisé les premiers aveux.

Ce seroit le cas de parler des aventures amoureuses de Des Periers. La Dauphinoise Claude Bectone reçut comme Jacqueline, à n'en pas douter, la confidence de la passion du poëte [3]. Les suites, nous les igno-

---

1. Pernetti (*les Lyonnois dignes de mémoire*) et Montfalcon (*Hist. de Lyon*) consacrent quelques lignes à cette jolie femme ; voy. aussi Clerjon.
2. I, p. 112.
3. I, p. 163.

rons. Madame de Saint-Pater, dont tantôt on saluera la fille d'une petite épigramme, est-elle la *tierce* personne de la *Queste d'amitié?* On peut se poser cette question. Est-ce pour elle que Des Periers voudroit avoir autant de pouvoir que de vouloir (1)?

> Si j'avois le pouvoir tel,
> Je ne craindrois homme mortel
> Qui soit en ce monde vivant,
> Quant au nom de meilleur servant (2).

Est-ce à elle que s'adresse *Invective contre renommée?* Du Moulin seul eût pu nous le dire. Aux regrets, lecteurs, de n'en savoir pas davantage; mais figurez-vous que Des Periers a aimé et que ses maîtresses étoient belles, vous ne vous tromperez que de l'épaisseur d'un fétu. « Il n'est point de laydes amours. » C'est Platon qui le dit, ou plutôt le vieil proverbe (3), et Des Periers qui le traduit.

Mais un événement imprévu vient troubler cette existence calme et paisible. Adieu les douces joies d'une vie insouciante, de l'amitié, de l'amour. Des Periers jadis, au mois de mai 1539, en si bons termes avec Marguerite, comme nous l'apprend la fin du *Voyage à l'Île Barbe*, Des Periers, tout à coup, se voit chassé de la cour et remplacé par un intrus. « Oultre plus, dès cette heure, on s'est pourvu d'un, lequel y demeure (4). » Tout prétexte est bon aux princes pour se débarrasser de ceux qui les incommodent... Des Periers ne montroit plus d'assiduité aux devoirs de sa charge. « Hélas! c'est que, depuis certain temps, il n'y a plus ni repos, ni loysir pour bien écrire ainsy que j'ay désir et que l'entends. » En

---

1. Ces mots servent aussi d'*explicit* à la préface des *Quatre princesses*, I, p. 113.
2. I, p. 146.
3. Ce vieil proverbe est le 13e vers de Théognis. Voy. ci-dessous, p. 32, ligne 19.
4. I, p. 142.

termes un peu moins déguisés, cela veut dire : « Naguères, auprès de vous, princesse, on pouvoit parler à son aise, à son aise écrire ; aujourd'hui, entraves et chaînes en cas de libre discours. Pour répandre ces bons principes que vous protégiez autrefois, il faut s'éloigner de la cour et se cacher. De ma négligence telle est la cause, princesse ; voyez s'il y a crime et si devez me condamner (1). »

Pourquoi Des Periers fut-il répudié par la reine de Navarre ? C'est, à la distance où nous sommes des événements et sur quelques indices de peu de poids, ce qu'il est difficile de dire. Mais on peut hasarder plusieurs conjectures. La haine de Sagon, haine qui resta vivace, n'avoit-elle pu soulever contre l'auteur du *Cymbalum* les passions religieuses de la cour de

---

1. Il est singulier que M. Nodier ait pris cette demande en grâce pour une déclaration d'amour. Et encore termine-t-il avec méchanceté grande sa période par cette exclamation : *Honni soit qui mal y pense!* Ce n'est pas l'une des moins extraordinaires bévues de ce charmant esprit, qui croyoit qu'il suffisoit de dire correctement pour bien dire. Nous transcrivons ici son commentaire, que nos lecteurs, par plaisir, pourront comparer à la lettre même, p. 141 : « Marguerite ayant chargé ce fidèle serviteur d'un travail sur son histoire (*sur son histoire !*), dont le sujet n'est pas autrement expliqué (*il n'en est pas question*), le voyoit avec peine perdre un temps précieux à ne lui écrire qu'en vers (*qu'avoit-il besoin de lui écrire, la voyant à ses soirées?*), et demandoit expressément des lettres en prose. (*En écrivant ses vers en façon de prose, Des Periers faisoit, de son plein gré, acte d'humilité, témoin la petite pièce à Marot, p. 110.*) Des Periers adopte donc la forme vulgaire de correspondance qu'on lui a prescrite ; mais il prend plaisir à prouver qu'elle ne fait que gêner son allure naturelle et que les vers lui arrivent sans effort, même lorsqu'il ne les cherche point. On peut la copier sous la forme rythmique, sans que le style y perde rien de sa souplesse et de son abandon. *Ajouterai-je que cet abandon excède quelquefois les bornes de la bienséance requise entre un valet de chambre et sa maîtresse?* » (*Not. sur Des Periers*, p. 23.)

France, toute dévouée aux congrégations? On dit, ce misérable, je parle de Sagon, qu'il accusa Des Periers d'athéisme. Les foudres de la Sorbonne, en se brisant contre Marguerite, allèrent atteindre ses conseillers; Marot persécuté, il étoit juste de frapper également son défenseur; et remarquez que tous les deux ont dû mourir à peu de jours de distance. Puis, à la cour de Navarre, un homme, sans lequel il seroit imprudent de ne point compter, exerçoit une autorité toute-puissante; la reine elle-même plioit devant lui: Henri d'Albret, son mari. Elle le craignoit. Consultons ses biographes: ils avouent qu'elle renonça, par lui contrainte, aux lectures sérieuses et autres occupations qu'il n'aimoit pas (1). Branthome dit plus, et, quoique mauvaise langue, il faut le croire, puisque sa grand'mère, témoin oculaire, parle dans son livre. Or, un roi qui lève sur sa femme une main de portefaix peut bien, contre les serviteurs de cette même femme, nourrir la haine d'un prêtre.

L'ordre qui chassa Des Periers dut être présenté par le roi de Navarre. Assurons-nous d'ailleurs que, s'il avoit montré quelque charité pour le pauvre poëte, en revanche, les œuvres de celui-ci contiendroient plus d'une pièce à la louange du monarque.

Désormais celle *dont l'espoir appaisoit* les douleurs de Bonaventure ne sera plus rien pour lui. Mais quelle âme généreuse a jamais douté du pardon? S'incliner devant la volonté souveraine est le premier mouvement de Des Periers; puis, brisé par la douleur, et quelque légère que soit la faute, il prend la résolution de faire amende honorable. Arrivé au palais de la reine,

Passer ne peut la première cloison (2).

1. « En sa presence elle s'abstint de parler et de se livrer aux conversations qui lui plaisoient sur la religion, la morale, ou même la littérature », dit M. Le Roux de Lincy, d'après Sainte-Marthe. (*L'Heptameron*, édit. de la Société des bibliophiles, t. 1, p. 79.)

2. I, p. 139.

Longtemps ne sait quelle voie prendre pour arriver au cœur de la princesse. Enfin, toute honte bue, il prend le plus court moyen, s'avouer coupable. Eût-il commis les plus grands crimes, sa demande en grâce les comprend tous :

> Je me confesse estre envers toy rebelle.

Pour un innocent, c'est courage que cela! Rien d'abord ne vint récompenser tant d'humilité : Des Periers se trouve contraint d'adresser à la reine supplications sur supplications ; affoibli et misérable, il peint son triste sort des plus sombres couleurs. Pendant qu'il demande sa vie aux travaux manuels, sa *pauvre muse chomme* (1). Cet aveu trouve Marguerite, poète aussi, indifférente. Pour vivre, penser, pour cultiver encore les lettres, l'auteur des *Joyeux Devis* sera réduit à désirer le toit protecteur... d'une prison.

> Ha! le voicy, madame, le voicy,
> Le malfaicteur qui les rimes mal faict :
> C'est luy qui ha baillé ce dizain cy,
> Lequel peult être est encore imparfaict.
> Or, qu'il soit donc detenu pour le faict
> Et chastié de son outrecuydance.
> Remonstrez luy sa faulte et impudence,
> Et, s'il vous plaist, qu'il soit en telle sorte
> Mis prisonnier, pour faire residence
> En lieu si seur, que jamais il n'en sorte (2).

Cette étrange prière ne lui coûte pas ; elle revient sous sa plume à diverses reprises :

> Madame, vostre prisonnier,
> Il faict encor là de la grue... (3).

Ou bien, lorsque l'ouvrage vient à manquer :

> Si le prevost des mareschaux venoit,

1. I, p. 148.
2. I, p. 150.
3. I, p. 152.

> Veu que je suis maintenant sans rien faire,
> S'il me trouvoit vagabond et oyseux,
> Il me prendroit pour un de ces noyseux
> Et me mettroit captif avecques eulx,
> Sans regarder que je suis jà le vostre.

Nulle réponse. Enfin il s'adresse à la sénéchale de Poitou, sa ressource dernière (1), et Marguerite, sans doute implorée d'ailleurs par l'abbé de Saint-Martin (2), cède, au mépris de tous ordres contraires.

François Ier et sa sœur arrivèrent à Lyon à la fin de septembre 1541, et, quelques jours après, la reine de Navarre signoit cette pièce importante que nous reproduisons intégralement, parce qu'elle est l'un des rares documents certains que l'on possède sur la vie de Des Periers : « Octobre 1541. Le dernier jour dudit mois, depesché audit lieu ung mandement adressant au tresorier et receveur général d'Alençon, maistre Mathurin Farelle (3), pour payer des deniers de sa charge de ceste presente année, finissant le derrenier jour de decembre prochainement venant, à Bonnadventure Des Periers, la somme de cent dis livres tournois à luy ordonnés par ladicte dame, pour ses gages de valet de chambre durant ladicte année, en laquelle il a esté obmis d'estre couché en l'estat (4). »

Mais cent dix livres tournois ont une fin, et il faut vivre. L'année 1542 ne vit pas se renouveler l'aumône de la bienfaitrice. Des Periers tombe malade, et l'on profite de la circonstance pour l'écarter de nouveau. J'ai, dit-il, perdu la vaisselle

> Où le noble escu navarrois
> Donne lieu au devy de celle
> Que disois que plus ne verrois (5).

---

1. I, p. 151.
2. I, p. 150.
3. C'est sans doute à ce maître Mathurin Farelle qu'est adressé le suppliant dizain de la page 153.
4. Le Roux de Lincy, *Heptameron*, t. I, p. 105.
5. I, p. 155.

De nouveau il fait appel aux bontés de son ancienne maîtresse :

> C'est povreté de langueurs courratière
> Et de la croix de Christ vraye heritière,
> Qui vous faict cy sa supplication
> Pour passe-temps (1).

La supplication n'est point entendue. Vous aimiez le loisir et la liberté, lui dit-on : à votre aise ! Profitez de votre temps pour chercher la *vérité*. La recherche de la vérité est le principe philosophique auquel s'est dévoué Des Periers, et le *Cymbalum* n'a été écrit que pour le défendre. Aussitôt il prend la plume et relève les deux mots qu'on lui adresse par ironie :

> Loysir et liberté,
> C'est bien son seul desir ;
> Ce seroit un plaisir
> Pour traiter *verité*.
>
> L'esprit inquieté
> Ne se fait que moysir ;
> Loysir et liberté,
> S'ils viennent cest esté,
> Liberté et loysir,
> Ilz la pourront saisir
> A perpetuité,
> Loysir et liberté (2).

Qui ne sent tout ce qu'a de douloureux le pénultième vers : « Ilz la pourront saisir ! » C'étoit un pressentiment. Marguerite ne fit pas semblant de rien. Des Periers comprit son silence, ou feignit de le comprendre. Il sait qu'il est autour d'elle tant de malheureux ; il sait qu'elle a

> Maints serviteurs sans vices,
> Plus drus beaucoup que l'eau que Rosne meine,

1. I, p. 168.
2. I, p. 169.

des écoles en France et en Allemagne, et des protégés dans toute l'Europe (1).

Au commencement de 1543, Des Periers conserve assez de forces pour traduire le *Traité des quatre vertus* de Sénèque, qu'il augmente de prolégomènes et d'une conclusion philosophiques. Selon lui, l'homme, pour être parfait, devra, outre la prudence, la force, la tempérance, la justice, posséder la vérité. C'étoit la thèse du *Cymbalum*, à laquelle il doit, *sans doutance*, sa misère actuelle. La crainte des flammes de l'inquisiteur l'oblige à voiler sa pensée. Il n'ose une seule fois prononcer le nom de cette vertu nouvelle, « science divine », qu'il prône avec tant de persistance et de courage.

> Ainsi y ha une vertu cinquiesme,
> Vive vertu vivant en ceste vie,
> Que je ne nomme, à cause de l'envie,
> Du temps present aux vertueux amère...
> Or, vive donc la vertu vigoureuse
> Par qui la gent est plus que très heureuse (2).

Le lecteur a remarqué comme nous que, sans la nommer, Des Periers la nomme, cette noble vertu, dans le semi-anagramme qui revient deux fois, « vive vertu », où l'on trouve, sans beaucoup d'efforts, le mot vérité. Soit calcul, soit hasard, ce même mot se représente encore à plusieurs reprises dans le premier vers de cette définition de la vérité :

> Veux tu bien veoir telle vertu sans vice?
> Assemble moy en un corps feminin
> Raison, sçavoir, et le troupeau bening,
> Royal et sainct, des vertus qu'on renomme,
> Et telle tiens celle que je ne nomme (3).

1. Marguerite étoit charitable et prenoit le titre de *ministre des pauvres*.
2. I, p. 112 et 113.
3. I, p. 129.

A la fin de la pièce, Des Periers semble narguer Marguerite, en prenant pour devise les mots « Loysir et Liberté »; puis il dédie son poëme au seul ami qui lui reste, ingrat ami que tous les délaissés invoquent et dont il n'a guère souci : le public.

> Amy lecteur, qui lis et qui entendz,
> Et qui tousjours as pour ton passetemps
> Livres en mains, ce petit t'est donné
> D'un qui, combien qu'il soit abandonné
> De tout sçavoir et noble poesie,
> Ce nonobstant, par une jalousie
> Qu'il ha de quoy chascun te baille à lire,
> Il s'est voulu mettre aussi à t'escrire (1).

Le public ne bougea. Le poète avait faim; il dut se résigner à mourir.

D'ailleurs la vie lui pèse; il n'y a jamais tenu. A l'époque de sa convalescence, après la maladie que Marguerite, fille du roi, avoit secourue, n'écrivoit-il pas :

> Si j'ay faict de guarir bon devoir,
> Ce ha esté plutost pour vous reveoir
> Que pour tascher estre longtemps en vie,
> Car autrement n'en avois nulle envie... (2).

L'entendez-vous? Puis il parloit de science certaine, car il connoît le monde et ses durs enseignements :

> Un bon esprit, quand le beau jour l'eveille,
> Soudain congnoist que ce n'est de merveille
> Si en ce povre et miserable monde
> Prou de malheur et peu de bien abonde,
> Parce qu'il voit (tout bien quis et compté)
> Plus y avoir de mal que de bonté (3).

A cette heure, sur le soir de ce beau jour qui s'est

---

1. I, p. 111.
2. I, p. 74.
3. I, p. 89.

bien assombri pour lui, que faim le poursuit, que misère le brise, qu'il n'a plus l'espoir de rentrer au service de celle qu'il a tant aimée et chantée, il peut secouer le lourd manteau du grand voyage. Ses dernières paroles sont un pardon (1), et il se frappe d'une main que la morale nomme injustement criminelle. Quand les hommes feront quelque chose les uns pour les autres; quand, sur le champ de bataille de la vie, ils auront pour le soin des blessés des chirurgiens tout prêts, que nul d'entre eux ne sera exposé aux tortures de la faim, il leur sera permis d'arrêter dans leur fuite les lâches.... Jusque-là, qu'ils se taisent.

Le suicide de Des Periers n'est pas douteux; la plupart des biographes l'admettent sur la foi d'Henri Estienne. Cependant il est probable qu'il n'arriva pas dans les circonstances racontées par celui-ci. Peut-être, ayant ouï parler dans sa jeunesse de la funeste fin du valet de chambre de Marguerite, et cherchant à s'en rappeler les circonstances, aura-t-il confondu avec le suicide de Vaudrey, raconté par Des Periers dans son LVe conte : « Il (le seigneur de Vaudrey) fit planter une épée toute nue le long de la muraille, la pointe devers lui, et se print à courir contre l'épée d'une telle roideur qu'il se perça d'outre en outre. » Or voici le passage d'Henri Estienne : « Je n'oublierai pas, dit-il, Bonaventure Des Periers, qui, nonobstant la peine qu'on prenoit à le garder (à cause qu'on le voyoit estre desesperé et en deliberation de se defaire), fut trouvé s'estant tellement enferré de son espée, sur laquelle il s'estoit jeté, l'ayant appuyée le pommeau contre terre, que la pointe, entrée par l'estomac, luy passoit par l'echine (2). » « Y a-t-il apparence qu'on eût fourré le conte de Vaudrey dans les *Joyeux Devis*, si c'eût été une chose avérée que

1. Il exprime à Du Moulin le désir que ses œuvres soient dédiées à la reine de Navarre, I, p. 3, 4 et 5.
2. Edit. 1607, in-8, p. 249.

l'auteur même, desespéré, à ce qu'on dit, se fût tué d'une manière toute semblable ? » Le Duchat, qui fait cette réflexion dans une note du chapitre XXVI de son édition de l'*Apologie pour Hérodote*, ne doute cependant pas du suicide de Des Periers, puisqu'au chapitre XVIII il l'attribue à une fièvre chaude. Comme lui, nous pensons que les paroles d'Estienne et le conte de Vaudrey offrent matière à réflexion. D'autres pourront dire : « Mais ces critiques s'égarent ; l'histoire de Vaudrey rend d'autant plus vraisemblable le récit de l'auteur de l'*Apologie* : ne sait-on pas que le suicide est maladie contagieuse (1), et qu'au croc où s'est pendu Paul, Jacques, Pierre et Jean se pendirent aussi. » Je le sais, et voilà pourquoi j'hésite à poser des conclusions. Il me semble qu'il est aussi impossible de nier le suicide de Des Périers (2) que d'indiquer la façon dont il a pu s'accomplir.

Des Periers mourut durant l'hiver de 1543 à 1544. C'est en ce court intervalle de temps qu'il faut

---

1. Le bon M. Lavirotte fait quelque part cette remarque sur sa ville natale, qui fut aussi celle de Des Periers : « Ce qui, depuis quelques années, a trop affligé les gens sages, c'est la sombre manie du suicide, qui, de temps à autre, est venue désoler plusieurs familles. »

2. « M. Charles Nodier s'inscrit en faux contre le suicide de Bonaventure Des Periers, qui n'est rapporté, il est vrai, que par un seul auteur contemporain, Henri Estienne ; mais cet écrivain, qui est d'ailleurs une autorité assez respectable, revient deux fois sur ce fait, qu'il répète presque dans les mêmes termes en deux endroits différents de son *Apologie pour Hérodote*. Simon Goulart a cité un de ces passages dans le *Trésor des histoires admirables* ; Chassanion en donne la substance dans ses *Histoires mémorables des grands et merveilleux jugements de Dieu*, et La Croix du Maine dit qu'*il se tua avec une épée qu'il se mit dans le ventre, étant devenu furieux et insensé*. Le genre de mort de Bonaventure Des Periers étoit donc établi par une tradition généralement acceptée. » (Paul Lacroix, *Cymbalum*.)

placer la triste fin du valet de chambre de Marguerite de Navarre, et non, avec Le Clerc, en 1535 (1); avec Rœderer, en 1537; avec de Bure (2) et Nodier, en 1539; avec Lavirotte, en 1554.

II.

Les œuvres poétiques de Des Periers, comme celles de beaucoup d'autres versificateurs du XVIe siécle, n'étant, à proprement parler, qu'un recueil d'épîtres et de placets, nous pouvions, avec assurance, les questionner sur la vie de leur auteur. Le *Cymbalum mundi* nous dira ses opinions religieuses et philosophiques. Aux *Joyeux Devis* nous connaîtrons l'écrivain. Mais pour juger en toute sûreté de conscience du *Cymbalum*, il ne faut pas ignorer quelles avoient été, à l'époque où il l'écrivit, les croyances religieuses de Bonaventure Des Périers. Pour nous en instruire, nous interrogerons une fois encore le *Recueil des œuvres*, qui nous donnera sur ce point des éclaircissemens précieux.

Elevé dans un monastère, où une règle à bon escient relâchée laissoit porte ouverte aux mauvaises mœurs, et où chacun se conduisoit à sa guise, Des Periers se livra à l'étude de l'antiquité, et puisa dans les ouvrages des Grecs et des Latins cet esprit d'indépendance et cet amour du vrai qui sera le propre de son génie. Cependant, imbu, comme toute la jeunesse, des doctrines du catholicisme, il marchera d'abord dans la voie de ses pères et croira tout ce qu'on lui aura dit, et parce qu'on lui aura dit de croire. Mais la foi d'un jeune homme est celle de ses maîtres, jusqu'au jour où son entendement a définitivement re-

---

1. *Bibl. choisie*, XXIII, p. 454.
2. *Bibl. instructive*, Belles-lettres, p. 297.

jeté ou accepté ces vérités immuables enseignées sous la sanction du *quos ego* et de la férule. Des Periers suivit la marche commune; mais à peine a-t-il brisé les dernières lisières qu'on le voit s'élancer dans la carrière dont il ne sortira plus, et où, malheureusement, des têtes bouillantes, mais moins hardies que la sienne, l'ont déjà devancé : il leur abandonnera la victoire et laissera tout le monde derrière lui. Ainsi, du moment qu'il se recommanda de Marot pour entrer dans la maison de Marguerite, Des Periers avoit abdiqué de cœur ses croyances catholiques. Il n'étoit pas possible de méconnoître la tournure d'esprit de cette princesse : bientôt on la vit prendre pour prédicateurs des apostats de l'ordre de Saint-Augustin et assister les princes de la réformation. Calvin, qu'elle avoit un temps caché à sa cour, et qui la connoissoit, dit d'elle que *Dieu en avoit fait un instrument pour l'édification de sa véritable église.* Qu'importe après cela que sous la pression de son mari elle ait paru, plus tard, revenir à d'autres croyances? Dès le commencement de leurs relations, Des Periers ne lui écrit-il pas qu'il faut qu'on *évangelise* (1) (le mot étoit déjà consacré) dans les églises catholiques? Ne lui prêche-t-il pas cette loi de Christ dont elle fait souvent mention et au service de laquelle il mettra éternellement sa plume (2)?

> Il l'a dict, le vivant qui faict vivre,
> Que renoncer il se fault pour l'ensuyvre,
> Sans prendre en soy soucy du lendemain,
> Ains seulement du temps qu'on ha en main.

Ne lui souhaite-t-il pas le bonheur éternel en ces termes qui d'une lieue sentent le fagot :

> Salut vous doint celuy qui sauve l'homme
> Bien mieux *gratis* que par argent à Romme (3)?

1. I, p. 136.
2. I, p. 156.
3. C'est en faveur de l'autre Marguerite, de celle qu'on a

Termes dont l'amplification est aussi explicite que possible :

> Courray illec en celle court romaine
> Au grand lendy, dis-je, des benefices,
> Qui valent bien autant que point d'offices,
> Pour, en servant, gaigner quelque chappelle
> Dont je ne sçay comment le saint s'appelle.
> Là, si ne puis en estre despesché,
> Au fort aller j'auray quelque evesché ;
> Si je ne puis impetrer d'estre prebstre,
> Je ne pourray qu'au moins cardinal estre (1).

Une fois lancé, Des Periers ne s'arrête plus ; mais il reste indécis comme tous les penseurs du moment, qui, à les considérer dans leur véritable jour, marchent un peu à l'aventure, sans savoir et sans chercher autour de quel drapeau se rallier. Enfin, l'un d'eux a eu assez de courage pour en déployer un, et bientôt le ban et l'arrière-ban des esprits révoltés contre les anciennes croyances le suivent. Ils ne savent point encore quel sera son code ; ce qu'ils savent, c'est que ce ne seront plus les foudres de Rome qu'ils auront à craindre : en avant !

Aux gages des plus zélés, Des Periers traduit la Bible ou corrige la traduction ancienne. Il traduit les psaumes, les cantiques, les hymnes, tout ce que Calvin et Marot lui indiquent. Que ne feroit-il pas ? Il va jusqu'à prophétiser (2), lui, l'ennemi des prognostiqueurs !

---

surnommée la *Pallas de la France*, que ce souhait fut formé ; mais elle étoit trop jeune pour le comprendre. Il est donc à l'adresse de la *tante*, comme on peut le voir d'ailleurs par le reste de la pièce. (I, p. 73.)

1. I, p. 140. Relisons aussi les *Joyeux devis*, où se trouvent mille passages répréhensibles, à commencer par celui-ci : « A quoy faire iray-je à Romme ? Les pardons sont par deçà ! » (II, p. 10.)

2. La pièce assez obscure de la p. 80, ci-dessous, ne fait-elle pas allusion aux réformateurs Luther, Calvin et Zuingle ?

Le réveil des sectateurs du nouveau grand prêtre fut terrible. Ils s'étoient jetés, sinon dans la gueule du loup, du moins sous la houlette d'un implacable pasteur, chez lequel les folles passions ne parlent plus et qui ne souffrira pas qu'autour de lui elles ouvrent la bouche. Ils avoient l'intolérance en habits de fêtes, ils l'ont en robes noires et en manteaux de reistres. De part et d'autre les bûchers sont allumés. Quelques-uns crurent qu'il étoit bon de n'aller point tâter du feu de Genève et disoient à qui les vouloit croire qu'il brûloit aussi bien que celui de Rome. Mauvaises langues! Des Periers, un peu conseillé par Marot, et d'ailleurs déjà instruit sur le compte du convertisseur genevois, eut bientôt pris son parti, et, l'année suivante, il écrivoit son *Cymbalum*, qui fut bien ce qu'il prétendoit être, la tympanisation du monde, c'est-à-dire la ridicule comédie des croyans de son époque, qu'il voit tous s'appuyer d'une main sur l'autel, de l'autre sur l'échafaud. Il pensa qu'une réforme anodine étoit inutile, et vouloit tout détruire. Aussi Calvin le désignoit-il implicitement à la vengeance royale, lorsque peu de temps après l'avoir appelé impie (1), il encourageoit par lettres François Ier à châtier les impies (2).

Pour appeler l'auteur du *Cymbalum* impie, ce n'est pas que Calvin eût lu ce dernier livre; mais il avoit connu Des Periers à la cour de Nérac, et d'abord n'avoit pas vu en lui l'étoffe d'un partisan de sa doctrine. Son jugement sur Des Periers fit du bruit de

---

1. Dans son traité *De Scandalis* : « Il est notoire qu'Agrippa, Dolet, ont toujours professé pour l'Evangile un mépris orgueilleux. A la fin, ils en étoient venus à cet excès de démence et de fureur, que non seulement ils vomissoient d'exécrables blasphèmes contre le Fils de Dieu, mais pour ce qui regarde la vie de l'âme, ils pensoient ne différer en rien des chiens et des pourceaux. D'autres, tels que Rabelais, *Des Périers* et Govea, *après avoir goûté l'Evangile*, furent frappés du même aveuglement. »

2. Préface de l'*Institution chrétienne*.

par le monde; car, si Calvin étoit aux yeux de la majorité un scélérat pervers, qu'étoit-ce que Des Periers, pervers maudit par lui ? Ce devoit être le diable. Catholiques et huguenots s'entendront pour l'accabler; et il sera longtemps, il sera jusqu'à nos jours, victime de leur male rage.

Le *Cymbalum mundi* fut imprimé pour la première fois au commencement de mars 1537, avant Pâques, et fut immédiatement saisi et anéanti par l'autorité séculière (1). On y avoit découvert « de grands abus et hérésies ». Remarquons et pesons bien ces mots, « de grands abus et hérésies », et nous verrons qu'aujourd'hui même personne n'a, sur le *Cymbalum*, porté jugement plus sain que celui qui les a écrits.

Publié de nouveau à Lyon à la fin de 1538, le libelle de Des Periers ne se répandit pas davantage dans le public; mais quelques exemplaires, heureusement échappés à ce grand péril, passèrent de main en main à travers les âges, et nous sont parvenus. Dans cet intervalle, plusieurs érudits et gens de lettres s'en occupèrent, et la plupart en parlèrent sur la foi de Calvin, qui ne l'avoit pas vu.

Rien n'est plus étrange que les révolutions de l'opinion sur ce petit volume. Nous allons, pour ensuite résumer le débat, les exposer ici :

La Sorbonne s'exprima sur le compte du *Cymbalum* avec bénignité. « Nous le supprimons, dit-elle, bien qu'il ne contienne pas d'erreurs expresses en matière de foi, mais parce qu'il est pernicieux. » Evidemment la Sorbonne n'avoit absolument rien compris ou n'avoit rien voulu comprendre au *Cymbalum*. Ecoutez les critiques du XVIe siècle, La Croix du Maine et Henri Estienne : « Livre détestable! » s'écrient-ils. Pasquier : « C'est un lucianisme qui mériteroit d'être jeté

1. Par arrêt du Parlement du 19 mai 1538. Le 19 juillet, le même Parlement déféra le livre à la Faculté de théologie, qui en prononça aussi la suppression. Voy. Haag, *France protestante*, article Des Periers.

au feu avec son auteur, s'il étoit vivant (1). » Mersenne : « De Perez (sic) estoit un monstre et un fripon d'une impieté achevée (2). » L'annotateur de l'exemplaire de la Bibliothèque impériale : « Athée indigne de porter le nom d'homme. » Des Periers ! Et ailleurs : « *Dixit insipiens in corde suo, non est Deus !* » C'est un déluge de grossièretés. Chassanion ne se peut contenir : « Misérable livre où l'on se moque ouvertement de Dieu et de toute religion ! » Spizelius... nous vous renvoyons au *régent qui combattit à belles injures la harengère du Petit-Pont.*

Tout à coup, par un revirement subit, l'opinion change, et, de forcenés qu'ils étoient, les critiques deviennent tout miel ; les éloges, dans leur bouche, ne tarissent plus. Du Verdier ne voit dans le *Cymbalum* qu'un « livre de folâtre argument et de fictions fabuleuses ». Prosper Marchand ne s'explique pas qu'on ait pu songer à le poursuivre : « Il n'y a ni libertinage, ni athéisme, dit-il (3). Une des formalités né-

---

1. « Il me semble que c'est estre bien rigoureux, dit le bonhomme Colletet dans sa vie manuscrite de Des Periers (Bibl. du Louvre), et que c'est aller bien viste pour un docte et franc Gaulois, qui n'estoit pas tellement ennemy des vieilles hardiesses et de l'ingénieuse raillerie qu'il en voulût effacer tous les caractères dans les œuvres de Lucien mesme. Et si le Pantagruel de Rabelais luy a tant pleu, comme luy ont si souvent reproché ses adversaires, je m'estonne pourquoy il traitte si mal ceste cymbale à sonnette resonnante, qui ne despleut pas aux curieux de son temps et qui fit alors tant de bruit. Il faut que j'advoue que les divers eschantillons que j'en ay veus dans la *Prosopographie* et dans la *Bibliothèque* de Du Verdier ne sont nullement impies ni criminels, et qu'il y a des dialogues dont le plus sévère Caton du Christianisme ne rougiroit pas d'estre l'autheur. »

2. *Questiones in Genes.*, si l'on en croit les bibliophiles allemands ; mais l'exemplaire que nous avons consulté n'étoit point si farouche ; — il est vrai qu'il contenoit des cartons. Voy. plus loin, p. 303, note 7, et 304, note 3.

3. Lettre à M. B. P. D. et G. (10 oct. 1706), réimprimée par M. P. Lacroix, p. 1 de son édit. du *Cymbalum*.

cessaires à la publication des livres, négligée mal à propos par l'auteur ou par le libraire, ne suffisoit-elle pas toute seule pour produire le même effet? D'ailleurs, Des Periers peut avoir caractérisé dans son dialogue quelques personnes de la cour qui s'en soient offensées. » Selon Le Duchat, un catholique seulement a pu composer le *Cymbalum* : « Si Des Periers a écrit ce livre, il le fit étant enfant de l'Eglise romaine (1). » D'autres enfin vous parleront de le béatifier : l'on n'attend plus que la bulle papale. « Croions que le but de sanctifier un ouvrage cru mauvais et dangereux est louable et digne de la charité chretienne ; qu'ainsi ce ne doit plus être l'impie, le detestable Des Periers, qui ecrivoit un livre que l'on devoit jeter au feu avec son auteur. Ce sera bien plutôt un pieux imitateur du zèle des saints Pères, un devot qui veut ruiner le paganisme. Le parallèle de Rabelais et du saint auteur du *Cymbalum* que M. Bayle a osé faire, croions que c'est un parallèle odieux, puisque dans le *Cymbalum mundi* rien ne choque, tout est dans la bienseance ; au lieu que dans le *Pantagruel* et le *Gargantua* on trouve un libertinage grossier et des profanations continuelles (2). » Voltaire et le P. Niceron se donneront la main et marcheront de bonne entente. Je vous dis que nous allons en paradis. « C'est un ouvrage qui n'a pas le plus léger, le plus éloigné rapport au christianisme », s'écrie le premier ; et le second, dans son patelinage : « Plusieurs auteurs en ont parlé sans l'avoir lu, et l'ont traité de livre impie et detestable ; mais il n'y a rien qui reponde à ces qualitez. On y raille, à la verité, les divinités du paganisme ; mais l'on n'y trouve pas ces obscenitez et ces profanations que l'on trouve dans Rabelais... Peut-être l'auteur n'a-t-il pas eu des desseins si profonds qu'on lui attribue, et qu'il s'est contenté de badiner

---

1. Note dans le 14e chapitre de l'*Apologie pour Hérodote*.
2. Préface des *Contes* de Des Periers, édit. de 1711.

sur les sujets qui se sont presentez à son esprit : aussi les quatre dialogues ont-ils peu de liaison entre eux. L'on peut dire, au reste, que c'est fort peu de chose. »

Voilà des auteurs qui comprennent que le *Cymbalum* est un livre impie; en voici d'autres qui comprennent qu'il est innocent, respectable, pieux et saint. Passons à ceux qui n'y comprennent rien; comme en toutes choses ils sont les plus nombreux. « Il m'a ennuyé, dit Goujet, et je n'y ai rien compris (1). » *De Profundis!* Paix à ceux que le *Cymbalum* ennuie! Que leurs œuvres leur soient légères!

Il en est auxquels la crainte des dévots a fermé la bouche, La Monnoye le premier, qui peut-être avoit saisi le vrai sens du *Cymbalum;* « mais, au sortir de l'inquisition, peut-il s'exposer à y rentrer (2)? »

Une note de Falconet ou de Lancelot fut le dernier mot du XVIIIe siècle dans la question :

« Le titre de *Cymbalum mundi*, que porte l'ouvrage entier, insinue assez que le but de cet auteur étoit de se moquer du ridicule des opinions des hommes, et de prouver que tout ce que l'on croit vulgairement n'est pas plus raisonnable que le vain son d'une cloche ou de l'instrument appelé en latin *cymbalum*. Pour établir ou plutôt pour renouveler le système que le christianisme avoit ruiné, il falloit commencer par tourner en ridicule la Providence et la divinité : c'est ce que Des Periers essaye dans le premier et dans le troisième dialogue; il falloit ensuite détruire la vérité : c'est là le but du second; enfin, il censure le goût pour le merveilleux et la nouveauté : voilà le dessein du quatrième dialogue, qui, ainsi que je le crois, n'auroit pas été le dernier, si Des Periers avoit eu le temps d'achever l'établissement de son système. »

De nos jours, on a fait un grand pas vers la solution du problème, grâce à Eloi Johanneau, amateur

---

1. *Bibl. françoise*, XII, p. 95.
2. *Œuvres choisies.*, édit. in-8. t. III, p. 202.

de curiosités littéraires de tous genres, et qui s'étoit imposé la tâche de trouver la clef du *Cymbalum* (1). Bon gré, mal gré, cet ingénieux chercheur a fini par expliquer une partie de ce qui étoit explicable (2). Toutefois, pour n'avoir pas étudié assez attentivement les autres œuvres de Des Periers, le véritable intérêt philosophique lui a échappé ; il n'a fait ressortir que les détails, en laissant de côté l'ensemble. A son œuvre la vie manque : c'est un bloc de marbre dégrossi qui encore attend le ciseau du maître. Celles de ses interprétations qui nous ont paru les plus justes se trouveront ci-dessous, dans les notes du *Cymbalum*; on ne sauroit les détacher désormais d'un texte consciencieux de Des Periers (3). Mais voyez la chance ! il faut que Johanneau, qui a lu et relu le *Cymbalum*, qui, de recherches en recherches, est arrivé à découvrir le mystère de tous ces anagrammes, reprenne la fausse idée des Spizelius et des Morhofius, et de tous ces savants en *us*, que Dieu damne ! pour lesquels le *Cymbalum* étoit un livre détestable et impie. Mieux valoit le laisser dans son linceul de poussière ; *mieux*

1. C'étoit une honte de voir, au moment où il commença ce travail, les niaiseries que la librairie parisienne débitoit sur le compte du spirituel ouvrage de Des Periers. M. Auguis, dans son recueil intitulé : *Les Poètes françois depuis le XIIe siècle jusqu'à Malherbe*, imprimoit ces lignes étranges : « Ces quatre dialogues sont tout à fait inintelligibles pour nous. » O Goujet !

2. *Lettre à M. de Schonen*, 1823, publiée avec corrections et augmentations par M. P. Lacroix.

3. M. Johanneau se proposoit d'étendre cette clef et sans doute aussi de la rectifier sur certains points ; la fin de son argumentation est foible, quelques allégations se contredisent, il s'est égaré en voulant mettre un nom propre à côté de tous les noms allégoriques de Des Périers : « Vous entendrez, dit-il en terminant, bien d'autres allégories, dont je donnerai une clé détaillée dans la nouvelle édition (*Variorum*) que je me propose de publier du *Cymbalum mundi*. » C'étoit promettre beaucoup, après avoir dit que de l'édition de 1537 il ne restoit plus rien.

vaudroit un sage ennemi. « C'est à vous à décider, dit-il à M. de Schonen, si la réputation d'athéisme et d'impiété que le *Cymbalum* a eue dès l'origine étoit fondée, toute vague qu'elle étoit, et si elle ne provenoit pas de l'intelligence confuse qu'on en avoit et de la tradition, suite de l'indiscrétion de quelques amis de l'auteur qui en auront eu la clef, ou au moins en auront connu l'esprit et le but : car on n'en trouve nulle part aucune explication satisfaisante. »

Nodier, qui suivit Johanneau dans l'interprétation du *Cymbalum* (1), fait chorus avec lui, Spizelius, Morhofius, etc. : « Il est trop prouvé aujourd'hui que l'ouvrage de Des Periers méritoit réellement le reproche d'impiété qui lui a été adressé par son siècle. » C'est aussi l'opinion de M. Lacroix; s'en remettant à Nodier, le célèbre bibliophile conclut ainsi : « C'est un chef-d'œuvre de fine et malicieuse plaisanterie qui va droit à l'impiété. »

Non, le *Cymbalum* n'est point un livre impie dans le sens où ce mot a toujours été employé par tous les peuples, c'est-à-dire un livre qui ne reconnoisse ni dieu ni loi religieuse. Son seul tort est de contenir « de grands abus et hérésies », c'est-à-dire de bouleverser les idées reçues des chrétiens; mais les chrétiens sont gens de trop bonne société pour faire un crime à quelqu'un de n'être pas de leur avis; tout au plus le brûlent-ils. On ne sauroit traiter plus humainement son ennemi.

Or le *Cymbalum* dit à Christ : « Tu es le prince des robeurs, tu avois trouvé chez les Grecs et chez les Romains, au milieu des superstitions du paganisme, des préceptes de la plus pure morale et de la plus saine raison, tu en avois fait un corps de doctrine qui

---

1. Il fit plus, il le plagia le mieux du monde, et Johanneau, *de colère enflammé*, fit sur-le-champ imprimer contre Nodier une courte diatribe, aujourd'hui fort rare, que M. Ferdinand Denis a eu la complaisance de mettre à notre disposition.

pouvoit être bon; mais tu l'as accompagné d'une pratique si bizarre et de tant de momeries, que depuis quinze cents ans nous cherchons encore, et sans espérance de pouvoir jamais nous accorder, le moyen de nous conduire d'après tes prétendues règles. Tu n'es pas fils de Dieu, tu n'a pas apporté la vérité, et si tu es fils de Dieu, ton père est un vieux rassotté qui n'a jamais rien prévu dans sa prescience infinie, car son livre éternel, tombant en loques, que tu viens prier la terre de remettre à neuf, nous te le volons comme tu as volé les sages de l'ancienne Grèce, et ni toi ni lui n'avez su ni ne saurez ce qu'il contient. Si tu avois apporté la vérité sur la terre, seroient-ils, ces bélîtres, à se disputer tous à qui la possède ? N'eût-elle pas été si évidente qu'elle nous eût aveuglés si nous ne nous fussions prosternés devant elle ? Tu as réussi parce que tu avois la parole sûre, comme Luther réussit aujourd'hui, qui a la langue bien pendue. Tous deux vous vous êtes servis des mêmes moyens, et la pierre philosophale, que tu dis avoir semée dans l'arène, n'étoit que pierre des champs. Si la vérité étoit connue, qu'aurions-nous besoin d'avocats ni de médecins? Y auroit-il des esclaves à ne pouvoir parler, cherchant en vain à reconquérir leur liberté, et des maîtres à jouir de tout ? Je le conçois, ta religion est bonne pour le profit de quelques-uns ; mais la vérité est à l'avantage de tous. Il y a utilité pour beaucoup à ce que la vérité reste cachée ; mais on finira par la découvrir, et déjà des antipodes elle nous arrive, et les intéressés ont beau masquer, estouper les fissures, il faudra céder lorsqu'elle se fera jour de toutes parts. »

Telle est la quintessence du *Cymbalum*, tous détails écartés (1). Est-ce un livre impie qui parleroit de la

---

1. Un des plus jolis de ces détails est la longue énumération des affiquets demandés à Mercure par la cour céleste. On y reconnoîtra une allusion satyrique aux mille et un meu-

sorte? Et parce qu'il nie la divinité de Christ, veut-il dire par cela qu'il n'y a point de Dieu, qu'il n'y a point de religion? Loin de Bonaventure Des Periers la pensée de nier la présence d'un Dieu créateur, son œuvre est pleine de lui (¹); mais il le veut débarrassé des langes dont les hommes enfants l'ont enveloppé à leur image; il le veut grand et juste, et que tous nos efforts soient d'arriver à sa connoissance par la recherche de la vérité (²).

Thomas du Clévier n'a pas dit à Pierre Tryocan qu'il ne croyoit à rien, mais qu'il ne croyoit pas à tout; il fait comme l'apôtre : « Que je voye, je croirai! »

La vérité est encore à trouver; on la trouvera. Ces deux points, qui dominent tout le *Cymbalum*, ne furent-ils pas la préoccupation dernière de Des Periers, et n'y a-t-il pas toute une révélation dans ce long poème des *Quatre Vertus*, où le nom de la vérité ne peut être prononcé et se cache sous des jeux de mots.

> Ainsi à toy, Posterité paisible
> (Veu du present l'iniquité nuysible,
> Mescongnoissant ce que plus tu revères

bles et objets de luxe sans lesquels l'église catholique ne sauroit célébrer son culte ni adorer Dieu. (I, p. 350 et suiv.)

1. Ne rapporte-t-il pas ses ouvrages à Dieu en terminant le *Voyage à l'Ile-Barbe* et son recueil poétique par ces mots : *Tout à un*, mots qui ne semblent point énigmatiques à celui qui a remarqué, à la fin de la Prognostication, ces pieuses paroles : « Au seul Dieu honneur et gloire. »

2. S'il étoit besoin, d'un coup d'œil en arrière, nous jugerions maintenant le chemin parcouru par Des Periers. Dans cette *Prognostication*, composée en 1530, à ses premiers pas dans la vie religieuse, il s'écrioit :

> Or, vois tu   Jesus Christ en ce lieu?
> Cestuy te soit pour horoscope unique,
> Dont tu prendras tout certain prognostique
> Pour l'avenir; car lui est *verité*.
>   (I, p. 137.)

Et renyant ce qu'après tu advères)
Laissons juger de telle vertu née
De nostre temps, divine et incarnée;
Ce neantmoins n'est du tout incongneuë,
Car sa beauté contemplent, toute nuë,
Maintz bons espritz en ceste chair mortelle,
Confessans tous qu'il n'en fut onc de telle.

Oui, la vérité existe, reconnoissons-le avec le sage; c'est une statue élevée sur la surface de la terre et immobile au milieu des bouleversements et des ruines; mais qu'importe-t-il, puisque ceux qui la veulent contempler sont persécutés et mis à mort?

III.

Il y a deux hommes dans Des Periers. Il y a d'abord la nature poétique et rêveuse avec laquelle nous venons de vivre et de souffrir: c'est l'esclave toujours prêt à rompre son ban et préférant aux chaînes de la mendicité le long repos d'outre-tombe; c'est le cœur droit réduit à ramper; c'est la tige puissante secouée sans relâche par le vent de la fortune mauvaise; c'est le hardi penseur qui a pressenti une saine croyance et qui n'aperçoit autour de lui qu'eunuques de raison, prosternés devant les œuvres de leurs mains, qu'ils divinisent, et chantant les louanges d'un être éternel qu'ils ne peuvent comprendre et qu'ils s'assimilent pour l'adorer.

Puis il y a le valet de chambre du palais de Navarre: c'est l'homme public, sage encore, mais honteux de son isolement et cachant ses fières pensées incomprises sous le masque de l'insouciante folie. Cette fois nous rencontrons l'immortel conteur. Topez-là, vous autres qui vivez au jour le jour et philosophez peu. Il jette sa toque par dessus les montagnes, faites comme lui. Que dis-je? c'est à ce signe que vous le reconnoissez; on ne vous a point encore habitués à le voir austère et religieux, et je vous ai bien surpris, vous le montrant tel sous le voile qui cachoit son cadavre de suicidé. Allons, maintenant, conduisez-nous dans la bonne grande route que vous avez tant de fois parcourue après lui, et saluons ensemble le chantre de Caillette et de Triboulet. Sonnez, grelots et tabourins !

En publiant le *Recueil des œuvres* de son ami, Du Moulin avoit annoncé que la même main laissoit encore d'autres *nobles reliques*, manuscrits dont il croyoit la plus grande partie aux mains de la reine sa maîtresse, et de Jacques Pelletier, « un mien connu à Montpellier. » Puis on n'entend plus parler de lui ; à peine apprend-on par un carton ajouté à quelques exemplaires de ce *Recueil des œuvres*, carton que nous n'avons pas vu, mais dont Niceron parle, qu'on a remis la main sur plusieurs poésies. Des *Joyeux Devis*, spécialement, pas un mot ; cependant, s'il est de Des Periers un *labeur doué d'éloquence*, c'est celui-ci, certes. Quoi qu'il en soit, les poésies annoncées ne parurent pas, et, en 1558, Granjon, imprimeur de Lyon, mit au jour ces *Joyeux Devis*, à l'honneur de ses presses. De ce moment, le nom de Des Periers fut à jamais assis en l'*Arc d'éternité*, et la haine des envieux aura beau s'escrimer contre lui, elle ne pourra l'atteindre.

Ce ne sont point, en effet, les envieux qui manquent à la gloire de Des Periers ; mais *il manquoit à la leur*. Les Contes, son meilleur ouvrage, lui ont été disputés avec un acharnement sans exemple, et parce que Pelletier en avoit probablement eu quelques années le dépôt, on s'est avisé de les lui attribuer. Interrogez La Croix du Maine, Tabourot et leurs copistes, — ils sont nombreux, — tous vous répondront que les *Nouvelles Récréations* n'appartiennent que de nom à Des Periers ; qu'elles sont de Pelletier et de Denisot, ses amis. A la rigueur, je comprendrois Pelletier ; mais Denisot ! La plupart des bibliographes, et, en dernier lieu, M. Brunet, ne se sont point aperçus de l'erreur dans laquelle ils tomboient. « Denisot, dit ce dernier, en publiant les *Joyeux Devis*, après la mort de l'auteur, y a ajouté plusieurs morceaux de sa propre composition ». Hélas! il manque un détail à cette observation : lors de l'impression des *Joyeux Devis*, le noble *conte d'Alsinois* avoit vécu depuis plusieurs années.

Heureusement qu'il s'est trouvé un Nodier pour venger Des Periers de ces attaques. Nous publions d'autant plus volontiers sa défense, que c'est la seule page de sa Notice qui ne contienne pas plus d'une erreur : « Plus j'ai relu les *Contes* de Des Periers, plus j'y ai trouvé de simultanéité dans la forme, dans les tours, dans le mouvement du style. Quoiqu'il y ait des exemples nombreux, dans les lettres comme dans les arts, de cette aptitude à l'imitation, je ne l'accorde pas sans regret, et surtout sans réserve, à Pelletier et à Denisot, qui n'ont jamais eu le bonheur de ressembler à Des Periers, si ce n'est dans les écrits de Des Periers où l'on veut qu'ils aient pris part. Je conviens très volontiers cependant que Des Periers, mort en 1544, et, selon moi, en 1539 [1], n'a pas pu parler de la mort du président Lizet, décédé en 1554 (nouv. XVII), et de celle de René du Bellay, qui ne cessa de vivre qu'en 1556 (nouv. XXVII). Il en est de même de deux ou trois faits pareils que La Monnoye a recueillis avant moi, et probablement de quelques autres qui nous ont échappé à tous deux. Mais qu'est-ce que cela prouve? Ces phrases : *Naguères decedé; decedé evesque du Mans*, etc., ne sont autre chose que des incises qu'un éditeur soigneux laisse volontiers tomber dans son texte pour en certifier l'authenticité ou pour en rafraîchir la date [2]. Il ne

---

1. Voilà l'erreur. Nos lecteurs savent que Des Periers est mort postérieurement à 1541, à ne s'en fier qu'à la pièce authentique reproduite plus haut.

2. Ces incises sont tout simplement des notes ou commen-

seroit pas même étonnant que les noms propres auxquels Des Periers aime à rattacher ses historiettes eussent été souvent remplacés par des noms plus récens, plus populaires, plus capables de prêter ce qu'on appelle aujourd'hui un intérêt piquant d'*actualité* aux jolis récits du conteur. L'auteur même qui publieroit son ouvrage après l'avoir gardé vingt ans en portefeuille ne négligeroit pas ce moyen facile de le rajeunir, et il est tout simple que l'éditeur de Des Periers s'en soit avisé, car, à son défaut, l'idée en seroit venue au libraire(1). Laissons donc à Denisot et à Pelletier, puisqu'on en est convenu, l'honneur d'une collaboration modeste dans les ouvrages de leur maî-

taires servant à bien désigner au lecteur le personnage dont Des Periers a voulu parler.

1. Pour prouver que les contes sont de Pelletier, on donne une seconde raison, mauvaise non moins que la première, et sur laquelle il est très permis à Nodier de garder le silence, mais que nous devons relever. Goujet prétend que, l'Anjou, le Maine et le Poitou, n'étant pas connus à Des Periers, on n'en retrouveroit pas trace dans les contes qui portent son nom, s'il les avoit écrits. 1º Qui dit à Goujet que Des Periers ne connoissoit pas les susdites provinces, qu'il n'y avoit pas voyagé? 2º La sénéchale de Poitou savoit de bons contes, si l'on en croit son petit-fils; par elle, des histoires poitevines n'avoient-elles pu arriver aux oreilles de Des Periers? 3º Tous les conteurs du XVIe siècle n'ont-ils pas leur mot sur Poitiers, superbe ville qui ne le cédoit pas en étendue à la capitale du royaume? « C'est la plus grande ville de France et du plus grand ton après celle de Paris », dit Garnier dans les annotations de Ronsard. 4º Poitiers ne fut-elle pas, dès l'origine, l'un des boulevards de la réforme, et Des Periers n'en apprenoit-il pas à tout instant des nouvelles dans le milieu où il vivoit? « Comme le vice est une tache d'huile qui s'étend sensiblement et à vue d'œil, aussi est-il arrivé que ce malheureux homme (Calvin) provigna son athéisme non-seulement en Italie, mais encore en France, et particulièrement en la province de Poitou, où les esprits sont doux et faciles, susceptibles de bonnes et mauvaises impressions. » (Garasse, *Doctrine curieuse*, p. 915.)

tre, mais gardons-nous bien de pousser cette concession trop loin. Si Pelletier et Denisot avoient pu s'élever quelque part à la hauteur du talent de Des Periers, ils n'auroient pas caché cette brillante faculté dans les *Contes*, eux qui ont vécu assez longtemps pour la manifester dans leurs livres, et qui ont fait malheureusement assez de livres pour nous donner toute leur mesure. Il n'y a qu'un Rabelais, qu'un Marot, qu'un Montaigne, qu'un Des Periers, dans une littérature; des Denisot, des Pelletier, il y en a mille (1). »

Suum cuique. Si Nodier est celui qui a vengé Des Periers avec plus de talent, Pasquier est le premier qui ait combattu la collaboration de Pelletier aux *Nouvelles Récréations*, et ce passage de sa lettre à Tabourot mérite aussi d'être conservé (2) :

« Je trouve qu'en ceste seconde impression, vous appropriez à Jacques Pelletier les facéties de Bonaventure Des Periers; vous me le pardonnerez, mais je crois qu'en ayez de mauvais memoires. J'estois l'un des plus grands amis qu'eust Pelletier, et dans le sein duquel il desploioit plus volontiers l'escrain de ses pensées. Je sçay les livres qu'il m'a dit avoir faits, jamais il ne me fit mention de cestuy; il estoit vrayement poète et fort jaloux de son nom, et je vous asseure qu'il ne me l'eust pas caché, estant le livre si recommandable de son subject, qu'il mérite bien de n'estre non plus desadvoué par son autheur que les facéties latines de Poge, Florentin. »

1. *Notice* citée, p. 36.
2. Edit. in-fol., II, p. 213. Rappelons aussi cette note manuscrite de La Curne, écrite sur une garde du *Recueil des œuvres*, au commencement du XVIIe siècle : « L'auteur des *Bigarrures*, dit avec sagacité le modeste magistrat, attribue ce livre de *Nouvelles* à Jacques Pelletier du Mans, qui l'auroit publié sous le nom de Des Periers; mais il n'allègue ni raison ni autorité de son dire, et y a plus d'assurance au titre du livre et à la commune opinion, joint que ce livre de *Nouvelles*, tant au style qu'aux contes qui y sont

Il semble que l'empire des lettres soit un pays maudit où la fausse monnoie ait cours légal. Il a fallu trois siècles pour mettre un terme à ce duel étrange que la paternité des *Joyeux Devis* occasionnoit. Et quels étoient les champions ? D'une part le poëte du *Cymbalum*, et de l'autre *le sec et rude auteur* de *l'orthographe françoise*, aussi fatigant prosateur que triste poëte. Le veut-on juger sur un vers, le premier venu, l'arrêt ne sera pas long à prononcer :

> Roy qui n'as roy au dessus de toy qu'un.

Voilà ce qu'a osé imprimer Pelletier dans une épître adressée à François Ier, c'est-à-dire dans un travail vu, revu, corrigé, augmenté. Par bonheur qu'à l'examiner sous d'autres points de vue, Pelletier a des qualités qui peuvent racheter ses plus grands défauts, et que sa muse ne fut pas toujours aussi mal inspirée, ne fût-ce que lorsqu'elle dictoit cette épigramme, qui nous rappelle une des plus jolies des *Nouvelles récréations* (1) :

> Un mari frais encore en l'an et jour,
> Venant des champs, trouve sa damoiselle
> Dedans sa chambre, à point et de sejour.
> Bonsoir, et puis ? — Grand chère, ce dit-elle,
> Et vous ? — Et moy ? je ne la fis onc telle.
> Souperons nous ou ferons le deduit ?
> — Fesons lequel vous plera, dit la belle ;
> Mais le souper n'est pas encore cuit !

Tel est le seul passage des œuvres de Pelletier où l'on pourroit retrouver, avec beaucoup de bonne volonté, une allusion lointaine au livre fameux qu'on lui a si longtemps attribué.

et aux personnages qui y sont nommés, semble plus ancien que Pelletier, qui a flori sous Henri II, et aussi que par le présent livre (le *Recueil des œuvres*), on voit que Des Periers étoit capable de faire ce livre de *Nouvelles*.

1. Nouv. L.

Soit donc vidé le procès fait si injustement à Des Periers, et soient mises au rang des erreurs les allégations des Le Duchat (1), des La Monnoye (2) et consorts (3), lesquelles tendoient à enlever les *Joyeux Devis* à leur unique auteur.

Depuis 1615 jusqu'à nos jours, c'est-à-dire jusqu'aux éditions de M. P. Lacroix, les charmants contes de Des Periers, qui avoient fait les délices du XVIe siècle, ne furent réimprimés que deux fois. C'est dire dans quel discrédit, dans quel oubli ils étoient tombés ; les contemporains, d'ailleurs, seroient là pour nous l'apprendre. « Les contes de Des Periers, écrit Le Clerc, sont racontés d'une manière qui ne permet pas qu'on en parle. » Sorel (4) veut bien leur faire l'honneur de reconnoître qu'ils ont quelque chose de plaisant ; « mais il s'y trouve tant d'impuretés qu'il ne les nomme qu'afin qu'on se garde d'eux. » C'est le même auteur qui place Rabelais parmi « ces rêveries à l'antique qui sont encore trouvées bonnes de quelques gens (5). » Autres exemples négatifs qui ne prouvent pas moins : Formey, dans ses *Conseils pour former une bibliothèque* (6), ouvrage dont le succès est attesté par des réimpressions successives, ne cite pas Des Periers parmi les meilleurs conteurs ; mais, en récompense, il inscrit à côté de

---

1. « Pour ce qui est des *Nouvelles récréations*, on sait, à n'en pouvoir douter, que ce livre est de Nicolas Denisot. » (Note dans le 14e chap. de l'*Apologie pour Hérodote*.)

2. La Monnoye prétend que les contes ne sont pas de Des Périers : 1º dans la préface de son édition ; 2º t. IV du *Ménagiana* ; 3º lettre à l'abbé Conti, t. VIII, p. 238 de la *Bibl. françoise*.

3. L'édition des *Nuits de Straparole* (1725) dit, t. I, p. 11, à propos de la nouvelle du curé qui ne sait pas le latin : *Ce conte est aussi du prétendu Des Periers*. Voy. encore J. C. Mylii *Bibliotheca anonymorum*, Hamburgi, Brandt, 1740.

4. *Bibl. choisie*, XXIII, 454.

5. *Bibl. franç.*, 2e édit., 193.

6. Berlin, 1755.

Gargantua les rapsodies suivantes : *Atalzaïde ; Ah ! quel conte ! La Laideur aimable* et *Ibrahim Bassa*. Tel est le goût du siècle. Le nôtre ne vaut pas beaucoup mieux. Le 25 août 1828, l'Institut couronna un *Tableau de la marche et des progrès de la littérature française au XVIe siècle*, par M. St-Marc-Girardin, où l'auteur des *Joyeux Devis* n'est pas même nommé. Ainsi, jusqu'à ce jour, la mauvaise fortune de Des Periers a voulu qu'il fût, dans sa vie et dans ses œuvres, méprisé ou méconnu.

Le livre qui nous occupe, composé à la même époque que le *Cymbalum*, selon toutes probabilités avant le *Cymbalum* (1), éprouva d'abord, et vingt ans durant, des fortunes diverses ; il tomba enfin aux mains d'éditeurs qui l'altérèrent au point de faire douter de son origine. Ceux qui leur succèdent, dans un but de spéculation, pillent impudemment à droite et à gauche les conteurs contemporains, et de leurs dépouilles grossissent le bagage littéraire de Des Periers, qui n'en peut mais (2). A partir d'une époque indéterminée (car on a des éditions sans date, voy. t. II, p. vij), mais bien certainement antérieure à 1569, on ajouta trente-neuf contes aux quatre-vingt-dix de la première édition. La plupart de ces contes se retrouvent dans l'*Apologie pour Hérodote* ; mais on ne sait, vu l'incertitude où laissent les éditions sans date, s'il faut en faire honneur à Henri Estienne. Cet écrivain ayant d'ailleurs emprunté divers passages aux *Joyeux Devis* imprimés chez *Granjon*, et qui sont, eux, de beaucoup antérieurs à l'*Apologie*, nous ne pouvons le

---

1. Voy. t. 2, p. 9, note 1.

2. De temps immémorial, l'ordre établi par Granjon et les premiers éditeurs a été troublé : nous l'avons rétabli ; c'est pourquoi nous donnons ici, pour ceux qui, connoissant le numéro ancien d'un conte (édit. des XVIIe, XVIIIe et XIXe siècles), voudroient retrouver le même conte dans notre édi-

DE B. DES PERIERS. lxxix

classer parmi les *Origines* (1) de Des Periers (2). Mais qu'on nous démontre qu'il seroit juste de le faire pour la seconde partie des Récréations, amende honorable. La meilleure édition du monde n'est qu'un édifice provisoire : celui qui l'élève doit toujours se tenir prêt à le jeter bas ; nouvel Abraham, on ne le répute bon père que le couteau levé sur son enfant.

Enfin La Monnoye vint ! Compatriote de Des Periers, ami des bons contes, des livres goguenards, « se chatouillant pour se faire rire (3) », c'est l'homme

tion, la conférence des anciens numéros avec les nouveaux, et réciproquement :

ANCIENNE ÉDITION	NOUVELLE ÉDITION.
NOUVELLES I à VII, inclusivement, identiques.	
VIII et IX. *voyez :*	XCI et XCII.
De X à XC inclusivement. Pour trouver un conte de la nouvelle édition, n'étant connu que le numéro des anciennes, retrancher deux du nombre connu. Ainsi le XLVIIIe conte des anciennes éditions est le XLVIe de la nouvelle.	De VIII à LXXXVIII, inclusivement. Pour trouver un conte des anciennes éditions, n'étant connu que le numéro de la nouvelle, ajouter deux au nombre connu. Ainsi le XXXVe conte de cette édition est le XXXVII conte des anciennes.
XCI–XCII.	LXXXIV–XC.
	XCI et XCII, voyez dans les anc. édit. VIII et IX.
XCIII à la fin, identiques.	

1. Voy. t. II, p. xvij, note 1.
2. La question est depuis longtemps pendante : « Les contes qu'on a ajoutés, dit Nicéron, sont tirés du *Traité préparatif de l'Apologie pour Hérodote*, etc., à quoi n'ont point fait attention *ceux qui ont cru* qu'Henri Estienne, auteur de ce traité, y avoit inséré plusieurs contes de Des Periers, au lieu que c'est tout le contraire. » (*Hommes illustres*, 1736, in-12, t. 34, p. 343.)
3. *OEuvres choisies*, t. III, p. 264.

qu'il faut aux *Joyeux Devis* ; nul ne les annotera mieux, ne les fera goûter plus promptement aux lecteurs du XVIIIe siècle. Avant son ouvrage achevé, la mort le frappe : il n'a le temps de rien réviser, et son travail, déshonoré par une main inexpérimentée, indocte et cupide, voit le jour avec toutes ses imperfections (1).

Aujourd'hui ces malheureux *Devis* tombent aux mains d'un écolier, qui divague sur eux à son aise (Dieu me pardonne !); est-il seulement l'ombre de ceux qu'il critique ? Le pauvre Bonaventure, sur la roue de misère où il a rendu l'âme, est de nouveau torturé. « Un prêtre ne vaut rien sans clerc », dis-tu (2) ; mais un poëte vaut-il quelque chose avec annotateur ? Hélas ! tu ne réponds pas, et c'est ce qui m'afflige ; d'autres, parlant pour toi, nous comparent à la cinquième roue du carrosse, si j'entends bien, du moins.

Mais tandis que les éditeurs s'escriment, que le public boude, les grands écrivains et les tout petits, bons larrons, accourent, troisièmes, qui vous mettent mon Des Periers au pillage et le robent pour notre bien. On verra dans le tableau sommaire des imitations que les emprunts faits au conteur sont de quelque importance. Il faudroit un volume, plusieurs volumes, et vingt ans d'un labeur incessant, pour retrouver toutes les formes qu'ont pu revêtir les idées puisées chez lui. La Curne disoit, il y a longtemps, dans sa note citée : « L'auteur des *Serées* et autres ont tiré de bonnes plumes de l'aile de Des Periers, sans le daigner nommer. » Parmi les imitateurs qui font le plus d'honneur

---

1. Voy. t. II, p. ix, x, xj, xij, xiij, xiv. Faut-il relever ici quelques-unes de ces fautes ? On n'en finiroit pas. T. I, p. 251, par exemple, la *Légende de Pierre Faifeu* est dite imprimée à *Anvers* au lieu d'Angers ; t. II, p. 8, encore en note, au lieu de *Jérôme Martin*, il faut lire Jérôme Morlin. Les *Morlini novellæ* sont bien connues ; elles le seront mieux, grâce à l'excellente édition de M. Jannet. (*Bibl. elzev.*, 1856.)

2. II, p. 38.

à Des Periers, La Fontaine tient le premier rang; il en est d'autres, d'aussi bonne compagnie, que nous avons négligé de citer. D'Aubigné, dans la *Confession de Sancy*, ne dit-il pas malicieusement, copiant le plaisantin Triboulet (1) : « Le tiers parti qui contraint le roy à sa conversion le contraindra bientôt à faire son état alternatif. » Plus haut, c'étoit Malherbe. Molière est présent à l'appel ; le joli dizain adressé à Jean de Tournes (2) lui inspira la tirade de Scapin dans les *Fourberies* (act. II, sc. VIII) : « Pour moi, j'ai pratiqué toujours cette leçon dans ma petite philosophie, et je ne suis jamais revenu au logis que je ne me sois tenu prêt à la colère de mes maîtres, aux réprimandes, aux injures, aux coups de pied au cul, aux bastonnades, aux étrivières ; et ce qui a manqué à m'arriver, j'en ai rendu grâces à mon bon destin. » Enfin, jusqu'à d'obscurs traités de médecine fournissent leur contingent : « Quand vous trouverés de ces retireuses de garces, dit Louise Bourcier à sa fille, en lui parlant des sages-femmes deshonnêtes (3), ne vous en accostés nullement ; elles sont trop aguetes, et en quelque compagnie que vous alliés, ne parlés jamais d'elles, car vous ressembleriez à l'escholier qui se voulut venger d'une harengère qui l'avoit injuriée », et là-dessus la bonne matrone nous conte la nouvelle LXIII de Des Periers.

Il seroit facile de faire plus longue la liste de ces rapprochements ; on en restera là, en rappelant toutefois que Bonaventure avoit eu comme un pressentiment de son sort, lorsqu'il terminoit en ces termes son XXVIIe *Devis* : « Les uns me conseilloyent que je disse que cela estoit advenu en hyver, pour mieux faire valoir le compte ; mais estant bien informé que ce fut en esté, je n'ay point voulu mentir : car, avec

---

1. II, p. 310.
2. I, p. 149.
3. P. 230, 3e partie de son *Traité des accouchements*.

ce qu'un compte froid n'est pas trouvé si bon, je me damnerois, ou, pour le moins, il m'en faudroit faire pénitence. Toutes fois *il sera permis à ceux qui le feront après moy de dire que ce fut en hyver, pour enrichir la matière.* Je m'en rapporte à vous. Quand à moy, je passe outre. » Et moi fais-je aussi.

Cependant, un dernier mot. Ce qui rend si parfaite l'homogénéité des *Nouvelles récréations*, ce qui ne permet pas d'admettre que plusieurs auteurs y aient travaillé, c'est la façon dont, chez chacune d'elles, les faits sont présentés. Un court exorde, peinture du caractère et de l'extérieur du personnage qu'on va mettre en scène, précède toujours le récit. Celui-ci commence à la manière classique : *Il étoit un jour; Une fois il étoit;* puis l'intrigue se noue autour d'un cheveu, sur une pointe d'aiguille qu'on a commencé d'apercevoir par un mot dès les premiers coups de crayon. Pas de lenteurs dans la narration ; tous les mots portent, et leur intention comique, lorsqu'elle est voilée, ne leur donne que plus d'attrait. La fin des devis répond au commencement. C'est une moralité ; mais sa forme varie : tantôt courte histoire confirmative de la principale, tantôt remarque isolée, très drôle. Quelquefois il y a plusieurs réflexions qui, faites d'une manière précise, brillante, imprévue, se gravent aussitôt dans la mémoire et y fixent profondément toute la fable qu'elles ont suivie. C'est le secret du poëte. Des Periers, ne l'oublions pas, Marot et Rabelais mis de côté, fut le plus remarquable des écrivains de son époque ; nul n'a connu cette pureté, pas même la reine de Navarre, qui trop souvent fait bon accueil à ce « sens allégorique, mystique, fantastique », honni par son valet de chambre. Tout au plus pourroit-on lui opposer quelques passages de Noël de Fail. Les vers du *Recueil des Œuvres* sont francs, sans doute ; mais que cette prose vive, rapide, naturelle, des *Devis*, les laisse loin derrière elle ! Quel style a cette délicatesse exquise, cette clarté ? Quoique très varié, il souffre l'analyse ; cette décomposition rapide est le côté humain du génie. On sent, malgré cela, l'imitation impossible ; l'essayer, c'est courir au-devant d'un échec, mais c'est grandir le poëte, devant lequel on est bientôt forcé de s'incliner en proclamant son triomphe.

IV.

Notre étude commence par un mot sur une certaine classe de pédants inquiets. Il en est d'autres, non moins bizarres, auxquels il nous faut, à notre grand deuil, je vous assure, consacrer ce dernier chapitre.

Les voyageurs nous racontent qu'en Italie — c'est peut-être en Espagne — certains brigands, plus qu'on ne pense honnêtes personnes, ne rançonnent les passants que pour soulager, à leur retour au village, les plus misérables d'entre leurs compatriotes. Je ne saurois mieux comparer qu'à ces bandits espagnols — possible italiens — les savants dont je veux parler.

Au détour d'un siècle, accoster à l'improviste un pauvre auteur égaré, mais qui tout tranquillement, sous un faix honnête, cheminoit, comme l'on dit, vers le temple de Mémoire, c'est peccadille pour messeigneurs. Ils vous l'assomment, le dévalisent, et vous le laissent dans l'état de nature, ou à peu près, pour courir, de ses dépouilles, enrichir tel de leurs amis qu'ils trouvent misérable, et qui, le plus souvent, ne leur demandoit rien, que la paix. Or nous révélons ces petites infamies parce que Des Periers en a été victime, et des deux façons. Les uns l'ont robé sans vergogne, et les autres sont venus déposer à ses pieds le produit de leurs voleries, ce dont se plaint également le pauvre sire, et, tout meurtri des coups, comme des caresses, je m'assure qu'il crieroit au meutre s'il pouvoit.

On sait de quelle façon nous avons défendu les *Joyeux Devis*; pour l'heure, dans un sens contraire, combattons ces écrivains qui, frauduleusement, attribuent à Des Periers le bien d'autrui.

En 1555 parut à Lyon, chez un libraire nommé Thibaut Payan, une traduction de l'*Andrie* de Térence, sans nom d'auteur. C'étoit l'œuvre d'un timide jeune homme, si l'on en juge par l'espèce de préface qui ouvre le volume. Le public est averti qu'il ne doit voir là que le travail d'un apprenti. La Croix du Maine eut connoissance de cet ouvrage et lui accorda une mention très sommaire. Du Verdier (1) le donne à *un traducteur incognu;* il cite le libraire et oublie la date. Mais voilà qu'un beau matin, quelques cents ans après et Thibaut Payan et l'apprenti, un bibliographe, par boutade, attribue l'*Andrie* à Des Periers, et la tourbe de badauds littéraires de le suivre sans broncher.

La cause de l'erreur, la voici. Pour faire de la traduction de l'inconnu ce qu'en librairie on nomme *un juste volume*, pour aussi séduire le public (2) et l'engager à donner son obole, on avoit ajouté à l'*Andrie* le dernier poème de Des Periers, sur lequel nous avons insisté et qui faisoit alors quelque bruit. C'est page 185 qu'on trouve cette addition, sous ce titre :

Les Quatre Princesses
De vie humaine, selon Senecque, etc...
Translatées de latin en rime françoise
Par Bonaventure des Periers.

Arguer de la réimpression des *Quatre Princesses* pour donner l'*Andrie* à Des Periers, le simple bon sens eût dit que c'étoit folie; bagatelle, lorsqu'il s'agit de se faire passer pour perspicace et bien informé. Irons-nous plus loin ? Demanderons-nous quelle rai-

---

1. *Bibl. franç.*, in-4, t. 5, p. 374.
2. Le jeune auteur lui-même avoue que, pour compléter son volume, il s'étoit donné à *un ouvrage de plus haut style*, mais qu'il ne l'édite, n'étant pas la faveur des temps à de pareils travaux.

son auroit pu décider a ôter le nom de Des Periers du titre de l'*Andrie* pour le mettre sur celui des *Quatre Princesses*? Avoit-on hésité à publier, en 1544, le *Recueil des Œuvres de Bonaventure Des Periers, valet de chambre de la reine de Navarre*? L'éditeur n'avoit-il pas tout intérêt à présenter sa marchandise entière sous pavillon estimé et connu? A la fin du volume, Thibaut Payan prévient par une note les lecteurs que, le livre obtenant succès, *on publiera la traduction des autres œuvres dudit comique Terence tout d'une mesme main*. Si Des Periers eût, en effet, laissé parmi ses papiers cet énorme travail, Du Moulin, son ami intime, n'en auroit-il pas eu connoissance, et dans le *Recueil des Œuvres* n'en eût-il pas dit un mot, lui qui se ravise pour parler de quelques pièces de vers peu importantes?

Il est vrai qu'on a composé après coup une généalogie à l'*Andrie*, et c'est moquerie nouvelle. Saint-Léger prétend, par exemple, que l'*Andrie* fut imprimée en 1547 chez Thibaut Paysan (*sic*), 8°, puis en 1544, chez de Tournes, 8° (il confond avec le *Recueil des Œuvres*). L'erreur est plus grossière encore, car, si l'*Andrie* avoit été imprimée en 1537 (1) avec ou sans le nom de Des Periers, il n'y auroit point eu de raison pour que Du Moulin gardât complétement le silence en 1544.

Depuis que l'on attribue l'*Andrie* à Des Periers, M. Brunet est le seul des bibliographes dans l'esprit duquel un léger doute soit venu; nous sommes heureux de nous rallier à ce nom qui fait autorité : « Bonaventure Des Periers, dit-il, est le traducteur du *Traité des Quatre Vertus*, qui commence à la page 185 de ce volume, et son nom se trouve sur le titre particulier de cette partie du livre. A-t-il aussi écrit

1. Cette date ne prouve rien. En 1537, Des Periers n'étoit plus un *apprenti*. Il y avoit beaux jours, chacun le sait, qu'il avoit fait ses preuves.

les vers de l'*Andrienne*, qui sont pleins de naïveté et rendent assez exactement le latin? C'est ce dont ne doute nullement Goujet, qui cite même une première édition de cette pièce imprimée à Lyon en 1537, in-8 (1). »

Goujet se trompe à son habitude, et sa bévue, trop facilement acceptée par beaucoup, nous force à reproduire l'*Andrie*. Les endurcis, de la sorte, ne pourront se plaindre (2).

Goujet a entraîné M. Nodier dans son piége, mais comme l'animal à longues oreilles (3) mèneroit dans un bourbier un cavalier expérimenté qui se seroit endormi en le conduisant. On ne peut rien trouver de mieux écrit que ce que M. Nodier a dit de Des Periers, en même temps que sur la plupart des points j'admire son sans-façon et sa négligence. « Dans ce qu'il me reste à dire de cet ingénieux écrivain, nous fait-il remarquer, presque tous les faits sont nouveaux. » Oh! oui, qu'ils sont nouveaux, puisque M. Nodier les invente! « Pourquoi Des Periers n'est-il pas plus connu? Pourquoi s'est-il passé trois siècles entre le jour de sa mort et le jour où paroît sa première biographie (4)? » Parce qu'il a plu à M. Nodier de se dire le premier biographe de Des Periers, ce qui n'est pas. Voyez la note (5).

---

1. *Manuel du libr.*, IV, p. 424.

2. C'est par simple condescendance pour ces lecteurs que nous mettons Des Periers en jeu dans les notes de l'*Andrie*, p. 189.

3. Les qualités de l'abbé Goujet étoient celles aussi du patient quadrupède auquel nous le comparons; il marchoit, sinon avec intelligence, du moins avec courage et opiniâtreté. Les services qu'il a rendus sont quelque chose; de tout cœur, l'instant venu, nous lui rendons justice.

4. *Not. sur Des Periers*, p. 39.

5. Nous citerons, parmi les biographes antérieurs à M. Nodier: Colletet, Guy Allard (*Bibl. du Dauphiné*), Papillon

« M. Nodier, dit M. Genin dans sa vie de Marguerite, en tête des *Lettres*, ne fait autre chose que développer deux ou trois phrases échappées à l'abbé Goujet. Il attribue à Des Periers la pièce intitulée *le Valet de Marot, contre Sagon*, que tout le monde donnoit jusqu'ici à Marot lui-même. « Ce petit chef-d'œuvre de verve satyrique et bouffonne ne peut être que de Des Periers, puisque les bienséances de la modestie ne permettoient pas à Marot de le composer (1). » L'alternative ne paroît pas concluante puisqu'il suffisoit à Marot, d'ailleurs assez peu modeste, de s'être caché sous le nom de son valet; et puisque Bonaventure Des Periers est loué dans cette pièce aussi bien que Marot. Au reste, quel qu'en soit l'auteur, cette épître est digne en tout du valet Frippelipes, au nom de qui elle est écrite, et pour y voir un petit chef-d'œuvre il falloit que M. Nodier fût terriblement préoccupé de l'idée que Des Periers en étoit l'auteur. Où a-t-il puisé cette croyance? Dans Goujet : « C'est Des Periers qui est l'auteur de la pièce de vers intitulée : *le Valet de Marot, contre Sagon* (2) » En cet endroit l'abbé Goujet ne se souvenoit plus, ou ne s'embarrassoit pas de ce qu'il avoit écrit un peu plus haut : « Marot, ayant reçu un exemplaire de ces satyres, y *répondit* sur le même ton, mais avec plus de finesse, d'agrément et de légèreté, sous le nom de Frippelipes, son secrétaire et son valet (3). »

M. Nodier a moins de preuves encore pour attribuer à Des Periers les *Discours non plus melancoliques que divers des choses mesmement qui appartiennent à nostre France, et à la fin la manière de bien entoucher les lucs et guiternes*; Poitiers, Enguilbert de Marnef, 1557, in-4

(*Bibl. des aut. de Bourgogne*), Niceron, Goujet, Bayle, Prosper Marchand, La Monnoye, Morin, Weiss.

1. « Quel anachronisme ! », disent avec justesse MM. Haag, dans leur *France protestante*, article Des Periers.
2. *Bibl. franç.*, t. XII, p. 88.
3. T. XI, p. 88.

de 112 pages. Cette fois, ni Goujet, ni aucun bibliographe, ne l'ont induit en erreur : c'est de son propre mouvement qu'il ôte à Pelletier et à Elie Vinet cette facétie, que leur donnent du Verdier et La Monnoye avec bon sens. Nos lecteurs nous accorderont que ce n'est point assez de voir une lointaine analogie de style entre plusieurs ouvrages pour affirmer qu'ils aient eu le même auteur (1). C'est cependant ce qu'a fait M. Nodier : « Le Des Periers du *Cymbalum mundi* est bien le Des Periers des contes, dit-il, et tous deux sont le Des Periers des *Discours*. Pour retrouver quelque chose de cette allure libre et badine, il faut remonter jusqu'à Rabelais, qui étoit mort en 1557 [Des Periers, selon M. Nodier, étant mort en 1539, et Rabelais en 1557, —*lisez* 1553— il me semble que l'expression *remonter* jusqu'à Rabelais est bien impropre. La fin des Œuvres de Rabelais ne parut d'ailleurs qu'après sa mort, c'est-à-dire plusieurs années après la publication des *Discours*], ou descendre jusqu'à l'auteur inconnu du *Moyen de parvenir*, qui n'étoit pas encore né. Il se distingue d'ailleurs de l'un et de l'autre par la vigueur adulte de son style, sans pédantisme, sans affectation, sans manière, qui s'affranchit déjà des archaïsmes du premier, qui ne tombe pas encore dans les néologismes du second, et qui a tous les avantages d'une langue faite. » Sont-ce là des raisons ? Il est certain qu'on ne peut lire les *Discours* après le *Cymbalum* et les *Nouvelles Récréations* sans reconnoître que ce n'est point la contexture ordinaire des récits de Des Periers. Dans la simple précision avec laquelle les citations sont faites, il y a trace d'habitudes auxquelles le caractère de notre poëte se montre partout antipathique.

1. « L'opinion du judicieux critique, disent MM. Haag, à propos des *Discours*, nous semble un peu hasardée. Quelques traits de ressemblance, soit dans le ton d'esprit, soit dans le style, ne suffisent pas pour attribuer à un auteur la paternité d'un ouvrage. »

Mais ne nous arrêtons pas à la superficie, et demandons au livre lui-même nos preuves et nos moyens de justification.

La dédicace d'Enguilbert de Marnef au lecteur n'est-elle d'abord qu'une fable? Etoit-il permis de ne pas y porter attention et de la laisser sans réponse?

Enguilbert de Marnef, imprimeur, au lecteur, salut.

« Je te donne ici un livre, ami lecteur, lequel je ne puis assurer qu'il te soit nouveau, ni tout ni partie, pource que partie d'icelui a été par ci-devant imprimée (1), et l'autre, tu la puis avoir vue écrite par ci-devant aussi bien que moi, qui n'ai recouvré ceci tout à un coup, mais *à pièces et lopins*, par long espace d'années, *de diverses mains et de maintes parts* : car tu sais (ce crois-je) assez combien notre Université est fameuse et hantée; et pour ce, tu ne doutes que, outre ceux du lieu, il ne s'y trouve une fois l'année bon nombre de gens savants. Or, les gens de lettres et ceux de mon état ne se peuvent guère bien passer les uns des autres; parquoi tu puis penser qu'il m'est aisé d'avoir prins connoissance d'une infinité d'hommes de savoir, en cette ville, par le moyen de ma boutique. Davantage, je te dirai cela de moi, que j'aime et estime les gens savants autant que peut faire un autre : de sorte que je les cherche et aborde volontiers, si je sens que quelque part y en ait aucun

---

1. M. P. Lacroix, qui a réédité les *Discours* à la suite du *Cymbalum*, se trompe lorsque, pour confirmer le dire de Marnef, il met en note sur ce passage : « Il y a, en effet, dans ces *Discours*, plusieurs morceaux imprimés dans les *Joyeux Devis* »; car es *Joyeux Devis* ne virent le jour qu'en 1558, un an après les *Discours*, et les passages empruntés aux *Discours* par les *Joyeux Devis* ne parurent que vers 1569, parmi les additions des seconds éditeurs : ce sont les contes XCVII et C.

qui soit tel que les lettres ont accoutumé de faire les mœurs des hommes. Tu croiras donc aisément que Dieu m'a fait cette grâce, que j'ai acquis en cette ville la connoissance et amitié de prou de gens savants de maintes nations. Plusieurs desquels ne m'ont rien celé qui fût en leurs coffres et études. Ainsi ai recouvré les discours dont est fait ce livre. »

Tout cet avertissement de Marnef, Nodier le passe sous silence. Pour un critique convaincu, il y avoit là cependant matière à controverse. Le livre, en effet, ne dément aucunement l'idée que le libraire en avoit donnée. Ce sont vingt et un chapitres indépendants les uns des autres et traitant de matières si différentes, que l'esprit le plus prévenu en faveur de l'argumentation de Nodier ne peut pas un instant hésiter à les faire l'œuvre de plusieurs auteurs. L'histoire, la littérature, les arts, les sciences, l'industrie, se touchent dans les *Discours non plus mélancoliques que divers*. Il faut être bien peu au courant de la vie de Des Periers pour lui attribuer un traité sur l'étymologie, des recherches sur l'origine des Gaulois, des dissertations sur les antiquités romaines, sur les cadrans solaires, sur les compas, enfin des théories sur l'artillerie, les violons et la fabrication du sucre en pains.

Les auteurs des *Discours* ont beaucoup voyagé ; ils s'en vantent. A peine si Des Periers a visité quelques provinces de France. Est-ce lui qui pourroit écrire : « Touchant les jours de la semaine, que dirons-nous qui les a ainsi nommés du nom des planètes et dieux des païens idolâtres, comme les appellent aujourd'hui *presque toutes les nations que j'ai pu voir et connoître en ma vie ?* »

Le dernier chapitre est consacré à *la manière d'entoucher les lucs et guiternes*. Nodier s'écrie que cette singulière dissertation est une preuve de plus. Sur quoi s'appuie-t-il ? Sur les *Discours* eux-mêmes, qui lui ont servi à prouver, au commencement de sa biographie, que Des Periers savoit entoucher les lucs et guiternes. Nulle part, ni dans les œuvres de Des Periers, ni ailleurs, on ne trouve témoignage qu'il possédât ce talent. Il est donc étrange que M. Nodier nous vienne dire ensuite : « *On sait déjà* que cet art, qui étoit un des divertissements favoris de Des Periers, avoit contribué à ses succès. C'étoit donc à Des Periers qu'il appartenoit d'en écrire, etc., etc., etc. » Cercle vicieux d'un diamètre effrayant.

Ailleurs, dans le chap. 15, Marot est tourné en ridicule; et l'on ose mettre comme auteur, sur le titre de ce livre, le nom de Des Periers, qui fut le défenseur avoué de Marot pendant que toute la canaille poétique et papiste de France s'acharnoit à sa perte! Oui, divins poëtes qui vous aimiez jusqu'à la mort, et que la mort a frappés en même temps; qui vous prodiguiez les plus doux noms de la parenté, ils ont osé déshonorer l'un de vous en mettant sur ses lèvres une phrase ignoble, qui, ne fût-elle pas une grossière injure, seroit, venant d'un ami, insigne lâcheté!

« *Non possum ferre, Quirites,* un *tas de rimeurs* de ce temps, qui amènent en notre tant chaste France toutes les bougreries des anciens, et ne vous sauroient faire trois vers qu'ils ne médisent d'autrui, ne se louent jusqu'au dernier ciel, et finalement ne se croient immortels. *La mort ni mord,* dit l'un », c'est-à-dire Clément Marot, dont ces mots sont la devise, et qui, s'il fut orgueilleux *un petit,* avoit quelques raisons pour l'être.

Du Verdier ne s'aventuroit pas autant en attribuant les *Discours* à Pelletier et à Vinet : il n'est pas un des chapitres de ce volume que Vinet ne puisse revendiquer; mais ceux qui concernent la grammaire sont tout à fait écrits dans les principes adoptés par Pelletier.

Pelletier étoit voyageur, et, de sa part, les phrases mentionnées ci-dessus n'auroient rien d'étonnant. Il avoit vu quelques contrées de l'Europe, et en étoit si fier que, dans une adresse aux François, il menaça un jour de les abandonner s'ils paroissoient le dédaigner.

Vinet a composé des livres sur les antiquités, sur les mathématiques, sur l'agriculture et sur les sciences qui s'y rattachent. Il étoit né à Saintes, il aimoit Angoulême : l'histoire de ces deux villes a servi de thème à plusieurs de ses dissertations ; Angoulême et Saintes reviennent à chaque instant sous la plume des auteurs des *Discours*. Rapprochons même, par passe-temps, deux phrases du premier de ces *Discours* de certain passage des recherches de Vinet sur la ville de Saintes. L'analogie du style et des idées est remarquable :

Discours non plus mélancoliques que divers.	*Recherche de la plus antienne memoire de Saintes.*
Les philosophes veulent savoir les causes et commencements de toutes choses ; quoique cela soit à eux difficile ; et nos historiens aussi, les origines et sources de tous nos Gaulois et François, quoique cela soit entièrement hors leur pouvoir... Ce seroit un moult grand bien pour la chose publique que ces gentils écrivains eussent aussi belle envie de se taire et reposer que de mettre tels songes par escrit.	Il se trouve des gens à qui il semble, quand ils ne savent rien des fondateurs, ni des premiers ans des viles, qu'il leur est loisible et fort beau d'en songer, mettre par escrit et publier toutes teles manteries dont ils se peuvent adviser : moqueurs qui, par fausses alegations, par faus tesmoignages et sottes raisons, trompent les simples gens le plus habilement qu'ils peuvent.

Mais, comme Duverdier ne nous a pas constitué son avocat, restons-en là. Notre opinion est, en résumé, que l'auteur des *Joyeux Devis*, moins que personne, n'a pu écrire les *Discours*, et qu'il faut s'en tenir, sur le compte de ce livre, à ce qu'en a dit Marnef.

En veine de conjectures malheureuses, Nodier n'a pris garde de s'arrêter, et, Dieu m'aide ! il en a fait de belles : « J'ai dit que les contes et les nouvelles étoient depuis longtemps un des divertissemens habituels des soirées de la haute société françoise, comme le furent depuis les proverbes et les parades. Tout le monde y contribuoit à son tour, et la reine de Navarre y avoit certainement contribué comme les autres, dans le cercle brillant quelle dominoit de toute la hauteur de son rang et de son esprit... Qu'est-ce donc que l'*Heptameron*, sinon un recueil de contes et de nouvelles lus chez la reine de Navarre par les beaux esprits de son temps, c'est-à-dire par Pelletier, par Denisot, et surtout par Bonaventure Des Periers lui-même, qu'il est si facile d'y reconnoître... Rien ne diffère davantage du style abondant, facile, énergique, pittoresque et original de Des Periers, qui ne peut se confondre avec aucun autre dans la période à laquelle il appartient, et qu'aucun autre n'a surpassé depuis. Les contes nombreux de l'*Heptameron* qui portent ce caractère sont donc l'ouvrage de Des Periers, et la propriété ne lui en seroit pas plus assurée s'il les avoit signés un à un, au lieu d'abandonner leur fortune aux volontés de sa royale maîtresse... » Ainsi, selon Nodier, tous les contes des *Joyeux Devis*, tous ceux de l'*Heptameron*, auroient été narrés aux *soirées* de Marguerite, et Des Periers en fournissoit la meilleur part. Mais les vers du valet de chambre, mais les témoignages contemporains, disent absolument le contraire; ils font mieux que le dire, ils le proclament, car c'est Branthome qui parle, et ses assertions par leur précision dominent tellement toutes les autres qu'il n'en est point à les contrebalancer : « Elle composa toutes ses nouvelles, la plus-part dans sa lictière, en allant par pays; et les mettoit par escript aussitôt et habilement, où plus, que si on luy eust dicté. » Voilà une affirmation aussi nette que possible. Boaistuau, Gruget ni Des Periers n'ont rien à voir dans la composition de l'*Heptameron*. D'autres témoignages sont fournis par Des Periers lui-même. Dans une pièce de vers qu'il adresse à Marguerite, il ne la loue pas de la façon dont elle conte, ni des jolies choses qu'elle conte, mais des jolies choses qu'elle écrit et dont la copie est confiée aux valets de chambre. Il désespère d'en faire jamais autant :

> En escrivant vos immortalitez,
> Où il y a tant de subtilitez,
> Tant de propos de haulte invention,
> Tant de thresors et tant d'utilitez,
> Mes sens en sont tous rehabilitez,
> Ma plume y prent sa recreation,
> Voulant *voler à l'imitation.*
> Mais il n'y ha aucune convenance
> Dont, puis qu'elle ha telle occupation,
> Où elle peult prendre erudition,
> De plus rithmer devroit faire abstinence.

Et autre part :

> Quand me souvient de la facilité
> Dont elle abonde en vers et oraison,
> Mon petit sens se sent débilité
> Plus que devant et sans comparaison.

Par bonheur la muse du poëte, quoi qu'il dise, ne s'effraya pas; elle laissa l'histoire aux *immortalités* de la reine de Navarre et se contenta de la fable Ainsi, sur les soixante-douze contes de l'*Heptameron*, cinq ou six seulement sont de pure invention; les autres sont le récit d'événements dont on retrouve trace ailleurs. Dans les *Joyeux Devis*, au contraire, l'imagination réclame la première place.

Mais, quelque bons que puissent paroître tous ces rapprochements, l'appui d'un érudit ne nous sera point inutile; car malheureusement les mensonges venus des forts passent pour vérités, et leur réfutation par les petits, dit un vieux philosophe, est comme la semence de l'homme qui, tombée sur la terre, se refroidit et meurt.

« La part donnée à Des Periers par Nodier dans les Œuvres de Marguerite, ajoute le savant M. Génin, est encore une contradiction de l'abbé Goujet. A l'article de Marguerite (t. 11, p. 408), il signale la différence de ton entre les poésies de la reine de Navarre et ses nouvelles, qu'il paroît du reste n'avoir jamais lues ; mais il ne doute pas que les unes et les autres ne soient de la même main. Au contraire, à l'article Des Periers (t. 12, p. 90) on lit : « Des Pe-
« riers a beaucoup contribué à la *Marguerite des Mar-*
« *guerites* (lisez les *Marguerites de la Marguerite des prin-*
« *cesses*) et à l'*Eptameron* (lisez l'*Heptameron*) de la
« reine de Navarre. » M. Nodier a senti qu'il seroit trop inconséquent d'attribuer à Des Periers, [qu'il dit] athée, des poésies mystiques. Il a laissé tomber la moitié de l'assertion étourdie de l'abbé Goujet, et s'est emparé du reste, qu'il s'est efforcé de fortifier. M. Nodier avoit besoin ce jour-là de soutenir un paradoxe ; il l'a soutenu avec beaucoup d'esprit, d'agrément et de vivacité, comme à son ordinaire. Ce n'en est pas moins une erreur, et plus M. Nodier est fait pour obtenir du crédit en ces matières, plus il importe de signaler les jeux de son imagination. »

Et savez-vous ce que le zèle extrême de Nodier faillit produire ? Un résultat tout contraire à celui que l'on attendoit, car peu s'en fallut que, de par M. Génin, Des Periers n'entrât dans la grande famille des mythes littéraires, dont le poëte de l'Iliade seroit le chef, selon quelques-uns. Voici ce que l'éditeur des *Lettres* de Marguerite, enflammé du noble désir de venger son héroïne, écrivit *ab irato* contre Des Periers :

« On ne sait rien ou presque rien de Des Periers, sinon qu'il étoit valet de chambre de la reine de Navarre. On ignore la date et le lieu de sa naissance ; on croit, d'après Henri Estienne, qu'il se perça de son épée, jeune encore, dans un accès de fièvre chaude ou de désespoir. Henri Estienne n'indique ni le motif de ce désespoir ni l'année de cette catastrophe. La Monnoye a démontré que les contes mis sous le nom de Des Periers ne peuvent être de lui, car il y est fait mention de circonstances très certainement postérieures à la mort de cet écrivain. Des Periers passe pour l'auteur du *Cymbalum mundi*, dont le titre énigmatique, étranger au sujet de l'ouvrage, exprimeroit, par une image assez juste, le bruit inutile dont ce logographe a rempli le monde littéraire... Ce seroit dommage que Des Periers, comme le veulent certains critiques, ne fût ni l'auteur ni même le traducteur du *Cymbalum mundi*. Je n'ai point à me prononcer sur ces hautes questions, et j'en rends grâce à Dieu !... M. Nodier, voulant élever au premier rang des écrivains françois un homme dont à peine on est sûr de posséder un ouvrage, commence par poser en principe que dans les choses douteuses il est permis de conjecturer, *in re parum nota conjectare licet;* et il use très largement du bénéfice de cette maxime. Il conjecture donc, ou plutôt il affirme....

M. Nodier ne dit pas où il a puisé ces renseignements; mais qu'importe ?... Sérieusement, la nécessité de composer à Des Periers une pacotille littéraire (car il est de lui-même fort dégarni) paroît avoir emporté M. Nodier un peu loin. Au reste, ni l'érudition ni la bonne foi de M. Nodier ne peuvent être un seul instant mises en doute; tout ce qu'il dit de Bonaventure Des Periers, il le croit; mais M. Nodier ressemble au père Tournemine, pour le portrait de qui les jésuites avoient composé ce distique :

> C'est notre père Tournemine
> Qui croit tout ce qu'il imagine.

Et maintenant, joyeux conteur, cours, à ton ordinaire, consoler le faible et ragaillardir les forts! Aux amis tu souriras ; devant les ennemis tu passeras la tête haute et la lèvre moqueuse. Déjà m'accusent plusieurs de ne pas t'avoir complétement blanchi et mur-

murent encore : « C'est un athée ! » Ton œuvre tout entière proteste contre cette injure (1).

Résumons-nous : Des Periers fut un grand écrivain, un penseur profond. Il est aussi impossible de lui contester les livres qu'il a signés et que ses contemporains lui ont donnés, que de nier sa foi en un Créateur qu'il proclame bien haut. Pour juger Des Periers, il faut le lire ; nous réunissons pour la première fois les pièces à conviction : que les doctes, que les sages prononcent l'arrêt.

1. Dans la bouche des croyants de toutes sectes le mot *athée* n'a jamais cessé d'être le gros mot, l'injure préférée. Athées les premiers chrétiens aux yeux des païens ; athées ceux-ci pour les premiers chrétiens. Puis, quand les schismes se propagent au sein du catholicisme, tous les dissidents : athées. Et aux yeux de ces dissidents même, athées les catholiques. Le Père Garasse bave sur Calvin athée ; Des Periers est un athée pour Calvin. Il semble, quand on juge ces luttes misérables sans parti pris, qu'on assiste, dans une vaste halle à la religion, aux discussions grossières des revendeurs et des clients. Vadé tout pur ; même zèle, même tournure d'esprit :

> Visages à faire des culs
> Et trop heureux d'être cocus !
> — Cocus ! interrompit Françoise ;
> Si ton chien d'homme est dans le cas,
> Tant pis, mais le mien ne l'est pas !

FIN.

GLOSSAIRE ET TABLE

DES NOMS DE PERSONNES ET DE LIEUX.

Les mots du glossaire sont en lettres *italiques,* les noms de personnes en romain; un astérisque (*) précède les noms de lieux. Un N désigne les notes et le texte de l'éditeur. Tout chiffre arabe qui n'est pas précédé de cet N correspond au texte de Des Periers.

Abbay, aboiement. II, 202.
Abstemius. N., II, 25.
Accertené, assuré. II, 201.
Accolti (famille des). N., II, 375.
Accomparager, comparer. I, 323.
Accoudières, parapets, garde-fous. II, 204.
Achoison, occasion. I, 139.
Acosta (Christophe). N., II, 291.
Acteon. I, 369, 371, 372.

Addresses, us et coutumes, êtres.
Adiré, égaré, perdu de vue. II, 111.
Adoperer, employer. II, 98.
Adresser, conduire, diriger. I, 55.
Adviser, voir. II, 117.
Affaicté, avisé, malicieux. II, 50. 165, *affaité,* signifie plutôt habile, expérimenté.
Affection, intention, pensée. I, 315.

Afferes, apportes. II, 68.

Affieux de chiendent, rusé coquin dont on ne peut venir à bout qu'avec peine. Le peuple dit encore d'une entreprise difficile : « C'est le chiendent! » La mauvaise herbe de ce nom fait le désespoir des cultivateurs. II, 102.

Affollée, pour *affoulée*, estropiée. « Erenée », dit La Monnoye. II, 170, 287.

Affronteur, imposteur. I, *Andrie*, acte 4, sc. 6.

Affuter, préparer. II, 324.

Aga, regarde, vois. II, 204. Théodore de Bèze, *De fr. linguæ recta pronunc.*, 84, dit : Il est d'usage d'employer l'apocope dans certaines locutions, *a'vous* pour *avez-vous*; *sa'vous* pour *savez-vous*. Mais *aga* pour *regarde*, *agardez* pour *regardez*, sont des formes abandonnées à la populace de Paris. » Molière met souvent cette expression dans la bouche de ses paysans.

Agarder, regarder. *Agardez* mon, voyez ça, voyez comment. *Mon* est une conjonction explétive qui donne plus de force à l'exclamation. On dit aussi : *Assavoir mon.* Voyez *Ça mon.* II, 72.

* Agde. N., II, 156.

Agueter, guetter, épier. II, 43.

Ahanné, poussé des *ahan* :

Et dedans un coffret qui s'ouvre avec ahan.
    Regnier, sat. II.

La Monnoye, après avoir cité ce vers, ajoute : « J'ai lu quelque part qu'on gardoit à Chiverni du *han* sorti de la bouche de saint Joseph en fendant du bois... Il ne faut pas oublier la fine pensée de Jean Raulin, moine de Cluni, en son 5e sermon de l'Ascension, où il dit qu'en françois le mot latin *annus*, brevi verbo *an*, pronuntiatur ut pura monosyllaba, quod videtur esse gemitus infirmorum, quia anni nostri breves sunt et gemitus pleni. » II, 155.

* Aiguesmortes. II, 236.

Aiguignettes (regarder d'), lorgner du coin de l'œil. II, 232. Dans la nouvelle lxxxiv on trouve « guigner de la teste. »

* Ainay (l'abbaye d'), à Lyon. Ce monastère, aussi consacré à saint Martin, peut être mis, comme l'Isle-Barbe et l'abbaye d'Autun, parmi les lieux où l'enfance de Des Periers a pu s'écouler. I, xxxvj.

Ains, mais. II, 19.

Aiscelin (Gilles). N., II, 228.

* Aix en Provence. II, 169.

* Albanie. II, 88.

Albanois (Chapeau d'). II, 139.

Albert, fameux musicien. I, 67.

Albret (Henri d'). I, xiv, xxvj, lj.

Albret (Jeanne d'). I, xix, xxvj, 68.

Alcine. II, 306.

Alcmena. I, 348.

* Alençon. I, xv, xxxiv.

Alibert (Noel). I, xlvj, 151.
Aliènes, étrangères. I, 20.
Aliénor d'Autriche. I, xxix, 130.
* Allemagne. II, 255.
Allemand. N., II, 104.
Alles, ailes. II, 240.
Alloy, sorte d'alliage. I, 73.
Alquemie, mélange de métaux précieux. I, 134.
Altoviti (les). I, xlvij.
Alumelle, lame de poignard. I, 88.
* Amboise. II, 191, 354.
Amender, profiter. II, 30.
Amender son marché, augmenter sa mauvaise chance. II, 104.
Amer, cœur. II, 350.
Amict, vêtement ecclésiastique dont le prêtre se couvre la poitrine durant la messe. Il falloit que la carpe frétillât passablement pour faire lever l'amict, ce qui explique l'étonnement des bonnes dames. II, 153.
Amieller, amadouer. II, 276.
Andossille (Robert de), I, 102.
André (le sire), II, 47 à 50.
Ange de grève, gibier de potence, quelquefois crocheteur. Voy. Cotgrave à ce mot. II, 243.
Angeliers (Les), fameux imprimeurs. N., II, 136.
Angelotto (le cardinal). N., II, 182.
* Angers. II, 66, 102 à 107.
* Angleterre. N., II, 29, 88.
Angleterre (le roy d'). II, 176.
* Angoulême. I, xcij.
* Anjou. II, 25, 363.

Annius de Viterbe. N., II, 127.
Antan, l'an passé. I, 133.
Antiquaires de Picardie La Société des), ses Mémoires cités. N., II, 170.
Antoine (Saint). II, 237.
Antoine, fripon ; N., II, 361.
* Antoni (le pont d'). N., II, 345.
Antonomasie, pour antonomase, figure de rhétorique qui consiste à désigner quelqu'un soit par une épithète, soit par un surnom, enfin autrement que par son nom. II, 13, 156.
Anubis. I, 364, 368.
Apelles. I, 353.
Apion le grammairien. N., I, 314.
Apostez, conçus d'avance, préparés. II, 277.
Appétit, désir. II, 179.
Appoint, moment favorable. II, 109.
Appointemens, arrêts. II, 236.
Appointer, se réconcilier. II, 68.
Apport, commerce. II, 79.
Apulée. I, 8.
* Arcueil, voy. Arqueil.
Ard, brûle. I, 51.
Ardelio, personnage du 3e dialogue du Cymbalum. I, 346 et suivantes, et plus haut 328.
Arétin. II, 374 à 377.
Arétin (Bernard), surnommé l'Unique. N., II, 375.
* Arezzo. N., II, 374.
Argentré (le maistre d'). II, 158.
Argus. II, 82.
Arioste (l'). N., II, 306.

GLOSSAIRE ET TABLE

* Arnay-le-Duc. I, viij, ix, x.
* Arqueil. II, 43.
Arraisonner, interroger. II, 42.
* Arras. II, 254.
Arrière, en plus. Lisez : « Quatre ou cinq oreilles arrière ? Ce sera, etc. » II, 49.
* Artois, I, p. xxxix.
Assagir, rendre sage. II, 198.
Assembler, assimiler. I. *Andr.*, acte 5, sc. 4.
Astérie. N., I, 348.
* Athènes. I, 319, 320, 322, 350.
Attiltrer, envoyer, adresser. II, 121.
Attraits, amorces. II, 228.
Attrempé, tranquille, posé; l'auteur fait allusion en même temps au mot *trempé*, qui signifie mouillé. II, 104.
Auberi. N., II, 182.
Aubigné (d'). I, lxxxj. N., II, 137.
Aubins, blancs. II, 55.
Auguilbert (Thib.). II, xvj. Il vaut mieux lire Anguilbert. Le *Mensa philosophica* fut imprimée à Heidelberg en 1489, à Paris en 1500 et en 1507, 8º.
Auguste. II, 74.
* Autun. I, ix.
* Autun (saint Martin d'). I, x.
Avallée, tombant, pendant. II, 281.
Avenchi (d'), gentilhomme de Savoie, devenu voleur. N., II, 352.
Averlan, rusé compère. II, 108.
Avertin, maladie d'esprit, vertige, manie, caprice. Comme on croyoit que les gens maniaques avoient un ver dans la tête, on a aussi donné le nom de *ver-coquin* au *vertigo*. On invoquoit saint Avertin contre l'avertin, de même sainte Claire contre les maux d'yeux et saint Genou contre la goutte. M. Fournier (t. 4, p. 52; de ses *Variétés*) renvoie à Des Periers à propos de l'*avertin*; mais dans sa note, au lieu de nouv. 105 et 125, lisez 29 [dans cette édit. 27] et 115. II, 121, 357.
* Avignon. I, xxxix, 88; II, 108; N, II, 110.
* Avignon (braves d'). II, 200.
* Avignon (l'escollier d'). II, 235.
Avignonnois, patois d'Avignon. II, 236.

Babinot, l'un des premiers disciples de Calvin. N., II, 260.
Babou (le trésorier). I, xvij.
Bacchus. I, 60.
Bachaumont. N., II, 15.
Bacon (jeu de mots sur la maison de). II, xiv.
Badin, fou; I, 335, 336.
* Bagneux. II, 50 à 54.
Baguenauldes, jouets d'enfant, niaiseries. I, 134.
* Baignolet. II, 305.
Baillet. N., II, 190.
Baller, danser. II, 25, 160.
Bandoulier, voleur de grand chemin. Ce mot, à l'origine, désignoit spécialement les voleurs des monts Pyrénées. II, 279.
Bannière, morceaux de drap, de franges ou de rubans, qui restent après que les vête-

ments qu'un tailleur a été chargé de faire sont terminés. Les tailleurs étoient jadis accusés de faire la bannière sans vergogne. « Deffendu et deffendons aux crosquesprunes, *id est* tailleurs ou couturiers, à s'epargner à faire de bonnes et plantureuses *bannières*, principalement quand l'etoffe le merite. » (*Rec. de plus. pièces burl. et divert.*, p. 30.) Dérober la bannière n'est pas voler, selon les casuistes : « Il faudra demander à ce tailleur s'il a retenu, pour se les approprier, des restes d'un prix notable, auquel cas il est coupable d'un vol grave *en soi*. Nous disons *en soi*; car si le tailleur répondoit : Je ne reçois pas un salaire convenable, et cependant je ne puis, sans grave inconvénient, refuser le travail... *selon de graves théologiens, ce tailleur est excusé du péché et de la restitution.* (P. 521, traduction extraite de l'ouvrage : *Découvertes d'un bibliophile, ou Lettres sur différents points de morale;* Strasbourg, Silbermann, 1843, in-8, p. 26.) II, p. 181.

Barbue (jeu de). Il n'y a point de jeu de ce nom. « Barbue, de même que *perpétuelle*, est l'épithète d'enfance, pour donner à entendre que ces vieillards qui s'amusent à chercher la pierre philosophale sont des *enfants barbus*, des *vieillards en enfance*.

(*Bis pueri senes.*) » Falconet. I, 343.
Bardin. I, xvij.
Barquerolle, gondolier. II, 334.
Barretades, coups de barrette. La barrette est une sorte de chapeau. II, 121.
* Bar-sur-Aube. I, ix.
Bartholi (les). I, xlvij.
* Basle. N., I, 80.
* Basse Bretagne. N., II, 29.
Bassecontre, seconde basse. II, 18.
Batteler, dire des sottises, radoter. II, 237.
Battre, forger. II, 216.
Baudouiner, péter. II, 251.
Baumet. I, xlvj, 167.
Bayle. I, ix, xv; N., 304.
Beauchamp. N., I, 188.
Beaufort. II, 75.
* Beau-Lieu (les religieux de). II, 252 à 256.
* Beaune (vin de). I, 315, 323.
* Beausse (la). II, 203.
* Beausse (gentilshommes de). II, 250 à 252.
Bebelius (Henricus). II, xviij.
Bectone (Cl.) I, xlvij.
Beda (Noel.) I, xxvj.
* Bedoin (Samson). N., II, 128.
Beguois, langage de bègue. II, 180.
Bellay (J. du). N., II, 204.
Bellay (R. du). I, lxxiij; II, 119.
Belleforest. N., I, 315.
Bellièvre (les). I, xlv.
Bénéficié, pourvu de bénéfices II, 39.
Benoist XIII. N., II, 237.
Bernai (madame de). II, xiij.
Bernard (le petit). I, xlv.
Berni. II, 187.

* Berry. N., I, 310; II, 10, 78, 349, 354.

Berthaud (maistre). II, xiv, 241.

Besiatz, douillets, difficiles, paresseux. II, 288.

Besongnes, affaires. II, 213. — meubles, II, 282.

Bestial, bétail. II, 61.

Beyer. N., I, 309.

Bèze (Th. de). N., II, 85, 116, 134, 229, 284, 380.

Bibliophiles (société des). N., II, 194.

* Bièvre. N., II, 41.

Bigearre, bizarrerie. II, 203.

Bigne, bosse, blessure. II, 263.

Blanc, but. I, 145.

Blanche (Julia). I, xlviij.

Blanque, loterie. II, 213.

Blason, portrait, figure. I, 77 et 151. Trait de satire, épigramme. II, 234.

* Blois. II, 274. N., II, 86.

Blondeau (le savetier). II, 91.

Boaistuau. I, xviij, xxxv.

Bobelinez, rapetassés. II, 249.

Boccace. I, viij, xxxv; II, xv, xviij, 76.

Bodin. N., II, 291.

Bolton (Jean de). N., II, 237.

Boniface (Hélias), d'Avignon. I, 88.

Bontemps, valet de chambre de Louis XIV. N., II, 322.

Bonvisi (les). I, xlvij.

Bonyn (B.) I, xl, 304.

Borde, petite métairie. II, 205.

* Bordeaux. II, 280.

Borso de Ferrare (le duc). N., II, 347.

Bottines, sorte de guêtres de cuir. Par extension, ce nom fut ensuite appliqué à une espèce de chaussure.

Bouchet. II, xv, xvj, xvij.

Boule-vue (jouer à), sans regarder le but, au hasard. I, *Andr.*, acte 3, sc. 1.

Boulmier (M.). I, xxix.

* Boulogne-sur-Mer. N., II, 71.

Bourbon (le connétable de). I, xxiv.

* Bourbonnois. II, 176, 313.

* Bourbonnois (dame de) qui faisoit garder les coqs sans cognoissance de poules. II, 285.

Bourcier (Louise). I, lxxxj.

Bourdigné (Ch. de). II, xvj. N., 102.

Bourg (Marguerite de). I, xlviij.

Bourg (P. de). I, xlvj, 97.

* Bourges. II, 10. N., I, 309, 310; II, 86.

Bourgueil (l'abbé de). II, 16.

Bourre (testonner la), pousser la balle du jeu de paume, faite de débris de laine. II, 53. Plus anciennement, testonner, dans la bouche des barbiers, c'étoit accommoder promptement et proprement la tête d'un client. « Le chat ne se jettera pas seulement sur un petit chien pour le pigner et testonner de ses douces pattes, mais s'osera bien jetter dessus un gros mastin. »

Viret, *Le monde à l'empire*, édit. de 1579, 288.

Boze (de). N., I, 305, 379.

Branthome (P. de Bourdeilles, abbé de). I, xix, lj, 315; N., II, 141, 196, 368.

Brave, orgueilleux, outrecuidant, piaffeur. (Voy. *Varié-*

DES NOMS DE PERSONNES ET DE LIEUX.

tés hist. dans cette collection. II, 288). II, 134.
Braveté, élégance. II, 165.
Brenot (Colin). II, 180.
* Bretagne. II, 28.
* Bretagne (le prévost de). II, 217.
* Bretagne (amoureux de). II, 281.
Brichet, pour bourrichet, couleur grise tirant sur le roux, en patois poitevin. C'est l'habitude générale dans le Poitou que les laboureurs chantent pendant le travail des refrains à l'adresse de leurs animaux, pour les exciter. Voici l'un de ces refrains :

« Levreâ, Noblet, Rouet,
Hérondet, Tournay, Cadet,
Pigeâ, Marlecheâ,
Tartaret, Doret,
Eh! eh! eh! man megnon!
Oh! oh! oh! man valet! »

Voy. un art. des *Mém. des Antiq. de France.* I, 195-229; II, 245.
Brigandine, sorte de cuirasse, arme défensive des voleurs de grand chemin. II, 255.
* Briosne (le curé de). N., II, 144.
Brissac (de). N., II, 264.
* Brou (curé de). II, 144 à 156, 360.
Brunet (M.). I, lxxii, lxxxv. N., I, 306, 379; II, vii.
Bucer (Martin). Voy. Cubercus.
Buccine, trompette. I, 694.
Buffeter, altérer par un mélange d'eau. II, 11. Voy. Cotgrave.

Bullioud (Syb.). I, xlviii.
Bure (de). I, lix; N., 305, 306, 379.
Burlamachi (Les). I, xlvii.
Buter (Jehan). Voy. Bolton (Jean de).
Byrphanes, personnage du premier dialogue du *Cymb.* I, 317 et suiv.

* Cabrières. N., II, 84.
Cachemouchet, jeu de cache-cache. I, 355.
Cacque, sorte de mesure, quart de muid. II, 255.
Cagnesque, langage de chien. II, 131.
* Cahors. II, 208.
Caillette. II, 14 à 17.
Caillettois, langage de Caillette ou de fou. Gabriel Naudé, p. 52 de la seconde édition de Mascurat, parlant de Cayet, renégat huguenot, l'appelle Caillette, et plus loin joint à ce nom les épithètes de crédule et de fou; ils pensoit au fou de François Ier. II, 15.
Calemart pour *Galimard*, étui d'écritoire.
Calepinus. II, 319.
Calvin. I, xxiij, xxviij, lx, lxi, lxii. N., 364, 371; II, 260.
Calypso. N., I, 348.
Cambaire (le bandoulier). II, 279 à 280.
Cambles. II, 255.
* Cambraisis. N., II, 31.
Cameristes, compagnons de chambre. II, 248.
Ça mon.
Var. :
Ce fais mon! (I, 21.)

C'est mon! (I, 23.)
Assavoir mon! (I, 29.)
On a dit aussi *saimon, samon, cesmon*. *C'est mon* équivaut à en vérité, or donc. Voy. Tallemant, édit. Paris, IV, 84, et Fournier, *Variétés hist. et litt.*, IV, 35, et V, 190.
Campanus, ses épîtres citées. N., II, 270.
Camus, confus. II, 107.
Cancre, chancre. II, 195.
Candaule. N., II, 255.
Capellans, chapelains. II, 156.
Caporal, de l'italien *caporale*, chef d'une escouade. Ce mot ne commença d'être employé qu'au commencement du XVIe siècle. II, 60.
Capponi (les). I, xlvij.
Cardon (Horace). I, xliv.
Care, aspect. I, *Andrie*, acte 5, sc. 2.
Capucins (les). II, 154.
Caresme-prenant, mardi-gras. I, 169.
Carles (Geoffroi). N., II, 301.
Carraque, sorte de navire, petit vaisseau. I, 94.
Casa, conteur. N., II, 224.
Casser, manger avec gloutonnerie. II, 336.
Castiglione (B.). N., II, 289, 375.
* Cataloigne (couverture de). Encore au XVIIe siècle on disoit tout simplement une *catalogne* pour désigner une couverture de laine : « On le fit sauter cinq ou six tours dans une catalogne. » M. de Marolles, *Mémoires*, édit. de 1755. I, 50. II, 50.
Catherinot. N., I, 303, 309, 310.
Caton (P.), auteur des Distiques. II, 164. N., II, 235, 236.
Cauchois, patois du pays de Caux. II, 42.
Caudelée, sorte de brouet, de chaudeau qu'en certains pays on offroit aux nouveaux mariés le lendemain de leurs noces. II, 250.
Causer, motiver. II, 29.
Caut, fin, adroit. I, 329.
Cautelles, ruses. II, 245.
* Caux. N., II, 42.
Caver, creuser. II, 60.
* Cé (le pont de). Voy. Sey.
Celia, personnage du 3e dialogue du *Cymbalum*. I, 346 et suiv.
Céliques, célestes. I, 136.
Celse. N., I, 322.
Cennami (les). I, xlvij.
Cerberus. I, 368.
Cérès. I, 60.
Cevin (Jehan). II, 23.
* *Chaille*, importe. Voy. *Chaut*, autre temps du même verbe. II, 9, 151.
Chamailler, travailler. II, 63.
Chambre jacopine, chambre nattée comme celles des jacobins, ordre de moines dont les mœurs relâchées et le bien-vivre étoient cités proverbialement. II, 122
Champier (S.). I, xl, xlv, xlviij.
Chapuis, conteur. N., II, 347.
* Charbon-Blanc (le), hôtellerie de Lyon. I, 349.
Charbonnées, carbonnades. II, 98.

DES NOMS DE PERSONNES ET DE LIEUX.

Charles VI. I, xlii; N., 72; II, 327.
Charles VII. N., I, 315.
Charles-Quint. N., II, 9, 141.
Charon, nocher des enfers. I, 318.
Chartier (Alain). N., I, 315.
Chassanion (J.). I, lviij; N., I, 303.
Chassenée ou Chasseneux (Chassaneus). II, xviij; N., II, 104, 200.
* Chasteaudun. II, 145.
Chastelain. N., I, 317.
* Chastelleraut. II, 247, 248.
* Chastellet de Paris. II, 50. N., I, 302.
Chatelus (l'abbé de). II, 86, 87.
Chattonnie, tromperie, diablerie, chatterie, mot qui se retrouve dans le même *devis*. II, 50.
Chaucher, chevaucher. II, 142. Voy. t, II, xiij.
Chaude (à la), à l'improviste. II, 275.
Chaut, importe. II, 10.
Chère, mine, figure. I, 87, 97.
Chevance, gain, fortune. I, 11, 103.
Chicheté, avarice, mot encore usité dans quelques patois. II, 240.
Chichouan, tambourin. II, 191 à 194.
Choquet (Louis). N., II, 136.
Choul (G. du). I, xlv.
Christ. I, xxxiv, lxviij, 317, 318, 319. Voy. *Mercure*.
Cinquailles. Voy. *Quincailles*.
Clabaux, chiens de chasse, aboyeurs. II. 202.
Clairet, écolier d'Orléans. II, 200 à 202.
Cleopatra. I, 350.
Clerjon. I, xxxviij, xxxix, xlviij.
Clèves (François de). N., II, 350.
Clevier (Th. du). I, 313.
Clouet (J.), peintre. I, xvij.
* Cluny. I, 65.
Cochet, petit coq. II, 286.
* Cochin. N., II, 291.
Cole, colère. II, 181.
Colette. N., II, 322.
Coligny. I, x.
Collation, faire collation d'une bourrée, apporter un fagot. II, 319.
Colletet. I, xvj, lxiv, 5; II, 258.
Colonia. I, xlj.
Colonnel. Ce mot, avec lequel on étoit encore si peu familiarisé au 17e siècle que l'Académie l'oublia dans la première rédaction de son dictionnaire (Furetière, *Nouv. rec. des Factums*, Amst., Des Bordes, 1694, I, 16), vient, selon l'étymologie la plus raisonnable (il en est de ridicules, voy. celle de Branthome, au discours des *colonnels* françois), de l'italien *corno*, corne, pointe, et métaphoriquement aile d'armée; les François en firent cornel et cornette. Le mot *coronel*, *colonel*, après avoir désigné et le corps et le chef du corps, a fini par ne conserver plus que ce dernier sens. II, 60.
* Côme. N., II, 24.
Compagnable, sociable. II, 131.
Compos, almanach contenant des observations astronomiques. I, 135.
Condemnade, sorte de jeu de

cartes à trois personnes, qui avoit quelque rapport avec notre lansquenet. Parmi les épîtres de Cl. Marot, il en est une « qu'il perdit à la condemnade, contre les couleurs d'une damoyselle. » (Ed. in-4º, t. I, p. 425.) II, 107.

Connilz, lapins. Des Periers joue sur ce mot et lui donne un sens grossier. Voy. une nouvelle fort amusante faite tout entière sur *connil*, dans les deux acceptions qu'emploie ici notre conteur : *Les Discours facétieux et très récréatifs*, Roan, 1610, p. 34. II, 128, 202.

Conrart. N., II, 241.
Consonner, ressembler. I, 151.
* Constantinople. II, 10.
Content, contentement. I, 59.
Conti (le prince de). I, xxxiv.
Contrepoinct, sorte de composition musicale, ici est pris dans le sens de concert. I, 48.
Contreporter, colporter. II, 199.
Converser, demeurer, vivre. I, 325.
Convis, repas. I, 78; II, 335.
Copieux, badaud; seulement, le copieux imitoit le plus souvent dans l'intention de se moquer. G. Chapuis employe *copieux* dans le sens propre de badaud, benêt. Voy. Nouv. VIII de sa IVe journée, *les Facétieuses journées*, Paris, Houze, 1584; voy. aussi Crapelet, *Prov. et Dict. popul.* II, 104, 115.
Coquelineux, irritable, bourru. II, 25.

Coquin, gueux, mendiant; la poche du *coquin*, c'est sa besace. II, 271.
Cordeliers (les). N., II, 270.
Corneille, *famulus*, bas valet. II, 55.
Corporaux, vêtements et ornements sacerdotaux. II, 273.
Coupault, cocu. I, *Andr.*, acte 1, sc. 2.
Courée, ou *corée*, ou encore *fressure*. On appelle ainsi le cœur, le foie, le poumon du mouton ou du veau. II, 148.
Courratière, courtière. I 168.
Courrier (Paul-Louis). N., II, 251.
Cours-battu (venir à), accourir en battant le cours, le pavé, sans perdre un instant. I, *Andr.*, acte 5, sc. 4.
Court (B.). I, xlvj; N., 317.
Courtilz, petits jardins. II, 152.
Courtisan, patois, langue courtisanesque. II, 247.
Courtois d'Evreux (Hilaire). N., I, 318.
Cousin [Cognatus] (Gilbert). N., II, 203.
Cousin (M.). I, xx, xxj, xxij.
Cousteaux (*jouer des*), s'amuser aux basses danses. II, 188. La « danse trévisaine », comme dit le *Joyeux Devis*, lxxvij; la « danse du loup, celle de l'ours », comme dit le peuple, sont de basses danses. Boccace parle de la *dansa trivigiana*, journ. VII, nouv. 8.
* Couture (abbaye de la). N., II, 128.
Crapelet, I, lxvij; N., II, 104.
Créditeur, créancier. II, 363.

DES NOMS DE PERSONNES ET DE LIEUX. cix

* Crémone. II, 187.
Crespé, frisé. II, 83.
Creste (J.). I, xlviij.
Croisé. II, 119.
Croiset (frère). II, 134.
* Croix du Tiroir. II, 91.
Ctésippe, personnage du *Lysis* de Platon. I, 7 à 46.
Cubercus, personnage du second Dialogue du *Cymbalum mundi.* I, 329 et suiv.
Cuisine, graisse, embonpoint. II, 118.
Culy. Dans cette phrase: « Ah! vous *culy* », l'Ecossois vouloit dire: Vous culetez! « Le *crissare* des Latins, dit La Monnoye, étoit pour les femmes; *cevere*, pour les hommes; le françois *culeter* se dit des hommes et des femmes. II, 162.
Cupido, personnage du troisième Dialogue du *Cymbalum.* I, 346 et suiv.
Curtalius, personnage du premier Dialogue du *Cymbalum.* I, 317 et suiv.
Cynthio (Aloyse). II, xv.
* Cypre (les jouvencelles de). I, 318.

Dacier (madame). N., I, 189.
Daillon (Louise de). I, xix, liij, 151.
Dam, dommage. II, 10.
Dandrilles, voy. Tesmoings. II, 364.
* Dauphiné. II, 237.
David. N., II, 186.
Dea, forme abrégée de *déable*. On a dit plus tard *da*. L'étymologie de ce mot a été fort contestée. (Voy. Génin, *Farce de Pathelin*, 1854, in-8, p. 295.) II, 54.
Dédire, refuser. I, *Andr.*, acte 5, sc. 6.
Deffaire, débarrasser. II, 217.
Dehait, adj., léger, joyeux. I, 137. Adv., volontiers, de bon cœur, promptement. II, 107.
Deigade. I, 95.
Delayer, écarter, éloigner. I, *Andr.*, acte 3, sc. 5.
Délivre, libre.

Quelquefois, de tout soin délivre,
D'un plus chault habit revestu,
Il list dedans quelque bon livre.

(*Les plaisirs du gentilhomme champestre*, 1583, p. 10, v°.)

I, 135; II, 373.
Delorme (Ph.). I, xlv.
Dementer (se), se dejeter. I, 82.
Demeure, retard. I, *Andr.*, acte v, sc. 4.
Demeurer, tarder. II, 118.
Démocrates exonéen (d'Exonée), dème de la tribu cécropide. I, 10.
Demy-ceint, ceinture pour la taille, ordinairement ornée de plaques d'argent. II, 264.
Dena, dame en patois lyonnois. II, 47.
Denisot. I, xviij, xxv, xxxv, lxxiv.
Departir, partager. II, 32.
Desjeunée, nourrie. II, 69.
Despence, cuisine, ou mieux, sorte d'office. II, 253.
Despescher, délivrer, débarrasser. II, 132.
Despièse, déplaise. II, 71.
Despautère. II, 164.
Dessaisonner, faire quelque

chose hors de saison. II, 115.
Destourbée, troublée, dérangée. I, 148.
Destroicts, vallons. II, 313.
Devant, en avant! II, 110.
Diane. I, 371, 372.
Dicton, arrêt. II, 218.
Didyme, grammairien d'Alexandrie. N., I, 313.
Diesbes, diables. II, 118.
Diffamée, souillée. II, 83.
* Dijon. N., II, 258.
Dionysodore. N., I, 376.
* Dissay. II, 249.
Divertir, écarter, détourner. I, 151.
Doingé (Jehan). Lisez : *Jehan Gédouin*. II, 256 à 259.
Dolet. I, ix, xxix, xliv, lxij.
Domenichi (Lodovico). II, xvij, xviij.
Double, pièce de cuivre valant deux deniers. II, 170.
Doubtant, redoutant, craignant. I, 162.
Douet, petit cours d'eau. II, 148.
Douzil, fausset. II, 181.
Drapeaux, linges. II, 148, 180.
Dronos, coups de poing; mot gascon qui, dit-on, vient du celtique. II, 215.
Du Bourg (Le Chancelier). N., I, 301, 302.
Du Chastel (Castellanus). N., I, 110.
Du Fail (Noël). II, xviij; N., II, 11, 27, 29, 191, 229, 327, 328, 360, 371.
Du Moulin. I, xviij, xxxvj, xxxix, xlix, lvij, 3, 81.
Duperron (Le cardinal). N., II, 241.

Du Peyrat (Jean), lieutenant pour le roi à Lyon. I, xlvij, 54.
Duprat. N., II, 359.
Du Puy. N., I, 303.
Du Tour. Voy. *Gédouin* (Robert).
Duval. N., II, 332.
Du Verdier. I, xl, lxiv, lxxxiv, xcij; N., 303, 304, 306. II, 87, 134.
Dya, cri des charretiers pour faire tourner leurs chevaux. II, 169.
* Dye. I, 156.

Egine. N., I, 348.
Egine (Paul d'). I, 342.
Egosiller, couper la gorge. II, 93.
Eloin, receveur de Lyon. II, 190.
* Embrunois (L'). I, ix.
Emmanuel-Philibert, duc de Savoie. N., I, 72.
Empeincte, peut-être faut-il lire *empreincte*. « De ceste empreincte » signifieroit « sous cette impression ». II, 77, 257.
Empesché, occupé. II, 128.
Emploitte, emplette, achat. II, 42.
Enhorter, exhorter. I, *Andrie*, acte I, sc. 5.
Ennius. I, 193.
Enseignes, preuves, signes. II, 26.
Entente, attention. I, 73.
Ententif, attentif. II, 275.
Entrée des jeux, prologue des mystères, sotties, etc. II, 136.
Entregenter (s'), avoir de l'entregent. II, 335.

DES NOMS DE PERSONNES ET DE LIEUX.

Environ, autour. II, 150.
Enviz, à contrecœur. II, 389.
* Epire. N., II, 88.
Erasme. I, xlj, 330. II, xvij.
Erasto. II, xviij.
Erraticques. II, 167.
Errené, éreinté. II, 90.
Erus. I, 377.
Esbat, sorte de chasse à courre. II, 248.
Escarabilhat, hardi avec une sorte de jactance : « Il alla trouver un frère *escarbillat* qu'avoit la fille. » Chapuis, *Les facétieuses journées*, 186, vº. — On retrouve plusieurs fois ce mot dans les propos rustiques de Du Fail; il a fini par ne signifier plus qu'un imprudent, un étourdi. II, 195.
Eschalier, clôture d'un champ faite d'échalas. II, 123. Ce mot est encore aujourd'hui usité en Bretagne pour désigner la barrière de bois qui borde un champ du côté du chemin ou qui le sépare d'une propriété voisine. On paroît avoir aussi nommé eschallier le talus où cette clôture est plantée; nous lisons dans les *Propos rustiques* : « Je suis tout esbahy de vous autres qui avez robes courtes et les chemises serrées dans vos chausses, que vous ne suyvez, en venant à la messe, les voyettes des gueretz, et ne passez par les rotes, sans monter, comme hernez, pas à pas sur les *eschalliers*, avecques vos souliers et sabotz tous fangeux?

Vos pauvres femmes, filles et chambrières s'y crottent toutes leurs chemises. »
Eschansonner, faire l'essai, comme l'échanson qui déguste le vin avant de le servir. II, 11.
Escossois. II, 161, 372, 373.
Escoubal (Fr. d'). I, xvij.
Escus pistolets. Voy. Pistolets.
Esgraffigner, égratigner. II, 64.
* Espagne. II, 157, 387. N., I, 368.
Espargne (A l'), avec parcimonie. II, 67.
Espaulé, bossu. II, 281.
Essoreiller, couper ou arracher les oreilles, sorte de supplice encore usité chez les sauvages. Après la victoire, les Tartares, il y a un siècle, remplissoient quelquefois de grands sacs d'oreilles d'hommes. A Paris l'essoreillement s'exécutoit au carrefour dit *Guigne-Oreille*, puis *Guillori*, près la Grève. I, 48.
Esteuf, balle de jeu de paume. II, 53.
Estienne (H.). I, lvij, lviij, lxxix; II, xvij; N., I, 303; II, 137, 145, 155, 204, 205, 307, 345, 350, 352, 359, 361.
* Estourgeon (L'), hôtellerie de Venise. II, 333.
Estranger, écarter. *Andrie*, acte I, sc. 5. II, 363.
Estriver, contester, débattre; I, *Andrie*, acte 2, sc. 4.
Estuver, échauffer. II, 245.
Europe. I, 348.
Euryale. II, xiv.
Eutrope (Saint-). II, 373.

Facque, poche. II, 213, 277.
Factions, tournois, faits d'armes. II, 78. Expéditions. II, 218. Entreprises. II, 272.
Fafelu, dodu. II, 122.
Faifeu (Pierre). I, 102, 107, 117; N., II, 208.
Falconet. N., I, 308, 330, 362.
Fallace, tromperie, fourberie. I, *Andrie*, acte 3, sc. 2.
Famulé, livré aux valets. II, 67.
Famulus, valet. II, 55.
Fantasier, songer, penser. II, 91.
Fantastique, fantasque. II, 114.
Farcime de ferine, pâté de gibier. II, 67.
Farelle (Mathurin). I, liij.
Faubert. II, xiv.
Favoral. N., II, 347.
Faye (J.). I, xlviij.
Feraud (Cl.). I, xlvj, 83.
Ferrare (le duc de). Voy. Borso et Nicolas III.
Figue (ma), ma foi ! II, 49.
Fillet, fil. II. 223.
Fizes, contresigne le privilége des Nouvelles Récréations. II, 2.
* Flandres. II, 255.
Flannetz, petits flans. II, 265.
* Flèche (La). II, 102.
* Florence. II, 10.
Florian. N., II, 261.
Fondulo ou Fonduli (Jérôme). N., II, 187.
Fongner, gronder, rudoyer. Voy. la ballade *Bon temps* dans les *Œuvres* de Roger de Collerye. II, 83, 162.
Formey. I, lxxvij.
Fontaine (C.). I. xlvj.

Forcluz, privé, exclu. I, 11.
Fouir, fuir. II, 98.
Fouler, mettre à contribution. II, 68.
Fouquet. II, 50, 52.
Fournayer, user de fourneaux. II, 58.
Fournier (M. E.), ses édit. de la *Bibl. elzev.*, et autres ouvrages cités. N., II, 10, 27, 41, 133, 140, 228, 310, 352, 370.
Françoys (Les). II, 173, 267, 333, 334, 367, 368.
Françoys Ier. I, xvij, xix, xxv, xxxvj, xxxviij, liij, 54, 57, 107, 108, 109, 178 et suiv., 301, 302; II, 238, 274, 320, 326, 327, 365, 375; N., I, 67, 318, 347; II, xiij, 9, 14, 33, 86, 133, 134, 190, 194, 254.
Françoys (Le dauphin), fils de Françoys Ier. I, xxxviii, 107, 108.
* Franche-Comté. N., II, 202.
Frangipani (Les). I, xlvij.
Frementin, couleur paille, en patois poitevin. II, 245.
Frippelipes. I, xxviij.
Frisque, vif. I, 59, 61.
Frotté (J.). I, xxiv, xxv, xxvj, 73.
Furetière. N., II, 89, 116, 237, 371.

* Gabbie (La). I, 93.
Gadon, conseiller du roi François Ier. II, 326.
Gaignat. N., I, 305, 379.
Gaillarde (J.). I, xlviij.
Galien. I, 342.
Galochers, écoliers portant *galoches*, sorte de brodequins

DES NOMS DE PERSONNES ET DE LIEUX. cxiij

qui se mettoient sur la première chaussure pour la préserver de la boue et de l'humidité. II, 225.
Ganymèdes. I, 326; II, xiij. N., 348.
Garasse. I, lxxiv; N., 68, 87.
Garea, bigarré. II, 245.
Gargilius. I, 367.
Garnier, annotateur de Ronsard. I, lxxiv.
* Garonne. II, 300.
Garrot, trait, flèche, dard. II, 129.
Gascons (Les). II, 195, 326, 368; N., II, 251, 252, 277.
Gastadours, pionniers. II, 63.
Gauffriers (donner ès), faire le déduit. II, 216.
Gautier (Ph.). II, vj.
Gautier-Garguille. N., II, 10.
Gavache, poltron, mot tiré de l'espagnol. I, *Andrie*, acte 1, sc. 5.
Gédoin (famille des). N., II, 256.
Gédoin (Jean). N., II, 256.
Gédoin (Robert), seigneur du Tour. N., II, 256.
Genèse, greffier de Nîmes. II, 238.
* Genève. I, xlv.
Genevoys, habitants de Gênes. II, 197.
Génin. I, xiv, xix, lxxxvij, xcv.
* Germanie. I, 319.
Gillet, menuisier de Poitiers. II, 88.
Gilette. II, 43, 88.
Giocondo. N, I, 67.
Girard. N., I, 330.
Glout, ellipse, pour glouton. I, 133.
Gobe, orgueilleuse. I, 70.
  Des Periers. I.

Gobeaux, morceaux. II, 250.
Gobelins (famille des). N., II, 41.
Godé pour *guedé* ou *godet*, veut dire rouge de vin, en Bourgogne.
Gondi (Les). I, xlvij.
Gonelle. Nous n'avions rien à dire sur ce personnage après l'excellente note de M. E. Fournier, *Variétés hist. et litt.* Voy. 210; II, 347.
Gonin. I, 315.
Gouget. I, lxvj, lxxiv, lxxxvj, 189.
Goulart (Simon). I, lviij.
* Gourguillon (Le), à Lyon. I, xlv.
Gourrière, brave, à la mode. I, 58.
Goutes (Jean des), Lyonnois. I, xlvj; N., I, 77.
Granjon. I, xliv, lxxij; II, vj, 2.
Gratien. N., II, 54.
Gratifier, être agréable. II, 370.
* Grenette (La rue de la), à Lyon. I, xxxviij.
* Grenoble. N., II, 301.
Grevances, misères.
* Grève, place de Paris. II, 82, 272.
Grillons, au figuré, fantaisies d'amour, convoitises. II, 381.
Grimaulde, science des grimauds; études élémentaires. II, 248.
Griphe. I, xliv.
Gruget. I, xviij, xxxv.
Grollier (Les). I, xlv.
Guarisseurs, médecins. I, 136.
Guarna (André). N., II, 188.
Guerdon, récompense. I, 73, 103.
Gueru (Hugues). N., II, 10.
Guespine, médisante, hargneu-

h

se. On n'a pas encore donné une explication satisfaisante de ce mot, qui ne s'applique qu'aux Orléanois et en mauvaise part. Le plus grand nombre le fait venir de *vespa*, guêpe, basse latinité. On regarde le guespin comme mutin et ami des rixes. Voy. Valois, *Notice des Gaules*; le *Mercure*, mai et septembre 1732; Crapelet, *Prov. et dict. au XIIIe siècle*. 1831, 80, 107. II, 200.

Gueudeville. N., II, 12.

Gui-Allard. I, ix.

* Guienne. I, xxiij.

Guillaume. II, 249.

Guillet (Pernette du), Lyonnoise. N., I, 81.

Guillot-Martin. N., II, 143.

Guise (Jean de Lorraine, dit improprement cardinal de). N., I, 54, 65.

Guivisi (Les). I, xlvij.

Gygés. N., II, 255.

Haag (MM.). I, lxxxvij, lxxxviij.

Hacquebute, arquebuse. II, 255.

Hardiment, hardiesse. I, *Andr.*, acte I, sc. 5.

Hardy ou *ardy*, liard, en patois toulousain. II, 206.

Harer, crier haro. I, *Cymbalum*, Dial. 4.

Harier, tourmenter, harceler, I, 151.

Hau, cri des charretiers pour faire arrêter leurs chevaux. II, 169.

Haut-Manoir (de). II, xiv, N., II, 236.

Hay, cri des charretiers: *allons! vite!* II, 9. — Haye avant! I, 98.

Je ne sçay; toujours hay, avant! (Vers 117 de la *Farce de Pathelin*.)

Hay avant! c'est assez presché! (*Farce du Marchand de pommes*.)

Heleine. N., II, 143.

Henry (le sire). II, 82.

Henri II. I, xxxviij; II, 360; N., 84, 86, 128.

Henri III. I, xxxiv.

Henri IV. I, x.

Henry VIII. II, 359.

Hercules. I, 11, 377.

Hésiode. I, 30. Ce vers, que Socrate cite à Lysis, est tiré de: *Les OEuvres et les Jours*, vers 25.

Hilaire (sainct). II, 248.

* Hilaire (le mont Saint–). N., II, 228.

Hillot, mot gascon, pour *fillot*, petit garçon, d'où l'on a fait filou. II, 273.

Hippocrates. I, 342.

Hippothales, personnage du *Lysis* de Platon. I, 7, 46.

* Hollande. II, 317.

Hollandois. II, 317.

Homère. I, ix, xxj, 351.

Homfenin. I, 78.

Hongner, murmurer. I, 112.

Horace. I, 97, 350.

Houois, cri des charretiers. II, 169.

Houser, chausser le *houseau*, botte qu'on mettoit par-dessus le bas et le brodequin léger, pour voyager. Voy. Coquillart, édit. d'Héricault dans cette collection, t. I, p. 189, note 5. II, 105.

DES NOMS DE PERSONNES ET DE LIEUX. CXV

Hubert, joueur de luth. I, xvij.
Hubiz, bien nourris, gaillards. II, 61.
Huis, porte. II, 36.
Humeur, humidité. I, 49.
Hurault, baron d'Auzay (Robert). I, x.
Huy, aujourd'hui. I, *Andr.*, acte 1, sc. 1.
Hybernois, Irlandois. II, 335.
Hygin. II, 291.
Hylactor, personnage du 4e Dial. du *Cymbalum*, I, 364 et suiv.

Illec, là. I, 14.
Imperite, ignorante. II, 69.
Impetrer, obtenir. I, 331.
Inache (la fille d'). II, 82.
Inçois, mais.
Infame, ignorant, II, 98.
Infande, dont on ne peut parler sans horreur. II, 227.
* Innocent (cimetière Saint-). II, 266.
Instrumens, acte, mémoire, terme de pratique, *instrumenta*. II, 10.
Insulse, impertinente. II, 69.
Intermis, interrompu.
Iracond, impétueux, colérique. II, 650.
Isabeau. II, 388 à 391.
* Ile-Barbe (Notre-Dame de l'), abbaye près de Lyon. I, x, xx, xl, xlij, xliij, 54 et suiv., N., 314, 315.
Itace, curé de Baignolet. II, 305 à 309.
* Italie. II, 255.
Italiens. II, 108, 293, 333, 334, 367, 368; N., II, 86.

Jà, déjà. II, 25.

Jacobins (de Lyon). I, xxxvj.
Jacquelot. II, 86. Dans cette page, les lignes 16, 17 et 18 doivent être lues 16, 18 et 17.
Jacques-de-mailles, jaquette ou cotte de mailles. II, 203.
Janicot. II, x; N., II, 262.
Janin, oie mâle. II, 328.
Janin. II, 259 à 260.
Jannet (M. P.), I, lxxx; II, xvj, N., 11, 61.
Jannette. II, x, 262.
Jaseran, collier d'or en fines mailles serrées. (Voy. *Var. hist. et lit.*, t. 2, p. 90.) I, 318.
Jean (frère). II, 33.
Jean de Paris, peintre. I, xvij.
Jehan (messire). II, 101, 214 à 217.
Jennette, genête, plante à fleurs bleues. I, 66.
* Jérusalem. N., I, 326.
Jésuites. N., II, 226.
Jésus, ce nom répété à satiété par un prêtre de Saint-George. II, 99 et suiv.
Jettons, rejetons. I, 56.
Johanneau (E.). I, lxvj, lxvij, lxviij, N., 305, 309, 313, 319, 363, 377.
Jouxte, près de II, 315.
Jubinal (M.). N., II, 162.
Juc ou *jouc*, juchoir, perchoir. II, 66, 130.
Julien (M. Stanislas), N., II, 166.
Julliano (Misser). II, 110.
Juno. I, 348, 350.
Jupiter. I, 322, 323, 324, 326 et suiv., *passim*.
Jure (Alexis), poëte de Quiers en Piémont. I, xlvj, 92.

Juste. I, xliv.
Juste (Jean), fameux sculpteur, I, 66.
Justinien (Augustin). N., II, 256.
Juvenal. II, xiij.

La Caille, son catalogue cité. N., I, 302.
Lacroix (M. P.). I, vij et *passim* à xcvij, N., 188, 193, 256, 305, 306, 308, 309, 318, 322, 344, 346, 351, 371; II, xv, N., 235, 238, 255, 293, 319, 386.
La Croix du Maine. I, ix, xlv, lviij, lxiv, lxxij, lxxxiv, 303, 305, 306; II, N, 128.
La Curne. I, ix, lxxv, lxxx.
La Fontaine. I, viij, lxxxj; II, xvj, xvij, xviij, N., 121.
Lalanne (M. Ludovic). N., I, 310.
La Monnoye. I, xxiv, lxv, lxxviij; N., 304, 305, 329, 344, 346, 347; N., II, vij, ix, x, xj, xij, xiv, xv, 26 et suiv., *passim*.
Lancelot. N., I, 308, 330, II, 144.
Lancespessades, plus fréquemment *anspessades*. Ce mot vient de l'italien et veut dire *lance rompue*. Il ne se naturalisa en France qu'à l'époque des guerres d'Italie, sous Charles VIII. La lance-rompue étoit un cavalier démonté, qui, propre encore au service, alloit en demander dans l'infanterie. On lui donnoit un grade inférieur à celui du caporal. Il y avoit encore des anspessades dans l'armée au dix-huitième siècle. II, 60.
Landriano (Gerardo). N., II, 24.
Langarde, bavarde, méchante langue. I, 144.
Lansi, esquinancie. II, 236.
* La Roche. I, 66. C'est La Rochetaillée, selon M. P. Lacroix, et nous nous sommes rangé d'abord à cet avis; mais une plus ample connoissance des lieux nous fait croire que c'est plutôt La Roche-Cardon, hameau beaucoup plus près de Lyon que Rochetaillée, et sur la route de l'Ile. Dans le parc de Roche-Cardon se trouve une fontaine appelée *fontaine de Jean-Jacques*, parce que Rousseau vint, dit on, méditer auprès. Seroit-ce, par hasard, celle que Albert consacra, au rapport de Des Périers? Il seroit intéressant de s'en assurer.
La Roche-Thomas. II, 65.
Lascaris (Jean). N., II, 187.
* La Tircherie. II, 248.
* Latran (concile de). II, 236.
Lautrec (Odet de Foix, seigneur de). II, 126.
La Vallière. N., I, 379.
Lavirotte. I, ix, lviij, lix.
La Voulte, prévôt. II, 273 à 276.
Lay, laïque. II, 171.
Lèches, miettes, petits morceaux. II, 66 à 67.
Le Clerc. I, lix, lxxij.
Le Coq. N., II, 332.
Le Coustellier (Jeanne). I, xxv.
Leda. I, 348.

Le Duchat. I, lviij, lxv, lxxvij.
Le Laboureur. I, xlj.
Le Maistre. I, xxix, 84.
Léon X. N., II, 375.
Le Poulchre (F.). N., I, 27.
Leroi (M.). N., II, 322.
Le Roux de Lincy (M.). I, xxv, lj, liij, N., 352; II, 100, 171, 227, 240.
Libéralement, librement. I, 366.
* Liége. N., II, 140.
Liette, layette, sorte de petite boîte. II, 182.
Ligneul, gros fil à l'usage des cordonniers. II, 93.
Limande, ais, pièce de bois longue et plate. II, 90.
* Limoges. N., II, 145.
* Le Limosin (le). II, 145, 370.
Lizet. I, xxvij, lxxiij; II, 84, 85; N., I, 301, 302.
Longœuil. II, 187.
Lopin, pièce, morceau. II, 92, 182. Le sens de ce mot, à l'occasion, prenoit de l'extension. Voy. une excellente note de M. d'Héricault, édit. de Coquillart (Bibl. elzev.). I, 104.
Lorge (le capitaine). Voy. Montgommery.
Lorgner, frapper. II, 321. Voy. sur ce mot une note de la nouvelle édition de Rabelais p. M. Burgaud Des Marets, t. I, p. 79.
Lorraine (Charles de), N., II, 365.
Los, gloire, renommée.
Louis XI. I, xix, xxxv. II, 33, 196, 254.
Louis XII. II, 14, 71; N., II, 277.

Louis XIV. I, xvij. II, 322.
Louvre (bibliothèque du). N., I, 5.
* Loyre (la). II, 204.
* Luc (église Saint-), à Venise. N., II, 376.
Lucrèce. II, xiv.
Lucien. I, viij.
Lucio. II, 388 à 391.
Luicte, lutte. I, 8.
Luiteurs, lutteurs. II, 29.
Luna (Mathieu de). N., II, 256.
Luscius Lanuvinus. N., I, 192.
Luther. I, lxj, 364, 671, et voy. *Rhetulus*.
Lutté, formé avec l'enduit chimique appelé *lut*, qu'on employoit pour les cornues et alambics. II, 58.
Luxembourg (cardinal de). II, 71.
Lycaon. I, 348.
Lydes. II, 255.
Lyon, tailleur de Poitiers. II, 181.
* Lyon. I, xxij, xxxvj, xxxvij, xxxviij, xl et suiv., liij, lxxxiv, 5, 54, 68. — II, 4, 47, 173, 255; N., 187.
* Lyon (Bazoche de). I, 57.
Lyonnois (Les). I, 60, 77, 80, 83, 84, 96; II, 174.
Lyonnoises (Les). I, 56.

* Mâcon. N., I, 81.
Magdaleine. II, 374, 375.
Magnifier, exalter. II, 290.
Maigret (Salomon). N., II, 187.
Maillard (Olivier). II, xvij.
Maillard (Gilles). N., II, 125.
* Maine. II, 125, 127.
* Maine-la-Juhés. II, 127.
Maistrie, pouvoir, autorité. I, 16.

* Malabar. N., II, 291.
Malaisé, disgracieux, infirme, contrefait. II, 156.
Malespini. II, xvij.
Malherbe. I. xxvj.
Malier, cheval de somme, ainsi nommé parce qu'il portoit habituellement malles et paquets. II, 345.
Mananda, exclamation qui paroît être une ellipse de ces trois mots : *Mon âme dà!* II, 232.
Manipule, pincée, nom d'une petite dose en pharmacie. II, 210.
* Mans (Le). II, 65, 71, 99, 119, 126, 158, 252.
Mantuan (Baptiste). I, 164.
Maquerelle, au sens honnête de suivante, duègne. I, *Andrie*, acte 1, sc. 3.
Marchand (P.). I, ix, lxiv, 304, 305, 306, 307, 308, 309. II, ix.
Marguerite d'Angoulême, reine de Navarre, sœur de François Ier. I, vij et *passim* — xcvij; I, 3, 5, 46, 72, 85, 87, 103, 109, 310, etc., *passim*.
Marguerite, duchesse de Savoie. I, xxiij, 72.
Marie, mère de Christ. I, 350.
Marie (La prophétesse). II, 58.
Marine, mer. I, *Andrie*, acte 1, sc. 3.
Marion. I, xxj, 27. N., II, 284.
Marmiteux, piteux; faire le —, feindre la misère. I, 127.
Marnef (E. de). I, lxxxviij.
Marolles (Pucelles de). II, xij; N., II, 31.

Marot (Jean). N., II, 14.
Marot (C.). I, viij, xvj, xxvj, xxvij, xxviij, xxix, xxx, etc., *passim*. — xcvij, 75, 110; N., 67, 72, 77, 81, 85, 111, 177 et suiv., 302, 353, 356. — II, xiij; N., 103, 106, 124, 125, 134, 141, 143, 150, 190, 256, 320.
* Marseille. N., II, 231.
Marthe. N., I, 317.
Martial d'Auvergne. N., I, 318.
Martin (Saint). I, xlj, xliij.
Massue, marotte de fou. II, 321.
Maudolent, fâché, furieux. II, 240.
Médicis (Catherine de). I, xxx.
Meigret (L.). I, xvij.
Melaine (Jehan). II, 252 à 256.
Mellin de Saint-Gelais. N., II, 87.
Ménage. N., II, 282.
Menandre. I, 192.
Menestrier. I, xl.
Menexène, personnage du *Lysis* de Platon. I, 7 à 46.
Mercière, marchande. I, 104.
Mercure, personnage principal des dialogues du *Cymbalum*. I, 317 et suiv.
Mercuriales (Fête des). I, 12.
Merdé (La)! La mère de Dieu! juron poitevin. II, 248.
Menluz, morue. I, 156.
Mérimée (M. P.). N., II, 139, 246.
* Mérindol. N., II, 84.
Mersenne (Le P. M.). I, lxiv, N., 303, 309.
Meschantement, méchamment. II, 130.
Meshuy, aujourd'hui. I, 32.
Mespartir, intervertir. II, 122.

DES NOMS DE PERSONNES ET DE LIEUX.

Métier, besoin. I, *Andrie*, acte 4, sc. 2.
* Meudon. II, 240.
Meun (Jean de). I, 69.
Meurdri, meurtri. II, 55.
Micha. II, 248 à 250.
Michault. N., I, 308, 330.
Michel (M. F.). N., I, 27.
Michelet (M.). N., II, 140.
Mignoter, faire le mignon, être mignon. I, 13 et 102.
* Milan. II, 126, 265.
Miles d'Illiers. II, 151. Voy. aussi, sur ce prélat, *Apologie pour Hérodote*, chap. xvij.
Minimes, note de musique; la minime se nomme aujourd'hui blanche. II, 25.
Miré (Mademoiselle du). N., II, 15.
Missères, messires, pron. à l'italienne. II, 109.
Mistes, faits avec art, soignés. I, 68.
Mnemosyne. N., I, 348.
Molière. I, xvij, lxxxj; N., II, 36.
Monmerqué (M.). N., I, 27.
Monet (Le P.). N., II, 258.
Montaiglon (M. A. de). I, cxxxv.
* Montaigu (Collége de). II, 228.
Montecuculli. N., I, 107.
Montfalcon. I, xlj, xlviij.
* Montfaucon. II, 324.
Montgommery (Jacques de Lorge, seigneur de). II, 126; N., I, 72.
Montmorency (Le maréchal de). I, xvij.
Montoir, marche ou borne près de laquelle venoient se placer les chevaux et mules, pour la plus grande commodité de ceux qui les vouloient monter. Tallemant nous conte l'anecdote d'un cavalier qui fit la route à pied faute d'un montoir (Hist. de Racan). On comptoit au milieu du XVIe siècle un fort grand nombre de montoirs dans les rues de Paris; Charles IX, par un édit du 29 décembre 1564, en ordonna la démolition, ainsi que de toutes les autres saillies des maisons. Voy. aussi le *Baron de Fæneste*, édit. Mérimée, 98. II, 45, 114.
*Montpellier. I, 4; II, 156, 267.
Montres, promenades que les acteurs des mystères et farces faisoient en costume pour annoncer leurs représentations; revues, parades. II, 138.
Mont-Sacré (Ollenix du). I, xvij.
Moreri. N., I, 303.
Morgue, maintien, contenance. II, 366.
Morhofius. N., I, 303.
Morin (Jehan), imprimeur du *Cymbalum*. N., I, 301, 379.
Merlin (J.). I, lxxx.
Mormonner, marmotter. I, 335.
Morrion, sorte de casque noir. II, 255.
* Moulins. II, 276.
Moyens, intermédiaires. II, 268.
Moyse (cantique de). I, 182.
Mycioniens (Les). II, 335.

* Nantes. II, 29.
* Naples. II, 126.
* Narbonne. II, 157.
Natalibus (P. de). N., II, 59.
* Nemours (Le pont de), à Lyon. I, xlv.

* Nerac. I, xxiij.
Neux (François Rasse des). II, vj.
* Neufchâtel. I, xxviij.
* Nevers. N., II, 350.
Nevius. I, 193.
Nevizanis (Jehan de). II, xvj.
Niceron. I, lxv.
Nicolas. II, 347.
Nicolas (Saint), invoqué pour les maux de dens. II, 349.
Nicolas III, marquis d'Este. N., II, 347.
Nicot (Jehan), maître des requêtes de l'hôtel du roi Henri II, signe le privilége des Nouvelles récréations. II, 2.
Nicot, lexicographe. N., II, 89.
* Nîmes. II, 112, 237, 238.
Nodier. I, ix, xxiij, xxxiij, xxxiv, xxxvj, xl, l, lviij, lix, lxviij, lxxxvj, lxxxij, etc., xcvij; N., 138, 305, 306.
Noiron (Marguerite). N., II, 139. Nous avons retrouvé la vieille épigramme dont parle La Monnoye; la voici :
De la responce de Margot Noiron à un gentilhomme qui avoit couché avec elle, par A. V.

Quelque mignon, en prenant congé d'une
Qui luy avoit la nuit presté son cas :
« Mille mercis, dist-il, ma gente brune, [bas! »
Logé m'avez au large hault et
Elle feignit n'entendre à tels esbats
Jusques à tant qu'il eut garny la main :   [sois pas,
« Pardonnez-moy, car je ne pen-
Dit-elle alors, qu'eussiez si petit train. »

(*Traductions du latin en fran-*
çois et inventions nouvelles, tant de Clément Marot que des plus excellens poètes de ce temps. In-16. Paris, édit. Groulleau, 1554.)

Noiseux, querelleurs. I, 152.
* Normandie (La). II, 41.
Normands (Les). II, 38, 40, 42.
Notable, axiome, maxime. II, 8.
Nourry (Cl.). I, xliv.
Nugigerulle, sotte. II, 69.

Olivetan. I, xxviij.
Olybrius, empereur d'Occident qui vivoit au Ve siècle; *faire l'—*, c'est être fantasque et bourru. II, 308.
* Onzain (Le curé d'). II, 354.
Oppien. N., II, 291.
Ordre, élégance du vêtement. II, 273.
Orendroit, à cette heure, maintenant. I, 131.
Origène. N., I, 322.
Orlandini (Les). I, xlvij.
* Orléans. N., II, 104 à 190.
* Orléans (danseurs d'). II, 200.
* Orléans (femmes d'). II, 200, 355 à 357.
Orrons, entendrons. II, 12.
Ortensio Lando. N., II, 184.
Oulle, pot ou marmite, expression gasconne. II, 148.
Ouville, conteur. II, 246.
Ouvrer, travailler. II, 221.
Ouvroir, boutique. II, 263.
Ovide. I, 351; N., 371. II, xiij; N., 141.

Pageois, langage ou contenance de page. II, 289.
Paillarde, courtisane. I, *Andrie*, Argument.
Pallas. I, 318, 319.

DES NOMS DE PERSONNES ET DE LIEUX.

Palombes, pigeons ramiers. II, 206.
Pamphagus, personnage du 4e dialogue du *Cymb.* I, 364 et suiv.
* Panopis (La fontaine). I, 7.
Pantagruel. II, 33.
Panurge. N., II, 33.
Papegay, perroquet. I, 22.
Papillon. N., I, 188, 307.
Parabosco. II, xviij.
Pare, prépare. II, 244.
Parier, égaler. I, 146.
Pâris (Le jugement de). I, 377.
* Paris. I, xxij, xxxix. II, 77, 85, 91, 94, 95, 134, 140, 171, 209, 213, 255, 262, 280, 282, 312, 315, 319, 320, 321, 325. N., II, 41, 84, 104, 136, 155, 187.
* Paris (femmes de). II, 198, 230.
* Paris (l'enfant de). II, 228.
* Paris (Nostre-Dame de). II, 204.
* Paris (pinte de). II, 206.
Paris (M. Paulin). N., II, 75.
Parmentier (Michel). I, xl, xliv, 307.
Parrasius. I, 353.
Parsus, du parsus, au surplus, du reste. I, *Andrie*, acte 3, sc. 2.
* Parthenay. II, 245.
Partir, partager. II, 353.
Partir, finir. I, 321.
Pasquier (E.). N., I, 303.
Pasquin ou plus fréq. *pasquil*, satire qu'on attachoit à la vieille statue de Pasquin, à Rome.
Passe-pieds, sorte de danse bretonne. II, 29.
* Pau. I, xxiij.
Paul (Saint-). N., I, 314.
* Pavie. II, 126.
Payan (T.), impr. de Lyon. I, lxxxiv.
Pazzi (Les). I, xlvij.
Peau-d'Asne. II, 362.
Pedissèque, servante.
* Peire (La). II, 271.
Pelixes, perdrix. On croit ce mot corrompu. II, 206.
Pellefèdes. I, 93.
Pelletier (J.), du Mans. I, xxxv, xliij, xliv, xlv, xlvj, lxxij, lxxv, lxxvj, lxxxviij, xcj ; N., I, 97. II, 3, 70.
Pendants, bourses de luxe qu'on suspendoit à la ceinture. II, 271.
Peneux, confus, honteux. I, 24.
Pepin (Guillaume). N., II, 100.
Perche (Le vicomte du). I, xv.
Peringues, pigeons sauvages. II, 206.
Perot (gay comme), « guaillard comme un père », dit Rabelais, liv. 4, chap. 24 ; c'est-à-dire comme un moine. Cette expression s'employoit communément : « Je l'allay visiter, et au bout de trois jours le rendist guay comme Perot. » (*Apologie pour Hérodote*, chap. 16.) L'interprétation de La Monnoye n'est que spirituelle : « Ce mot fait allusion à *pet* et à *rot*, les deux choses du monde les plus gaies : un *pet* et un *rot* chantant l'un et l'autre du moment de leur naissance jusqu'à leur mort. » II, 342, 374.
Pernette. II, 75, 392, 394.
Perrault. N., II, 392.
Perreal (Les), sœurs. I, xlviij.

Perrette. II, 232.
Pernetti. I, xlviij.
Perronne (Cl.). I, xlviij.
* Petit-Pont de Paris (harengère du). II, 223.
Petitesse, enfance. II, 178.
Pétrarque. II, 377.
Petrone. II, xiij; N., 141.
* Pezenas. N., II, 156.— La foire de —. II, 168.
* Phalerne (vin de). I, 315.
Phelipes. II, 73.
Phlegon, personnage du troisième dialogue du *Cymbalum*. I, 346 et suiv.
Picard. II, 22, 367 à 368.
Picquardans, raisins qui fournissent un vin blanc estimé. I, 93. Voy. Cotgrave.
Picarde. II, 319.
* Picardie. I, xxxix. II, 33.
Picart, graveur. N., I, 308.
* *Pierre-Buffère*, II, 145.
Pique-bœuf, laboureur qui se servoit d'une longue pique pour aiguillonner ses bœufs. II, 245.
Pieça, déjà, il y a long-temps. I, *Andr.*, acte 3, sc. 2.
Pie II. II, xiv.
Pierre (maistre). II, 104, 355.
Pigeonnerie, caresse, baiser, par allusion aux gentillesses des colombes. II, 267.
Pigne, peigne. I, 16.
Pindarus. I, 353.
Pipée, tromperie. I, 327.
Pistolets, demi-pistoles. « Adieu mes gentils pistolets. » (*Adieu du plaideur à son argent. Var. hist. et litt.*, II, p. 198.) II, 334.
Pitancier ou cellerier, sorte d'économe. II, 253.

Pitrasse, piètre, affligé; *chère pitrasse*, piteuse mine. II, 239.
Placcius. N., I, 309.
Plaisantin (Le). II, 13.
Planchette (faire), seconder, favoriser.
* Plat (la maison du), à Lyon. I, xxxviij.
Plataine, patène. II, 153.
Plaudez, pour pelaudez, battuz, ecorchez. II, 312.
Platon. I, xx, xxj, xxij, xlix. Son *Lysis*, 7 à 46. II, 12.
Plaute. I, 193. N., II, 12.
Pleiger, tenir tête, rendre la pareille I, 323.
* Plessis-lès-Tours. I, xix.
* Pline. N, I, 314, 376.
Poche, besace, sac de mendiant. II, 272.
Pogge. II, xv, xvj, xvij, xviij. N., II, 111, 261, 293, 369.
* Poictiers. II, 177, 181, 248 à 250, 259 à 262, 351. N., II, 104, 248.
* Poictiers (flusteurs de). II, 200.
* Poictiers (la ministrerie de). II, 260.
* Pointe-Saint-Eustache. II, 134.
* Poitou. I, xxiij, lxxiv.
Polite. II, 14.
Pontanus (J. J.). II, xviij.
* Pont Nostre-Dame, à Paris, II, 82.
* Portugal. II, 289. N., II, 291.
Potence, béquille. I, 351.
Poupins, coquets. II, 61.
Pourchas, poursuite, sollicitation, demande. I, 11, 91.
Poytevin. II, 247, 248.
Prefix, prescrit, assigné. I, 73.

Premier, d'abord. I, *Andr.*, acte I, sc. I.
Prémis, mis en avant. II, 299.
Préoccuper, se ménager, se rendre favorable. II, 197.
Présence, compagnie, assistance. II, 69.
Présenter, faire des présents. II, 229.
Prime-face, à première vue. I, 9, 27.
Prinsault (de), de prime saut. II, 216.
Privé, particulier. II, 229.
Prolation, prononciation. II, 173.
Prométhée. I, 377.
Propriétaire, qui est propre, personnelle. II, 298.
Proserpine. N., I, 348.
Prou, avantage, bien, profit ; adv., il signifie assez, beaucoup. II, 52.
*Prouvence. II, 167 ; N., II, 29.
Psaphon, voy. Saphon.
Purger, disculper. I, *Andr.*, acte 5, sc. 3.
Pycargus. I, 367.

Quant et quant, avec, en outre. II, 59.
Quant que, quantum, cumque. « Ils ne savent pas *quant que* l'on fait. — Je donne au diable tout *quant qu*'il y en a sous mes deux mains. » (*Quinze Joies de mariage*, éd. P. Jannet.) I, 15.
Quarte, mesure de liquides tenant quatre chopines. II, 253.
Quer, car. II, 72.
Querimoine, plainte en justice, instance, terme de cour ecclésiastique. II, 74.

Querimonie, II, 154.
Queritur, on demande ; formule des élèves de philosophie. II, 32.
* Quiers. I, 92.
Quignet, coin, retraite. I, 78.
Quillard, jeu de quilles. I, 351.
* Quine. I, 93.
Quinquaille, vieille monnoie, quincaillerie. II, 91.
Quintessence, la cabalistique, sciences occultes. II, 315.

Rabelais. I, viij, xlj, xliv, lxxxiij ; N., 320. II, xvj ; 10, 13, 17, 27, 33, 151, 240, 246, 305.
Racque, en général mare pleine d'eau bourbeuse, ici cuve contenant la vendange. I, 94.
Raison, permission. II, 39.
Ramancher, réconcilier. I, *Andrie*, acte 3, sc. 3.
Ramentant, pour ramentevant, rappelant. I, *Andrie.*, acte 1, sc. 1.
Rassotte, radotte. I, 10. Voy. aussi *Rassotté*, radotteur (*Cymbalum*), et *Andrie*, acte 3, sc. 1. I, 10.
Rateau, sorte de poire d'hiver. II, 206.
Ratelée (dire sa), conter ce qu'on a sur le cœur, défiler son chapelet, vider son sac. II, 238.
Raynal (M.). I, xvj.
Reboucher, retrousser. II, 188.
Rebourse, revêche, colère. I, 115.
Rechercher, demander raison à. II, 268.
Recipe, ordonnance de médecin, parce qu'elle commençoit par ce mot, qui veut dire *prenez.*

Des Periers a dit aussi *receuz* :
Aimez, prisez reçeuz de guarisseurs.
I, 212.
Records (être), garder souvenance. I, 10.
Recourser, recorser, retrousser. II, 153.
Recrue, fatigue, lassitude. II, 217.
Refait, en bon point, en bonne santé. II, 223.
Regnardois, langage de renard. Des Periers affectionne cette forme de dire : *Vieillois, cailletois, villenois*, se trouvent également dans ses ouvrages. II. 128.
Regnier. N., II, 134 à 141.
* Reims. II, 22.
Religion, couvent, monastère. II, 220.
Remond (F. de). II, 260.
Remot, éloigné. I, 142.
Remuement, déménagement, enlèvement. II, 282.
Renard (Georges), de Lyon. I, 96.
Rencontres, bons mots. II, 185.
Renée de France. N., II, 301.
Repoussoirs, piéges à renard qui repoussent avec violence au moindre choc. II, 129.
Restiveté, entêtement. II, 170.
Réveil, sorte d'aubade. II, 388.
* Rhamnuse. I, 290. Petite ville d'Attique, célèbre à cause du temple d'Amphiaraüs et d'une statue de Némésis, vengeresse des superbes. Cette statue, ouvrage de Phidias, fut faite d'un bloc de marbre de Paros enlevé aux Perses, qui s'étoient proposé d'en faire un monument pour consacrer le souvenir de leurs victoires futures sur les Grecs. Voy. Nic. Camus, *Com. sur Térence*, et Levée, *Théâtre complet des Latins*, 1820, in-8. I, 223.
Rhetulus, personnage du second dialogue du *Cymbalum mundi*. I, 329 et suiv.
* Rhône. I, 55, 62.
* Rhone (le pont du), à Lyon, I, xxxviij.
Riffler, lever, voler. Voy. Fr. Michel, *Dict. d'argot*, p. 359. I, 120.
Rigaud. I, xliv.
Riottes, discussions, luttes.
Rober, voler :
Les gros larrons sont ententifs
De poindre et robber les petits.
(*Fabrique des excellents traits de vérité*, dans cette collection, p. 55.)
II, 218.
Roberval (Jean-François de la Roque, sieur de), l'un des premiers navigateurs qui visitèrent le Canada, découvert en 1497. Il éleva, en 1542, le fort de Charlebourg. II, 350.
Robin. I, xxij, 27; II, 284. Voy. d'excellentes notes de M. A. de Montaiglon sur la *Déploration de Robin* (*Anc. Poésies franç.*, t. 5, p. 243), dans cette collection.
Rœderer. I, xliij, lix.
Roger. II, 306.
Rojas (Fernand de). N., II, 76.
* Saint-George. II, 99.

DES NOMS DE PERSONNES ET DE LIEUX.

Rolet, petit rôle, cahier. II, 225.
* Romme. I, 319; II, 10, 38, 39, 41, 74, 238, 268.
* Romorantin. N., II, 86.
Rompre (se), se faire une hernie. II, 72.
Ronsard, I, xviij, N., 315.
Rosso (le). N., I, 318.
Rothelin (l'abbé de), 305, 306, 379.
Ronfle, sorte de jeu de cartes. II, 122.
Ronsard. N., I, 5, 67.
* Rouen. II, 16, 241, 280.
* Rouergue. II, 175.
Rouerguoys. II, 211.
Roussel. I, xxvj.
Rousselet. I, xlvj, 318.
Rouvergans, raisins qui fournissent un vin blanc estimé. I, 93.
Roville. I, xliv.
Ruffien, entremetteur, homme débauché, vil proxénète, de l'italien *ruffiano*. II, 226.
Ruggieri (Côme). I, xxx.
Ruscelli. N., II, 375.
* Russie. N., II, 333.
Rustrerie (faire), vivre joyeusement. II, 189.

Sadinette, gracieuse, avenante, le contraire de maussade, son composé. I, 66.
Sagon. I, xxvij xxviij, 110, 117 et suiv.
Saint-André (le maréchal de). I, xlvij.
* Saint-Anthonin, II, 208 à 214.
Saint-Chelaut. II, 119.
* Saint-Didier (le vicaire de). II, 178.
* Saint-Eustache (le curé de). N., II, 137 à 155.
* Saint-Hilaire de Poitiers. II, 18.
Saint-Hyacinthe. II, ix.
* Saint-Jacques (rue). I. 379.
* Saint-Jean (la feste). II, 230.
* Saint-Jean (les malades de). II, 170.
* Saint-Jean-en-Grève (l'église) II, 82.
Saint-Léger. I, xl, lxxxv; II, viij.
Saint-Marc Girardin. I, lxxix.
* Saint-Michel (le mont). I, xxvij.
* Saint-Nizier. I, xlv.
Saint-Pater (madame de). I, xix, xxxv, xlix.
* Saint-Pol (comte de). N., II, 86.
* Saint-Tliberi. II, 156.
* Saint-Victor (abbaye de). II, 84.
* Saint-Vincent, église paroissiale de Lyon, qui fut détruite en 1562, puis réédifiée. I, 58.
* Sainte-Anne. I. xliij.
* Sainte-Croix. II, 351.
Sainte-Marthe (Charles de). I, xij, xviij, xxv, lj.
Sainte-Marthe (Scévole de). II, 190.
* Sainte-Serote. N., II, 120.
* Saintes. I, xcij.
Sala. I, xlvj.
* Sala (rue), à Lyon. I, xliv.
Salomon. II, 58; N., I, 103.
Salva (Lazare de). I, xvij.
Salzard (M.). II, 281.
* Saône. I, xl. II, 54, 55, 57, 62.
Saphon. I, 377.
Sau, sol, rez-de-chaussée. II, 168.

Saugrenée, plat de légumes cuits dans l'eau, puis assaisonnés de sel et d'huile. II, 254.

Savoie (Louise de). I, xxv.

Savouret, bon mot. II, 31.

* Savoye. II, 352.

Saye, sorte de justaucorps. II, 187.

Sayon, pourpoint à basques, attaché aux chausses avec des aiguillettes ; cette mode a duré jusqu'au milieu du dix-septième siècle. II, 152.

Sceve. I, xlvj.

Sceve (les sœurs). I, xlviij.

Sec, exclamation équivalant à : « Voilà qui est dit sèchement, sans assaisonnement. » II, 206.

Seille, seau. II, 160.

Séjour, paix, repos. I, 56.

Selle, chaise. II, 90.

Semonce, invitation. II, 297.

Senecque. I, iij, lv.

Serpens (Pierre des). II, 354.

Serve, garde. II, 67.

Servet (Michel). I, xlv.

* Sey (pont de). II, 203.

Sganarelle. N., II, 224.

Si, pourtant. I, *Andrie*, acte 5, sc. 2.

Sibler, siffler, en patois poitevin. II, 245.

* Sicile. I, 64.

* Siene. II, 387.

Sienois. II, 387.

Sigismond. II, 267.

Siméon (cantique de). I, 87.

Socrate. II, 12 ; figure dans le *Lysis*. I, 7 à 46.

Solliciteur, agent d'affaires, mandataire. II, 121.

Solon. I, xxj.

Somnus. I, 352.

* Sorbonne (La). I, xxvj, lj. II, 137.

Sorel. I, lxxvij.

Sorte (gens de), personnes de qualité. II, 35.

Sottart, niais. I, *Andrie*, acte II, sc. 6.

Souefvement, doucement. II, 377.

Soueve, caressante, douce. II, 97.

Soulas, joie, plaisir, divertissement. I, 79.

Spérollans, raisins qui fournissent un vin blanc estimé. I, 93.

Spinaci (Les). I, xlvij.

Spini (Les). I, xlvij.

Spizelius. N., I, 303, 309, 310.

Straparola (Giovanfrancesco). II, xvj.

Statius, personnage du 3e dialogue du *Cymbalum*. I, 346 et suiv.

Spizelius (Jean). II, xiv.

Strozzi (Les). I, xlvij.

Struve. N., I, 304.

Stuard (Jacqueline de). I, xlviij, 162.

Style (Le), en patois juridique c'est la procédure. II, 50.

Styptiques, astringentes. I, 136.

Suffisance, capacité, valeur. II, 101.

Suisses. II, 86, 368.

Surceint, vêtement de dessus, sorte de *surcot*, en étoffe de prix. I, 106.

Sus, avant ; *à sus*, en avant. II, 393.

Sylvius. I, xvi:j.

Sylvius (Æneas). II, xvj ; N., II, 267.

Tables, sorte de jeu nommé dans l'antiquité *diagrammisme* ou jeu des soixante tables. Notre jeu de dame ressemble aux tables. II, 13.

Tabourot. I, lxxij. II, xvj; N., 27, 94, 256.

Tabuter, frapper, heurter. II, 50.

Tahureau (J.). N., II, 63, 70, 183.

Talaires, talonnières. I, 334.

Tancer, disputer. II, 250.

Tandis, pendant ce temps, expression usitée jusqu'au dix-septième siècle. I, 71. II, 294.

Tansons, querelles, disputes. I, 168.

Tartre bourbonnoise, bourbier. Les routes du Bourbonnois, famées pour leur mauvais entretien, se trouvoient coupées par de vrais cloaques. Voy. *Pantagruel*, liv. 2, chap. xvj. II, 120.

Teiran. II, 156.

Térence. I, lxxxiv, 297.

Ternes, six; terme du jeu de tric-trac lorsque les dés amènent deux trois. II, 142.

Tersan (l'abbé de). I, xlv.

Tesmoings, testicules. II, 77, 217.

Testonner. Voy. *Bourre*.

Tetricité, tristesse. II, 12.

Tetrique (front), mélancolique. II, 4.

Thévenot de Morande. I, x.

Thibault (Guynet), Lyonnois. I, xlvj, 80.

Thiboust de Quantilly. I, xvj.

Thomas, apôtre. N., I, 313.

* Thomassin (rue), à Lyon. I, xliv.

Thoulouse. II, 156, 205, 208, 271, 300.

Tibère. N., I, 314.

Tine, vaisseau pour porter la vendange. I, 93, 94.

Tire, trait. I, 167.

Tirer, travailler. I, *Andrie*, acte I, sc. 2.

* Toulouse (estudians de), II, 200.

Tout (du), tout à fait. II, 35.

Toinette. II, 220 à 223.

Toiny (La dena). II, 47.

* Tonnoye. II, 119.

Touiller (se), se salir. I, 94.

* Tourayne. II, 10.

Tourdions ou *Tordions*, tours, friponneries, plus généralement danses, rondes, et quelquefois les basses-danses. II, 162, 349.

Tournes (Les de). I, xliv.

Tournon (Le sire de). I, xxxviij.

* Tournon. N., I, 107.

* Tours. II, 10.

Tout quant, tout ce que.

Traire (se), se retirer. I, 49.

Travailler (se), se tourmenter. I, 340, et *Andrie*, acte I, sc. I.

Trebatti (P. P.). I, 67.

Trévisaine (danse). Voy. *Cousteaux* (jouer des). II, 264.

Triboulet. I, lxxxj. II, 14, 17, 309 à 310, 320 à 322. Aux renseignements déjà donnés nous ajouterons que Triboulet avoit un frère que l'on appeloit Nicolas de Fenoial, et qui, en qualité de galoppin ou gâte-sauce, comme

nous dirions, servoit aux gages de lx livres par an dans les cuisines de François Ier. Voy. les comptes cités dans l'Introduction.
Trigabus, personnage du second dialogue du *Cymbalum*. I, 327 et suiv.
Tristan. II, 144.
Trompe, toupie, sabot. Dans Rabelais, à propos d'un pauvre diable d'amoureux associé d'une grosse maîtresse, on demande si le fouet d'un tel amoureux est suffisant pour mener une pareille toupie.—Il faut lire *trompe*, II, 54, des *Mém. de l'Estoile*, édit. Dufresnoy, dans cette phrase : « Continuation du grand lugubre des pages de madame de Mercure sur l'inégalité du fouet de Monsieur à la *troupe* de madame. » II, 34.
Troncy. I, xlvj.
Trubert (Jehan). II, 217 à 220.
Tryocan (P.). I, 313.
Tuppins, manants, I, 151.
Turnèbe. N., II, 291.
* Tuscane. II, 382.
Tyrésias. I, 355.

Vadé. I, xcvij.
* Vaise, faubourg de Lyon. I, 58.
* Valence. II, 387.
Vascosan. N., II, 70.
Vaudrey (Charles de). II, 203.
Vaudrey (Le seigneur de). II, 202 à 204.
Vauxelles (C. de). I, xlviij.
Veignade. I, 95.
* Venise. II, 10, 268, 333; N., II, 376.

* Venise. I, 319, 351.
Venus. I, 318, 352.
Verge, caducée de Mercure. I, 334.
Vermeil, drap de soie pourpre. I, 106.
* Versailles (Bibliothèque de). N., I, 306, 309, 379.
* Versailles (marguilliers de). N., II, 322.
Verville. II, 17, 25, 166, 284.
Vicié, atteint d'un vice. II, 178.
Vie, via, chemin : « Ça, allons, vie; mais qu'on se hâte. » (*Contes d'Eutrapel.*) Il faut rapprocher ce mot de Avoy ! interjection fréquente dans certains écrivains du XVe siècle. « *Avoy!* monsieur fait la nourrice. » « *Avoy!* m'amie, fait-il. » (*Quinze joies de mariaige.*) A voie ! allons ! en route ! II, 107, 233.
Vigénère. I, xx, xxij.
* Villeneuve. II, 110.
Villoniques (tours), friponneries. II, 102.
* Vincennes (boys de). II, 59.
Vintimille (Jacques de). II, 293.
Violeur, joueur de viole. I, 167.
Virgile. II, 75.
Vergy (La dame de). II, 203.
Vermenier, souillé de vermine, et, par suite, engeance maudite. II, 60.
* Vil-Antrois. II, 354.
Vieillois, langage des vieillards. II, 116.
Villenois, langage de villain. II, 282.
Vinet (E.). I, lxxxviij, xcj, xcij.
Voetius. N., I, 309.
Voih, ohé ! exclamation tirée d'Evohé. I, *Andr.*, acte 5, sc. 4.

DES NOMS DE PERSONNES ET DE LIEUX.

Voirre, verre. II, 265.
Voise, aille. I, 8, et *Andr.*, acte 4, sc. 2.
Voisiné, voisinage. II, 47.
Vollet (Blaise), de Dye. I, 156.
Vioges, intrépides marcheurs. II, 61.
Vogt. N., I, 309.
Volaterran. N., II, 89.
Voltaire. I, lxv.
Voragine (J. de). N., II, 59.

Voulté. (J.). N., I, xlvj, 307. II, 13, 187.

Xenophon. II, 12.

* Yssouldun. II, 349.

Zeuxis. I, 353.
Zuingle (Ulric). I, lxj; N., 330, 336.

ŒUVRES DIVERSES

NOTE BIBLIOGRAPHIQUE

DES ŒUVRES DIVERSES.

Sous la dénomination d'œuvres diverses, nous avons réuni les ouvrages suivants :

I.

Le *Recueil des Œuvres*, édité en 1544 par Du Moulin, in-8.

Ce livre, où les différentes œuvres de Des Periers ont été classées un peu par rang de taille, n'a jamais été réimprimé. Plusieurs bibliographes, il est vrai, prétendent le contraire (1), on ne sait sur quel fondement ; mais on suppose qu'ils ont fait confusion. Leur dire n'a pas trouvé d'écho.

On trouve des extraits du *Recueil des Œuvres* dans :

1º Les *Œuvres* de Marot, éd. 1731, in-4, et autres éd. complètes ;

2º Divers mélanges poétiques, ou Bibliothèques (2) ;

---

1. Saint-Léger, dans les notes manuscrites déjà citées, dit que le *Recueil des œuvres* fut réimprimé à Rouen en 1598, dans la même ville en 1615, à Lyon en 1616 Goujet prétend qu'il y a eu à Rouen une édition sans date.

2. *Annales poétiques*, entre autres, t. 3. — Auguis, *Bibl.*

publiés au siècle dernier ou au commencement de celui-ci ;

3º L'édition du *Cymbalum* de 1841.

Nous allons donner l'indication de ces extraits, en renvoyant aux pages de notre édition. L'ouvrage ou les ouvrages où ils se trouvent sont désignés par de petits chiffres : ^{1} est mis pour Marot; ^{2} pour les Mélanges; ^{3} pour le *Cymbalum* de 1841. Les grandes lettres A. B. C. renvoient à des observations que l'on trouvera à la suite de ce tableau :

46^3.-54^{2,3}.-68^{2,3}.-72^3.-75^{1,3}.-75^1.-77^1.-81^3.-83^3. 85^3.-88^3.-89^3.-96^3.-97^3.A.-102^3.-103^3.-110^1.-111^3.B. 130^3.C.-139^3.-141^3.-143^3.-*id.*^{3}.-144^3.-145^3.-148 (la 1re)^3.-149 (la 1re)^{2,3}.-150^3.-*id.*^{3}.-151 (la 1re)^3.-152 (la 2e)^{2,3}.-151^3.-*id.*^{3}.-154 (la 2e)^3.-155^3.-*id.*^{3}.-156^3. *id.*^{3}.-157^3.-*id.*^{3}.-*id.*^{3}.-158^3.-*id.*^{3}.-159 (la 1re)^3.-160^3. *id.*^{3}.-*id.*^{3}.-161^3.-*id.*^{3}.-167^3.-*id.*^{3}.-168^3.-169 (la 1re)^3.

Sur 82 pièces dont se compose le *Recueil des Œuvres*, 53 sont donc très peu connues, n'ayant point été réimprimées.

A. DES MAL CONTENS. Traduction de la première satyre d'Horace. Il est assez bizarre que M. Nodier ne s'en soit point aperçu : « C'est déjà, dit-il, *la manière philosophique* de Montaigne. » Peste ! voilà qui ne choque pas le philosophe périgourdin !

B. LES QUATRE PRINCESSES DE VIE HUMAINE, selon Senecque.

Seneca *de quatuor virtutibus cardinalibus*. Les premières éditions de ce petit traité remontent à l'origine de l'imprimerie. Hain (*Repertorium Bibliographicum* décrit, sous les numéros 14614 à 14632, dix-neuf éditions différentes imprimées dans le XVe siècle, avec ou sans date.

choisie des poètes françois depuis le XIIe siècle jusqu'à Malherbe (1824), t. 3.

La traduction de Des Periers est l'une des premières qui aient été imprimées. La plus célèbre avant elle étoit celle de Cl. de Seyssel.

PROGNOSTICATION DES PROGNOSTICATIONS, etc. (1). — Cette pièce fut donnée pour la première fois en 1537, par Jean Morin. Voy. un exempl. à la Bibl. imp., réuni au recueil : *Les disciples et amys de Marot contre Sagon*, etc. On les vend à Paris, en la boutique de Jehan Morin, 1537 (2). Jean Marnef l'imprima séparément sous ce titre : *La Prognostication des prognostications, non seulement de ceste présente année 1537, mais aussi des aultres à venir, voire de toutes celles qui sont passées, composée par M. Sarcomoros, natif de Tartarie et secrétaire du roy de Cathay, serf des vertus.* Ces textes n'ont point la préface à la reine de Navarre. L'année dernière, M. Anatole de Montaiglon a réimprimé l'un d'eux dans la collection de M. Jannet (*Recueil de poésies françoises*, t. 5, p. 224). Des Periers n'avoit pas mis son nom à cette boutade; on l'attribua à Clément Marot. C'est Du Moulin qui nous a révélé le secret, en publiant l'œuvre en entier.

II.

Supplément au RECUEIL DES ŒUVRES.

Sous ce titre nous avons réimprimé :

1º POUR MAROT ABSENT CONTRE SAGON ; éloquent et spirituel plaidoyer dont nous avons parlé ci-dessus, qui parut pour la première fois dans *Les disciples et amys de Marot contre Sagon, la Hueterie et leurs adhérentz*. On les vend à Paris, en la boutique de Jehan Morin, 1537, in-8 ; et Lyon, P. de Sainte-Lucie dit Le Prince (sans date), in-8, et fut joint par Lenglet du Fresnoy à ses éditions de Marot, in-4 et in-12.

1. Ce genre d'écrits étoit très répandu. Avant 1500 il avoit paru au moins cinquante *Pronosticatio* ou *Pronosticon*.
2. Bibl. imp. Y. 4,503.

2º *Le cantique de Moyse* (Deuteronon. XXXI), donné d'abord par Jean Poictevin : *Le Cantique de Moyse, suivi des Psalmes, traduicts par maistre Jean Poictevin, chantre de Saincte Radegonde de Poictiers,* Poictiers, N. Peletier, 1551, in-16. Réimprimé dans les éditions successives du même ouvrage : Rouen, Jean Malard, 1554, in-16. — Paris, N. du Chemin, 1558. — Lyon, Benoît, 1559 (1). Puis joint aux œuvres de Cl. Marot comme addition à ses psaumes.

Pour avoir les œuvres poétiques complètes de Des Periers il faudroit y joindre les ouvrages dont Du Moulin a parlé dans la note placée, selon Niceron, à la suite du *Recueil des Œuvres*. Ces pièces sont : *les Brandons, Mi-Caresme, Pasques-Fleuries, Pasques, Quasimodo*, sans doute écrites en taratantara comme *Caresme-prenant*. Beaucoup regretteront (2) qu'elles ne se soient point retrouvées et qu'on n'ait pu les joindre à cette édition. Nous eussions bien voulu le faire; mais nulle part on n'en trouve trace : car je suppose que les Œuvres de Mellin de Saint-Gelais (3) ne contiennent que des réimpressions du Recueil de 1544.

1. Ce livre ne se trouve pas à la Bibliothèque impériale. Le *Cantique de Moyse* n'a pu être collationné sur les éditions originales.

2. L'abbé Goujet ne les regrettoit pas, lui. Voy. sa *Bibl.*, t. 12, p. 88.

3. M. Brunet, dans son *Manuel*, dit qu'il y a des vers de Des Periers dans l'in-8 suivant : *Saingelais* (sic), *OEuvres de lui, tant en composition que translation, ou allusion aux auteurs grecs et latins*. A Lyon, par Pierre de Tours, devant N. D. de Confort, MDXLVII. — Autre livre inconnu à la Bibliothèque impériale.

I

RECUEIL DES ŒUVRES

DE FEU

BONAVENTURE DES PERIERS

Vallet de chambre
de très chrestienne princesse
Marguerite de France, royne de Navarre

———

A LYON
Par Jean de Tournes, 1544
Avec privilége

A TRÈS ILLUSTRE PRINCESSE

MARGUERITE DE FRANCE

Royne de Navarre

Antoine Du Moulin, S.

Ayant ouy plusieurs fois dire à Bonaventure Des Periers, peu de moys avant son trespas, que son intention estoit que vous, très illustre Royne, fussiez heritière des siens petiz labeurs; lesquelz il ne doubtoit point que ne acceptissiez de celle prompte volunté que vous avez faict les œuvres de maints autres, qui n'ont pensé mieulx employer ailleurs les fruictz de leurs engins; mais estant advenu en la personne dudit Bonaventure l'effaict du proverbe commun qui dit que l'homme propose et Dieu dispose, Mort implacable, implacable Mort l'a surpris au cours de sa bonne intention, lorsqu'il estoit après à dresser et à mettre en ordre ses compositions, pour les vous offrir et donner, luy vivant. Il n'a donques peu veoir l'effaict de ses ardens vœux accomply, très illustre Dame; et ce certes j'estime une très grande perte et dommaige au monde, de n'avoir point eu, jusques icy, la lecture de si divines conceptions. Et quant à moy, de tant que j'ay esté de ses plus intimes et familiers amys, les yeux de mon cœur en larmoyant largement toutesfois et quantes (et ce advient très souvent) que la recordation du deffunct me passe par la memoire; voire tant me remplit elle de desirs, revocans tout à coup l'amy trespassé en vie, que je suis presentement forcé pour ma consolation, et de ceulx qui ont esté ses amys, de mettre en lumière ses elegans et beaulx escriptz, reliques vrayement sacrées (comme l'on pourroit dire) et tirées du buste et feu de leur seigneur; en quoy faisant, très illustre Royne, je donne refrigère à mon ame, et quant et quant je satisfais aux supresmes intentions de vostre serviteur, en vous signifiant et declarant heritière universelle des petitz biens par luy delaissez, lesquels eussent (s'il eust vescu plus longuement) neantmoins estez de bien plus grande estime; parce mesmement qu'il les eust mis en leur entière perfection et grace; puis, à la mode des autres, en eust posée la liste et roolle en l'arc d'eternité, vostre temple en la veuë des hommes et hors neantmoins à jamais du danger et calumnies de l'envie, laquelle n'addresse ses pas où elle entend que vostre haulte vertu seigneurie, où elle congnoist la force de voz rempars, et où elle sent, tant soit peu, l'odeur de ces vertuz et excellences vostres, desquelles est embelly et orné le monde. Recevez doncques, très illustre Royne, la belle presente hoirie telle qu'elle est, et ne prenez garde si elle n'y est toute entière; puisque ce n'est pas le larcin d'autre que de l'envieuse Mort, qui encores taschoit (si je ne fusse) d'ensevelir en eternel oubly les œuvres avec le corps: car j'espère qu'à vostre faveur nous recouvrerons partie de ces nobles reliques, desquelles aussi (à ce que j'ay ouy dire au deffunct) avez bonne quantité rière vous; et partie en y ha d'un mien congneu à Montpelier.

Si mes desirs en ce sortent effect, les aura le monde assez prochainement; et de ce Dieu le createur et vous, très illustre Royne, me donnent la grace.

De Lyon, ce dernier jour d'aoust, M.D.XLIIII.

VŒU.

Ce naturel esprit, quel qu'il soit, que la bonté de Dieu a ottroyé à Bonaventure Des Periers, soustenu de la royalle munificence, appent reveremment ce petit vœu aux honnorez piedz de la sacrée imaige de très illustre Marguerite de Valois, royne de Navarre, le vray appuy et entretenement des vertus (1).

1. En tête des *Amours* de Ronsard se trouve une petite pièce de ce genre écrite en vers, et Colletet, dans ses *Vies des poètes françois* t. 2, p. 271, ms. de la Bibl. du Louvre, f. 2398, 1), fait remarquer qu'elle a dû être inspirée par le vœu des *Œuvres diverses* de Des Périers. L'on en connoît d'autres imitations du même temps.

Le Discours

DE LA QUESTE D'AMYTIÉ

dict *Lysis* de Platon

ENVOYÉ A LA ROYNE DE NAVARRE.

Socrates racompte les propos que luy, Hippothales, Ctesippe, Menexène et Lysis, eurent ensemble. Et dict ainsi :

J'alloye un jour de l'Academie droict au Lyceon, par le faubourg, le long des murailles. Et quand je fuz au droict de la porte, à la fontaine Panopis, je rencontray Hippothales, le filz de Hieronyme, et Ctesippe Peaneen, avec plusieurs autres jeunes enfans. De tant loing que Hippothales me vist : « O Socrates, dist il, dont est la venue, et où allez vous maintenant ? — Je viens, dis je, de l'Academie, et m'en vois droict au Lyceon. » Alors il me dit : « Si donc il vous plaisoit addresser vostre chemin par devers nous, et vous reposer un petit, vous ne vous tourdriez pas, Socrates, et vrayment vous le devez faire. — Je le dois faire voyrement, dis-je ; mais où et chez qui d'entre vous voulez vous que je voise ? — Ceans, dist Hippothales, me monstrant une maison d'exercice et esbat, close de murs, vis à vis des murailles, de laquelle la porte estoit ouverte. Ceans nous nous esbattons, dist il, et faisons exercice avec plusieurs autres honnestes enfans. — Et à quoy, dis je, vous esbattez vous ? — Au jeu de luicte, nouvellement institué, dist il, et mesmement en disputes et propos que nous vous communiquerons voulentiers. — C'est très bien faict, dis je ; et qui est vostre maistre ? — Vostre compaignon, dist il, qui dict tant de bien de vous, Miccus. — Miccus, certes, dis je, n'est des pires hommes du monde ; mais il est merveilleusement sophiste et grand causeur. — Vous plait il pas me suyvre, dist il, à fin de veoir ceulx qui y sont ? — Je vouldroye, dis je lors, sçavoir pour lequel veoir je y entreroye, et qui est ce tant bel enfant. — Les uns, dict il, y sont beaulx aux uns, et les autres aux autres, Socrates. — Mais encores, lequel, dis je, vous semble beau leans ? Dictes moy je vous prie, qui est ce bel amy aymé. » Quand je veis qu'il ne sonnoit mot, je luy dis en ceste manière : « O filz de Hieronyme, Hippothales, mon amy, il n'est jà besoing que vous me disiez si vous estes ami amoureux de quelcun, ou non : car je suis asseuré que non seulement vous aymez, mais que vous estes bien avant en amours. En toutes autres besongnes je ne suis que trop grossier et ignorant ; mais en cas d'amour, j'ay bien ce don de Dieu, que de prime face je congnois ceulx qui ayment. » Il ne me respondit rien ; mais Ctesippe print la parolle, et luy dist : « Vrayement, vous avez bonne grace, Hippothales, d'ainsi faire difficulté de dire le nom de vostre amy à Socrates, lequel, s'il demeure guère icy, sera tout bossu et assommé de vous l'ouyr nommer. Certes, Socrates, il ne faict tous les jours autres chose que nous rompre la teste et assourdir les oreilles du nom de Lysis. Et, s'il advient qu'il soit quelque peu joyeux devers le soir, il ne se fainct point de nous resveiller pour nous faire ouyre et entendre le nom de son amy Lysis. Or ne nous ennuyeroit il point de luy en ouyr parler sans cesse, encores que la chose soit moult ennuyeuse, s'il ne se parforçoit nous matter de tout poinct et achever de paindre par la frequente lecture ou recit continuel de ses beaulx vers et epigrammes, et, qui est bien plus ennuyeux, s'il ne nous chantoit ses amours à tant haulte voix comme il peult, laquelle nous sommes contrainctz ouyr et endurer. Et maintenant il faict du honteux quand vous l'en interrogez. — Il semble, dis je, que cestuy Lysis soit encores bien petit, parce qu'à l'ouyr nommer je ne puis penser qu'il est. — On l'appelle, dist Ctesippe, peu souvent par son nom : car il porte encores celuy du père, lequel est homme fort renommé. — Et à mon advis, Socrates, qu'il n'est pas que la beauté d'un tel enfant ne soit parvenue à vostre congnoissance : car certes il est de si honneste façon qu'il n'est possible que par ce seulement tout le monde ne le congnoisse.

—De qui est il filz? dis je lors; je vous prie, dictes le moy. — C'est, dist Ctesippe, le plus grand des deux enfans de Democrates Exoneen. —Voire, dis je, et bien, Hippothales, soit ainsi qu'ayez acquis une noble et ferme amytié; mais monstrez moy aussi un petit, s'il vous plait, voz compositions, comme vous avez faict à ceulx cy, à fin que je voye si vous sçavez les propos qu'un amy amoureux doit tenir de son amy aymé, tant à soy mesme qu'à autruy. — Cuydez vous, Socrates, dist adoncques Hippothales, qu'il faille prendre estime à chose que Ctesippe die? — Voudriez vous dire, dis je lors, que vous ne aymez celuy qu'il dict? — Nenny, dist il, mais je ne compose ny escrips rien d'amour. » Adoncques Ctesippe dist : « Je croy qu'il n'est en son bon sens, Socrates, car certes il resve et rassotte. — O Hippothales, dis je, je ne me soucye pas grandement d'ouyr voz rithmes ou chansons si vous en avez faict quelques unes de voz amys; mais je desirerois entendre de quelle affection vous estes envers eulx. — Ctesippe vous le dira, dist il : car il le sçait, et en est assez records, puisque ainsi est, comme il dict, qu'il en est tant battu de m'en ouyr parler et chanter tous les jours. — Voire vrayement, dist Ctesippe; mais encores y ha bien de quoy rire, Socrates : car, pour louer l'esprit de celuy lequel il ayme plus que toutes les choses de ce monde, il ne sçait que mectre en avant, sinon ne sçay quelz propos qui sont telz que certes un enfant auroit honte de les tenir. Il va racomptant par tout les mesmes choses qui se disent communement de Democrates, de Lysis, ayeul de l'enfant, et de tous leurs predecesseurs. Il devise de leurs chevances, du train qu'ilz mènent et des prouesses et vaillances qu'ilz ont faictes en Pythos, en Isthmos et Nœmée, tant en chariotz qu'à cheval, ensemble de leurs autres faicts et gestes bien plus antiques que ceulx cy. Encores dernierement nous recita il en vers un banquet que un des ancestres de Lysis feit une fois à Hercules estant logé en sa maison, à cause de parenté, pour ce qu'il estoit aussi filz de Jupiter, et de la fille de je ne sçay quel prince ; et plusieurs autres choses semblables que les vieilles chantent en filant leurs quenouilles. Voilà, Socrates, ce que tous les jours nous sommes contrainctz d'ouyr en ces comptes et chansons. — Que vous estes mocquable, Hippothales! dis je : ains qu'ayez vaincu, vous escrivez et chantez voz louanges. — Est ce moy, dist il alors, si j'escrips ou chante telles choses ? — Ne l'estimez vous pas ? fais je. — Comment l'entendez vous ? dist il. — Comment ? dis je, tous ces escripz et chansons redondent à vous seul : car, si vous venez à chef de vos amoureuses entreprinses, telles louenges tourneront toutes à l'honneur de vous, comme de quelque triumphateur, parce qu'aurez acquis un tel amy. Que si vous n'y pouvez attaindre, de tant plus digne serez de mocquerie, comme vous aurez estimé et loué le bien dont vous serez forcluz. Quiconques est sçavant et bien expert aux pourchas et acquestz d'amytié jamais ne loue aucun de ses amys que premier il ne jouisse de la familiarité d'iceluy, et de peur des inconveniens qui en peuvent en suyvre ; car il y en ha plusieurs qui de tant plus se rendent difficiles,

comme ilz se sentent prisez et estimez. — Il n'y
ha rien si vray, dist il. — Quel vous sembleroit,
dis je, le veneur qui poursuyveroit la beste de
telle façon que tousjours il la feist retirer en
son fort, dont elle fust plus malaisée à prendre ?
— Trop lourd, dist il, et inutile. — Rendre aux
gens, dis je lors, les courages arrogans et haultains, au lieu de leur cuyder amollir, est ce point
faict d'homme bien ignorant ? — Ouy, ce me
semble, dist il. — Or prenez bien garde, fais
je, Hippothales, que ne soyez de ce reprehen-
sible pour l'ardant frisson de poësie dont estes
esprins envers voz amours. Certes je pense que
vous ne tiendriez pas celuy pour bon poète qui
escriroit contre soymesmes. — Non vrayement,
dist il, car quelle espèce de follie seroit ce ? Pour
ce, Socrates, veulx je bien me descouvrir à vous
à celle fin que me donniez, s'il vous plaist,
quelque meilleur conseil, comment un amant
peult acquerir la bonne grace de sa partie aymée.
— Ce n'est pas chose aisée à dire, dis je, Hippothales ; mais, si voulez tant faire que je puisse
parler à vostre amy aymé, possible que je vous
feray entendre les propos que luy devez tenir,
en lieu des choses que vous allez racomptant et
chantant, ainsi que ceulx cy disent. — O Socrates, dist il, cela se pourroit bien faire facilement, s'il vous plaisoit venir ceans avec Ctesippe, car vous ne sçauriez si tost estre assis et
entrer en parolles qu'il ne vienne vers vous de
soymesmes, comme je pense, tant est curieux
et desirant d'ouyr. Et mesmement, pour ce qu'il
est aujourd'huy la feste des Mercuriales, que les
enfans font ceans, j'espère qu'il sera de loysir,

dont ne fauldra de venir. Autrement, il est bien familier de Ctesippe à cause de son nepveu Menexène, le plus grand compaignon qu'il ayt. Il vous le pourra appeler, s'il ne vient à vous de soymesmes. — Ainsi nous conviendra il faire », dis je. Et, en prenant Ctesippe par la main, je le suivy leans, et les autres vindrent après nous.

Quand nous fusmes entrez, nous trouvasmes les enfans sacrifians, et les sacrifices presque parachevez. Or estoient tous ces jeunes enfans bien parez et accoustrez, et jouoient aux tables, aux martres et aux osselets : les uns estoient hors le porche, les autres au coing du parquet, passant le temps à per ou non, en choysissant et tirant des jettons de dedans ne say quelles boettelettes, et les autres se tenoient debout à l'environ, qui les regardoient jouer, entre lesquels estoit Lysis, couronné d'un chappeau de fleurs, lequel Lysis surpassoit tous les autres de physionomie et bonne grace, et n'estoit point seulement beau, mais bien sembloit estre bon et honneste. Nous nous allasmes seoir sur des siéges qui là estoient vis à vis d'eulx ; quoy voyant, Lysis se retournoit souvent et gectoit ses yeux vers nous, comme ayant grand' envie de s'approcher ; mais il avoit honte d'y venir tout seul. Cependant voicy Menexène qui s'en venoit jouant et mignottant devers le porche, et, quand il veit Ctesippe et moy, il s'en vint droit seoir vers nous. Si tost donc que Lysis le veit venir, il ne faillit à le suyvre, et s'assit auprès de luy. Après lesquels là arrivez, plusieurs autres y vindrent aussi. Quand Hippothales veit tant de gens assemblez, il se voulut cacher parmy eulx, et se retira en tel endroict où il pensoit qu'il ne seroit apperceu de Lysis, et ce de peur que sa veuë et presence ne luy fust peult estre ennuyeuse ; par ainsi il se tenoit illec debout, et escoutoit tous nos propos. Or commençay je à dire ainsi à Menexène : « O filz de Demophon, lequel est le plus aagé de vous deux ? — Nous ne sçavons, dist il.—Savez vous point aussi lequel est le plus noble ? — Non certes, dist il, ny lequel est le plus beau et honneste. » De ceste parolle tous deux se soubrirent. « Je ne vous demanderay point, dis je, lequel est le plus riche, car vous estes amys ensemble. Estes pas ?—Ouy, bien fort, dirent ilz.— Or sont les biens des amys, dis-je, tout communs entre eulx, dont en ce n'estes differens si vous faictes ce proverbe d'amytié avoir lieu en vostre endroict. » Laquelle chose ils confessèrent ; mais, comme je leur voulus demander lequel de eulx estoit le meilleur et plus sage, un quidam nous interrompit le propos, car il appela Menexène, disant que le maistre du jeu le demandoit ; et me semble que cestuy là estoit le prevost des sacrifices. Menexène s'en alla, et je me mis à ce pendant entretenir Lysis, et luy dis ainsi : « Dictes moy, Lysis, vostre père et vostre mère vous ayment-ils pas bien ? — Ouy », dist-il.

SOCRATES. Desirent ilz point que vous soyez heureux ?

LYSIS. Pourquoy non ?

SOCRATES. Celuy vous semble il heureux qui est en servitude, et n'a le pouvoir ny le loisir de faire ce qu'il veult ?

Lysis. Nenny certes.

Socrates. Si donques vostre père et vostre mère vous ayment et veulent que soyez heureux, mettent ilz pas toute peine et diligence à ce que vous viviez en pure et franche liberté ?

Lysis. Qui en doubte ?

Socrates. Ils vous laissent donc faire tout quant que vous voulez sans contrevenir à voz desirs ?

Lysis. En bonne foy, Socrates, si me sont ilz bien contraires en plusieurs choses.

Socrates. Comment dictes-vous cela, Lysis ? ilz desirent que soyez heureux, et vous gardent de faire voz plaisirs. Or me dictes un petit : si durant le tournoy vous aviez impetré de votre père de monter sur son chariot, et que pour le conduire vous voulsissiez prendre les resnes des chevaulx, vous le permettroit-il pas ?

Lysis. Nenny certes.

Socrates. A qui le permettroit-il donques ?

Lysis. A un palefrenier qui est à la maison, que pour ce faire il tient à gages.

Socrates. Qu'est-ce que vous dictes, Lysis ? vostre père baille il plus tost ses chevaulx à gouverner à un serviteur et argent pour ce faire que non point à vous ? Dont vient cela ? Davantaige, vostre père et vostre mère souffriroient-ilz que vous touchissiez leurs mulets à tout un fouet s'il vous en prenoit envie ?

Lysis. Pourquoy me le souffriroient-ils, Socrates ?

Socrates. Comment ? ame ne les oseroit il toucher ?

Lysis. Ouy dea, mais c'est à faire au muletier.

Socrates. Le muletier est-il de serve ou franche condition ?

Lysis. C'est un serviteur.

Socrates. Ilz estiment donc plus un serviteur que vous qui estes leur propre filz, et luy donnent plus de credit ? Mais encores une chose : Permettent-ilz que vous ayez l'esgard et maistrie sur vostre personne ?

Lysis. Nenny.

Socrates. Qui l'a donques ?

Lysis. Mon pedagogue.

Socrates. Est-ce point aussi un serviteur ?

Lysis. Ouy.

Socrates. Vrayement, le cas est bien gref et estrange, qu'un enfant noble soit subject à un serviteur de son père. Et en quoy est-ce qu'il ha sur vous esgard ?

Lysis. Quand il me mène vers les maistres qui m'enseignent.

Socrates. Ceulx-là ont-ilz point aussy puissance sur vous ?

Lysis. Ouy.

Socrates. Vostre père vous ha donc bien baillé des maistres et gouverneurs pour son plaisir ! Or çà, quand vous estes de retour à la maison, vostre mère, pource que aussi elle desire que vous soyez heureux, vous laisse faire tout ce que vous voulez en matière de filer et devuyder la soye et besongner sur le mestier. Elle vous souffre tenir et manier le coutelet, les ciseaulx, le pigne, la navette et toutes ces autres besongnes ?

Lysis. Dictes-vous, Socrates ? Elle ne me feroit pas seulement poser, mais bien me battroit si je les osoye toucher.

Socrates. Mon Dieu, avez-vous faict quelque chose à vostre père et à vostre mère?

Lysis. Nenny.

Socrates. Pourquoi donc ne veulent-ilz point que vous soyez heureux et faciez tout à vostre plaisir, ains vous nourrissent de sorte que vous estes tousjours subject à quelcun, et qu'à bref parler, ilz ne vous laissent faire chose quelconque qui vous agrée ? A raison de quoy il semble que tant de biens ne vous servent de rien, veu qu'un simple vallet en ha plustost le gouvernement que vous, voire (qui est bien le pis) et de vostre personne mesmes : car l'un vous la traicte et nourrit, l'autre vous la peigne et accoustre, sans que vous ayez droict ou puissance quelconque, Lysis, mon amy, dont ne sçauriez mettre à effect chose qu'ayez en voulenté.

Lysis. Je ne suis pas encore en aage, Socrates.

Socrates. Vous n'estes pas encore en aage, dictes-vous? Donnez-vous garde, filz de Democrates, que ce ne vous soit le moindre empeschement. Car à mon advis que vostre père et vostre mère vous laissent faire à vostre appetit toutes fois et quantes qu'ilz veulent que vous leur lisiez ou escriviez quelque chose, et n'attendent point qu'ayez plus grand aage ; ains se fient desjà bien en vous de ce plus qu'en nul autre de la maison.

Lysis. Ouy bien.

Socrates. En cest endroict, soit en lisant ou escrivant, il vous est loysible de disposer les lettres tout à vostre plaisir. Et quand vous prenez le lut, ilz ne vous gardent point d'en lascher ou tendre les cordes, ou d'en jouer autrement qu'à vostre fantasie ?

Lysis. Non, certes.

Socrates. A quoi tient il donc qu'en telles choses ilz vous laissent faire tout ce que vous voulez, et aux autres non ?

Lysis. Pource que je me congnois en cestes cy, et que je n'entends rien en celles là.

Socrates. Donc, voyez vous, mon bel amy, Lysis, comment vostre père, pour vous donner entière liberté, n'attend point que vous ayez plus d'aage, mais que soyez plus sage : car, dès qu'il se appercevra que serez devenu plus prudent que vous n'estes, il vous lairra incontinent le gouvernement de toutes vos affaires et de vostre personne aussi.

Lysis. Telle est mon esperance, Socrates.

Socrates. Et que feront les autres ? Se porteront ilz point tout ainsi envers vous comme voz père et mère ? Car pensez vous que quelque seigneur vostre voysin ne vous laissast semblablement voulentiers la charge de sa maison, s'il vous congnoissoit estre bon mesnager.

Lysis. Je le pense.

Socrates. Faictes vous doubte que les Atheniens ne vous baillent le gouvernement de la chose publique, aussi tost qu'ils sçauront que vous serez meilleur et plus suffisant à ce que nul autre ? Disons un petit, que feroit le souverain d'Asie ? Souffriroit il à filz aisné, lequel doit après luy succeder au royaume, aller mettre en ses potages tout ce qu'il vouldroit plus tost qu'à nous, après que luy aurions faict entendre que nous

nous congnoissons mieulx en faict de cuysine que son filz ?

Lysis. Nenny.

Socrates. Si l'enfant y vouloit mettre grande quantité de sel, il l'engarderoit, feroit pas ? Ce que toutes fois il nous permettroit bien.

Lysis. Voire.

Socrates. Oultre plus, si d'adventure iceluy enfant avoit mal aux yeux, luy defendroit il pas d'y mettre les mains, puis qu'il sçauroit bien que iceluy ne seroit chyrurgien ne medecin ? Mais, s'il nous estimoit estre bon cyrurgiens, ne nous y lairroit il point faire tout ce que nous vouldrions, voire quand pour les luy medeciner nous en ouvririons les paupières et jetterions de la cendre dedans ?

Lysis. Cela est vray.

Socrates. D'avantage, et se fieroit-il pas mieulx en nous de toutes ses autres affaires qu'en soy-mesmes, ou en son propre fils, s'il congnoissoit que nous y fussions beaucoup plus sçavans et expers ?

Lysis. Aussi seroit-il necessaire, Socrates.

Socrates. C'est bien dict, Lysis, mon amy ; les nostres et les estrangers, hommes et femmes, tous nous laisseront besongner et faire à nostre guise de ce en quoy nous serons sçavans ; et n'y aura ame qui nous engarde qu'en cela ne soyons libres et remonstrans aux autres. Parquoy, puis qu'en telles choses serions utiles et duisans, à bon droict seroient-elles nostres ? Mais de ce en quoy ne nous entendons, personne ne nous permettra disposer comme nous vouldrions bien, ains un chascun de son pouvoir nous y resistera, non seulement les estrangers, mais les nostres aussi, et encores de ce qu'aurons plus cher ; voire de noz propres personnes serons contrainct bailler la charge à quelques serviteurs plus tost que la prendre nous mesme ; lesquelles choses, veu que ne les sçaurions aprofiter, nous seroient alienes et estranges. Le confessez-vous pas ?

Lysis. Je le confesse.

Socrates. Pourrions-nous estre amy de quelcun, ou quelcun nous aymera il, à raison de ce en quoy nous sommes inutiles ?

Lysis. Nenny.

Socrates. Vostre père ne vous ayme donc point, ny un autre, quel qu'il soit, autruy, en tant que vous ou luy ne leur estre à profit. Mais si vous devenez sage, chascun sera amoureux et familier de vous ; autrement personne ne vous aymera, ny les voysins, ny voz parens. Or je vous demande si aucun se peult glorifier du sçavoir qu'il n'a encor acquis.

Lysis. Comment se pourroit-il faire ?

Socrates. Si vous avez besoing de maistre, donques n'estes-vous pas encores sçavant.

Lysis. Non certes.

Socrates. Par ainsi ne vous glorifiez vous pas en sçavoir si vous n'en avez point. — Non, dist-il, comme je croy. »

Après lesquelles parolles je jettay mes yeux sur Hippothales, et à peu que ne luy disse en ceste manière : Voyla les propos, Hippothales, que l'on doit tenir aux enfans en les reprenant et rabaissant, non pas les louer et flatter. Mais, voyant qu'il estoit tout fasché pour les raisons susdictes, je m'advisay qu'il se cachoit de Lysis, dont je me teu et retiray. Cependant Menexène retourna et s'assist en sa place auprès de Lysis. Alors Lysis me dit à l'oreille, autant gracieusement et amyablement qu'il est au monde possible, sans que Menexène l'entendist : « Socrates, dist-il, je vous supplie, tenez à Menexène le mesme propos que vous m'avez tenu. — Vous-mesmes, dis-je, Lysis, le luy tiendrez par après : car vous m'avez escouté bien ententivement. — Ouy, certes, dist-il. — Mettez donc peine, dis-je, qu'il vous souvienne de tout ce que nous avons dist, à fin de le luy racompter entierement de poinct en poinct. Et s'il y ha quelque chose dont ne soyez bien records, vous m'en pourrez interroger la première fois que vous me rencontrerez. — Certes, je y essaieray, dist-il, mais dictes luy donques, s'il vous plaît, quelque autre chose, à fin que je l'apprenne aussi, en attendant qu'il soit heure de nous en retourner. — Vrayement, dis-je, je le dois faire, quand ne seroit que pour l'amour de vous et à vostre requeste ; mais pensez donc à me donner secours si d'adventure il me repoulse, car vous sçavez bien qu'il est un petit contentieux et opiniastre. — Ce fais mon ! dist-il, et ceste est la cause pourquoy je desireroye vous veoir en disputes avecques luy. — Voire, dis-je, Lysis, à fin de vous gaudir de moy ? — A Dieu ne plaise, Socrates, dist-il, mais à celle fin que vous le repreniez et corrigiez un petit. — La chose n'est pas aisée à faire, dis-je, parce qu'il est fort audacieux et beau parleur, et avec ce disciple de Crisippe. — Crisippe, dist-il, aussi en la compagnie, le voyez-vous ? Mais ne vous souciez, Socrates, ains luy parlez hardyment, je vous prie. — Je le veulx bien, dis-je, mais ce sera à part icy entre nous, tandis que les autres devisent ensemble. — Pourquoy, dist adonc Crisippe, tenez-vous voz propos tant secrets que n'en faictes part à ceulx qui sont en la compaignie? — C'est bien raison, dis-je, qu'ilz en soient participans. Voicy Lysis qui n'entend point plusieurs choses que je luy demande; or pense il que Menexène les sache, parquoy il me prie que je l'en interroge. — Que ne l'interroguez-vous donc? dist Crisippe. — Aussi vois-je! Menexène, dis-je lors, respondez-moi, je vous prie, à ce que je vous demanderay. J'ay de nature certaine convoitise d'acquerir une chose en ce monde, selon que chascun ha sa fantaisie : car nous voyons l'un desirer des chevaulx, l'autre des chiens, l'autre de l'or, et l'autre des honneurs; toutes lesquelles choses j'estime bien peu et n'en fais pas grand compte; mais je brusle du desir d'acquerir des amys. De sorte que j'aymeroys beaucoup mieulx avoir un bon amy que quelque bel oyseau ou plaisant papegay, ou quelque beau chien ou cheval. Et, par mon ame, si on me mettoit au choix, j'auroye plus cher acquester un bon amy que tout l'or du roy Darius, ou que l'avoir prisonnier lui-mesme. Or, advisez combien je suis convoiteux d'amytié. Pour ce, quand je vois Lysis et vous, certes je suis surprins d'un merveilleux estonnement, et vous reputant très heureux que, estant encores si jeunes, ayez desjà tant aiséement acquis un tel bien que de vous estre si tost accointé de luy, et que luy pareillement vous ayt ainsi prins en amour. Duquel bonheur tant me trouve eslongné, qu'encores mesmes ne entends-je point comment aucun peult estre amy ; qui est la chose que je vouldroye bien vous demander, comme à celuy qui la sçavez. Parquoy je vous prie, Menèxene, me vouloir dire, quand quelcun ayme un autre, lequel de ces deux est l'amy, l'aymant ou l'aymé, ou s'il n'y ha aucune différence.

MENEXÈNE. A mon advis que c'est tout un.

SOCRATES. Que dictes-vous, Menexène ? Tous deux sont amy l'un à l'autre, encores que l'un seulement ayme ?

MENEXÈNE. Il me le semble.

SOCRATES. Seroit-il point possible d'en trouver un qui aymast sans party ?

MENEXÈNE. Oui dea.

SOCRATES. Advient-il point aucunes fois que tel amant est mal voulu, comme souvent les amoureux sont de leurs amyes, lesquels, jaçoit qu'ils ayment ardemment, toutes fois point ne sont aymez, mais bien hays et deboutez. Est-il pas vray ?

MENEXÈNE. Ouy certes.

SOCRATES. De ces deux personnages, cestuy-cy ayme, et celui-là est aymé.

MENEXÈNE. C'est mon !

SOCRATES. Mais lequel est amy de l'autre : cestuy-cy qui ayme, soit aymé ou mal voulu, ou celuy-là qui est aymé, encores qu'il n'ayme point ; ou si nul d'entre eulx est amy, veu que tous deux ne s'entreayment ?

MENEXÈNE. Il me sembleroit en tel cas que nul des deux seroit amy de l'autre.

SOCRATES. Nous jugeons donc tout autrement

que ne faisions n'aguères, quand nous disions que tous deux estoient amys, encores qu'il n'y en eust qu'un seulement qui aymast, veu que maintenant nous trouvons le contraire : assavoir que, si tous deux n'ayment, ny l'un ny l'autre sont amys.

MENEXÈNE. Il le semble.

SOCRATES. A ceste cause n'y ha-il point d'amy de chevaulx, parcequ'ilz n'ayment d'amour pareille ceulx de qui ilz sont aymez, ny semblablement point d'amys d'oyseaux, de chiens, de vin, de jeux, ni de sapience, si sapience ne les aymoit aussi. Vray est qu'on ayme telles choses, mais toutes fois ce ne sont point amys. Parquoy est pas le poëte bien menteur qui dict en ceste manière :

> L'homme ayant de beaulx enfans,
> De beaulx chevaulx triumphans,
> Force chiens et force oyseaulx,
> Et tousjours hostes nouveaulx
> Dont force argent il reçoit,
> Est le plus heureux qui soit ?

MENEXÈNE. Nenny pas, à mon jugement.

SOCRATES. Comment, Menexène, vous semble-il qu'il die vray ?

MENEXÈNE. Ouy certes.

SOCRATES. Vous vouldriez donc dire que ce qui est aymé, encores qu'il n'ayme point, ou bien qu'il soit mal vueillant, est neantmoins amy de ce qui est aymé, comme sont les petits enfans qui n'ayment aucunement, ains plus tost hayent totalement leurs pères et mères pource qu'ilz les chastient, lesquels enfans, combien qu'ils portent aucunes fois hayne mortelle à leurs parens, sont nonobstant moult chers tenuz d'iceulx.

Menexène. Voire.

Socrates. Par ce moyen, non qui ayme, mais qui est aymé, seroit tant seulement amy.

Menexène. Ouy.

Socrates. Et non celuy qui hayt, mais celuy qui ayme, seroit ennemy mal voulu.

Menexène. Il le semble.

Socrates. Si ainsi estoit, Menexène, maints ennemys aymeroient et plusieurs amys hayroient; et seroient telles alliances d'ennemys à amys, et au rebours de amys à ennemys, si celui-là qui est aymé estoit plus tost amy que celuy-cy qui ayme. Mais quelle resverie seroit-ce, mon doulx amy Menexène ! car il est impossible que amytié soit d'ennemy à amy, ou d'amy à ennemy.

Menexène. Il me semble que vous dictes la verité, Socrates.

Socrates. Or, si cela ne peult estre, il fault donc dire que celuy qui ayme soit amy de l'aymé.

Menexène. Il me semble.

Socrates. Et que semblablement celuy des deux qui veult mal à l'autre soit ennemy.

Menexène. Ouy.

Socrates. Voire ! Mais s'il est ainsi, Menexène, nous conclurons encores un coup comme nous avons desja faict une fois, assavoir que l'homme est aucunes fois amy de celuy qui n'est pas le sien, ou bien de son ennemy, quand iceluy ayme sans estre aymé, ou ayme son mal vueillant ; et que, au contraire, on est souvent ennemy à celuy qui ne l'est pas, ains plus tost est amy quand on hayt celuy qui ne veult point de mal ou cesluy-là de qui on est aymé.

MENEXÈNE. Je le croiroye ainsi.

SOCRATES. Qu'est-il de faire, Menexène, si ny les amants ny aymez ne se trouvent estre amys ? Dirons-nous que le nom d'amytié doive estre transporté à autres qu'à ceulx-cy ?

MENEXÈNE. Par mon ame, Socrates, je ne sçay que vous repondre.

SOCRATES. Pensez-y bien, Menexène, que peult estre nous n'ayons failly le chemin tout au commencement.

Alors Lysis dict ainsi : « C'est bien ce qu'il m'en sembleroit. » Et ce disant rougit de honte. Or pensé-je que pour le trop grand desir et affection dont il se penoit d'escouter, il n'avoit pas bien entendu tout le discours du propos qui lui faisoit ce dire ; toutes fois, qu'il en sembloit autrement à tous ceulx qui estoient en la compagnie. A cause de quoy, et à fin de laisser un petit reprendre l'alaine à Menexène, le sçavoir duquel me avoit fort resjouy, je tournay le propos devers Lysis et luy dis en ceste manière : « Il me semble, Lysis, que vous avez raison : car, si, du commencement, nous eussions bien consideré l'affaire, nous ne nous trouvissions pas maintenant ainsi esgarez. Et pour ce, n'allons plus par ceste voye, car telle consideration me semble estre comme un sentier trop scabreux et malaisé à tenir ; mais, pour achever le reste du chemin que nous avons à faire, je serois d'avis que nous le demandissions à quelques de ces poëtes, lesquels sont comme pères et gouverneurs de sapience. Or n'est-ce pas mal consideré à eulx quand, en remonstrant quelz doivent estre les amys, ilz estiment que iceulx se font par le moyen et conduite de Dieu, qui en faict toutes les menées, car ilz disent ainsi :

> Toujours Dieu mène et addresse
> Le pareil à son semblable,
> Dont après mainte caresse
> Naist amitié perdurable :
> Et si est tant favorable,
> Qu'entre plus d'un milion,
> Par sa bonté secourable,
> Robin trouve Marion (1).

Leustes vous jamais ces vers là ?
LYSIS. Oui bien.
SOCRATES. Il est bien possible aussi qu'ayez leu les escripts des sages, où ilz disent le mesmes, assavoir, que toute chose, necessairement, ayme son semblable. Et telle est l'opinion de ceulx qui ont traicté du naturel et de tout l'univers.
LYSIS. Vous dictes vray.
SOCRATES. Disent-il pas bien ?
LYSIS. Peult-estre !
SOCRATES. Peult-estre aussi que ce que nous disons est vray en partie, et peult-estre du tout, mais nous ne l'entendons pas encores. Toutesfois si me semble il que tant plus un mauvais homme s'accointe d'un mechant, de tant sont-ilz plus ennemys : car telles gens ne sçauroient vivre en-

---

1. Ce proverbe doit son origine à l'ancien jeu de Robin et Marion. Voy. *Théâtre françois au Moyen Age*, par MM. Monmerqué et Michel, p. 28 et 669. Voy. encore, pour rapprochements intéressants, *Ducatiana*, t. 2, p. 535 ; *Discours d'aucuns propos facétieux* de Noël du Fail, Paris, Groulleau, 1554, in-16, épître; *Le Passe-temps* de M. Fr. Le Poulchre, Paris, Leblanc, 1597, in-8, I, p. 54.

semble que toujours ils ne s'entrefeissent quelque desplaisir l'un à l'autre. Et amytié ne pourroit estre là où l'un poulse et l'autre frappe. Est-il pas vray ?

Lysis. Ouy, certes.

Socrates. Par ainsi donques telle sentence seroit faulse par la belle moytié : car les mauvais sont-ils pas semblables ?

Lysis. Ouy.

Socrates. Mais je croy, Lysis, qu'elle entend dire que les bons seulement sont pareils et amys entre eulx, et que les mauvais ne sont aucunement semblables, comme l'on dict communement, ny à eulx-mesmes, ny à autruy, mais inconstans et variables. Or quiconque est different à soy-mesmes n'accordera jamais avec un autre, et ne pourra estre amy de personne. Ne l'estimez-vous pas ainsi ?

Lysis. Ouy certes, Socrates.

Socrates. Donques, Lysis, mon amy, à mon jugement, ceulx qui disent le pareil estre amy de son semblable entendent que les bons sont amys aux bons seulement. Aussi, à dire la verité, les mauvais ne pourroient estre amys ny aux meschans ny aux bons.

Lysis. Je le confesse.

Socrates. Par ainsi donc maintenant nous appert qui sont les amys, car la raison nous monstre que les bons sont amys des bons.

Lysis. Voire.

Socrates. Et je le croy aussi; mais y ha je ne sçay quoy qui me trouble et met en doubte; oyez, je vous prie, que c'est par la mesme raison que les hommes sont pareils entre eulx, par icelle sont-ilz amys, et par consequent utiles et duysans les uns aux autres. Or considerons ainsi : quel profit ou dommage peult faire aucun à son semblable, que luy-mesme ne se le puisse faire? ou que luy sçauroit-il advenir du costé de son semblable, que luy ne s'en puisse bien autant donner de soy-mesmes? Si donques le pareil se passe aisement de son semblable, y ha il cause pourquoi telles gens se puissent desirer l'un l'autre?

Lysis. Non pas, ce semble.

Socrates. Celuy qui ne desire autruy peut-il aymer ou estre amy?

Lysis. Nenny, certes.

Socrates. Possible que le pareil n'est pas amy à son semblable, parcequ'il luy est pareil, et que le bon est amy au bon, non entant qu'il luy est semblable, mais à raison de ce qu'il est bon.

Lysis. Peult-estre.

Socrates. Assavoir mon si le bon, à raison de ce qu'il est bon, peult pas bien suffire à soy-mesmes?

Lysis. Ouy.

Socrates. Celuy qui suffist à soy-mesmes, en tant qu'il est prou suffisant à soy, n'a que faire d'autruy.

Lysis. Qui vouldroit dire du contraire?

Socrates. Qui de rien n'a affaire, il ne desire rien.

Lysis. Non.

Socrates. Si rien il ne desire, donques n'ayme il point.

Lysis. Non, certes.

Socrates. Qui n'ayme point n'est pas amy.

Lysis. Il me le semble.

Socrates. Comment donques se peult-il faire

que les bons soient amys des bons, lesquels n'ont cause de desir l'un l'autre en absence, veu qu'un chascun d'eulx peult suffire à soy-mesmes en presence, et n'a besoing de son semblable? Quelle estime sçauroient faire telles gens l'un de l'autre?

Lysis. Nulle.

Socrates. Ceulx qui ne s'entreestiment point pourroient-ilz jamais estre amys?

Lysis. Jamais.

Socrates. Or considerez un petit, Lysis, où nous en sommes venuz, et si nous avons point esté abusez.

Lysis. Comment donques, Socrates?

Socrates. Pourceque j'ay autrefois ouy dire à quelcun (encores en ay-je bien memoire) que toute chose est adversaire à son semblable, et que les bons sont ennemys aux bons. Or s'aydoit-il du tesmoignage de Hesiode, qui dit que le potier porte au potier envie, le musicien au chantre et le coquin au mendiant. Et estimoit que necessairement fust ainsi de toutes choses, de manière qu'entre les semblables toujours y eust envie et dissention; mais entre les contraires toute concorde et amytié, veu qu'il fault par necessité que le povre se face amy du riche; que le petit quière l'accointance du grand, à fin de faveur et ayde; que le malade prenne congnoissance du medecin à raison de santé; et l'ignorant hante le sage pour apprendre et sçavoir. Il disoit bien encores d'avantage, que tant s'en fault que quelcun ayme son semblable, que toute chose quiert, non son pareil, mais son contraire. Chose seiche demande humeur; le froid desire le chaud ; ce qui est aigu cherche chose camuse ou plane. Amertume souhaite doulceur ; le vuyde repletion ; ce qui est plein quiert à se decharger, et ainsi de toutes autres choses. Oultreplus disoit qu'un contraire estoit vie et nourrissement à sa chose contraire, et que le pareil n'avoit de son semblable bien ne profit quelconques. Or le personnage qui telle* chose enseignoit sembloit estre fort beau parleur, car il disoit moult bien. Que vous en semble, Menexène ?

MENEXÈNE. Je jugerois de prime face, ainsi que vous, qu'il disoit bien.

SOCRATES. Nous disons donc que tout contraire est grand amy de son contraire.

MENEXÈNE. Voire.

SOCRATES. Prenons qu'ainsi soit, Menexène, mais je vous prie considerer si cela seroit point estrange et hors de propos : car ces sages tant éloquens et propres à contredire se pourroient incontinent lever contre nous, et nous demander si amytié et hayne sont pas bien contraires. Que leur respondrions nous alors pour le meilleur ? Serions-nous pas contraints leur confesser que oui ? Par ainsi, voudroient ilz pas conclure et dire qu'un amy seroit aymé de son ennemy, et un ennemy mal voulu de son amy ?

MENEXÈNE. Peult estre.

SOCRATES. Et que semblablement le loyal seroit amy du meschant, le dissolu du modeste et les bons des mauvais.

MENEXÈNE. Si ne me le semble il pas toutes fois.

SOCRATES. Il fauldroit bien qu'ilz fussent amys,

si tant estoit qu'à raison de contrariété une chose fust amye de l'autre.

Menexène. Il le fauldroit bien voirement.

Socrates. Donques ny le semblable est amy de son semblable, ny le contraire de son contraire.

Menexène. Il me semble que non.

Socrates. Or à fin que meshuy nous ne nous amusions à ces propos, qui ne nous ont rien profité quant à entendre que c'est que amy, considerons un autre cas, assavoir que ce qui est ne bon ne mauvais fust amy de ce qui est bon.

Menexène. Qu'est-ce que vous dictes, Socrates ?

Socrates. Par mon ame, Menexène, je ne sçay ; car l'esprit me chancelle tout, et varie pour la difficulté du propos. Toutes fois il m'est advis, comme dit le vieil proverbe, qu'il n'est point de laydes amours ; car beauté est toujours aymable, laquelle semble estre ne sçay quoy mol, tendre et grasset, qui soudain coule et passe en nous, comme chose doulce et glissante ; et pense que ce qui est bon ne peult estre qu'il ne soit beau. Que vous en semble ?

Menexène. Ainsi l'estimé je.

Socrates. Or vous ay-je dict, en devinant à toutes advantures, que ce qui est ne bon ne mauvais est amy de ce qui est bon. Et savez vous bien la cause de cestuy mon devinement ? Pour ce que, selon mon advis, il y a trois différentes espèces de choses : car les unes sont bonnes, les autres mauvaises, et les tierces ne bonnes ne mauvaises. Qu'en dictes vous?

MENEXÈNE. Je le pense ainsi.

SOCRATES. Puisque, selon les raisons susdictes, le bon n'est amy du bon ny le mauvais du mauvais, ny semblablement le bon du mauvais, donc reste il, s'il y ha quelque amy au monde, que ce soit ce qui est ne bon ne mauvais, lequel soit amy amoureux du bon, ou de qui lui est semblable, car nul n'est amy de chose mauvaise.

MENEXÈNE. Cela est vray.

SOCRATES. Voire mais, comme nous avons dict, le pareil n'est point amy de son semblable.

MENEXÈNE. Non.

SOCRATES. A raison de quoy ce qui est ne bon ne mauvais ne pourroit estre amy de cela qui est tel.

MENEXÈNE. Il semble que non.

SOCRATES. Par ce moyen, ce qui est ne bon ne mauvais peut donc seulement estre amy amoureux de cela qui est tout seul bon.

MENEXÈNE. La consequence semble estre necessaire.

SOCRATES. A ce coup, enfans, avons-nous bien demeslé le poinct : car, si nous considerons le corps de l'homme, estant en santé, il n'a besoing de medecine, ny des remèdes d'icelle, parcequ'il luy suffit qu'il se trouve bien; dont la personne saine, à raison de santé, n'est amy amoureuse du medecin, mais bien le malade, comme je pense, à cause de maladie.

MENEXÈNE. Ouy.

Des Periers. II.

SOCRATES. Maladie, est ce pas chose mauvaise, et medecine chose bonne et utile?

MENEXÈNE. Voire.

SOCRATES. Le corps, en tant que corps, est ne bon ne mauvais.

MENEXÈNE. Il est vray.

SOCRATES. Or est le corps contrainct, à cause de maladie, desirer medecine, dont s'ensuyt que ce qui est ne bon ne mauvais devienne amy amoureux du bien, pour la presence du mal; laquelle accointance se faict, comme il appert, avant que par la presence de ce qui est mauvais il devienne tel. Et ne peult estre mauvais en tant qu'il est amy amoureux de bien, veu que nous avons monstré estre impossible que le mauvais soit amy au bon.

MENEXÈNE. Aussi certes ne peult il estre.

SOCRATES. Entendez un petit, Menexène, à ce que je veulx dire; je dy que les choses deviennent aucunes fois telles que ce qui leur eschet et advient, aucunes fois non: comme si on vouloit taindre quelque chose de couleur, couleur est ce qui eschet à la chose coulorée.

MENEXÈNE. Voire.

SOCRATES. La chose coulorée, nonobstant la couleur, est elle pas encores telle qu'elle estoit paravant?

MENEXÈNE. Je ne vous entends point, Socrates?

SOCRATES. Peult estre, Menexène, que l'entendez ainsi : si quelcun vouloit blanchir de ceruse vos blonds cheveulx, assavoir mon s'ilz seroient ou sembleroient estre blancs.

MENEXÈNE. Ils sembleroient estre blancs.

SOCRATES. Encore que blancheur leur eschet, si ne seroient ilz blancs pourtant, et nonobstant la blancheur escheue ne seroient non plus blancs que noirs.

MENEXÈNE. Il est vray.

SOCRATES. Mais, quand ilz blanchiront de vieillesse, adonc, mon bel amy, deviendront ilz telz que ce qui leur escherra, c'est assavoir ilz seront blancs par la presence de la blanche couleur.

MENEXÈNE. Et quoy donques?

SOCRATES. Voilà ce que je demandoye, assavoir mon si tout ce à quoy quelque chose eschet devient incontinent tel et le mesmes que la chose qui luy est escheüe, ou si en une sorte il devient tel, et en l'autre non?

MENEXÈNE. Je dirois qu'en une sorte il deviendroit tel et semblable que la chose luy escheüe, et en l'autre non.

SOCRATES. Par ceste raison, ce qui est ne bon ne mauvais, combien que le mal luy soit escheu, n'est pourtant encores mauvais, mais bien l'est il alors qu'il est devenu tel.

MENEXÈNE. Ouy certes.

SOCRATES. Quand, le mal estant present, il n'est encores mauvais, telle presence le contrainct desirer ce qui est bon; mais, si icelle le rend mauvais, adonc luy oste elle le desir de bien et amytié aussi, de sorte qu'il n'est plus ce qui souloit, à sçavoir ne bon ne mauvais, ains mauvais entierement. Or, il est impossible que le mauvais soit amy du bon, ni le bon du mauvais.

Lysis. Il est impossible voirement.

Socrates. A ceste cause, ceulx qui sont desjà sages, soient Dieux ou hommes, n'ont plus besoing d'estre amy amoureux de sapience, ny ceulx aussi qui ont esté tellement corrompuz et perduz d'ignorance qu'ils en sont devenuz totalement mauvais. Car celuy qui est mauvais, ou du tout ignorant, n'a que faire de sapience. Par ainsi, il ne reste plus sinon ceulx qui, combien que ce mal d'ignorance leur soit escheu, ne sont neantmoins idiots et ignorans de tout poinct, ains ont congnoissance de leur ignorance, au moyen de quoy ilz sont amy amoureux de sapience, estant encores ne bons ne mauvais : car les mauvais ne philosophient, ou n'ayment sapience, ny les bons aussi, selon que nous avons trouvé qu'il n'est point d'amytié de contraire à contraire, ny de pareil à pareil : vous en souvient il pas ?

Lysis. Ouy bien.

Socrates. O Lysis, et vous, Menexène, à ce coup avons nous donc trouvé qui c'est qui est amy, ou non : veu qu'il ha jà esté conclu et arresté entre nous (tant au regard de l'ame comme du corps) que ce qui est ne bon ne mauvais devient amy de cela qui est bon, à cause de la presence du mal escheu. »

Alors confessèrent ilz toutes ces choses estre vrayes. Et moy d'estre bien aise, autant comme si j'eusse esté quelque veneur ayant trouvé à mon souhait le gibier que j'alloye querant. Mais il me survint tout en un instant ne sçay quel doubte et souspecon moult estrange et hors de propos, comme si les choses susdictes ne fussent vrayes aucunement, dont tout fasché leur dis ainsi : « O Lysis et Menexène, il semble que soyons tombez en quelque songe ou resverie. — A cause de quoy dites vous cela ? dirent ilz. — Pour ce, dis je, que j'ay grand peur que tous ces faulx propos que nous tenons, touchant sçavoir qui est amy, ne se gaudissent de nous, comme si nous avions affaire à gens desdaingneux ou mocqueurs ! — Pour quoy doncques ? dirent ilz. — A sçavoir mon, dis je, si l'amy est amy de quelque chose, ou non. — Il fault bien, dirent ilz, qu'il soit amy de quelque chose ! — Est ce, dis je, pour l'amour et afin de rien, ou de quelque chose ?

MENEXÈNE. Pour l'amour et à fin de quelque chose.

SOCRATES. Telle chose pour l'amour et à fin de laquelle on est amy, de quoy que ce soit, est elle point aussi amye, ou si elle n'est amye ni ennemye ?

MENEXÈNE. Je ne vous entends pas bien.

SOCRATES. Je vous en croy, Menexène. Or pensé je que vous et moy l'entendrons mieulx ainsi. Disons nous pas que le malade est amy-amoureux du medecin ?

MENEXÈNE. Ouy.

SOCRATES. Est ce pas à cause de maladie et afin de santé qu'il ayme le medecin ?

MENEXÈNE. Ouy.

SOCRATES. Maladie est mauvaise.

MENEXÈNE. Voire.

SOCRATES. Santé est elle bonne ou mauvaise, ou ne bonne ne mauvaise ?

MENEXÈNE. Elle est bonne.

SOCRATES. Nous avons dict que le corps,

lequel est ne bon ne mauvais, devient amy amoureux de medecine, à cause de maladie, qui est mauvaise, et que medecine est chose bonne. Pour l'amour doncques et afin de santé, medecin trouve amytié, car santé est chose bonne.

Menexène. Il est vray.

Socrates. Or çà, santé est elle amye ou non?

Menexène. Amye.

Socrates. Et maladie ennemye?

Menexène. Voire.

Socrates. Donques, ce qui est ne bon ne mauvais est amy amoureux de chose bonne, à cause de ce qui est mauvais et ennemy, pour l'amour et à fin de ce qui est bon et amy. — Il y ha quelque apparence, dirent ilz. — Par ainsi, dis-je, à cause de ce qui est ennemy devient on amy amoureux, pour l'amour et à fin de ce qui est amy aymé.

Lysis. Je le pense.

Socrates. Or, enfans, puisque le propos nous ha amenez jusques icy, prenons bien garde, je vous prie, que n'y soyons trompez. Tout premierement, je laisse cela, assavoir que l'amy devienne amy de l'amy, c'est à dire le pareil de son semblable, ce que nous avons dict estre impossible; mais considerons plus oultre, afin que l'opinion presente ne nous deçoive. Nous avons dict que medecine est amy aymée pour l'amour et à fin de santé.

Lysis. Voire.

Socrates. Santé est donc aussi amy aymée. Or, si elle est amy aymée, il faut bien que ce soit pour l'amour et à fin de quelque chose.

Lysis. Voire.

Socrates. C'est assavoir de ce qui est amy aymé, si les choses jà confessées ont lieu.

Lysis. Pour l'amour, et à fin de ce qui est amy aymé voirement.

Socrates. D'avantage, ce qui est amy aymé est il point tel pour l'amour et à fin de quelque autre amy aymé?

Lysis. Ouy, certes.

Socrates. Or est il besoing que par tel discours nous venions à quelque but et commencement d'amytié oultre lequel il n'y aye point d'autre amy aymé, de sorte que toute amytié soit rapportée à un premier et principal amy pour l'amour, et afin duquel toutes choses aymées sont amyes et en portent le nom.

Lysis. Il est necessaire, voirement.

Socrates. Voylà à quoy je disois n'aguères qu'il nous failloit prendre garde, à celle fin que les choses qui sont amyes aymées pour l'amour et à fin du vray et seul amy aymé ne nous abusent et retardent comme phantosmes et semblances d'iceluy. Considerons donc en ceste maniere. Ce que quelc'un estime et tient cher, comme le père son enfant, il le prefère à toutes les autres choses qu'il tient cher pour l'amour de luy. Comme s'il sçait que iceluy ayt beu de la cicue, il prisera moult et aura cher le vin dont il espère s'ayder en lieu de contrepoison.

Lysis. Voire.

Socrates. Aura il pas aussi en estime le flascon où le vin sera?

Lysis. Ouy.

Socrates. Estimera il plus lors une belle

couppe ou quelques beaux verres que son enfant? Certes, je pense que toute son intention ne visera à choses quelconques de toutes celles qui lors seront apprestées les unes à cause des autres, mais qu'il tendra et s'arrestera seulement à ce pourquoy tout le reste est requis. Et n'est vray semblable ce que l'on dict communement, que l'or et l'argent soient en estime, car estime et intention ne font sinon la chose seule pour l'amour et à la fin de laquelle l'or et l'argent est quis et amassé.

Lysis. Il est vray.

Socrates. Ainsi en prent il d'amytié : car toutes choses que nous disons amyes pour l'amour et à fin de quelque amy, sont ainsi appellées par nom emprunté, veu qu'il est certain que cela est seul amy auquel toutes autres amytiez tendent.

Lysis. Il le semble.

Socrates. A raison de quoy ce vray amy aymé n'est point amy pour l'amour et à fin d'un autre amy.

Lysis. Non certes.

Socrates. S'il est ainsi, cela est donc faulx que l'amy aymé soit amy pour l'amour et à fin de quelque autre amy aymé. Oultre plus, ce qui est bon est il pas amy aymé?

Lysis. Ouy, ce me semble.

Socrates. Ce qui est bon est il pas amy aymé à cause de ce qui est mauvais?

Lysis. A mon advis que ouy.

Socrates. Mais, si des trois dessusdicts, assavoir bon, mauvais, et ne bon ne mauvais, ne restoit plus que deux tant seulement, et que tout ce qui est mauvais fust aboly et osté de nature, tellement que il n'escheust aucunement ny au corps, ny à l'esprit, ny à autre chose quelconque de celles que nous avons dictes estre ne bonnes ne mauvaises de soy, ce qui est bon seroit-il point lors totalement inutile, veu que, si jamais rien ne nous faisoit mal, nous n'aurions besoing d'aucune faveur ou ayde de ce qui est bon? Et viendrions lors à congnoistre comment à cause du mal nous aurions quis et aymé le bien, comme si ce qui est mauvais fust maladie et ce qui est bon le remède. Or n'aurions nous besoing de remède si n'estoit maladie. Et puis vous semble-il point aussi que le bien soit tellement proposé de nature que à cause du mal il soit aymé de nous, et que iceluy bien ne profite aucunement de soy? —Ouy, dirent ilz, il nous le semble.—Doncques, dis je lors, ce seul et vray amy aymé auquel tous les autres tendent, lesquels sont appelez amys pour l'amour et à fin de celuy, est bien contraire et different d'iceulx. Car tous sont amys pour l'amour de l'amy; mais, du rebours, ce vray amy est tel à cause de ce qui est ennemy, comme il est manifeste. Et, n'estoit ce qui est ennemy, il n'y auroit plus d'amy.

MENEXÈNE. Non pas, selon telle raison.

SOCRATES. Si le mal n'estoit plus en nature, assavoir mon si faim et soif en seroient aussi abolies. Or si aux hommes et animaulx, qui ne pourroient lors estre dommagez, restoit encores quelque faim et soif, lesquels appetis ne seroient mauvais, le mal estant totalement osté, je demanderois voulentiers qu'il en adviendroit, si je ne craingnois que tel propos semblast digne de mocquerie.

Menexène. Qui pourroit sçavoir ce qu'il en adviendroit?

Socrates. Et toutesfois nous sçavons que de faim aucunes fois advient douleur, et aucunes fois plaisir.

Menexène. Voire.

Socrates. Advient il pas aussi que celuy qui ha soif, ou envie de quelque chose, desire aucunes fois son profit, aucunes fois son dommage, aucunes fois ne l'un ne l'autre?

Menexène. Ouy.

Socrates. Si on ostoit toutes choses mauvaises, aboliroit on aussi celles qui ne sont telles?

Menexène. Nenny.

Socrates. Donques les appetis resteroient ne bons ne mauvais, encores que tout ce qui est mauvais fust aneanty.

Menexène. Il est vray.

Socrates. Est-il possible de non aymer ce que l'on souhaitte et desire?

Menexène. Non pas, selon mon jugement.

Socrates. Par ainsi, combien que le mal fust lors du tout rasé de nature, encores y auroit-il (ce semble) quelques choses aymées.

Menexène. Voire.

Socrates. Mais, si le mal est cause qu'une chose est amye de l'autre, le mal, n'estant plus rien, ne seroit amy : car, l'occasion ostée, l'effect ne peult demeurer.

Menexène. C'est très bien dict à vous.

Socrates. Avons-nous pas arresté que l'on

ayme quelque chose pour l'amour et à fin d'une autre, et que à cause du mal cecy qui est ne bon ne mauvais ayme cela qui est bon.

MENEXÈNE. Ouy.

SOCRATES. Et toutesfois il semble maintenant que il y ayt quelque cause d'aymer.

MENEXÈNE. Voire il le semble.

SOCRATES. Desir, comme nous disions n'a-guères, est il point cause d'amytié? Et qui desire est il pas amy de la chose desirée? Pourquoy tout ce que nous avons dict jusqu'à present touchant amytié, sont-ce pas pures resveries, comme quelque farce, ou sottie, ou autre semblable poëtique invention bien longue?

MENEXÈNE. On le diroit.

SOCRATES. Quiconque desire, il desire ce dont il ha indigence.

MENEXÈNE. Voire.

SOCRATES. L'indigent doncques est amy amoureux de ce dont il ha faulte. Or est-il ainsi que chascun ha faulte de ce dont il est privé.

MENEXÈNE. Qui en doubte?

SOCRATES. Par ainsi, Menexène, et vous, Lysis, amour, amytié, desir, sont toujours de ce qui est propre et appartenant. — Nous le confessons, dirent ilz. — Donques, dis je, si vous estes amys, il fault bien que soyez aucunement prochains et appertenans l'un à l'autre. — Aussi sommes-nous, dirent ilz. — Et qui desire ou ayme autruy, dis je, par ce le cherit-il et ayme qu'il luy est prochain et appertenant, selon l'esprit ou estude d'iceluy, ou selon les mœurs et façons de faire, ou bien selon la face. Autrement, jamais ne l'aymeroit. » Menexène s'y accorda, mais Lysis ne dist pas un mot. Adonc je dis : « Puis qu'il faut necessairement que nous aymions ce qui est de nature propre, c'est bien raison qu'un legitime, et non point faulx amant, soit semblablement aymé de ceulx lesquels il ayme. » Auquel propos Lysis et Menexène à peine voulurent consentir; mais Hippotales, de l'aise qu'il en eut, changea tout de couleur. Or avois je intention d'un petit mieulx desduyre le propos, et leur dis en ceste manière : « O Lysis et Menexène, s'il y ha difference entre ce que nous disons propre et ce qui est semblable, nous avons trouvé au vray que c'est qui est amy. Mais, si propre et semblable sont tout un, considerez que ce n'est chose aisée rejetter et racler ce poinct par lequel il ha esté dist que le pareil est inutile à son semblable, et que, en tant qu'il luy est inutile, jamais ne luy peult estre amy. Toutesfois, puisque nous sommes desjà comme presque yvres et estourdis de tant de disputes et parolles, voulez vous que nous confessions que ce qui est propre est autre que cela qui est semblable? — Nous le voulons bien, dirent ilz. — Mettrons-nous, dis je, que ce qui est bon à un chascun luy soit propre, et au contraire ce qui est mauvais aliène et estrange, ou que le bon soit propre au bon, le mauvais au mauvais et le tiers au tiers, assavoir ce qui est ne bon ne mauvais? — Il nous semble, dirent ilz, que telles choses sont propres les unes aux autres. — O enfans! dis je, nous nous retournons donques de rechef aux mesmes propos que au commencement nous avions nyez et rejettez : car le meschant ne seroit pas moins amy du desloyal, ou le maling du mauvais, comme le bon seroit du juste. — Il le semble, dirent ilz.—Mais, si nous disions, dis-je, ce qui est bon et cela qui est propre ne estre qu'un, le bon seroit il pas seulement amy du bon? — Ouy certes, dirent ilz. — Mais nous l'avons desjà nyé, dis je; vous en souvient-il pas. —Ouy bien, dirent ilz.—Quelz propos donques, dis je, tiendrons nous desormais pour ne trouver rien de certain? Or, comme les sages ont de coustume faire en leurs consultations, recourons un petit tout le discours que nous en avons faict. Si donques les amans ny les aymez, les semblables ny les contraires, ny de toutes autres choses qu'ayons dictes, dont à cause de la multitude je ne suis bonnement records, rien qui soit ne peult avoir le nom d'amy, je ne vous sçaurois plus qu'en dire. »

Quand j'euz ce dict, je pensois bien interroguer quelcun des grands; mais les pédagogues de Lysis et Menexène, comme si c'eussent esté quelques demons ou esprits familiers, leur commandèrent alors qu'ilz s'en retournassent à la maison avec leurs frères, car il estoit heure de vespres. Ausquels commandemens nous autres, qui estions là assemblez, voulûmes de prime face resister, en reboutant et empeschant iceulx pedagogues de ce faire; mais ilz ne tindrent pas grand compte de nous ny de nos parolles. Ains, estans despits de ce, mourmonnèrent contre nous je ne sçay quoy en leur patois, et appellèrent les enfans. Dont nous, vaincuz par leur importunité, fusmes contraincts lever le siége et rompre la compaignie aussi, par ce qu'il sembloit que les autres enfans n'eussent pas grand propos à nous communiquer pour l'heure, à cause de la feste à laquelle ilz s'estoient totalement addonnez. Finalement, comme desjà Menexène et Lysis s'en alloient, je leur dis ainsi : « O Menexène et Lysis, aujourd'huy nous sommes-nous bien montrez sots et mocquables, tant je qui suis jà aagé que vous qui estes encores enfans ! Dont ceulx cy ne fauldront à se gaudir de nous, qui nous tenons et estimons amys (je me mets du nombre avec vous), toutes fois que n'ayons encores trouvé au vray que c'est qu'amy. »

Fin.

CONTENTEMENT.

QUESTE D'AMYTIÉ (1).

A LA ROYNE DE NAVARRE.

Fleur divine,
  Muse digne,
Favorisez par pitié
  A la veine
  Foible et veine
Qui va querant Amytié.

Vostre face,
  De sa grâce,
La peult rendre seurement,

---

1. En adressant la traduction précédente à la reine de Navarre, l'auteur y avoit joint cette pièce de vers, comme *envoi*.

De sterile,
Prou fertile,
Par un regard seulement.

Si mon style
Inutile
Sent un coup vostre faveur,
Je ne doubte
Qu'il ne gouste
D'amytié quelque saveur.

Où est elle
La plus belle
De mes dames les vertuz,
Dont la vie
Vivifie
Maints cueurs par mort abbatuz ?

O Dryades,
Oreades,
Faunes, Tritons, Demy Dieux,
Pierides,
Neréides,
Est-elle point en voz lieux ?

Je vous prie
Qu'on espie
De quel' part elle viendra,
Et qu'on voie
Quelle voye
L'amye aimée tiendra.

Si elle erre
Par sus terre,
Voyons sa grand' privauté,
Ou qu'on sache
Qui la cache
Dessoubs ferme loyaulté.

J'y prens garde
Et regarde
Deux amans dont l'un en cueur
N'a que larmes
Et alarmes,
Veu de l'autre la rigueur.

Ha! où Haine
L'inhumaine
Veult tenir son contre poinct,
Il s'abuse,
Qui y muse,
Car la nymphe n'y est point.

Les semblables
Accointables
L'ont, possible, en leurs quartiers :
Tels, ce semble,
Sont ensemble
Amys loyaulx et entiers.

Mais la teste
Qui se creste
De semblable mauvaistié
Essoreille
Sa pareille,
Qui n'est signe d'amytié.

Ny fainctise,
Qui aguise
Le mensonge à faulseté,
Ny folie,
Qui s'allie
D'imprudence ou lascheté.

La personne
Sage et bonne,
Qui peult de soy prendre soing

N'a que faire
De se traire
Vers son pareil, au besoing.

Tels n'advisent,
Ou peu prisent
L'un de l'autre le pouvoir;
Dont se partent
Et escartent,
Sans amytié concevoir.

Mais encore
Nul n'ignore
Ce qu'on voit de jour en jour,
Comme Envie
L'ennemie
Entre pareils faict sejour.

Dont j'estime
Qu'en estime
Amytié là ne seroit;
Tournons bride,
Car je cuyde
Que deçà converseroit.

Un contraire
Tasche attraire
L'autre, lequel lui default :
Chose seiche
Ayme et lesche
Humeur, et le froid le chauld.

Accointance,
Nonobstant ce,
N'est en Contrariété;
Qu'on me disse
Que Malice
Fust l'amye de Bonté!

Que sera-ce,

Puisque trasse,
Ne çà, ne là, n'en trouvons?
C'est merveille!
Je conseille
Qu'ailleurs chercher la devons.

Chose tierce (1)
Doncques quiert ce
Qui est bon, propre et duysant,
Quand contraincte
Ou atteincte
Se sent du mal trop nuysant;

Et s'asseure
De bonne heure
De tel remède et secours,
Ains que vice
La ravisse
Hors de son naturel cours.

Je croiroye
Que la proye
Ne seroit pas loin d'icy:
Car je treuve
Par espreuve
Que le bon est beau aussi.

Or est telle
Beauté, qu'elle
Ne peult qu'aymée ne soit:
Car sa grâce,
Coulant, passe
En tout cœur qui l'apperçoit.

Ce Tiers, doncques,

---

1. Cette *chose tierce* de laquelle on parle avec tant de discrétion ne seroit-elle pas une amie de Des Periers, dame d'honneur de la cour de Marguerite?

Ne fut oncques
Sans estre du bien amy,
Veu l'ordure
Et laidure
Du mal, son grand ennemy.

Le malade,
Foible et fade
De la fiebvre dont il ard,
En souspire
Et desire
Le medecin et son art.

Ignorance
Tant nous tanse
Qu'elle nous contrainct vouloir
Sapience,
Dont l'absence
Nous faict errer et douloir,

Pour laquelle
La sequelle
Des beaulx escripts plantureux
Est requise
Et comprise
De ses amys amoureux.

Mais, quand l'homme
Dort et chomme,
D'ignorance au grand portail,
Tant s'atterre
Que sur terre
Ne sert que d'espouvantail.

Chose amye
Est cherie
Pour quelque amy estimé;
Et fault dire
Qu'on aspire
A un seul amy aimé.

Vers tel sire
Se retire
Le Tiers, afin d'estre heureux,
Pour l'oppresse
Dont le presse
Le mal rude et dangereux.

Non faict certes,
Car, si pertes,
Maulx et perils n'estoient plus
Tant qu'Envie
Auroit vie,
On aymeroit le surplus.

J'entends ceste
Qu'on accepte
Au tiers reng des appetis;
Non point celle
Tant cruelle
Envie qu'ont les chetifs.

Ainsi donques,
Qui adonques
Envie ou desir auroit,
Chacun juge
Qu'au refuge
Disette le chasseroit.

Or, Disette
Toujours jette
L'œil vers le bien qu'elle avoit,
Et regrette,
La povrette,
Ce dont privée se voit.

O princesse!
La deesse,
Tant quise, seroit bien là :
Somme toute,

Je me doubte
Que cette garcette l'a.

Elle prie,
Elle crie,
Jusqu'à souvent se pasmer ;
Mais je pense
Qu'en presence
N'a reconfort que d'aymer.

Tant constante
Et ardante
Est en l'amour de l'amy
Qu'elle a craincte
D'être faincte,
Ou de n'aymer qu'à demy.

Et est telle
L'eternelle
Flamme d'amour dont elle ard
Qu'elle avoue,
Ayme et loue
Toute chose de sa part.

Toute chose
Se propose
A aymer qui ayme bien :
Ce qu'icelle
Jouvencelle
Faict tout pour l'amour du sien.

Ses voysines
Et cousines
A moult chères, mesmement
Ses prochaines
Sœurs germaines,
Qui aiment pareillement.

Or, la belle,
Voyant qu'elle

N'a de soy que la moytié,
  Se contente
  Soubs l'attente
De sa parfaicte amytié.

Arrestez vous, ô petits vers courantz,
Et merciez Amytié et la dame
Dont vous tenez, si n'êtes ignorantz,
Tout quant qu'avez, le corps, l'esprit et l'âme.

DU VOYAGE DE LYON

A NOTRE-DAME-DE-L'ISLE (¹).

1539

A Monsieur le lieutenant pour le Roy,
Jean du Peyrat, à Lyon.

Ce passe temps qu'au lieu du roy prenois,
En son batteau, au voyage de l'île,
Noble Peyrat, lieutenant lyonnois,
Soubs de Françoys la main douce et gentile,
Combien qu'il soit pourtraict d'un menu style,

---

1. Tous les ans, le 15 mai, la célèbre abbaye de l'Ile-Barbe, située à peu de distance de Lyon, sur la Saône, célébroit en l'honneur de saint Martin, son patron, une fête magnifique à laquelle on convioit tous les pays d'alentour. Les frais de cette fête étoient généralement supportés par l'abbé. En 1539, le luxe fut poussé loin, grâce à « *la main lorraine* » qui dirigeoit l'abbaye. Par cette expression, Des Periers entend désigner le frère du premier duc de Guise, Jean, né en 1498, mort en 1550. Il atteignit aux plus hautes fonctions ecclésiastiques, et, parmi ses titres, nous remarquons ceux de cardinal, d'évêque de Metz, d'abbé de Cluny, de l'Ile-Barbe, etc.

Si ay je espoir que ta main, qui adresse
De ce Lyon la fureur et simplesse,
Et qui desja ressemble aucunement
A sa loyalle et humaine maistresse,
D'humanité souveraine princesse,
Le pourra prendre encore humainement.

   Je ne doibs
   Et ne vouldrois,
O du doulx may le quinzième
   Tant anobly,
   En oubly
Mettre ta beauté supreme.

   Hamadryades,
   Dryades,
Vous leurs joyeux oyseletz,
   Hymnides
   Et Neréides,
Inventez chantz nouveletz,

   Pour m'ayder
   A recorder
Celle joye solennelle
   Que reservez
   Et avez
En cure perpetuelle.

   Distant la Saône
   Du Rhône
Une lieue ou environ,
   Est l'isle,
   L'isle gentile,
Dedans son moyte giron;

   Où l'Enfant,
   Tant triumphant,
Par sa mort trop plus qu'amère,
   A des autels

Immortels
Pour soy, sa Grand (1) et sa Mère.

Là, sa notoire
Memoire,
Quand l'année ha faict le tour,
Annonce
La grand'semonce
De son céleste retour.

Lors Lyon,
Plus qu'Ilion
En toute sorte admirable,
Faict son devoir
De revoir
Ce sainct temple venerable.

L'aube vermeille
Reveille
Du vert rosier les jettons;
Rosée
S'est jà posée
Autour des petits bouttons.

Le beau jour,
Adieu, sejour!
Demourez, vous et les vostres,
Pour en ce lieu
Dire à Dieu
Voz dizains et patenostres.

Les Lyonnoises
Bourgeoises
Prennent cotte et corcelet,
Huschées
Et resveillées
Par le doulx rossignolet.

---

1. Pour sa grand'famille, sans doute.

Maint bateau
Est dessus l'eau,
Qui les attend et ne bouge :
L'un est couvert
Tout de vert,
L'autre tapissé de rouge.

La Saône lente,
Fort gente,
S'en tient ; mais, en bel arroy,
Encore
Plus la decore
Le noble batteau du roy,

Roy Françoys,
Qui des Françoys
Semble fundateur antique,
Veu de son nom
Le renom
Et l'effect plus autentique.

Peuple amyable,
Féable,
Le grand bien que Dieu t'a faict,
De naistre
Pour vivre et estre
Soubs un prince tant parfaict !

Gens heureux
Sur tous les vœuz,
De saincteté desireuse,
Sacrifiez
Et priez
Pour sa santé valeureuse.

Jà la Bazoche
S'approche,
Afin qu'au batteau paré
Sa bende

Bleue se rende
Dessoubs le lys honoré.

Plus de cent
De Sainct Vincent,
En toute façon si gourrière,
Vont regardans
Et gardans
Leur ample et belle bannière.

L'imprimerie,
Chérie
Des Muses, comme leur sœur,
Plus grave
Beaucoup que brave,
Y porte amour et doulceur.

Que de gens
Mistes et gents !
Tous ceux ci s'en vont par Vaise,
Moult gracieux
Et joyeux ;
Dieu les maintienne en tel aise !

Çà, viennent-elles,
Les belles ?
Car monsieur le lieutenant
Arrive
Jà sur la rive
Et veult partir maintenant.

Or, venez,
Dame, et prenez,
Loing du chaud hasle, icy place :
Car, s'il atteinct,
Vostre tainct
Il en estaindra la grace.

Mesdames fresches,

Les flesches
D'Apollo ne vous nuiront :
De celles
D'Amour cruelles,
Je ne sçay qu'elles feront.

Sus, allons,
(Si nous voulons)
Tandis que la frescheur dure.
Le plaisant lieu !
Hé, mon Dieu !
Qu'il faict bon veoir ta verdure !

Toute la plaine
Est pleine
D'hommes et femmes marchants ;
A dextre
Et à senestre,
Oyez des oiseaulx les chants.

Oyez vous
Ce bruyt tant doulx
Decliquer de la gorgette
Du geay mignot,
Du linot
Et de la frisque alloette,

Lesquels nous rient
Et crient
Que chanter devons aussi ?
O cures
Vaines et dures,
Nous vous lairrons donc icy.

Viens, soulas,
Nous rendre las
De passe temps et plaisance ;
Sus, chantons tous ;
Dirons nous
Le content ou jouyssance ?

Chantons en une :
Fortune !
Doulce memoire, à loysir
Et voire
Doulce memoire,
Avant ou pour un plaisir !

Papillons
Et oysillons
Voletant par la montaigne ;
Les tant follets
Aignelets
Sautelans en la campaigne ;

Chacun convoye
La joye
Des Lyonnois, que Dieu gard !
Les bestes
Dressent leurs testes,
Pour en avoir le regard.

Les poissons
Viennent aux sons
Des rebecs et espinettes,
Et, loing du fond
De l'eau, font
Petites gambadelettes.

Les tant honnestes
Brunettes
Nymphes, de Bacchus prochain
Suivies,
S'en sont fuyes
Là hault, pour veoir tout le train

Et Cerès
Se tient exprès
Près des passants, file à file,
Pour iceux veoir

Et sçavoir
Des nouvelles de sa fille.

De cœur et veue
Salue
Petis, grands et grandelets,
Dont telle
Est la sequelle
Que de vous, mes verselets.

Ce vert pré,
Plus diapré
Que les haults chefz des princesses
Bien vouldroit
Qu'en tout endroict
On luy pillast ses richesses.

Voyez jà l'Isle
Fertile
De riz, et là hault au bois,
Soubs branches
Vertes, fleurs blanches
Qui escoutent les aubois.

Menestriers,
Soubs ces noyers,
Sonnent à toute puissance,
Tant aux passans
Qu'aux dansans,
Commune rejouyssance.

O compaignie,
Fournie
De milliers, tant qu'il souffit
Benie
Sois et unie
En celuy là qui te feit!

Qui ira,
Il se perdra

Par cette presse incertaine :
« N'ayez esmoy,
Suivez-moy ! »
Ce dict nostre capitaine.

Chascun contemple
Ce temple,
Dont part la procession ;
Prière
Brefve et entière
Faisons icy d'affection.

Attendons
Et regardons
Un petit cette assemblée
De compaignons,
De mignons
Et de dames redoublée.

Ces jolyettes
Fillettes
Que villageois sont menans
S'assemblent
Toutes, et tremblent
D'ouyr les canons tonnans.

Au circuyt
D'un tel desduyt,
La Saone son Rhosne oublie,
Pour s'esjouyr
A ouyr
La gent sans melancolie.

Oncques rivière
Si fière
Ne se feit tant estimer :
Il semble
Qu'elle ressemble
(Vu son isle) à la grand'mer.

Et sès beaux
Coulans batteaux,
Chargez non de marchandises,
Mais de beautez,
De bontez,
De graces et gallantises!

A telle feste,
S'appreste,
Le dieu de joye et de pleurs (1),
Des ailes
Toutes nouvelles,
Faictes de roses et fleurs.

Le friand
S'en va riant,
Mais de nuyre ne se soule;
Il se gaudit
Et brandit
Ses flammes parmy la foule.

Il donne maintes
Attainctes
Aux pauvres cueurs esgarez;
Il pousse,
D'arc et de trousse,
Les pensers mal assurez.

Soubs tes ris,
Doulx et cheris,
Lances tu douleur amère,
Cruel Amour?
Au retour
Nous le dirons à ta mère,

Qui, en tristesse,
Sans cesse,

1. L'Amour.

Te va cherchant de ses yeux,
Par hayes,
Prez et saulsayes,
Et par spectacles joyeux.

Si hardy!
Car je vous dy,
Frère, que telle entreprinse
(S'il l'apperçoit
Ou qu'il soit)
Se verra bientôt surprinse.

Tel le menace
D'audace,
De qui, possible, le cueur
L'estime
Son legitime
Et invincible vaincueur.

Tel fuyr,
Mais bien hayr
Le cuyde, qui le pourchasse;
Tel l'est chassant
Et poulsant
Au loing qui de près l'embrasse.

Adieu, Sicile!
(Dy je), Isle,
Autre Sicile en chaleur;
Ta grace
(Certes) la passe
De gentillesse et valeur.

Sotz ebatz,
Cruelz debatz,
A tant heureuse journée,
Ne faictes telz
Jeux mortelz
Que vous feistes l'autre année.

La main lorraine,
Humaine,
Met cy son chapeau muny
De grosse
Pesante crosse
Prinse en son noble Cluny.

Ou es tu,
Prince, en vertu
Tant parfaict? Soixante mille
Seront témoings
(Pour le moins)
De l'honneur de ta famille.

Mais à tant monte
Le compte,
Que de Phœbus, sans doubter,
La veue
Claire et aguë
S'éblouyt à les compter.

Nous irons
De là (ferons?)
En un jardin de plaisance,
Où trouverons
Et verrons
Des dames à souffisance.

Ces violettes
Seulettes
En leurs luysantz affiquets
Se mirent,
Et se désirent
Veoir conjoinctes en bouquetz.

Le rosier
Rid du fraisier,
Qui tout au rebours agence
Dessus son fruict,

Mûr et cuict,
Ses rouges grains de semence.

La marguerite
Petite
Auprès de la grand' se tient ;
Et celle
Jenette belle
Souz le blanc lis croist et vient.

O soucy !
Que fais tu cy ?
Si ton tainct est désolable,
Las ! c'est Amour
Qui de jour
Te painct ainsi misérable.

De ces friandes
Viandes
N'est besoing tant se soûler :
Prou face !
Voyons en place
Les belles dames baller.

C'est assez,
O yeux, lassez
De beauté trop sadinette
Veue en ce lieu !
Or, adieu
Corydon et sa brunette !

La voye approche
La Roche (1),
Place de grand' propreté ;
Just (2) digne,

---

1. La Rochetaillée, village à 8 kilomètres de Lyon.
2. Sans doute le célèbre Jean Juste (*Johannes cognomine Justus et Florentinus*), dont un grand nombre d'œuvres admirables ont été et sont peut-être encore attribuées à d'autres

Françoys insigne,
Y avez-vous point esté ?

Là, Albert (1),
Ouvrier expert
Du roy, en musique haultaine,
Avecques sons
De chansons,
Ha sacré une fontaine ;

D'ond on dict qu'elle
S'appelle
L'Albertine proprement :
Camuse,
Que ceste muse
Te serviroit loyaument !

Fâcheux soing
Qui de tout loing
Nous rappelles à la ville ;
J'aymerois mieulx
De ces lieux
L'air, que ton ombre civile !

O bienheurée
Serée,

---

artistes, comme Giocondo et Paul-Ponce Trebatti. Il sculpta avec Pierre Bontemps le tombeau de Louis XII, et bâtit avec Pierre Valence le magnifique château de Gaillon, etc.

1.   Albert, que Phébus au poil blond
    Apprit dès le berceau et lui donna la harpe
    Et le luth le meilleur qu'il mit ore en escharpe,

dit Ronsard, dans l'épitaphe de ce fameux musicien, que François Ier estimoit fort. Il mourut de la pierre. Marot aussi l'a chanté :

Quand Orpheus reviendroit d'Elisée,
Du ciel Phébus, plus qu'Orpheus expert,
Jà ne seroit leur musique prisée,
Pour le jourd'huy, tant que celle d'Albert.

Voy. Ronsard, 1623, in-fol., p. 1488, et Marot, Œuvres, 1731, in-4, 2, p. 229.

Trop soudaine à faire honneur
    Et suyvre
    Le jour, qui livre
Tant de liesse et bonheur!

Retirez vous, petits vers mistes,
A seureté, sous les couleurs
De celle dont (quand estes tristes)
L'espoir appaise voz douleurs.

TOUT A UN.

DES ROSES.

A JANE (¹), PRINCESSE DE NAVARRE (²).

Un jour de may, que l'aube retournée
Rafraischissoit la claire matinée
D'un vent tant doulx, lequel sembloit semondre
A prendre l'heure, ains que se laisser fondre
A la chaleur du soleil advenir,
Je me levay, afin de prevenir

---

1. Au 16e siècle, l'habitude de latiniser les noms amena des altérations dans leur orthographe françoise; ainsi, Jehan, Jean, devinrent Janus, puis Jan. Le père Garasse, qui voyoit des impiétés un peu partout, s'est élevé contre cet usage, qu'il trouve étrange, « comme si ce mot (Janus) étoit plus honorable que l'autre (Joannes)? » V. *Doctrine curieuse*, p. 1017. Oui, plus honorable devoit paroître le nouveau nom, à une époque où l'ancien servoit à qualifier les niais et autres sots personnages. V. les *Nouvelles récréations*, p. 224, note 2.

2. Jeanne d'Albret, mère de Henri IV, née en 1529.

Et voir le poinct du temps plus acceptable
Qui soit au jour de l'esté delectable.
Pour donc un peu recréer mes espritz,
Au grand verger, tout le long du pourpris,
Me pourmenois par l'herbe fresche et drue,
Là où je veis la rosée espandue,
Et sur les choulx ses rondelettes gouttes
Courir, couler, pour s'entrebaiser toutes ;
Puis, tout soudain devenir grosselettes
De l'eau tombée à primes goutelettes
Du ciel serain. Là veis semblablement
Un beau laurier accoustré noblement
Par art subtil, non vulgaire ou commun,
Et le rosier de maistre Jean de Meun (1),
Ayant sur soy mainte perle assortie,
Dont la valeur devoit estre amortie
Au premier ray du chauld soleil levant,
Qui jà taschoit à se mettre en avant.
Le rossignol (ainsi qu'une buccine)
Par son doulx chant faisoit au rosier signe
Que ses bouttons à rosée il ouvrist,
Et tous ses biens au beau jour decouvrist,
L'aube duquel avoit couleur vermeille,
Et vous estoit aux roses tant pareille,
Qu'eussiez doubté si la belle prenoit
Des fleurs le tainct, ou si elle donnoit
Le sien aux fleurs, plus beau que nulles choses.
Un mesme tainct avoient l'aube et les roses,
Une rosée, un mesme advenement,
Soubz d'un clair jour le mesme advancement,
Et ne servoient qu'une mesme maistresse :
C'estoit Venus, la mignonne deesse,
Qui ordonna que son aube et sa fleur
S'accoustreroient d'une mesme couleur.
Possible aussi, que (comme elles tendoient
Un mesme lustre) ainsi elles rendoient

1. L'un des auteurs bien connus du *Roman de la rose*.

Un mesme flair de parfum precieux.
Quant à cesluy des roses, gracieux,
Que nous touchions, il estoit tout sensible;
Mais celuy-là de l'aube, intelligible,
Par l'air espars, çà bas ne parvint point.
Les beaulx boutons estoient jà sur le poinct
D'eulx espanouir, et leurs ailes estendre :
Entre lesquelz l'un etoit mince et tendre,
Encor tapy sous sa coeffe verte;
L'autre monstroit sa creste descouverte,
Dont le fin bout un petit rougissoit;
De ce bouton la prime rose issoit;
Mais cettuy cy, demeslant gentement
Les menuz plis de son accoutrement,
Pour contempler sa charnure refaicte,
En moins de rien fut rose toute faicte,
Et desploya la divine denrée
De son pacquet, où la graine dorée
De la semence etoit espaissement
Mise au milieu, pour l'embellissement
Du pourpre fin de la fleur estimée,
Dont la beauté, naguères tant aymée,
En un moment devint seiche et blesmye,
Et n'estoit plus la rose que demye.
Vu tel meschef, me complaingnis de l'aage
Qui me sembla trop soudain et volage,
Et dis ainsi : « Las ! à peine sont nées
Ces belles fleurs, qu'elles sont jà fennées !
Je n'avois pas achevé ma complaincte,
Qu'incontinent, la chevelure paincte,
Maintenant veue en la rose excellente,
Tomba aussi par cheute violente
Dessus la terre, estant gobe et jolie
D'ainsi se veoir tout à coup embellie
Du tainct des fleurs cheutes à l'environ
Sur son chef brun et en son vert giron.
Mais la rosée (encor) les luy souilloit,
Car le rosier que le jour despouilloit,

Veu l'accident de si piteux vacarmes,
La distilloit, en lieu d'amères larmes.

   Tant de joyaux, tant de nouveautez belles,
Tant de presens, tant de beautez nouvelles,
Brief, tant de biens que nous voyons florir,
Un mesme jour les faict naistre et mourir !
Dont nous, humains, à vous, dame Nature,
Plaincte faisons de ce que si peu dure
Le port des fleurs, et que, de tous les dons
Que de vos mainz longuement attendons
Pour en gouster la jouissance deue,
A peine (las !) en avons-nous la veue.

   Des roses l'aage est d'autant de durée
Comme d'un jour la longueur mesurée,
Dont fault penser les heures de ce jour
Estre les ans de leur tant brief sejour,
Qu'elles sont jà de vieillesse coulées
Ains qu'elles soient de jeunesse accollées.

   Celle qu'hyer le soleil regardoit
De si bon cueur, que son cours retardoit
Pour la choisir parmy l'espaisse nue,
Du soleil mesme a esté mescongnue
A ce matin, quand plus n'a veu en elle
Sa grand' beauté, qui sembloit éternelle.

   Or, si ces fleurs, de grâces assouvyes,
Ne peuvent pas estre de longues vies
(Puisque le jour qui au matin les painct,
Quand vient le soir, leur oste leur beau tainct
Et le midy, qui leur rid, leur ravit),
Ce neantmoins, chascune d'elles vit
Son aage entier. Vous donc, jeunes fillettes,
Cueillez bientost les roses vermeillettes
A la rosée, ains que le temps les vienne
A desseicher; et, tandis, vous souvienne

Que ceste vie, à la mort exposée,
Se passe ainsi que roses ou rosée (1).

EPISTRE A MADAME MARGUERITE (2),

FILLE DU ROY DE FRANCE.

Heureuse fleur, de franche fleur issante,
Fleuron royal, Marguerite croissante,
Qu'attendez-vous du pauvre Dédalus (3) ?
Qu'attendez vous ? Voulez-vous des salutz
Un million ? Vrayment ! vous en aurez.
D'or (4) ne seront, toutefois, ny dorez;
Ce nonobstant qu'ilz soient prins au profond
Du bon thrésor, où les meilleurs se font,
Qui est le cueur, le cueur de moy, prou riche
En tel avoir, dont jamais il n'est chiche.

Salut vous doint Celuy qui seul le peult,

---

1. Ce délicieux petit poëme nous remet en mémoire l'é-
trenne de *la Rose* de Marot, qui lui est bien inférieure :

  La belle rose à Vénus consacrée...

Là ce n'est point l'aube qui colore les roses, mais le sang
de l'amoureuse déesse, égarée demi-nue, au milieu des rosiers, à la poursuite d'Adonis :

  Dont d'un rosier l'espine lui mesfeit.

2. Sœur de Henri II et nièce de la protectrice de notre
poëte. Ce fut en 1559, pendant les fêtes données à l'occasion
de son mariage avec Emmanuel-Philibert, duc de Savoie,
que périt son frère, de la main de Montgommery.

3. On a lu dans la préface les réflexions que nous a sug-
gérées ce surnom.

4. Allusion à cette monnoie du nom de *salut*, parcequ'elle
représentoit la Salutation Angélique, que l'on frappoit sous
le règne de Charles VI. Le salut d'or, pesant trois deniers un
grain, valoit quinze sous tournois.

Et sans guerdon sauve celuy qu'il veult !
Salut vous doint le Père par son Filz,
Oultre lequel n'est nul salut prefix !
Salut vous doint Cil qui voulut sauver
Tous les perduz, et sceut salut trouver !
Salut vous doint Celuy qui sauve l'homme
Bien mieulx gratis que par argent à Romme !
Salut vous doint Celuy qui mort souffrist
A celle fin que salut nous offrist !
Salut vous doint, mille fois soit il dict,
Celuy qui seul a de salut crédit !

   Ay je faulsé ma foy à vous promise ?
Ces salutz là sont ilz de bonne mise ?
S'ils ne sont bons, je vous les changeray,
Et bien soudain d'autres en forgeray,
Ou faulsement, contre justice et loy,
Avec l'or pur meslerons d'autre alloy ;
Mais je suis seur que vous vous contentez
Bien de ceulx cy, sans que vous me tentez
Et essayez pour vous en contrefaire
De ceulx desquels on n'a pas grand' affaire.

   Or, je vouldrois bien sçavoir et entendre
Qui vous esmeut vostre largesse estendre
Par devers moy, qui vous suis incongneu,
Et dont jamais ne vous est advenu
Service aucun ? Ha ! j'entends vostre entente :
Vous aymez tant et tant la vostre tante,
Que tout cela qu'estre à elle sçavez
(Pour l'amour d'elle) en grand amour avez.
Dont, quand ce vint qu'ouystes le propos
Que de santé n'estoit plus au repos
Le sien servant nommé Bonaventure,
Pour luy un don de doulce confiture
Donnastes lors à Frotté, secrétaire
(Lequel ne peult des cieulx le secret taire),
Qui tost à moy de par vous l'apporta.
Lors, vostre nom tant me reconforta,

Que si j'ay faict de guarir bon devoir,
Ce ha esté plutost pour vous reveoir
Que pour tascher estre longtemps en vie;
Car autrement n'en avois nulle envie;
Et puis, aussi, par craincte de soubstraire
(Par mort, qui sçait tout à sa corde attraire)
A vostre tante un servant si fidèle,
Qui ayme tant l'honneur et profit d'elle,
Qu'il se vouldroit soy mesmes oublier,
Pour le renom d'icelle publier;
Ce qu'il ne peult, veu qu'il est si notoire
Qu'il n'est besoing que langue ou escriptoire
S'empesche jà pour cuyder entreprendre
A iceluy vouloir son vol apprendre;
Car il est tel son renom en tous lieux,
Qu'il est congneu, voire mesme des dieux.

De nom, d'esprit, la nous representez,
Et ses vertus de si très près hantez,
Que nostre espoir ha prou cause et matiére
S'il dict qu'en vous la doict veoir tout entière :
Car vous aimez, tout ainsi qu'elle faict,
Toute vertu, et hayez tout malfaict,
Beaucoup prisez, tout ne plus ne moins qu'elle,
La poésie, et toute sa sequelle,
Qui est sçavoir et science anoblie,
Qui ne permet qu'on ignore ou oublie
Chose qui soit qu'intelligence humaine
Dedans le cloz de l'entendement maine.
A cause d'elle, eustes donc souvenance
(Je n'y voy point nulle autre convenance)
Du Dedalus, quand maladie, las!
Dernierement l'avoit prins en ses las,
Dont il est hors, prest à ruer l'enclume,
Loué soit Dieu! et desja se remplume
Pour s'envoler, s'il vous plaist commander,
En quelque lieu que le vouldrez mander.

Volera il aux faicts des Hesperides?

Ira il veoir que font les Nereïdes?
Voulez vous bien qu'il vole oultre les cieulx,
Pour espier si tant est soucieux
(Comme l'on dict) Juppiter de ce monde?
Descendra il là bas au regne immunde
Que tient Pluton avecques Proserpine,
Trop enrichiz par mort et sa rapine?
Il volera par le trou d'Avernus
Dont nulz oyseaulx ne sont point revenus,
Et s'en ira aux champs Elisiens,
Si vous voulez, pour veoir les anciens;
Ou, s'il vous plait que mieulx son vol espreuve,
Il volera jusques en terre neufve,
Neufve, je dis, que trouvée on n'a point,
Pour racompter les mœurs de poinct en poinct
De ses enfans, vivants en vraye enfance.
A Dieu soyez, noble fille de France.

A CLEMENT MAROT,

PERE DES POETES FRANÇOYS.

Mon pere
J'ay veu mon frere
Accoustré mignonnement;
Que je m'en taise
De l'aise
Je ne pourrois bonnement.

Il passe
De telle grace
Les cuydans luy ressembler,
Que mainte muse
S'amuse
A le souvent contempler.

Son style
Coulant distille
Un langage pur et fin,
Dont sont puysées
Risées,
Où l'on se baigne sans fin.

La tante
Tant florissante
S'en contente desormais;
Sa renommée
Nommée
En sera à tout jamais.

Envie
Jour de ma vie
Ne luy portay en mon cueur :
Ne sçay à quelle
Querelle
Il me tient tant de rigueur.

De dire
Qu'il marche et tire
Tout oultre au plus près de moy,
Sans qu'il me rie,
Ne die
Mot dont je suis en esmoy.

Fortune
Tant importune
Faict donc qu'on ne m'est plus rien
Par calumnie
Qui nie
Au povre innocent le sien.

Vray juge
Certain refuge
D'innocence en tout endroict.

Tien toy en contre
Remonstre
Aux ignorants mon bon droict.

LE BLASON DU NOMBRIL[1].

A JEAN DES GOUTES, LYONNOIS.

Petit nombril, milieu et centre,
  Non point tant seulement du ventre,
Entre les membres enchassé,
Mais de tout ce corps compassé,
Lequel est souverain chef-d'œuvre,
Ou naifvement se descœuvre
L'art de l'ouvrier qui l'a orné,
Comme un beau vase bien tourné
Duquel tu es l'achevement,
Et le bout, auquel proprement
Celle grand'chaîne d'or des Dieux
Tenant au hault nombril des Cieulx
Fut puis par iceulx attachée,
Et petit à petit laschée,
En avallant ça bas au monde
Leur poupine tant pure et munde,
Qui leur donna, comme j'entends,
Cent mille petis passetemps
Avant qu'elle fust descendue,
Et des cieulx en terre rendue,
Au reng de ses predecesseurs,

1. L'éditeur des Œuvres de Marot, 1731, in-4, a fait remarquer avec assez de raison, dans sa préface, que cette pièce a dû être inspirée à Des Periers par le charmant éloge du Tétin, auquel les cours de France et de Ferrare venoient de faire un bel accueil. Voy. mêmes œuvres, t. 1, p. 471, et t. 2, p. 503.

Et au beau milieu de ses sœurs
Les vertus et graces benignes.

 Petit neu, qui des mains divines
Après tout le reste parfaict
As esté le fin dernier faict,
Et manié tout freschement,
Duquel très heureux touchement
La doulce memoire recente
Tant te satisfaict et contente,
Qu'a peine à ton plus grand amy
Te veulx tu monstrer à demy,
Ains te retires tellement
Que tu ne parois nullement
De peur que pollu tu ne sois
Si l'humain touchement reçois
Qui en toy le divin efface.

 Petit quignet, retraict et place
De souveraine volupté,
Où se musse la voulenté
De chatouilleuse jouyssance,
Qui aux convis d'avant naissance
Servis de bouche au petit corps,
Lequel ne mangeoit point pour lors,
Ains par toy sucçoit doulcement
Son delicat nourrissement,
Dont le petit poupin croissoit
A mesure qu'on le trassoit
Au flan gauche de la matrice.
O l'ancienne cicatrice
De la rongneure doloreuse,
Que deité trop rigoreuse,
Feit jadis au povre homfenin,
Animal sans fiel ne venin!
Lequel, contre toute pitié,
Fut divisé par la mytié,
Et faict d'un entier tant heureux

Deux demys corps trop langoreux,
Qui depuis sont toujours errans,
Et l'un l'autre par tout querans
En grand desir d'eulx reünir,
N'estoit le honteux souvenir
De la divine cruaulté,
Qui, nonobstant leur loyaulté,
Les vient si fort esfaroucher,
Qu'ilz ne s'oseroient approcher
Pour rassembler leur creature
Quand ilz se trouvent d'adventure,
Sinon quelquefois en secret,
Où ilz desgorgent le regret
Qu'ilz ont de leur perte indicible,
Essayans s'il seroit possible
Que leurs nombrilz, ensemble mys,
Devinssent un de deux demys,
Comme ilz estoient premierement
Avant leur desemparement.

Petit bout, petit but unique,
Où le viser faulx et inique
Ne peult attaindre de vitesse,
Mais bien le loyal par addresse,
S'il ne m'est possible en presence
Te voir, au moins en recompense
Ay je de quoy penser en toy,
Car je trouve je ne sçay quoy
En toutes choses de nature,
Ayant la forme et pourtraicture
De toy, nombril tant gracieux,
Et de celuy qui est ès cieulx
Quand ne seroit ja que le mien
Qu'en memoire de vous je tien,
Et considere jours et nuicts
Pour tout soulas de mes ennuys.

O nombril! dont l'aise parfaicte

Gist au demy qui te souhaite,
Lequel jamais ne sera aise
Que franchement il ne te baise,
En remembrance singuliere
De l'union jadis entiere,
Où se peult trouver justement
L'heureux poinct de contentement.

PROPHETIE.

A GUYNET THIBAULT, LYONNOIS.

Trois compaignons de Basle bien en ordre,
Et tant polis qu'il n'y ha que remordre,
Mieux usitez aux perilz et hazards
Que trois Hectors, ou bien que trois Cesars,
Doivent en brief (ainsi comme l'on dict),
Estre advancez, voire en si grand credit,
Que plusieurs gens de legere creance
Mettront en eulx leur foy et esperance,
Se promettans, moyennans leurs addresses,
Ou grandz malheurs, ou certaines richesses :
Par ce qu'ilz ont ceste noble vertu,
Que nul d'entre eux ne fut onc abbatu,
Ny ne sera d'homme qui l'importune,
Tant sont douez de prudence ou fortune :
Et ont eux trois autant de force encores
Qu'il y en ha en soixante trois mores.

O qu'ilz auront autour d'eulx des flatteurs,
Qui les tiendront comme legislateurs,
Et les croyront, mesmes sans mot sonner,
Mieulx que plusieurs par beaucoup raisonner!

Je ne sçay pas s'ilz sont frères germains,
Mais, à les veoir au milieu des humains,
Ilz sont trop mieulx d'un l'autre ressemblans
Que trois pigeons ou trois papillons blancs,
Et si sont tous d'une haulteur, ce semble.
Ilz ne vont point qu'ilz ne marchent ensemble,
Et quelque fois ne se trouvent que deux,
Mais ces deux là ne sont moins hazardeux
Que si le tiers estoit en la presence.

Je ne diray meshuy ce que j'en pense,
Pource qu'aussi de brief tout se sçaura;
Mais pour le moins sachez qu'il y aura
(Entre ceulx là qui suyvront leurs contentz)
Peu de joyeux et plusieurs mal contentz.

L'HOMME DE BIEN.

A Antoine Dumoulin (1), Maconnois.

L'homme de bien (de quelle graine aymée
La terre fut jadis si cleir semée,
Qu'à peine un seul Apollo en trouva,
D'un million, que tous il esprouva),
 L'homme de bien, l'homme sage et prudent,
Est de soy mesme et juge et president,
S'examinant jusques au dernier poinct,
Et si est tel, qu'il ne lui en chault point
Que la court face, ou que le peuple die.

1. Grand ami de Des Périers, sur la vie duquel on possède peu de détails. Il étoit né à Mâcon vers 1515 et mourut vers 1570. Sa devise étoit : *Rien sans peine*. Outre les Œuvres de Des Périers, il a édité les Poésies de Pernette du Guillet, les Œuvres de Marot, et beaucoup d'autres ouvrages.

Il est semblable à la sphère arrondie
De l'univers, tout en soy recueilly
Et par dehors tant rondement poly,
Qu'un brin d'ordure il ne peult amasser.
  Son passe temps est de soy compasser
Les longues nuitz de l'hyver chassieux,
Et, aux grandz jours de l'esté gracieux,
A donner ordre au bastiment de soy,
Que tout à poinct et à la bonne foy
De jour en jour il estoffe et cimente,
Qu'il n'a pas peur qu'il se jette ou desmente,
Ou qu'au droict coing ayt une gauche pierre,
Tant bien l'assiet au plomb et à l'esquierre.
  Il ha esgard surtout au fondement,
Et aux appuys de son entendement,
A ce qu'ilz soient tant proprement assis,
Qu'ilz ne soient veuz peu fermes et massifz,
Ce qu'on pourroit esprouver sûrement
Par y hurter du doigt tant seulement.
  De soir, ne lasche au doulx sommeil le cours,
Qu'il n'ayt avant faict en soy un discours,
En espluchant, poinct par poinct, à sejour,
Tout quant il ha dict et faict celuy jour.
« Ains que dormir, songeons à notre affaire :
J'ay faict cecy, et cela reste à faire
(Dict il alors à soy même escoutant).
  « J'ay tant perdu, j'ay gagné tant et tant.
A quoy tient il qu'on n'a point approuvé
Tel cas et tel, et que l'on ha trouvé
Cestuy-cy bon ? Pourquoy l'ay je louée,
L'opinion des mauvais advouée,
Que je devois de bonne heure changer ?
Pourquoy, voyant queique sot en danger,
Ou le voulant relever de langueur,
Ay je tant prins les matières à cueur
Que j'en sois vu esté passionné ?
  « Le mien esprit s'est il point addonné
A acquerir chose qu'il valoit mieulx

Non desirer? O fol malicieux
Que j'ay esté, d'avoir trop plus aymé
Un peu de gaing que l'honneur estimé!
 « Ay-je point dict de paroles cuysantes?
Ay je point fait de mines malplaisantes
A qui que soit, dont je l'aye offensé?
 « Pourquoi plus tost est mon faict dispensé
A l'appetit de ma folle nature,
Que pour l'advis de prudence et droicture? »
 Voylà comment l'homme sage et discret,
Avec soy-même, en son privé secret,
Faict un recueil de tous ses dictz et faictz
Du jour passé, soient bons ou imparfaictz,
Se repentant des propos vicieux
Et contentant des actes vertueux.

VICTIMÆ PASCHALIS LAUDES.

A Claude Feraud, Lyonnois.

Tous vrays chrestiens se viennent presenter
 Pour humblement et de bon cœur chanter
Digne louenge au pascal sacrifice :
Le doulx Aigneau ha bien faict son office,
Quant au recueil des brebis esgarées ;
L'Innocent a les faultes reparées
De tous pécheurs esperant avoir grâce.
 Vie invincible et Mort, qui tout embrasse,
Ont eu, enhuy, un combat furieux ;
Mais le Seigneur, de vie glorieux,
Par Mort vaincu, en ha eu la victoire.
Vous, Magdeleine, en sçavez bien l'hystoire?
Contez-nous en ce que vu en avez.
 « J'ay, dict Marie, ainsi que vous sçavez,

A ce matin le tombeau visité,
Dont Jesus-Christ estoit resuscité,
Duquel vivant j'ay la gloire immortelle
Veue et congneue. Et de ceste nouvelle,
Tesmoings en sont les saincts et benoists anges,
Temoings en sont le suaire et les langes
Que j'ai trouvez dedans le monument.
« Or, me croyez quand je vous dy comment
Christ, nostre espoir, contre Mort et Envie,
Qui estoit mort, est retourné à vie;
Dont Mort se tient morte et anichilée :
Vous le verrez, de brief, en Galilée. »
Il vault bien mieulx (et si est de besoing)
Croire Marie, estant un seul tesmoing
(Un seul tesmoing neantmoins veritable),
Que des Juifz la tourbe detestable,
Estant encor en mensonge atterrez.
Nous sommes bien certains et asseurez
Que Jesus-Christ, qui souffrit passion,
Est vrai autheur de resurrection.
Donc, ô vainqueur et puissant roy aussi,
Qui n'avez point pour vous fait tout cecy,
Ains pour monstrer celle grande amitié
Qu'aviez à nous, ayez de nous pitié !

POUR LE JOUR DES ESTRAINES,

A Claude Le Maistre (1), Lyonnois.

Enfant divin, dont la mère est pucelle,
Par ce doulx laict de la pure mammelle
Que maintenant vostre bouchette succe

---

1. L'un des traducteurs des psaumes dont nous avons parlé ci-dessus. C'étoit un poète fort médiocre, et qui n'a rien laissé. Plus loin cependant Des Périers parle d'une de ses églogues avec assez de plaisir.

En appaisant la douleur du prepuce,
Que l'on vous ha un peu bien rudement
Enhuy couppé, soubz le commandement
De celle loy pleine de peurs et peines,
Je vous supply me donner mes Estraines,
Vous qui avez bien voulu estre né
A ce qu'enfin l'homme fust estrené,
Non point en chair ny de choses charnelles,
Mais en esprit d'Estraines eternelles.
Nouvel enfant, le plus beau des humains,
Desquelz les biens sont tous entre voz mains,
A ce beau jour que l'an se renouvelle
Et prent de vous une clarté nouvelle,
Estrenez moy de quelque nouveaulté;
Mettez en moy une telle beaulté
Par le dedans, que le dehors ne tasche
Fors à l'aymer, et d'aymer ne se fasche,
Et me donnez que j'estime en tout temps
L'avoir certain, qui rend les cueurs contents
Estre en vertu, en prudence et sagesse,
Non point en l'or de mondaine richesse,
Dont je vous pry ne m'en donner grand' somme,
Tant seulement la charge d'un preud'homme.

CANTIQUE DE LA VIERGE (1).

A LA ROYNE DE NAVARRE.

L'ame de moy, soubz ceste chair enclose,
En nul vivant ores plus ne se fie:

---

1. Traduction du *Magnificat*. Des Périers, à l'imitation de Marot, cherchoit à vulgariser, au profit de la réforme, les plus belles prières que le peuple chantoit en latin dans les églises, sans les comprendre. V. plus loin le cantique de Siméon et autres.

Car elle estime, honnore et magnifie
Le Seigneur Dieu par dessus toute chose.

Et mon esprit, pour la bonne asseurance
De veoir la fin d'ennuyeuse tristesse,
Se rejouyt et fonde sa liesse
En Dieu, mon bien et ma seure esperance,

Qui ha daigné, par douceur amoureuse,
Jetter les yeux sur son humble servante,
Dont à jamais, de toute ame vivante,
Dicte seray la plus que bienheureuse.

Un très grand bien, de grace incomparable,
M'a faict Celuy qui a telle puissance,
Que tout chascun luy rend obeyssance
Pour son sainct nom à toujours memorable.

Et sa clemence et pitié paternelle,
Toujours monstrée aux siens de race en race,
Qui sont crainctifz devant sa saincte face,
Demeurera à jamais eternelle.

Il ha haulsé, par vaillante surprinse,
Son puissant bras, tout orné de victoire,
Et, pour monstrer sa souveraine gloire,
Des orgueilleux ha rompu l'entreprinse.

Ceulx qui avoient l'autorité plenière
Contrainct les a de leurs sièges descendre,
Pour pleinement restituer et rendre
Aux plus petis la dignité première.

Aux affligez de famine et grevances,
Qui se paissoient de langueurs et destresses,
Il ha donné les plus grandes richesses,
Et renvoyé les riches sans chevances.

Estant recordz de sa pitié louable,
Dont ses plus chers il reçoit et embrasse,

Nouvellement luy a pleu faire grâce
A Israël, son servant variable,

 En ensuyvant la promesse asseurée
Qu'il feit aux chefz de nostre parentage,
A Abraham et à tout son lignage,
Lequel sera d'immortelle durée.

LE CANTIQUE DE SIMEON.

A LA DICTE DAME.

 Puisque de ta promesse
 L'entier accomplyment
Octroye à ma vieillesse
Parfait contentement,
J'attendray sans soucy
De la mort la mercy.

 L'estincelle dernière
De mes ternissans yeux
Ont veu de ta lumière
Le rayon gracieux,
Dont je suis esblouy
Et mon cueur resjouy.

 Le rayon pur et munde
Que tu as envoyé
A fin que ce bas monde
Ne fust plus desvoyé,
Car son lustre obscurcy
En sera esclarcy.

 Ta clarté preparée,
Qui de loing reluyra

A la gent esgarée,
Par tout esclairera,
Et ton peuple affoibly
Sera lors anobly.

L'AVARICE.

A Helias Boniface, d'Avignon.

Voyant l'homme avaricieux,
Tant miserable et soucieux,
Veiller, courir et tracasser,
Pour tousjours du bien amasser
Et jamais n'avoir le loysir
De s'en donner à son plaisir,
Sinon quand il n'a plus puissance
D'en percevoir la jouyssance,
Il me souvient d'une alumelle,
Laquelle, estant luysante et belle,
Se voulut d'un manché garnir,
Afin de couteau devenir,
Et, pour mieulx s'emmancher de mesme,
Tailla son manche de soy-même.
En le taillant, elle y musa,
Et, musant, de sorte s'usa,
Que le couteau, bien emmanché,
Estant desjà tout ebresché,
Se veit gaudy, par plus de neuf,
D'estre ainsi usé tout fin neuf;
Dont fut contrainct d'en rire aussi
Du bout des dentz, et dict ainsi :
« J'ay bien ce que je souhaittois,
Mais pas ne suis tel que j'estois,
Car je n'ay plus ce doulx trencher,

Pour quoy taschois à m'emmancher. »
Ainsi vous en prent il, humains,
Qui nous avez entre voz mains,
Hormis qu'on peult le fil bailler
Au tranchant qui ne veut tailler;
Mais à vieillesse esvertuée
Vertu n'est plus restituée.

COMPTE NOUVEAU.

A LA ROYNE DE NAVARRE.

Un bon esprit, quand le beau jour l'esveille,
Soudain congnoist que ce n'est de merveille
Si en ce pouvre et miserable monde
Prou de malheur et peu de bien abonde,
Parce qu'il voit (tout bien quis et compté)
Plus y avoir de mal que de bonté.
  Je dy cecy me souvenant d'un compte,
Lequel est tel que certes j'ay grand'honte
Toutes les fois que j'y tourne à penser.
  Si ce n'estoit que j'ay peur d'offenser
La netteté de voz chastes oreilles,
Je le ferois, et vous orriez merveilles
Touchant le fait de certains malefices.
Mais, s'il est vray que les propos de vices
Sont moins nuysants aux espritz vertueux,
Que de vertu les actes fructueux
A gens pervers ne sont bons et valables,
Faire le puis; car vos mœurs tant louables
Jà n'en seront pires, comme je pense.
  Or dict le compte (afin que je commence
Vous raconter ces estranges nouvelles)
Qu'à Tours estoient quelques sœurs assez belles,

De beau maintien et bonne contenance.
De quel estat? Je n'ai point souvenance
S'il me fut dict qu'en religion fussent,
Ou qu'autrement de nonnes le nom eussent;
Mais tant y a que de leur compaignie
Autant étoient que nonne signifie (1).
   Ces belles sœurs (comme il advient souvent,
Que l'on n'a pas toujours avecques soy
Gens de sa sorte et de pareille foy),
Ne sçay comment, s'étoient accompaignées
De quelque rousse, ayant maintes menées,
Mainte traffique et plusieurs petits tours
Autrefois faicts en la ville de Tours.
A dire vray, à peine eust-on sceu faire
Une alliance au monde plus contraire;
Car celle là estoit d'autre stature,
D'autre façon, de tout autre nature,
Que ces neuf sœurs, lesquelles gentement
Se contenoient, et fort honnestement
Taschoient garder fermeté immuable.
Mais celle rousse étoit plus variable,
Plus inconstante et trop moins arrestée
Que n'est la plume au vent mise et jettée,
Ou l'eau qui court par ces prez verdoyans.
   Qu'en advint il? Un tas de gens, n'ayans
Autre soucy que d'avoir bon loysir
De satisfaire à leur mondain plaisir,
Voyant ces sœurs et leur compaigne telles,
Tinrent propos de se ruer sur elles
Et en commun les trousser sur les rencz,
Sans adviser qu'ilz étoient tous parentz
(Frères germains, la plupart, et cousins),
Ny sans avoir honte de leurs voysins.
   Or, pour jouyr d'elles plus aiseement,
Ilz feirent tant, que tout premièrement
Eurent pour eulx celle-là que j'ay dict,

---

1. C'est-à-dire neuf.

Laquelle avoit tout moyen et crédit
Envers les sœurs; et si estoit propice
Pour faire aux gens tout plaisir et service
En tel endroict, selon leur vueil et guise.
Se voyant donc incitée et requise
Par telles gens, l'habille macquerelle
Délibéra de porter la querelle
De leur légère et folle voulenté,
Pour de ses sœurs vaincre la fermeté.
 Tant tournoya, tant vint et tant alla,
Que d'une ou deux la constance esbranla,
Et, à la fin, si bien la convertit,
Que tout à plat sur le champ l'abattit;
Dont aux galantz moult joyeux et contentz
(Qui ne cherchoient pas meilleur passe temps)
Creut le desir avecques l'esperance
D'avoir le reste, au pourchas et instance
De ceste là, qu'ilz firent prou trotter,
Sans luy donner le loysir d'arrester.
Mais bien souvent (si l'un d'eulx s'y mettoit),
La povre sotte aux piedz foulée estoit,
En récompense, et pour mieulx luy apprendre
A se haster, à celle fin de prendre
Et attraper les sœurs plus cautement;
Ce qu'elle fit, de sorte que vrayment
Les povres sœurs, avecques leur constance,
Ne sceurent tant faire de resistance
A l'importun et ardant appetit
De ces gens là, que petit à petit
(Soubs tant d'efforts, soubs tant d'assaults divers),
Toutes enfin ne cheussent à l'envers.
A quoy aussi celles qui se laissoient
Ainsi gaigner aydoient et s'efforçoient
(Pour le plaisir de ces bons gaudisseurs)
A ruyner quelqu'une de leurs sœurs,
Tant bien aprins avoient l'art et addresse
De celle là qui en estoit maistresse.
 Quant aux galants, tant creut leur ardeur grande

Et pour un temps fut si chaulde et friande,
Qu'à chasque fois qu'ilz se prenoient à elles
Contents n'estoient d'une ou deux des plus belles ;
Mais bien taschoient ces hommes peu rassis
A leur coucher en avoir cinq ou six.
 Conclusion : quand tout fut despendu,
Et le beau temps trop follement perdu,
En les laissant toutes desemparées,
Fort mal en ordre, en maintz lieux esgarées,
Du pied au cul gentement leur donnèrent,
Puis à la fin vous les abandonnèrent
A tous venans : chose presque increable,
Mais neantmoins certaine et veritable,
Dont on devroit faire inquisition,
Et quant et quant juste punition.

CHANT DE VENDANGES.

A ALEXIS JURE, DE QUIERS.

Ça, trincaires,
 Sommadaires,
Trulaires et banastons,
 Carrageaires,
 Et prainssaires,
Approchez vous et chantons,
 Dansons, saultons,
 Et gringottons,
Puisque l'avons en la danse,
La non vieillissable enfance.

 Sa presence
 Nous dispense
De sagesse et gravité :

   Sa prudence
   Nous agence
Le train de joyeuseté.
   Sa gayeté
   Ha inventé
(Contre toutes fascheries)
Mistères et mommeries.

   Maint satyre
   Se retire
Des vignes à la maison,
   Tant pour rire
   Que pour dire
Des sornettes à foyson.
   C'est bien raison
   (Veu la saison
De vendange tant cherie)
Qu'on meine joyeuse vie.

   La Gabbie,
   Ja rougie
Du sang des bruns esperans,
   Coule et trye
   (Comme pluye)
Les vins des blancs sperollans,
   Des rouvergans,
   Des picquardans,
Des belles grappes muscades,
Pellefedes et œillades.

   En la tine
   Propre et digne,
S'egaye l'enfant divin,
   De sa quine
   Tant benigne
Y ayde à pisser le vin :
   La le poupin
   Sur un raisin

(Lequel luy sert de carraque)
Va nageant parmy la racque.

  Tant se fie,
  Glorifie,
Et vante en sa rouge mer,
  Qu'il deffie
  La mesgnie
De regret rude et amer :
  Sans soy armer,
  Il peut charmer
(Au seul flair de sa grand couppe)
Des soucys toute la trouppe.

  Riz, caresses,
  Gentillesses,
Plaisirs, esbatz et repos,
  Jeux, liesses,
  Hardiesses,
Caquetz et menuz propos,
  Espoirs dispos,
  Ses bons suppostz
(Où qu'il voyse) l'accompaignent,
Et avecques luy se baignent.

  Resveries,
  Baveries,
Gasouillent là au profond.
  Batteries,
  Et follies,
Leurs babines y refont;
  Noyses au fond
  Dorment ou font
Le guet avecques crierie
La suyte d'yvrongnerie,

  Luy se touille
  Et se souille
De marroquins et foiratz,

Il gargouille,
Il barbouille,
Il se tainct jambes et bras :
  Puis (s'il est las)
  Pour son soulas
Il succe les goutelettes
De ses hugues rondelettes.

  Quand il nouë
  Ou se jouë,
Silenus, riant sans fin,
  Faict la mouë
  De sa jouë
Plus rouge qu'un cherubin ;
  Mais le lubin,
  Dès le matin
Ha tant haulsé la bouteille,
Que maintenant il sommeille.

  Ha, bon homme,
  Ton œil chomme,
Mais garde toy qu'au besoing
  Cestuy somme
  Ne t'assomme,
Car les nymphes ne sont loing,
  Ains en ce coing
  Prennent jà soing
De venir faire deigade,
Si tu dors une veiguade.

  O pure unde
  Dont redonde
Toute doulceur et amour,
  La profonde
  Tine ronde
Desdiée à ton sejour,
  A ce bon jour

De ton retour
(Veu d'antan la souvenance)
Prent du futur esperance.

DU JEU.

A GEORGES RENARD, LYONNOIS.

Telle est du jeu l'ordonnance et police :
Quand vous jouez, ne soit par avarice,
Qui aux espritz n'acquiert que fascherie.
Hommes discretz, jouez sans tromperie ;
Vous, apprentiz, les maistres devez croire ;
Mais que chascun pose de sa memoire
Les appetitz de son ardent courage,
Quant et l'argent ou ce qu'il met en gage.
Par ce moyen, à celuy qui perdra,
D'avoir perdu non plus il ne chauldra,
Comme de chose estant piéçà perdue,
Que trop en vain il auroit attendue.

Vous qui avez rentes et force escuz,
Si de Fortune estes matz et vaincuz,
Il ne vous fault colérer nullement :
Jouer devez pour plaisir seulement.
Mais tel y vient riche, joyeux et miste,
Qui s'en reva povre, peneux et triste.
Quiconques est chault au jeu, si se garde,
Car le malheur tombera, quoyqu'il tarde.
Les gens de bien sçavent passer le temps
En bonne paix, sans courroux ne contentz.
Somme, il ne faut jouer fascheusement.
Celuy qui perd, perdre joyeusement,
S'il est possible ; au moins (si je sçay dire),

N'en prenne en soy aucun despit ou ire,
Vu qu'on ne peult estre tousjours heureux
Et puis le jeu est bien tant dangereux,
Tant variable et plein de desverie,
Qu'il est tenu pour la quarte Furie.
Or, domptez donc ces cœurs tout à loysir,
Pour puis après mieulx jouer à plaisir,
Et faictes fin à voz jeux et débatz,
Ains que venir aux jouxtes et combatz.

DES MAL CONTENS (1).

A PIERRE DE BOURG, LYONNOIS.

Dont vient cela, mon amy Pierre, que jamais nul ne se contente de son estat, soit que Fortune le luy ayt offert et donné, ou que luy mesmes l'ayt choisy pour certaine cause et raison? « Que les marchans sont heureux! », dict le vieil souldart qui se sent tout rompu de peine et de coups. Et, au re-

---

1. Paraphrase en vers blancs de la première satyre d'Horace. Peut-être l'idée de cette traduction avoit-elle été donnée à Des Périers par son ami Pelletier, l'un des premiers traducteurs en vers françois des Œuvres d'Horace; ce n'est que plus tard qu'il reconnut toutes les difficultés de l'art de *translater* :

> Je leur pourroy dire qu'en translatant
> Y a grand'peine, et de l'honneur pas tant
> (Car du profit, je suis, sans en mentir,
> Jusques icy encor' à m'en sentir).
> Le plus souvent la règle et loi du mètre
> Nous rend contreintz d'ajouter ou d'omettre,
> Ou, en voulant suyvre fidellement
> L'original, il nous prend tellement
> Qu'il faut user d'une grand periphrase...
>
> (*Œuvres* de Pelletier ; Paris, Vascosan, 1547, in-8, p. 102.)

bours, celuy qui est dessus la mer, en marchandise, dict ainsi quand il faict tormente : « Il faict bien meilleur à la guerre; qu'il ne soit vray, on s'y escarmouche de sorte qu'en un moment vient ou mort ou joyeuse victoire. » Le conseiller ou l'advocat (quand il oyt le soliciteur hurter, devant jour, à sa porte) loue l'estat du laboureur. Le paysan, qui vient de loing pour comparoistre à sa journée, dict qu'il n'y a d'heureux que ceulx qui ont leur demeure en la ville. Et tant d'autres semblables choses que Fabius, ce grand causeur, se lasseroit à les compter. Mais (afin que ne te tienne trop longuement) escoutez un peu là où c'est que tend mon propos. Si quelque Dieu disoit ainsi à telle manière de gens : « Çà, que je donne à un chascun de vous ce que plus il desire. Toy qui estois souldart naguères, à ce coup marchant deviendras; et vous, Monsieur le conseiller, serez bon homme de village. Or, puisqu'avez changé d'estatz, vuydez d'icy, allez vous en; sus, haye avant! qu'attendez vous? » Sire Dieu! ilz grattent leurs testes : c'est signe qu'ils sont malcontens. Et, toutesfois; ilz peuvent estre tous bienheureux, selon leur dire. A quoy tient il que Jupiter, voyant cela, ne se despite à bon droict contre telles gens, disant que plus n'escoutera vœux ne prières qu'on luy face. Au reste, afin que ce discours ne semble à celuy d'un plaisant qui ne tasche qu'à faire rire (combien qu'il n'est pas defendu qu'en riant l'on ne puisse dire et remonstrer la vérité; comme font les bons magisters, qui donnent aucunes fois aux petits enfans des lettres faictes de marcepains, pour mieulx les faire connoistre), mais, laissons risées et jeux, et parlons à bon escient. Le laboureur, le tavernier, le souldart et les mariniers, qui par toutes mers vont et viennent, se disent tant prendre de peine à celle fin qu'en leur vieillesse ilz se puissent mettre à repos, voyantz qu'ilz auront de quoy vivre; comme faict le petit formy, de grand labeur parfaict exemple, qui porte et traîne, à tout sa bouche, tout cela qu'il peult au monceau qu'il faict, luy qui n'est ignorant ny nonchalant de l'advenir. Puis, en hiver, durant les neiges, qu'il ne peult aller nulle part, il vit content en patience, usant des biens qu'il ha acquis. Mais toy, il n'est si grand'chaleur, froid, feu, eaux, ny autres dangers, qui jamais engarder te puissent d'aller et venir pour le gaing. Brief, il n'y a rien qui te nuyse, pourveu qu'un autre n'ayt le bruyt d'être plus riche que toy. Pourquoy caches tu dedans terre ces gros monceaux d'or et d'argent? Pource que, si tu en prenois tant ne quant, ilz pourroient decroistre enfin jusques à un denier. Voiremais, si tu n'en prens rien, qui ha t il de beau ou de bon au tresor ainsi amassé? Je prens le cas qu'en ton grenier ayes de bled cent mille muidz; si n'en entrera t il pourtant point plus en ton ventre qu'au mien : comme si l'on te menoit vendre avec plusieurs autres esclaves, et ta charge fust de porter le pain de la provision; nonobstant ce, tu n'en mangerois non plus que cestuy là qui rien ne porte. Or çà, dy moy, quand l'homme vit selon nature et par raison, que luy doit il chaloir s'il ha ou cent ou mille arpans de terre? Tu me diras qu'il faict bon prendre, tant soit peu, d'un bien grand monceau. Ouy; mais, si tu me confessois que j'en prens autant d'un petit, pourquoy donc loue tu tant tes greniers, au prix de mes arches? Il en est, certes, tout ainsi que si tu avois grand besoing d'un seau ou d'une aisguière d'eau tant seulement, et tu me disses que tu l'aymerois beaucoup mieulx puiser en une grand'rivière qu'en ceste petite fontaine. De là vient que le fleuve Aufidus, lequel est si impetueux, emporte, avecques le rivage, ceulx-là qui ayment abondance plus grande qu'il n'est necessaire. Mais cestuy-là qui n'a disette que de ce qui luy faict besoing jamais ne beuvra son eau trouble, et ne mourra en la puysant. Toutesfois, la plupart des hommes, déçeuz par faulse convoitise, diroient que ce n'est point assez. Que ferois tu de telles gens? Laisse les estre miserables, quand de si bon cueur ilz le veulent ; comme l'on racompte d'un homme qui estoit jadis à Athènes, fort riche et avaricieux, lequel se souloit ainsi rire de ceulx qui se moquoient de luy. « Le peuple (disoit il) me hue toujours quand je vois par la ville ; mais, quand je suis en ma maison, je me louë et flatte moy mesme, lorsque je viens à contempler l'argent qui est dedans mes coffres. » Tantalus est au fond d'enfer, en un fleuve jusques au col ; et, quand il se baisse pour boire, l'eau s'enfuyt de devant ses lèvres. Pourquoy ris tu ? C'est de toy même que, le nom seulement changé, la fable est feincte et racomptée. Tu dors dessus tes sacz d'ecus en en souhaictant davantage, et, comme si c'estoit relique, es contrainct de t'en abstenir et n'en prendre que le regard, tout ainsi que d'un tableau painct. Tu ne sçais poinct que vault l'argent, ny à quoy c'est qu'il peult servir. Achètes en du pain, des choulx, du vin, et tout ce dont nature a necessairement besoing. Trouves-tu bon vivre tousjours en craincte, faire le guet tant de jour que de nuict, te doubter du feu, des larrons, et de tes serviteurs aussi, qu'ilz ne te pillent et desrobent ? Quant à moy, je serois content d'avoir, tout le temps de ma vie, tousjours faulte de ces biens-là ; mais, si tu as quelque frisson de fièvre, ou que tu sois du tout au lict malade, tu as qui te visite et pense, et qui s'en va au medecin le prier qu'il te rende sain à tes enfans, tes parentz et amys. Dis-tu ? ta femme ny ton filz n'ont que faire de ta santé ; les voysins, ceulx qui te cognoissent, et même les petits enfants, tous te hayent mortellement. Et puis, veu que tu ne fais compte de rien qui soit, fors que d'argent, t'esmerveilles tu que personne ne te porte l'amytié que tu n'as desservye ? Si tu penses entretenir les parentz que Dieu t'a donnez, sans grâce ni moyen quelconque, et tes amys semblablement, tu t'abuses bien, malheureux, autant que celuy qui vouldroit brider un asne et luy apprendre à courir en une campaigne. Finablement, metz un arrest et un but en cas d'amasser, si que tant plus auras de biens, tant moins tu craingnes povreté; et commence à faire une fin de travailler, puisque tu as cela que tant tu desirois. Qu'il ne t'en prenne tout ainsi comme il feit à Vuidius (le compte n'en est guère long), lequel estoit riche à merveille; toutesfois, pour plus espargner, tant estoit villain et avare qu'il ne s'accoustroit autrement qu'en simple valet ou esclave, de peur qu'il avoit d'avoir faulte de vivres jusques à la mort; mais une garse, la plus forte d'entre toutes les Tyndarides, luy bailla un coup de coignée et le fendit par le milieu. — Comment veulx-tu donc que je vive? Comme le chiche Nevius, ou Nomentanus le prodigue? — Voicy merveilles! car tu cuydes, en confrontant choses contraires, les joindre l'une auprès de l'autre, de sorte que rien ne moyenne. Quand je te deffendz d'estre avare, point n'entendz que sois despensier. Dea! quelque chose y ha t il entre les landes de Bourdeaux et les montaignes de Savoye. Il y ha moyen en toutes choses, et avec ce certaines bornes, hors lesquelles, ne çà ne là, le droict ne sçauroit consister. Or, je reviens dont je suis sorty. Que personne ne se complaise en estant avaricieux, et qu'il ne louë ou esmerveille l'estat et fortune d'autruy, qu'il ne transisse de douleur de veoir la vache à son voysin avoir plus de laict que la sienne; qu'il ne se glorifie d'estre plus riche et plein que beaucoup d'autres, s'efforçant passer en richesses puis cestuy ci, puis cestuy là. De là voyons-nous advenir que le plus riche et advancé met tousjours quelque empeschement à celuy qui cuyde aller oultre : comme celuy qui court au pris, boute ou retient son compaignon, qui tasche gaigner le devant, en se gaudissant des derniers, lesquels il ha desjà passez. Et ceste est la cause dont vient que peu en trouvons qui se vantent d'avoir heureusement vescu, et qui, à la fin de leurs jours, s'en voisent contens de ce monde, ainsi qu'on faict saoul et repeu de quelque somptueux banquet. Or c'est assez, et, afin que ne cuydes que j'aye pillé tous les coffres du bonhomme Crispin le chassieux, je n'en diray pas un mot davantage (1).

EPISTRE A MON PETIT ET GRAND AMY

Robert de Andossille.

Petit Robert, d'une petite epistre
Je te salue, et si je te chapitre
Petitement, d'un petit et bas ton :
Car je sçay bien que tu es un chatton
Qui n'as soucy, en ce soucieux monde,
Si non de faire ou le caca immunde,
Ou de crier avecques ta gorgette,
A celle fin qu'un tetin on t'y jette
Pour t'appaiser, ou afin qu'on te berse
Comme un monsieur, couché à la renverse ;
Et le meilleur de toute ta besongne,
C'est quand tu tiens une riante trongne,
Recongnoissant ton amyable père
(Auquel tout puisse estre sauf et prospère !),
Ou quand soubris, faisant semblant d'estre aise,
A celle fin que ta mamman te baise.
Voylà ton beau et sainct gouvernement.
Depeschez-vous, sus, mauvais garnement,
De mignoter, crier, baver et rire,
Pour en l'eschole aller lire et escrire ;
Si parlerez de quelque beau secret
A vostre père, en langage discret,
Dont vostre mère en aura grande envie.

1. La façon originale dont cette traduction est écrite lui communique une harmonie, une cadence, à laquelle atteint à peine la prose inimitable des écrivains du XVIIe siècle.

Alors, Robert, si Dieu nous tient en vie,
Tu requerras tes deux nobles parrains,
Qui de ta foy sont pleiges souverains,
Et ta marraine aussi, laquelle t'ayme,
Qui te diront l'espoir de ton baptesme,
Dont tu vivras comme les bons chrestiens.
A Dieu sois tu, Robert, et tous les tiens!

LE CRI

TOUCHANT DE TROUVER LA BONNE FEMME.

A LA ROYNE DE NAVARRE.

> Mulierem fortem quis inveniet?
> *Prov.*, 31 (1).

Qui est ce qui trouvera
  Ou sçaura
Femme bonne ou vertueuse?
Le guerdon qu'il en aura
  Passera
Toute perle precieuse.

Le cueur du mari d'icelle
  Ne chancelle,
Mais en elle ha sa fiance.
Faulte n'aura telle quelle,
  Près la belle,
De despouilles et chevance.

Tout le temps de son vivant
  Met avant

---

1. La pièce de vers qui suit est la paraphrase de ce *Proverbe* de Salomon.

Le bien envers iceluy,
Non pas le mal decevant
　　　Que souvent
On voit commettre aujourd'huy.

Elle applique son desir
　　　Pour choysir
Et du lin et de la laine,
Et en besongne à loysir;
　　　Son desir
Est de prendre soing et peine.

Elle est de telle manière
　　　Mesnagère
En tout ce que faict besoing,
Comme la barque mercière
　　　Voyagère
Apportant son pain de loing.

Elle se lève de nuict,
　　　Sans nul bruit,
Pour repaistre sa maison;
Ses servantes introduict,
　　　Et instruict
Sa famille par raison.

Elle, très-prudente et sage,
　　　L'heritage
Prend et vise soir et main,
Y plantant vigne et fructage,
　　　Labourage
Des fruictz de sa propre main.

Ses reins, de puissance et force (1),
　　　Elle trousse

---

1. On aura l'occasion de remarquer que Des Périers fait souvent rimer o avec ou, ce qui prouve que, dans bien des cas, la diphthongue et la lettre se prononçoient de même.

Pour ouvrer à tout rebras;
Alègre, plaisante et doulce,
  Non rebourse,
Toujours fortifi' ses bras.

Après, elle experimente
  Si la vente
De sa marchandise est seüre.
Sa lampe sera luysante,
  Esclairante,
Tout le temps que la nuict dure.

Elle entend à sa besongne,
  Tousjours songne
A faire profit nouveau;
Et, afin qu'elle besongne,
  Elle empongne
La quenouille et le fuseau.

Elle, pitoyable et bonne,
  Tend et donne
Sa main, où gist pouvreté,
Et console par aumosne
  La personne
Qui est en necessité.

Elle ne crainct morfondure
  Ou froidure
Advenir à sa famille,
Laquelle ha bonne doubleure
  Et vesture
D'escarlate très subtile.

Elle s'est faict des tapis
  De hault pris,

Ici nous voyons *force* et *trousse*, plus loin nous trouvons *ose* et *chose* rimant à plusieurs reprises avec *épouse* ou un mot analogue.

De fin lin abondamment,
Et sont de vermeil exquis
  Ses habitz
Qu'elle vest pour ornement.

Le sien mary est congnu,
  Bien venu
Aux portes de la cité,
Là où siége est cher tenu,
  Maintenu
Entre gens d'authorité.

Elle faict toile et lincieux
  Precieux,
Qu'elle vent et distribue,
Et au marchant curieux,
  Soucieux,
Livre surceintz de value.

Force, avecques dignité,
  Majesté,
Sont en elle pour atour,
Et ris de joyeuseté,
  Gayeté,
Donnera au dernier jour.

Elle ouvre, par sapience
  Et science,
Sa bouche, dont bien devise :
La loy de benivolence
  Et clemence
Est dessus sa langue assise.

Sa maison, qu'est comme un temple,
  Bien contemple,
Que nul n'y soit paresseux,
En remonstrant, par exemple
  Bon et ample,
Non manger le pain oyseux.

Ses enfans se lèvent tous
    Sus et soubz,
Et la disent bienheureuse.
Ainsi, le sien noble espoux,
    Bon et doulx,
La loue de face joyeuse.

Plusieurs filles se sont mises
    Aux emprises
Pour amasser grand avoir;
Mais toy, sus leurs entreprises,
    As acquises
Richesses par ton devoir.

Or, la grace est decevable
    Et damnable,
Et trop vaine la beauté;
Mais la femme est moult louable,
    Venerable,
Qui craint Dieu en loyaulté.

Donnez luy de ses labeurs
    Des fruictz meurs
De ses mains en toutes sortes.
De ses œuvres les meilleurs,
    Par honneurs,
La louent devant tous ès portes.

AU ROY FRANÇOYS.

DE LA MORT DE SON FILZ ([1]).

Les fatales destinées,
    Cruelles et obstinées,

---

1. Le dauphin François, mort en 1536, à Tournon, empoisonné, dit-on, par Montecuculli.

Les dieux et hommes contraingnent
A ce que larmes espraingnent,
Et la court de Jupiter
Ne se tient pas d'en jetter :
Juno la playe ha gemy
Que receut Mars, son amy,
De Diomèdes, rien qu'homme ;
Et puis un chascun sçait comme
Jupiter print amertume
De dueil, oultre sa coustume,
Et ploura (pour tout guerdon)
Son bien aymé Sarpedon,
En ordonnant que les dieux
En jettassent larmes d'yeux.
Ce n'est pas merveille aussi
Si toy, Françoys, fais ainsi
Comme Jupiter ha faict,
Que soulages le forfaict
De destinée enragée.
Que si Niobé, eagée,
Fust vefve d'un tel enfant,
Qui fust autant triumphant,
Elle (veu telle infortune)
Fust trois fois pierre pour une.
Donc à bon droict (que n'en mente)
Le bon père se lamente.
Ceulx-là hommes ne sont pas
Qui ne pleurent ce trespas ;
Mais ilz sont plus tost pierre, eulx,
Et plus que pierre pierreux.

A LUY-MESMES.

François (que Dieu tienne en vie),
  N'ayes sur ton filz envie
Qu'il est possesseur des cieulx

Et jà compaignon des dieux :
Tous les honneurs et les biens
De la court des cieulx sont tiens.
Des accidentz et scandales,
Des trois deesses fatales,
O Jupiter! il dispose;
Il s'esjouyt et repose
Avec celestes doulceurs
Dedans le sein de ses sœurs,
De sa grand'mère et sa mère.
Ainsi, destinée amère
T'a donc donné, neantmoins,
Cinq dieux, de cinq tiens humains.
Quand ton temps passé auras,
Le siziesme tu seras.

EPITAPHE DE FRANÇOYS,

Dauphin, premier nay du Roy Françoys.

Esperance gist icy :
Que tu n'ayes ce soucy
(Quoy que Pandora promette)
De l'esperer de sa boette;
Icy ont leur demourance
Et la boette et esperance.

A LA ROYNE DE NAVARRE.

Tes yeux ont veu ce qu'ilz n'esperoient pas,
Dont larmoyans maintz on faict larmoyer
De ton neveu le trop soudain trespas,
Et ton bon frère en larmes s'en noyer;
Tu lui as veu à son debteur payer
Le debte (las!) lequel luy estoit deu :

Toy un neveu, luy un filz ha perdu ;
Mais France en doit bien plus grand dueil avoir,
Car tout l'espoir d'elle y est respandu.
Peuvent tes yeux ce pourtraict en reveoir !

BONAVENTURE A MAROT,

A SON RETOUR DE FERRARE.

Maro (1) en Marot, immortel poëte, l'honneur de ces temps, que veoir tant souhaitte, mes povres versetz, crainctifz et doubteux, ne s'osent monstrer (tant ilz sont honteux !) à vous, veu qu'ilz sont

---

1. Il paroît que ce nom étoit habituellement donné à Marot par ses amis et disciples. Cette épigramme de Sagon suffiroit à nous le prouver si nous ne le savions d'ailleurs :

Dizain addressant audict Marot, qui se faisoit ordonner Maro par substraction du T, lettre finale de son nom.

Maro sans T est excellent poëte,
Mais avec T il est tant corrompu ;
Il prend de T marotte pour houlette,
Et peult sans T ce que plusieurs n'ont peu,
Avecques T c'est un beau nom rompu ;
Tourné sans T, c'est le latin de Romme ;
Droict avec T, le françois d'un sot homm
Maro sans T triomphe en latin grave,
Et avec T demonstre en françois comme
Ung glorieux sans raison faict le brave.

Marot jouoit souvent sur son nom ; voici son épigramme 216 à Du Châtel (*Castellanus*) :

Tu dis, prelat, Marot est paresseux,
De lui ne puis quelque grand œuvre voir.
Fais tant qu'il ait biens semblables à ceux
Que Mecenas à Maro fit avoir,
Ou moins encor : lors fera son devoir
D'escrire vers en grand nombre et haut stile.

sans rithme et raison; dont je vous salue en simple oraison, priant (comme faict chascun à son tour) qu'il vous soit heureux ce joyeux retour (1).

LES QUATRE PRINCESSES

DE VIE HUMAINE.

C'est à sçavoir les quatre vertus cardinales, selon Senecque.

AU LECTEUR, SALUT.

Amy lecteur, qui lis et qui entendz,
Et qui toujours as pour ton passetemps
Livres en mains, ce petit t'est donné
D'un qui, combien qu'il soit abandonné
De tout sçavoir et noble poësie,
Ce nonobstant, par une jalousie
Qu'il ha de quoy chascun te baille à lire,
Il s'est voulu mettre aussi à t'escrire,
Contrefaisant le singe, imitateur
De ce qu'on faict. Donques pour translateur
Me porte cy d'un livre que jadis
Senecque emplist de sententieux dictz
Touchant le faict des vertus cardinales,
D'humain estat gouvernantes loyales,
Lesquelles sont ouvrières diligentes,
Comme il affiert à mesnagères gentes,
Qui sçavent bien conduyre par raison
Et gouverner le train de la maison.

---

1. Cette pièce est en vers : on voit qu'elle a été écrite de la sorte avec intention. L'éditeur des Œuvres de Marot (1731, in-4), qui l'a donnée parmi d'autres éloges du poëte (t 2, p. 566), a rétabli à tort les vers.

Prudence y sert de maistresse d'hostel
Bien au profit de son homme mortel,
Car elle ha l'œil sur le faict et à faire,
Si que leans rien ne se peult meffaire.
  On y voit puis aller et tracasser
Force, portant gros faiz sans se lasser ;
Allegrement elle faict la besongne,
Sans que jamais de rien se plaigne ou hongne.
  Hors de leans ne fault querre attrempance ;
Elle se tient toujours en la despense,
Gardant sur tout que voluptez friandes
Secrettement ne rifflent ses viandes.
  Justice, ayant ses propos advenans,
Y faict la court à tous les survenans,
Les recueillant avec benigne face,
Faisant ainsi qu'elle veult qu'on luy face.
  Sent il pas bien ses doulceurs immortelles
L'estat conduict par mesnagères telles,
Lesquelles sont quatre, en nombre parfaict,
Qui de la vie en main ont tout le faict ?
  Or, tout ainsi que Lesbia fut mise
La quarte Grace, et Sappho fut admise
A avoir lieu d'une Muse diziesme,
Ainsi y ha une vertu cinquiesme,
Vive vertu vivant en ceste vie,
Que je ne nomme à cause de l'envie
Du temps present, aux vertueux amère,
Qui se mocqua mesme de son Homère,
Lequel après de la posterité
(Qui du passé juge à la verité)
A tant esté advoué et chery
(Veu son renom, qui n'est encor pery)
Que sept citez debattent à puissance
Pour soy nommer le lieu de sa naissance.
  Ainsi, à toy, posterité paisible
(Veu du present l'iniquité nuysible,
Mescongnoissant ce que plus tu revères
Et renyant ce qu'après tu advères),

Laissons juger de telle Vertu, née
De nostre temps, divine et incarnée.
Ce neantmoins n'est du tout incongneuë,
Car sa beauté contemplent, toute nuë,
Maintz bons espritz en ceste chair mortelle,
Confessans tous qu'il n'en fut onc de telle;
Mais les malings, qui sont en si grand nombre
(Comme l'on voit) qu'ilz font au soleil unbre,
Iceulx malings (qui les bons tousjours picquent)
A son vray loz de leur povoir replicquent;
Mais tant vivront que mort s'en ensuyvra.
Ainsi mourront, et la Vertu vivra.
  Or, vive donc la Vertu vigoreuse,
Par qui la gent est plus que très heureuse
Par son exemple et benigne faveur
Qu'elle ha à ceulx lesquelz prennent faveur
Tant aux vertus qu'à divine science,
Dont elle en ha l'entière experience.
Or, si je faulx, toy, poëte françoys,
Je te supply que pardonneur franc sois.
En maniant la poëtique plume,
Pourtant poëte estre ne me presume :
Car tous ceulx là lesquelz de gueule chantent
Chantres ne sont, ne pour chantres se vantent.
Pour bien chanter, fault vaincre l'alouette,
Et toi aussi, pour se nommer poëte.

VOULOIR ET POUVOIR.

DES QUATRE PRINCESSES

DE VIE HUMAINE,

C'est à sçavoir Senecque, des quatre Vertus cardinales.

De maints sçavans les sentences expresses
Ont diffiny de vertus quatre espèces,
Dont l'humain sens orné (maugré envie)
Peult acquerir l'honnesteté de vie.
D'icelles donc vient la première en dance
Celle vertu qu'on appelle Prudence;
Et la seconde est Magnanimité;
Puis Attrempance à son pas limité
S'en vient après; la quatriesme princesse
Se dict Justice, en qui tout le jeu cesse.
Une chascune (ainsi que tout exprès
Est annexé et conjoinct cy après),
Le sien office ayant mis à effect,
Rend l'homme honneste et en mœurs bien parfaict.

PRUDENCE.

Quiconques donc aymes Prudence suyvre,
Lors droictement par raison as à vivre :
Premièrement, poise tout, et estime
La dignité des choses legitime,
Comme elles sont et selon leur nature,
Non pas selon le plus à l'adventure :
Car il en est d'aucunes qui, de race
Bonnes n'estans, semblent bonnes de face.
D'autres on voit, pour non bonnes tenues,
Qui bonnes sont quand on les ha congneues.

En grand'merveille ou estime ne tiens
Aucunement quelques biens qui soient tiens :
Car ilz sont tous pour quelque fois perir.
Ce qu'est à toy et qu'as peu acquerir
En l'espargnant ja tant ne contregarde,
Comme d'autruy chose donnée en garde,
Ains pour ton faict (comme rien) le dispense,
Et comme rien en user tousjours pense.

 Si une fois Prudence tu embrasses,
Tousjours seras tout un en toutes places,
Selon le temps et changement des choses ;
Pareillement fais que tu les disposes,
Et qu'en nul faict tu ne te dessaisonnes,
Mais que plus tost en mieulx tu te façonnes,
Comme la main estre main ne delaisse,
Soit qu'on l'estende, ou qu'en poing on la presse.

 Le Prudent doit (si prudent onques veis)
Examiner de plusieurs les advis ;
Ne sois donc pas de credulité telle,
Que croyes tost à mensonge ou cautelle.
Tais toy plus tost de la chose incertaine,
Que d'en jetter sentence trop soudaine ;
N'afferme rien sans seure experience :
Car tout cela qui ha belle apparence
De verité n'est pas vray ne possible,
Comme souvent ce qui semble incredible
Premièrement n'est en soy faulx pour tant :
Car mainte fois verité va portant
Le masque laid de mensonge attaché,
Et bien souvent le mensonge est caché
Soubz la couleur de verité bien miste,
Comme souvent chere rebourse et triste
Monstre l'amy, où le flatteur plaisant
La monstre belle ; ainsi s'en va taisant
Ce qui n'est vray, soubz de vray la couleur,
Pour inferer tromperie et malheur.

 Si desir as de prudent devenir
Prendre te fault esgard à l'advenir ;

Et à part toy promettre et pourpenser
Ce qui se peult par fortune avancer.
 Rien en tes faictz hastiveté ne prise.
Prevoy le cas avant toute entreprise,
Car le prudent ne dict jamais cecy :
« Pas ne cuydois qu'il en advinst ainsi » ;
Point il ne doubte, ains attend et regarde ;
Rien n'a suspect, mais il est sur sa garde.
D'un chascun faict quiers l'origine, à fin
Que depuis là tu penses de la fin.
Des cas y ha qui sont de tel affaire
Que tu les dois achever et parfaire,
Si commencé les as aucunement ;
Et d'autres sont qu'attenter nullement
Il n'appartient, dont la perseverance
N'a nul profit ny aucune asseurance.
 Homme prudent jamais tromper ne veult :
Aussy jamais estre trompé ne peult.
L'homme qui est en bonté demourant
Ne peult tromper aucun, mesme en mourant.
Tes dictz, propos et advertissemens
Sentences soient, arrestz et jugemens.
Pensemens sotz et frivoles mensonges,
Estans pareilz à inutiles songes,
Et, comme on dict, des chasteaulx en Espaigne,
N'aberge en toy, si que ton cueur s'y baigne.
Que si tu viens le tien oyseux desir
A recreer en iceulx à loysir,
Après que tout bien disposé auras,
Fasché, pensif et triste resteras.
Ton pensement ne recule en arrière,
Soit qu'il dispose ou que du cas s'enquière,
Ou sur le faict contemple en telle sorte,
Et que jamais de verité ne sorte.
 Le tien parler ne soit point deshonneste,
Mais qu'il conseille ou bien qu'il admonneste
Toujours quelc'un ; qu'il enseigne et console,
Ou qu'il remonstre, et que point ne s'en saoule.

Peu de louenge et moins de vitupère
Baille à autruy, car autant d'impropère
Loz superfluz et inconsideré
Merite, et plus que blasme immoderé
De flatterie est tel loz souspeçonné,
Et de tout mal tel blasme empoisonné.
A verité rendz loyal tesmoignage,
Non à amour, congnoissance ou lignage.
  Avec advis de promesse entre ès las,
Et la tiens mieulx que promise ne l'as.
  Si prudent es ou à prudence tendz,
Ton sens sera dispensé en trois temps :
Le temps present très bien ordonneras ;
A l'advenir bon ordre donneras,
Et du passé auras le souvenir.
  Cil perd sa vie, et n'en peult bien venir,
Qui de ses jours les faits passez ne compte,
Et qui de ceulx qui viennent ne tient compte ;
Fol, oublieux, bien appeler le fault,
Car le lourdaut en tout choppe et deffault.
  Metz en devant de ton entendement
De l'advenir les maulx expressement,
A fin que mieulx les porter consideres ;
Les biens aussi, afin que les moderes.
  Ne sois fiché ainsi que par despit
A la besongne, ains repos et respit
Aucunes fois permetz à tes espritz,
Auquel repos soient meslez et compris
Les bons soucis d'estude de sagesse.
Jamais prudent ne languit de paresse ;
Il est bien vray que son esprit relasche,
Mais il n'est pas pourtant recreu ne lasche.
  Il sçait tant bien haster tardives choses
Et deschiffrer les doubteuses et closes ;
Ce qui est dur sçait très bien amollir,
Et aspreté de chose aspre tollir,
Ce qui est hault eslevé abaisser,
Et sçait par où il doit son faict dresser.

Tantost congnoist dont les choses sont faictes,
Et des expers il voit les entrefaictes
Diligemment; par les claires et nues
Sçait estimer les choses incongneues,
Par les petis, les grandz et les haultains,
Par les presens, les absens et loingtains :
Aussi faict-il le tout par ses parcelles,
Et sçait congnoistre aux vieilles les nouvelles.
 Ne sois esmeu pour l'adveu et credit
De celuy là qui la parolle dict,
Et ne prens point esgard à la personne,
Mais seulement à ce que l'on raisonne.
Pense sur tout et considère bien
Aux quelz plairas, et non pas à combien.
Ne cherche rien que tu ne puisse avoir,
Et estudie à ce qu'on peult sçavoir.
Soient tes desirs et tes souhaitz mis en ce
Que desirer peuz des bons en presence.
Tascher ne dois en celuy lieu attaindre,
Où trembler faille et la descente craindre.
 De bons conseilz salutaires te douë
Lorsque le bien te flatte et amadouë,
Et, tout ainsi qu'en un glissant passage
T'asseureras, tu ne serois pas sage
De te lascher impetueusement;
Mais tu dois bien prevoir songneusement
Où va le cours et où c'est qu'il termine.
Ce que Prudence ha dict, si le rumine.

MAGNANIMITÉ, OU FORCE.

 Quiconques donc est prudent, si s'efforce
Avoir en soy la magnanime force,
Qui est aussi Magnanimité dicte.
Si de ton cueur elle n'est interdicte,
Franc tu vivras avec grande constance,
Bien asseuré, hors de crainte et doubtance.
 Le plus grand bien et douaire plus cher

Du magnanime est de non trebuscher,
Mais estre ferme, et, sans rien s'esmouvoir,
La fin de tout considerer et voir.
   Si tu es fort ou magnanime, point
N'estimeras que blessé t'ayt ou poinct
Ton ennemy, et ne diras jamais
Que luy t'aye faict aucune injure, mais
Qu'il a bien eu le vouloir de te nuyre;
Et quand verras que l'auras peu reduyre,
A la parfin, soubz ta main et puissance,
Vengé te tiens povoir prendre vengeance.
Saches que c'est de vengeance l'honneur
Estre en vengeant de mercy franc donneur.
   Par faulx rapport ne dois nul assaillir,
Ny en secret sur personne saillir;
Mais, si tu veulx vaincre, vaincz en publicque,
Et ne prens point à qui que soit la picque
Sans que premier à sçavoir ne luy faces :
C'est au couart à user de fallaces.
   De magnanime et fort nom auras tu
Si, tout ainsi que feroit un testu
Ou temeraire, en perilz ne te boutes,
Et les perilz, comme crainctif, ne doubtes :
Car rien ne rend le couraige paoureux,
Fors de mal vivre un regret langoreux.

CONTINENCE.

   Or, si tu as en amour Continence,
Laquelle est dicte autrement Attrempance,
Retranche au tour les superfluitez;
Refrain les tiens souhaitz de vanitez,
Considerant que nature requiert
Non ce qu'en toy concupiscence quiert.
   Si attrempé tu es et continent,
De toy seras content incontinent.
Certes, celuy est nay avec chevance
Qui de soy mesme ha en soy souffisance.

Diligemment metz bride à tes desirs,
Pour les garder de faire leurs plaisirs;
Tous attraymens de volupté secrette
Tirans les cueurs d'avecques toy rejette.
Mange non tant que le saoul ventre en rie;
Boy sobrement, fuyant yvrongnerie.
Ne t'abandonne aux delices presentes,
Et ne souhaitte en ton cueur les absentes.
Facilement soit ton vivre appresté;
Quiers la viande, et non la volupté.
La faim plus tost ton appetit aguise
Que la saveur de la viande exquise,
Et soit de peu ton desir racheté.
Tu ne viendras jamais à povreté
Vivant ainsi que le requiert nature.
Que si l'avoir de quelc'un, d'adventure,
Point ne lui semble être assez plantureux,
Et eust il tout, si est il malheureux.
Celuy qui bien povreté entretient,
Riche et puissant chascun le juge et tient.
Tant seulement à ce soing sois enclin,
Que ta nature on ne voye à declin;
Et comme si, en ce, te voulois plaire
D'estre semblable au divin exemplaire,
Tant que pourras, par devers l'esperit,
Retire toy de ce corps qui perit.
Ne cherche point les logis de plaisance,
Contente toy d'estre en un lieu d'aisance;
Ne vueilles pas par la maison le maistre,
Mais la maison par le maistre congnoistre,
Et ne sois point de sens si contrefaict
De t'imputer ce que tu n'as pas faict;
Ne tasche point sembler et apparoistre
Ce que tu n'es ou que tu ne peux estre.
Ta povreté ne soit d'ordure pleine,
Aussi ne soit ton espargne villaine;
Non à mespris soit ta simplicité,
Ny fade aussi soit ta facilité;

Et, si tu as des biens petitement,
Ne les tiens pas pourtant estroictement.
 Jà ne te fault regretter ta fortune,
Voyant qu'elle est aux autres opportune.
 Si Continence est vers toy bien venue,
Fuy Villenie et n'attendz sa venue.
Tu ne dois point pour quelque faulte extresme
Tant chastier autruy comme toy mesme.
Pense que tout peult estre supportable,
Fors villenie inepte et detestable.
Ne tiens propos salles, dont la licence
Couve et nourrit l'esbaudie impudence;
 Tu dois aimer les propos vertueux
Plus que les doulx et les facetieux,
Et les bons motz où verité se fonde
Plus que ceulx là qui coulent en faconde.
Mesler pourras aux choses serieuses
Aucunes fois des sornettes joyeuses,
Mais tellement s'attrempent et astraignent
Que Dignité et Honte ne s'en plaignent.
 Le ris, vrayment, doit bien estre reprins,
Qui sans mesure en la bouche est emprins,
Où esclatté tant que la gorge en fend,
Tel que le faict ou la femme ou l'enfant.
Le ris maling, fol, hault et desdaingneux,
Ou de meschef d'autruy, est ris hayneux.
 Si aux propos joyeux es invité,
Traiter les dois avecques dignité,
Si sagement que quelcun ne s'en fasche;
De les ouyr on ne t'en tienne lasche.
En toy ne soit donc flatteuse risée;
Maintiens plus tost civilité prisée.
Tes plaisans dictz soient faictz sans mocquerie;
Tes motz joyeux soient dictz sans resverie,
Ton ris sans mouë, et sans cry ton parler;
Sans bruyt aussi doit estre ton aller.
 Le tien repos tu prendras sans paresse,
Et, cependant qu'au jeu chascun s'addresse,

Tu penseras à toute saincteté
Et traicteras chose d'honnesteté.
 Si Attrempance est de toy bien cherie,
Eviter dois les dictz de flatterie,
Et craindre autant loz partant d'homme infame
Qu'estre loué pour un blasme ou diffame.
Resjouy toy et te veuilles complaire
Lors que tu vois qu'aux meschans ne peux plaire;
Repute et tien pour un loz esprouvé
Par les meschans le blasme controuvé.
 Le souverain chef d'œuvre d'attrempance
Est mettre aux dictz des flatteurs resistance,
Desquelz souvent le plaisantin language
A volupté esbranle le courage.
 Par flatterie (où faulseté se brasse)
Envers aucun ne te dois mettre en grace,
Et, si quelcun vient à toy, celle voye,
Sans luy ouvrir dis luy qu'il se pourvoye.
 Estre obstiné ne dois par arrogance,
Ny estre enflé de folle oultrecuydance;
Humilier te dois, non mespriser,
Ou de l'estat la gravité briser.
 Patiemment reçoy correction;
Très voluntiers oy l'admonition;
Que si quelcun t'a reprins à bon droict,
Saches qu'il t'a profité orendroit;
S'il t'a reprins sans point le meriter,
Saches qu'il t'eust bien voulu profiter.
Craindre ne dois jamais parolles aigres,
Mais crains plus tost les doulces et alaigres.
 Sois l'ennemy du vice qui te tient,
Et de l'autruy (qui rien ne t'appartient)
Ne sois jamais enquesteur curieux,
Ny repreneur austere et furieux;
Mais toy, estant correcteur sans reproches,
Souvienne toy que tellement approches
Par charité la remonstrance faire
Que courtoysie en conduyse l'affaire.

Facilement du meffaict pardon donne;
N'eslève aucun et n'abaisse personne.
Des proposans sois auditeur taisible,
Et rapporteur des dictz non confusible.
Au demandant rendz facile response;
Au querelleur tost la noise renonce;
Soudainement en debatz ne te monte,
Et (s'il en vient) par raison les surmonte.
 Or, si tu es continent, si advise
Du tien esprit et de ton corps la guise,
Leurs mouvemens, qu'ilz ne soient trop lachez,
Et ne te fie en ce qu'ils sont cachez :
Car rien n'y faict si aucun n'y prent garde,
Puis que ton œil en secret les regarde.
 Muable sois, non pas leger pourtant,
Et ne sois point obstiné, mais constant;
Et, si tu as sapience et sçavoir,
N'en cache rien, fais le plus tost sçavoir.
 Ne te sois grief de faire à toy semblables
Ceulx qui à toy ne sont equiparables,
Sans fierement les avoir à desdain.
 En bien vivant ne crains prince mondain.
 Garde d'avoir de lascheté le vice,
Quand vient à rendre un plaisir et service.
Si tu l'as faict, n'importune l'oreille
De ton amy, requerant la pareille.
 Sois amyable et bening à chascun,
Et ne sois point doulx flatteur à aucun.
Ayes à peu familiarité,
Et pour chascun juge à la verité.
Sois plus severe au juger qu'au langage,
Et plus austère en vie qu'en visage;
Sois amateur de pitié et clemence,
En detestant cruaulté et vengeance.
Sème toujours bon bruyt de mieulx en mieulx,
Et sur l'autruy ne sois point envieux.
Si nouveautez et souspçons vas oyant
Ou vitupère, à ce ne sois croyant,

Ains ceulx (lesquelz, soubz umbre de simplesse,
Veulent jouer quelque tour de soupplesse
Au loz d'autruy, le querans impugner),
Convaincre dois et leur bien repugner.
    Tardif à ire, à courroux difficile,
Prompt à mercy et à pitié facile,
Ferme et constant durant l'adversité,
Humble et discret en la prosperité.
    Tu dois cacher tes vertus et biensfaictz,
Ainsi que font les autres leurs forfaictz.
    De vaine gloire hayr dois les objectz,
Non rigoureux ne rude à tes subjectz.
De qui que soit ne blasme l'imprudence;
Sois peu parlant, preste aux gens audience;
Sevère sois sans nulle cruaulté,
Non mesprisant joyeuse privaulté;
Sois de sçavoir docile et amoureux,
Et à instruyre autruy non rigoureux;
Apprens cela dont en as l'ignorance,
Sans le sçavoir en faindre l'apparence.

JUSTICE.

    De la quatriesme il fault avoir notice,
Justice dicte. Or, qu'est ce que Justice,
Fors de nature une union taisible,
Pour de plusieurs l'ayde et secours paisible?
Mais qu'est ce encor de Justice, sinon
De la nature une reigle et canon,
Divine loy et divine sentence,
Ou le lyen de l'humaine accointance?
    Ce qui convient près d'elle on ne demande,
Car convenable est ce qu'elle commande.
    Quiconques donc veult aller après elle,
Premierement ayme Dieu d'un tel zèle
Comme tu es de luy aymé aussi.
(S'il se peult faire) or l'aymeras ainsi
Si (comme il faict) tu taches ainsi faire,

Valoir à tous et à nully meffaire.
Lors auras tu le nom de juste acquis,
De tous seras bien aymé et requis.
 Que juste sois; tant seulement ne nuys,
Mais des nuysans empesche les ennuys.
Il ne fault pas ce pour Justice prendre,
Ne nuyre à nul ou en rien ne mesprendre,
Car rien n'y ha encor de convenance :
C'est seulement de l'autruy abstinence.
Commence là : que l'autruy ne retiennes,
Puis marche avant, et qu'à tant ne te tiennes;
Et, si l'autruy prendre ne t'esvertues,
Ce qu'a esté prins, si le restitues
En chastiant pillardz et ravisseurs,
Que de telz griefz les autres en soient seurs;
Et, pour un mot obscur ou ambigu,
Ne fonde point quelque debat aigu;
Mais, sans viser au dict ou au language,
Contemple et voy du parlant le courage.
 Tout un te soit que nyes ou affermes,
Mais (où que soit qu'on vienne mettre en termes
De verité quelque inquisition)
Tiens ce pour foy et pour religion :
Si, en nyant, Dieu pour tesmoing appelles,
Et que de luy tu n'en ayes nouvelles,
De verité pourtant ne te fourvoyes,
Ny des statutz de Justice et ses voyes.
 Que s'il t'advient user de menterie,
Soit pour le mieulx, non pas pour tromperie,
Et s'il convient verité racheter
Par le mensonge, il vault mieux inventer
(Sans point mentir) quelque excusation,
Veu qu'il y ha honneste occasion.
 Le juste est tant advisé et discret
Qu'il ne revèle à aucun le secret,
Car taire sçait cela qui est de taire,
Et sçait parler ce qui est necessaire.
 Son seur repos n'est point solicité;

Il vit en paix et en tranquilité,
Et où plusieurs sont par maulx surmontez,
Les maulx par luy sont vaincuz et domptez.
   Que si tu as d'un tel estude envie,
Tu attendras, joyeux, la fin de vie ;
En gayeté et en ferme liesse,
Mespriseras du monde la tristesse ;
Tout à ton aise, en un tranquile arroy,
Tu attendras tout bruyt, trouble et desroy ;
Puis t'en iras, sans regret ne soucy,
Tout asseuré, soubz de mort la mercy.

DU PRUDENT REGIME DE PRUDENCE.

   Parfaict seras si, des quatre vertus
Suivant les loix, preceptes et statutz,
Tu sçais garder leur mesure equitable
Par un moyen de vivre raisonnable :
Car, si prudence est oultre bord flottant,
Cault tu seras, tout engin redoubtant,
Un crocheteur de cas qu'on ne sceut oncques,
Et descouvreur de tous delictz quelconques ;
Tu seras dict et hayneux et craintif,
Et aux souspçons plus que trop attentif,
Craingnant tousjours, et tousjours enquerant,
Tousjours pensant, tousjours considerant
Et appointant tes subtiles souspçons,
Pour de quelc'un reprendre les façons.
   Monstré seras au doigt de tout le monde,
Et dict celuy en qui malice abonde,
De preudhommie ennemy perilleux,
Et de meffaictz espieur cautelleux,
Et (pour te dire à un mot tout en somme)
Nommé seras de tous un mauvais homme.
   A tel meschef, en telle decadence
Meine souvent imprudente Prudence ;
Mais qui d'icelle en aura bien usé
Ne sera point trop lourd, ne trop rusé.

DU FORTIFIEMENT DE FORCE.

Et s'il advient que Magnanimité
Sorte dehors de son pas limité,
Elle rend l'homme enflé et despiteux,
Tempestatif, ingrat et marmiteux,
Et tant en dicts qu'en faicts, chauld et soudain,
Honnesteté estant mise à desdain :
Car à tout coup (comme une beste mue)
De ses deux yeux les fiers sourcilz remue.
Il met tout trouble où est bonne conduicte,
Il frappe l'un et l'autre met en fuytte;
Et, toutesfois qu'il soit fort courageux
Impugnateur, harceleur, oultrageux,
Ce nonobstant ne pourra il durer
A maintz effortz survenans endurer;
Mais il fera une fin malheureuse,
Où il lairra l'emprinse dangereuse.
Qui donc de force ha ou mesure ou art,
Il n'est jamais trop hardy ne couart.

DE L'ATTREMPEMENT D'ATTREMPANCE.

Dame Attrempance aussi donc te contienne,
Que tu ne sois point chiche, quoy qu'il tienne :
Ne ponne point à ta main restrainctif
Comme doubteux, souspçonneux et crainctif.
Mettre en argent ne dois ton esperance :
Car aussi doit pourrir telle apparence;
Donc telle borne en Attrempance fiche,
Que tu ne sois ne prodigue ne chiche.

DU JUSTIFIEMENT DE JUSTICE.

Finablement ainsi Justice agence,
Qu'en ton esprit n'entre une negligence

De n'amender faulte grande ou petite,
En permettant toute chose illicite
Tant à ceux là qui près de toy s'esbattent,
Qu'à ceulx lesquelz se moquent et debattent
Ou devenir si très mal gracieux
Qu'à nul ne sois misericordieux,
Mais aspre et dur à accointance humaine.
  Ainsi fault donc que Justice se meine :
Telle est sa loy et amyable reigle
Que tient le juste et point ne s'en desreigle,
C'est qu'à mespris l'usage familier
Ne luy met point son honneur singulier,
Et n'est point tant rigoureux ne rebelle,
Que d'humain nom perde la grace belle.

CONCLUSION FINALE.

  Si quelc'un donc ha en soy bon vouloir
Non à luy seul, mais aux autres valoir,
De ces vertus tient l'ordre recité,
Selon des temps et lieux la qualité,
Selon les gens et les cas incertains.
  Luy donc (ainsi comme en charroys haultains
Très bien assis) evite les passages
Par où vont ceulx lesquelz ne sont pas sages,
En mesprisant l'oysiveté l'affaire,
Laquelle veult servir Dieu de rien faire.

DE LA CINQUIESME VERTU.

  Celle vertu dont tu requiers le nom
Estre cy mis, te la diray-je ? Non.
Si; non feray, on la congnoist assez,
Tant sont ses dictz et ses faitz compassez
Mignonnement, si que ses autres sœurs,
Ayans prins garde à ses propos tant seurs,
Rassis et sains, desquelz elle recrée
Grandz et petis, confessent qu'est créée

Vraye vertu, dont pour telle la tiennent,
Et se tenans près d'elle l'entretiennent,
Rians ensemble avec ris d'attrempance :
Justice voit comment elle dispense
Tout justement, de quoy moult s'esmerveille ;
Et puis Prudence ha honte que tant veille
Diligemment au survenant affaire,
En confessant que mieulx ne pourroit faire ;
Force, voyant qu'à toute adversité
Resister sçait, et qu'en felicité
Attrempement se maintient sans excès,
Ne cherche rien fors d'icelle l'accès.
Ces vertus là donc l'ont en leur mesgnie ;
Et si luy font, comme à sœur, compaignie.
Raison le veult aussi, et les trois Grâces,
Où qu'elle soit ou voise, en toutes places,
Y vont aussi, doulx passetemps luy donnent,
Ny nulle part jamais ne l'abandonnent.
Et s'il luy plaist les neuf Muses hanter,
Digne sera qu'on l'escoute chanter,
En apprenant quelque chose d'icelle.
Nymphes des boys, nymphes que Triton celle,
Ayment la veoir et luy faire service.
Veulx-tu bien veoir telle vertu sans vice ?
Assemble moy en un corps femenin
Raison, sçavoir, et le troupeau bening,
Royal et sainct, des vertus qu'on renomme,
Et telle tiens celle que je ne nomme.

Fin.

LOYSIR ET LIBERTÉ.

PROGNOSTICATION DES PROGNOSTICATIONS

POUR TOUS TEMPS, A JAMAIS, SUR TOUTES AUTRES VÉRITABLE,

laquelle desœuvre l'impudence des prognostiqueurs (1).

—

PREFACE.

A LA ROYNE DE NAVARRE.

Dea, maintenant te congnoistray, Princesse,
Sans demander aux autres laquelle est ce,
Car je t'ay veue au milieu de l'eglise
(Où, quelque jour, fault qu'on evangelise) (2),
Menant ta sœur, la noble Elienor (3),
Qui de son cueur soubz or aliène or.
  Or t'ai je veue, et si est bien possible
Qu'aussi m'as veu, en trouppe confusible,
Quand plaisamment tu jettas tes deux yeux
Sur nous, qu'estions voz spectateurs joyeux;
Mais, en l'instant de celle veue heureuse,
Je fuz attainct de honte langoureuse,
Qui est, pour vray (puisqu'il fault que le die),
Une piteuse et griefve maladie.
Las! quell' pitié il y ha aux honteux,
Plus que non pas en ces fourrez goutteux!
Car les goutteux treuvent prou de credit;

—

1. Pièce composée, comme la *Prognostication pantagrueline*, en dérision des astrologues; mais la mode en resta; les règnes suivants accueillirent mieux que jamais les prognostiqueurs.

2. Nous avons fait remarquer ailleurs le sens et l'importance de ce mot.

3. Eléonor ou Aliénor d'Autriche, seconde femme de François Ier, sœur de l'empereur Charles-Quint.

Mais les honteux le perdent, comme on dict.
Or, si Dieu plaît, mon mal se passera,
Et cependant ce passe temps sera
A toy de veoir ce nouveau prognostique,
Qu'ay calculé, selon mon sens rustique,
Et faict offrir par nostre maistre Antoine (1).
A Dieu sois-tu, ô très-illustre Royne!

Monde mondain, trop mondainement munde,
Monde aveuglé, monde sot, monde immunde,
Dont vient cela que, soit en prose ou vers,
Tu vas cherchant partout, les yeux ouvers,
Si tu verras point choses nompareilles,
Et qu'à tous motz tu lèves les oreilles?
O curieux! jamais n'es à requoy;
Tu vas tousjours querant je ne sçay quoy;
Je ne sçay quoy, aussi ne sais-tu pas,
Et bien souvent pers ton temps et tes pas.
Je ne croy point (à veoir tes modes sottes)
Que fol ne sois, ou que tu ne rassottes,
Ou bien (à veoir ta mine et contenance)
Que ne sois prest à tomber en enfance.
Pourquoy t'es tu orendroit amusé?
Mais que quiers tu, abuseur abusé (2),
Qui abusant veult bien en abus estre,
Et d'abuser te dis docteur et maistre?
Chasses-tu pas après abusion,
Cuydant trouver prognostication
Où il y ayt des nouveautez nouvelles?
O affamé belistre de nouvelles,
Povre alteré, coquin de vanité,
Qu'en est-il mieux à ta mondanité?
N'en auras tu jamais (nenny, ce pense)
Assez remply ta besasse ou ta pance?

1. Antoine du Moulin.
2. M. P. Lacroix n'a point inséré dans son édition les cinquante-deux vers suivants.

N'est il aucun qui s'en apperçoive ores,
Et prenne esgard comment tu les devores,
Considerant un peu les belles bresches,
Lesquelles fais en ces nouvelles fresches?
Car tu les prens avant le temps, hastées,
Et sont par toy incontinent gastées;
Tu ne les fais que taster un petit,
Puis tout soudain tu en pers l'appetit;
Et celles là qu'as eues ce matin
Sont jà autant vieilles qu'un vieil patin.
 Tu les sçais bien mendier à ta guise
De porte en porte, et d'eglise en eglise,
Et (que pis est), de peur d'estre au basac,
Au racompter tu metz tout en ton sac;
Et tant tu es les nouvelles leschant
Que tu prens tout, le bon et le meschant :
Car bien souvent les faulses et meschantes
Sont celles là pour lesquelles plus chantes.
 Si l'on t'a faict quelque aumosne bien grasse,
Dire ne fault combien en sçais de grâce :
Avec telz biens, enflé comme un crapault,
Et remonté tout ainsi qu'un marpault,
Tu vas et cours çà et là par ces rues,
En les mangeant et rongeant toutes crues,
Te repaissant des neufves amassées,
Sans plus penser aux vieilles jà passées.
 Mais, s'il advient que, quelque diligence
Qu'en ayes faict, nul de ton indigence
N'ayt prins pitié, et que la tienne queste
N'ayt profité en demande ou requeste,
Tu es bien tel et de telle nature
Que incontinent en fais à l'adventure;
Puis en garnis les sacz des souffreteux,
Des autres gueux, qui en sont disetteux :
Ainsi tu fais que de tes brides vaines
Remplir s'en vont et les os et les veines.
 Or en cecy fol es tu manifeste :
Car, quand tu voy qu'ilz en font leur grande feste,

Ce nonobstant que les ayes trouvées,
Tantost de toy sont bonnes approuvées ;
Tu les reprens, tu les prises et notes,
A belles dentz avec eulx les grignotes,
En te saoulant de tes nouvelles faulses
Comme un souillard cuysinier de ses saulses ?
 J'en ris en moy chasque fois que j'y pense.
De tel excès et de telle despense,
Et du deguast que de nouvelles fais,
Dont les reliefz sont pourris et infectz.
Et bien souvent, ô glouton de nouvelles !
T'ay vu happer les vieilles pour nouvelles,
Quelque vieil bruyt, quelque fable ou mensonge,
Comme le chien qui ses os d'antan ronge,
Auxquelz il prent appetit aussi bon
Comme il feroit à quelque bon jambon,
Ou ventre frais sur croustes de pains blancz (1),
A tout le moins il en faict les semblans ;
Ainsi fais tu des nouvelles moysies,
Lesquelles sont souvent par toy choysies
Et d'appetit soudainement briffées,
Si elles sont par quelqu'un rechauffées.
 Or en es tu tant glout, que tu t'apprestes
A les manger avant qu'elles soient prestes.
Mais il t'ennuye que trop tard tu demeures,
Si ne les as plutost crues que meures ;
Et maintefois (soient grosses ou menues)
Gripper les veulx ains qu'elles soient venues.
Mais tu en es si dangereux riffleur,
Que tu les quiers manger encore en fleur,
Et (comme on dict en un commun prouverbe)
Manger les veulx comme ton blé en herbe.
Mais ta faim est de telle véhémence,
Que mesme en veux manger graine et semence.
 Pour donc fournir à telle nourriture,

---

1. Charcuterie que l'on prépare avec le ventre du porc frais.

Et en avoir amas et fourniture
De celles là qui ne sont encor nées,
Voluntiers oys les haults sons et cornées
De ceulx qui font prognostication :
Toute nouvelle à la munition.
Là, mon amy, à ces nouvelles chauldes,
Ainsi qu'enfans après leurs baguenauldes,
Ou ces mignons à danser l'antiquaille,
Tu en as prou là encore en l'escaille,
D'or, et d'argent, d'alquemie et d'yvoire,
De toute sorte, et plusieurs autres, voire,
Et (si n'estoit que prodigue en es tant)
Tu en aurois pour cent ans, tout contant;
Car, tu entendz : si elle ne convient
A cestuy an, c'est pour celuy qui vient;
Et, si celuy n'y trouve rien d'exprès,
Metz la à poinct, sera pour l'autre après :
Car elle peult autant estre à profit,
Comme elle estoit l'année qu'on la feit.
 Or, je t'en veulx bailler une pour toutes,
A celle fin que plus tu ne te doubtes.
Il est bien vray que pronosticateurs
Semblent avoir été expilateurs
Ou crocheteurs, par leur art gent et net,
Du hault trésor et divin cabinet,
Et avoir veu tout ce que Dieu nous cache
Secrettement, voire sans qu'il le sache,
Et avoir leu en ses sacrez registres
La fin des roys, des papes, des belistres;
Prins les fuseaux et toutes les menées
Des sœurs qu'on dict fatales Destinées;
Et desrobé, avec leurs lunaisons,
De l'advenir le temps et les saisons;
Et avoir prins tout, en leur sphère entière,
Comme tous ratz dedans une ratière.
Dont, puis après, de plumes bien delivres,
Ilz nous en font et composent des livres,
En prophanant du hault Dieu les secretz,

Ou babillant leurs songes indiscretz.
Là, de tous cas jugent assurément
Comme un meurtrier, lequel assuré ment,
En affermant de tous les accidentz
Féablement, comme arracheurs de dentz.
Brif, rien n'y ha, dont ne tiennent propos,
Par leur parfaict astralade (1) et compos;
Mais ilz ne font aucunes mentions
De leurs progno (d'abus) stications (2).
A sçavoir mon si telle marchandise
Aura son cours, quoy que le marchand dise;
Pourtant fault il, pour un peu pratiquer
En cestuy art, d'elles prognostiquer.
 Par ainsi donc, ô monde lunatique!
Ayes pour tous cestuy seul prognostique :
C'est que, pour vray, tous tes prognostiqueurs
Sont et seront ou mocqués ou mocqueurs;
Et tiens cecy pour un mot bien notable,
Qu'ilz ne diront rien qui soit véritable
Pour cestuy an, ny pour l'autre à venir,
Ny à jamais, s'il t'en peult souvenir.
Et qu'ainsi soit, je t'en rendray raison :
Va t'en chercher par toute ta maison
Si trouveras des almanachz les briques (3),
Et puis t'en viens visiter les chroniques
Et esplucher (afin que mieulx t'asseures),
De receveurs (4) éphémérides seures,
Les confrontant pour congnoistre et sçavoir

1. Pour *astrolabe*.
2. Jeu de mots fort peu compréhensible. L'auteur n'a peut-être voulu que montrer sa répugnance pour les mots trop longs, comme celui qu'il coupe en deux dans ce vers.
3. N'y auroit-il pas dans ce vers une faute d'impression, et ne devroit-on pas lire ?

 Si trouveras d'almanachs les reliques.

4. Parcequ'ils ont des relations étendues et savent toutes les nouvelles.

Où il vault mieulx foy et fiance avoir.
Là verras tu, par effectz évidentz
Combien leurs dictz sont aux faictz discordantz;
Et, si tu veulx de cecy des tesmoings,
Tu en auras dix mille pour le moins
Qui te diront : « Mon almanach est faulx,
J'y ay trouvé plus de cinq cents deffaulx.
— Mon almanach, dira l'un, ne vault rien. »
(Ce dira l'autre :) « Aussi ne faict le mien. »
Plusieurs diront ainsi pareillement :
« Le mien, qui ha façon pareille, ment. »
 Puisqu'ainsi est doncques que les passez,
Ny ceulx qui sont de nouveau compassez,
N'ont rien en eulx qu'on ne puisse desdire,
Fault il pas bien prognostiquer et dire
Que les futurs seront aussi semblables,
Et n'y aura que mensonges et fables?
Si qu'on verra que prognosticateurs
Ne sont sinon folz, moqueurs et menteurs,
Chasseurs, preneurs, vendeurs de fariboles,
Et que leur faict n'est que vaines parolles.
 Que pourroient ilz dire du temps qui vient,
Quand du passé mesme ne leur souvient,
Duquel ilz ont menty et mentiroient,
Car quel il fut à grand'peine diroient?
 O vanité! ô oyseux gaudisseurs!
Aymez, prisez, reçuz de guarisseurs
De gens lesquels n'ont point de maulx extresmes :
Des guarisseurs? mais guarisseurs eulx mesmes,
Qui, en jasant de leurs humeurs styptiques,
Vont controuver plusieurs raisons céliques,
Pour (quant souvent ilz faillent à leur cure)
Dire qu'il tient à Saturne ou Mercure.
 Laissons les là en ce terrestre esmoy,
Laissons les là, et allons, toy et moy,
Là hault ès cieulx, pour veoir d'astrologie
L'art et la fin, et comme elle est régie.
Dépesche toy, pose de chair la charge

Tout enchargeable, et qui si fort te charge,
Afin que sois à voler plus dehait.
Sus, est ce faict? Or, volons à souhait
Par ce bel air, auquel Dieu nous convoye.
    Quelle te semble estre des cieulx la voye?
A ton advis, fait il pas meilleur estre
En ce doulx vol qu'en ce dur nid terrestre?
Montons tousjours, ne vise jà là bas
Où l'on triumphe, où l'on faict maintz ébas;
Lève la teste et n'entre en phantaisie
De regarder Europe, Afrique, Asie,
Où un chascun y domine à son tour;
N'y pense point, sera pour le retour.
    Or, vois tu là Jésus Christ en ce lieu,
Qui est assis à la dextre de Dieu,
Lequel doit estre et est ton espérance,
Ton seul appuy et ta ferme asseurance?
Le voy tu là le Vivant immortel,
Lequel te peult rendre après la mort tel?
Cestuy te soit pour horoscope unique,
Dont tu prendras tout certain prognostique
Pour l'advenir; car Luy est vérité.
Sans t'abuser à la témérité
De ceulx lesquelz (pour remplir bourse et panse)
De leurs abus te font belle despense;
Escoute bien de ses ditz l'épilogue.
    L'as-tu ouy? Or, t'en viens, astrologue,
Et ne crains point, par ces douze maisons [1].
Souffise nous si au Maistre plaisons,
Lequel sçait mieux ce que nous faict besoing
Que ne pourrions, avec tout nostre soing,
Songer, prévoir, penser, ne désirer.
    Tu eusses bien là voulu demourer,
Je le congnois; mais il n'est pas possible
Jusqu'à la fin de ta chair corruptible.
    Or, maintenant (si tu es rien discret),

---

1. Les douze signes du zodiaque.

De l'avenir tu entendz le secret,
Tu le sçais mieulx, voire, je te prometz,
Que ces divins ne le sçurent jamais;
Car il t'a dict, le Vivant qui faict vivre,
Que renoncer il se fault pour l'ensuyvre,
Sans prendre en soy soucy du lendemain,
Ains seulement du temps qu'on a en main
(Car les païens quièrent toutes ces choses.
Que s'il advient qu'icelles leur soient closes,
Chercher les font à leurs sotz astrologues,
Qui leur en font Dieu sçait quelz catalogues,
Où chascun d'eulx ses mensonges récite).
  Et davantage ha dit qu'il n'est licite
A nous sçavoir les temps et les momentz
Que Dieu ha mis hors nos entendementz,
Hors de noz sens et notre congnoissance,
Et réservez à sa seule puissance.
  Vas maintenant, et de Dieu te meffies,
Et à ces beaulx astrologues te fies,
Lesquelz jamais n'ont sçeu de Dieu l'affaire;
Et, s'ilz l'ont sceu, ils le devoient bien taire.
Non feras dea; jà Dieu ne plaise aussy,
Auquel tu croy. Or, fais que tout cecy
Tantost à tous racomptes et revelles.
A Dieu te diz, altéré de nouvelles,
Lequel, afin que merveille te donnes
De ses haults faits, t'en doint, en brief, de bonnes!

Fin.

AU SEUL DIEU HONNEUR ET GLOIRE.

BALLADE

A LA ROYNE DE NAVARRE.

Puisque je sçay de quelle humanité
　Elle est douée en tout temps et saison,
Puisque suis seur de sa bénignité,
Pourquoy ne romps je ici sa lyaison?
Devrois je pas aller en sa maison,
Me présenter franchement devant elle?
Est-ce bien faict lui faire fourbe telle,
Veu que je suis à elle, non pas mien?
De quoy me sert tant user de cautelle?
Je luy fais tort, que ne luy rendz le sien.

　Mais quand je pense à la capacité
Du mien esprit, dont n'en ay pas foison;
Quand je regarde à ma rusticité,
Passer ne puis la première cloison,
Disant en moy qu'ay meilleure achoison
Me déporter qu'il n'en soit plus nouvelle;
Mais je crains trop que quelqu'un luy révelle,
Dont ne seroit pas le plus seur moyen;
Brief, quand j'ai bien travaillé ma cervelle,
Je luy fais tort, que ne lui rendz le sien.

　Quand me souvient de la facilité
Dont elle abonde en vers et oraison,
Mon petit sens se sent débilité
Plus que devant et sans comparaison;
Me répliquant que je n'avois raison
Ainsi fascher cette fleur naturelle,
Et que je dois quicter telle querelle;
Mais je luy dis : « Ce que tu dis n'est rien;

Il ne faut jà qu'en ce plus on querelle :
Je luy fais tort, que ne luy rends le sien. »

 Princesse pure autant que colombelle,
Où des Vertus la tourbe gente et belle
A mis des dons sans regarder combien,
Je me confesse estre envers toy rebelle :
Je te fais tort, que ne te rendz le tien.

A LADICTE DAME.

Si tu me veulx donc pour toy retenir
Je te diray qu'il en peult advenir :
Servir pourray d'un bien franc aumosnier,
Car je ne sçay point l'aumosne nyer ;
Ou si tu veulx que sois ton secretaire,
Je sçaurois bien le poinct du secret taire ;
Ou bien pourrois estre laquais de court,
Pour bien courir la poste en sale ou court ;
Ou si j'avois sur moy ton équipage,
Je pourrois estre un tien honneste page,
Ou cuysinier, pour servir (quoy qu'il tarde)
Après disner de saulse ou de moustarde ;
Ou pour mieulx estre eslongné de la table,
Estre pourrois quelque valet d'estable.
Que si besoing tu n'as de mon service
(Veu que tu as maintz serviteurs sans vice,
Plus dru beaucoup que l'eau que Rosne meine),
Courray illec en celle court romaine,
Au grand lendy, dis-je, des benefices,
Qui vallent bien autant que point d'offices,
Pour en servant gaigner quelque chappelle,
Dont je ne sçay comment le sainct s'appelle.
Là, si ne puis en estre depesché,
Au fort aller j'auray quelque evesché ;

Si je ne puis impetrer d'estre prebstre,
Je ne pourray qu'au moins cardinal estre.
Ainsy feray, si tu ne me retiens,
Et toutesfois tousjours seray des tiens.

A ELLE ENCORES (1).

Sans rithme donc, mais non pas sans raison, en prose veulx faire mon oraison ; et, ce pendant, je diray à ma Muse qu'escrire en vers maintenant ne s'amuse. Si je vous dis icy ou *toy* ou *tienne*, ne vous soit grief; car liberté chrétienne si en dispense, et Dieu l'accepte aussi, quand on l'invoque et on l'appelle ainsi. Or, parler veulx à toi une fois l'an, ainsi que Dieu dict de Jérusalem : « Parlez, dict-il à elle et en son cueur. » Ainsi veulx donc, sans rigueur ne rancueur, parler un peu à ton cueur gracieux, où sont les loiz et statutz précieux du Roy des roys gravez et entaillez, bien mieulx qu'en pierre ilz ne furent baillez (2). Escoute donc, de par Dieu ! cueur royal, ce que te dict ton serviteur loyal ; lequel pour tien, ains que jamais le visses, as retenu pour faire aucuns services qui te seront, aydant Dieu, agréables. Or, ay-je ouy propos peu favorables qui sont à toy et à moy mal séans, et ne croy point qu'iceulx soient nez séans en royal cueur, auquel j'en fais le compte, et toutefois pour tiens on les mecompte : C'est que je dois me tenir là tousjours dont suis party, et s'il y a huict jours que j'en suis hors, pour là au tien affaire (dict-on) vaquer, comment se peult il faire ? Car il n'y ha

---

1. Autre pièce en vers, imprimée avec intention en façon de prose.
2. Les Tables de la loi données à Moïse sur le mont Sinaï.

ni repos ni loysir pour bien escrire, ainsi que j'ay désir, et que l'entendz. Outre plus, dès celle heure, on s'est pourveu d'un, lequel y demeure; et je me tiens illec, soir et matin, chez monseigneur monsieur de Saint-Martin, en attendant que tu me faces signes d'aller chez toy, ou qu'état tu m'assignes, dont, tant petit soit il, en vérité, indigne en suis et ne l'ay mérité. S'il est ainsi qu'il faille que retourne, et qu'estant tien, loing de toy je séjourne, que dira lors ma première maistresse, qui me laissa en regret et destresse, et à laquelle, en voyant telle attente, disois ainsi : « Estes-vous pas contente que je vous laisse en change d'une royne, pourveu que sois souffisant et idoyne ? » Que diront ceulx lesquelz, premier que moy, ains que jamais m'en vinst au cueur l'esmoy, ont veu et sceu envers moi ton vouloir, dont ne me puis repentir ne douloir, qui m'ont nommé *possession royale ?* Ilz cuyderont que faulte déloyale se soit trouvée en moy ; ce que n'est pas, et Dieu me doint plutost le mien trespas ! Or, que de toy je sois loing et remot, je ne croy point que ce contraire mot, ce mot jamais ayt prins en toy naissance, veu ton vouloir, dont j'ay bien congnoissance. Ce mot ne part de royale largesse, ains sort plustost d'infidèle sagesse, qui cuyde apprendre aux royaulx cueurs à craindre, et s'en tient près pour leurs désirs enfreindre. Un autre poinct y ha, lequel j'escoute : c'est si je veulx qu'au service on me boute d'un gentilhomme, et c'est mieulx mon profit (ce me dict on); mais le tien me souffit; puisque je voy aussi qu'il te plaît bien, le tien seray : c'est ou royal ou rien.

AU ROY DE NAVARRE (1).

Heureux départ vous prierois à mon tour (2),
Et, davantage, un plus qu'heureux retour;
Vous souhaittant toujours bonne aventure,
En ensuyvant de mon nom la nature,
Roy renommé, si n'estoit que j'ay peur
D'encourir nom d'affecté attrapeur
Et rançonneur de largesse royale.
En moy n'a lieu cautelle desloyale
(Loué soit Dieu!), pour vouloir cela faire,
Ce néantmoins que j'aye bien affaire,
Veu mon estat et povre qualité,
De quelque grâce et libéralité.
  Or, je ne sçay point l'art de demander;
Mais, s'il vous plaît de me recommander
Tant seulement à ma bonne maistresse,
Ce ne sera pas petite largesse.
Faites le donc, Sire, pour la pareille;
Tel mot ne soit estrange à vostre oreille :
Car si je suis recommandé à elle
De vous, un jour, par grâce mutuelle,
Sçay bien qu'à vous me recommandera.
A Dieu soyez, lequel vous gardera!

A LA ROYNE DE NAVARRE

SALUT.

Si vous ne demandez sinon les demandeurs,
Suyvant vertu royale, et les recommandeurs

---

1. Henri d'Albret, second mari de Marguerite de Valois, mort en 1555.
2. J'implorerois à mon tour pour vous un heureux départ.

D'eulx et de leurs amis, demandeur deviendray.
Ha! qu'est ce que je dis? à moy je reviendray,
Car avoir ne pourrois le cueur de demander,
Quand vous me le vouldriez encore commander.
Jaçoit que l'on ayt dict qu'argent je demandois,
Quand dire adieu au roy (1) dernièrement cuydois,
Où ce que je craingnois certes m'est advenu,
En m'imputant cela dont je suis moins tenu.
Ouy, mais je n'auray rien, si rien je ne demande?
Eh bien! où rien n'y ha, le roy perd son amende;
Si donc, Royne, voulez qu'il y ayt quelque chose,
Donnez sans demander, car demander je n'ose.
Mais qu'est ce qu'il me fault ne que me fault il? Rien.
Rien, Madame, que tout et me contente bien.
Vray est que cil qui dict qu'il se contente ment;
Toutefois je me vante avoir contentement,
Contentement content, où point ne me mescompte,
Car riche autant qu'un roy me treuve en fin de compte.

Vita verecunda est, musa jocosa mihi.

Invective contre Renommée (1).

Or es tu bien maligne, Renommée!
Car tu ne l'as pas telle renommée
Qu'elle est vrayment; et par ainsi, langarde,
A tes propos une autre fois prends garde,
Que désormais ne te voises mesler
Des grandz vertus vouloir si peu parler.
En as tu dict beaucoup? La grand' pitié
Que de ton faict! ce n'est pas la moytié!

1. Au roi de Navarre. Voy. la pièce de vers précédente.
1. Nous ne savons à qui cette pièce fait allusion; peut-être est-ce encore à la reine de Navarre.

Car, tesmoins ceux qui d'elle ont cognoissance,
Quand à son loz rien ne t'y cognois, en ce
Qu'il semble, à veoir, que tu veuilles taschen
La plus grand' part soubz silence cacher;
Mais tu ne peux que chascun ne le sache,
Dont en seras renommée bien lasche.
Quand tu cognois que tu ne peux attaindre,
A si hault blanc sans tes forces estaindre;
Et quand tu vois que tes langues cliquantes,
Ne sont tel loz justement expliquantes,
Les dois tu pas soubz tes plumes tenir,
Et d'ainsi peu parler t'en abstenir?
 O! que j'ay bien parlé à celuy monstre,
De grand' vertu faisant petite monstre!
Mais qu'ay je fait? Certes rien, au vray dire;
Jà ne me fault tant estre gonflé d'ire,
Car ces vertus, qui ne sont point nombrées
Ne veulent point estre ainsi célébrées
Par bruyt mondain ni par humaine voix,
Qui bien souvent fraudent le prix et poix,
Ainsi qu'il est manifeste orendroit.
Aussi ne veult madame là son droict;
Car elle sçait que ceulx là qui font bien
A celle fin qu'on en die du bien
Ont jà receu leur salaire content.
Or n'est le cueur d'elle de ce content :
Si Renommée est lasche à son renom,
Sa récompense est en Dieu et son nom.

A MADAME DE SAINCT-PATER.

Ah! madame de Sainct Pater,
Si j'osois jurer Jupiter
Et Styx, ce maray des enfers
Où les damnez sont mis en fers,

Soubz grief serment, sans feinte et ruse,
Je pourrois faire mon excuse
De ce que nulle rithme expresse
N'avez eu de moy, pour la presse
Qu'ay endurée à mon affaire,
Où j'ay trouvé beaucoup à faire.
Or y ha t il reméde assez,
Car tous mes écritz sont passez
Par voz mains, après que la royne
A faict d'iceulx lecture idoyne.
Toutefois encor veulx je bien
Déclarer par escript combien
Pour vous me vouldrois employer,
Sans jamais me feindre ou ployer.
Vous n'en avez, par adventure,
Pas un tel que Bonaventure
Qui vous voulsist faire service
Plus voluntiers [au dict n'est vice,
Si l'on note les motz entiers,
Vu que je dis *plus voluntiers* (1)] :
Car, jà soit mon povoir petit,
Neantmoins j'ay grand appetit
En tout vous servir et valoir,
Dont parier puis mon vouloir
(Puisque je n'ay povoir aucun)
A tout le moins contre un chascun.
Que si j'avois le povoir tel,
Je ne craindrois homme mortel
Qui soit en ce monde vivant
Quant au nom de meilleur servant.
Je n'en veulx autre chose dire :
Je vous empesche icy à lire,
Où pas n'avez loysir peult estre;
C'est faict, je n'ay plus guaire à mettre.
Puisque vous voy de près hanter

---

1. Nous croyons voir dans ce jeu de mots une allusion à la *chose tierce* dont il a été question ci-dessus, p. 50.

La Royne, à vous viens presenter
Un don des Muses mal nourries :
Le voicy, sont Pasques flouries (1)
Que, s'il vous plaît, luy baillerez,
Et le vostre me nommerez.
Elle n'y contredira rien,
Combien que je sois jà le sien.

EPIGRAMMES.

DE LA ROYNE DE NAVARRE.

Tu es trompé, ô peuple lyonnois (2) !
Quand tu prends garde au magnifique arroy :
Car, parmy toy cachée, mescongnois
En simple habit la sœur de ton bon Roy.
Mieulx es trompé quand, en royal charroy
La regardant, l'estimes mondaine estre.
Dieu ne l'a pas, non, pour cela faict naistre,
Quoy que mondain estat qui trompe rie.
Que pleust à Dieu que tu sceusses congnoistre
L'heureux secret de telle tromperie !

A LA DICTE DAME.

Or l'ay je veu cheminer en publique
Ce monstre-là, Princesse, que tu sçais,

---

1. Nous avons parlé de cette pièce de vers dans la note bibliographique des *Œuvres diverses*.
2. Marguerite habita Lyon à plusieurs reprises. Elle y étoit venue pour la première fois à l'âge de trente-cinq ans, en 1525 ; son mari, le duc d'Alençon et elle demeurèrent dans la maison de l'Obédiencier de Saint-Just.

Qu'est feminin, viril et angelique,
Et qui surpasse en tout humain excès.
De honte et crainte en ay eu tel accès,
Incontinent que de mes yeux l'ay veu,
Qu'onques ne fuz mieulx prins au despourveu:
Brief, j'ay esté surprins tout ainsi comme
Jadis le fut, vers luy, le Despourveu;
Mais j'ay aussi Bon Espoir ce bonhomme.

A ELLE ENCORES.

Ma povre Muse, ô noble dame! chomme,
Et si ne tient qu'à faulte de loysir :
Las! elle voit en tel estat son homme
Qu'on n'en pourroit pas un pire choysir.
Cuydez vous point que c'est grand desplaisir
Qu'elle se voye ainsi tant destourbée?
Ce qu'elle escrit, c'est à la desrobée,
Car, où j'ay prou besongné tout le jour,
Tant que j'en ay la main lasse et courbée (1),
Il semble encor que j'aye faict sejour.

DE SOY MESME ET DE SON MAISTRE ANTOINE DU MOULIN.

Merlin avoit son maistre Blaise,
Et j'ay mon maistre Antoine aussi;
Merlin vivoit bien à son aise,
Maistre Blaise avoit du soucy.

1. Nous avons ailleurs expliqué l'allusion qui se trouve ici.

Mais il ne nous en prent ainsi,
Car maistre Antoine est soubz la tente
D'heureux repos, où il s'exempte
De tous soucys au cueur serrans,
Et malheur veult que je m'absente
De nobles chevaliers errans.

A JEAN DE TOURNES, IMPRIMEUR (1).

Veulx-tu garder que perte ne t'advienne,
Ou que n'en sois de regretz morfondu,
Ne te dis point que ta chose soit tienne :
S'elle se perd, tu n'auras rien perdu ;
Et, pour tout dire à un mot entendu,
Tout mal se moule en la forme de dire :
Car, si tu dis, en ton cœur remply d'ire,
Que l'on te hayt, le bien en mal prendras ;
Et, si tu dis que chacun te peult nuire,
Le tien amy pour ennemy tiendras.

A MONSIEUR LE VICOMTE DU PERCHE.

Monsieur le viconte du Perche,
Dedalus, quand volera il ?
Vous l'avez laissé sur la perche,
Où il est dru, gay et gentil.

1. Jean de Tournes fut l'imprimeur du *Recueil des œuvres de Des Periers*. Il étoit né en 1504 et mourut à l'âge de soixante ans, à Lyon, où tous les écrivains françois correspondoient avec lui. Il avoit conquis leurs sympathies par une probité exemplaire et un véritable amour de son art. Voy., quelques pages plus loin, sa lettre à ses confrères.

Par le vostre moyen subtil,
Il est encor en son plumage,
Dont chantera en chant ramage :
Vive par qui vie ha son compte !
A jamais, sans dueil ne dommage,
Vive du Perche le viconte !

A LA ROYNE DE NAVARRE.

Tu as trouvé un enquesteur de mesme
Pour t'enquerir de moy, ton malfaicteur,
Qui me congnoist mieulx que ne fais moy même,
Qui ha esté et est mon precepteur ;
Qui m'a monstré quel est mon Redempteur ;
Qui m'a monstré rhythmes, grec et latin ;
Auquel j'allois le soir, et le matin
M'en retournois faire aux enfans lecture :
C'est monseigneur monsieur de Sainct Martin (1),
Qui me pourchasse encor bonne adventure (2).

A LADICTE DAME.

Ha ! le voicy, Madame, le voicy,
Le malfaicteur qui les rimes mal faict :
C'est luy qui ha baillé ce dizain cy,
Lequel peult être est encore imparfaict.
Or, qu'il soit donc detenu pour le faict

1. Le cardinal de Lorraine Jean de Guise, abbé de Notre-Dame-de-l'Isle-Barbe, dédiée à saint Martin. Voy. ci-dessus, p. 54.
2. Il joue sur son nom.

Et chastié de son outrecuydance.
Remonstrez lui sa faulte et impudence,
Et, s'il vous plaît, qu'il soit en telle sorte
Mis prisonnier, pour faire residence,
En lieu si seur que jamais il n'en sorte.

A MAISTRE NOEL ALIBERT, LYONNOIS.

Deux cordeliers, avec deux jaccopins (1),
En un batteau veis qui passoient la Saone,
Semblans deux sacz entre deux gros tuppins,
Depuis le pont, tant leur blason consonne.
Le battelier, bien devote personne,
Prioit, disant : « Si ces âmes diverses
De noz conventz, professes ou converses,
Se perdent cy en ce val terrien,
Helas ! mon Dieu ! n'en ayons controuverses :
Nul bien n'en vient ; ne m'en demande rien ! »

A MADAME LA SENESCHALE DE POICTOU (2).

Doubteux Esmoy, qui parler m'a contrainct,
Mon povre espoir voudroit bien divertir ;
Il le harie, il le serre et estrainct,
Et voluntiers le feroit repentir
De ce qu'il vint jamais à consentir

---

1. Pour *jacobins*.
2. Grand'mère des frères de Bourdeille, dont l'un fut le célèbre abbé de Branthome. Elle étoit dame d'honneur de Marguerite, et c'est d'elle que le célèbre conteur avoit appris quantité d'aventures de la cour de François Ier.

De trouver mieulx, veu que longue est l'attente.
Mais espoir dict tout bas qu'il se contente,
Et qu'il n'y ha qu'un petit d'intervalle
Qu'il n'ayt response assurée et patente.
Dict il pas bien, ô noble senechale?

A LA ROYNE DE NAVARRE.

Madame, vostre prisonnier,
Il faict encor là de la grue (1).
Luy voulez-vous prison nyer?
Car il va et court par la rue;
Qu'il n'ayt plus la plume si drue,
Et le gardez de tant voler.
Outre plus, souffrez-vous mesler
Ainsi le votre parmy tous?
Car, à le voir ainsi aller,
On ne sçait pas qu'il soit à vous.

A LADICTE DAME.

Si le prevost des mareschaulx (2) venoit,
Veu que je suis maintenant sans rien faire,
Consideré que point ne me congnoît,
Il n'est pas seur que n'eusse de l'affaire.
Je ne pourrois respondre ou satisfaire
S'il me trouvoit vagabond et oyseux;
Il me prendroit comme un de ces noyseux,

---

1. Cette expression vulgaire est restée dans la langue : *faire le pied de grue*.
2. Voy. t. 2, p. 125, note 1.

En moins qu'avoir dict une patenostre,
Et me mettroit captif avecques eulx,
Sans regarder que je suis jà le vostre.

A MONSIEUR LE CHANCELIER D'ALENÇON (1).

Prudent chancelier de renom,
　　Avant que faire la closture
De l'estat, n'oubliez le nom
Tant joyeux de Bonaventure.
Que s'il est en vostre escriture,
Et que la Royne vous l'efface,
Je ne sçay pas plus que j'en face,
Fors l'aller noircir de douleur,
Et escrire, changeant sa face,
Pour Bonaventure, *Malheur!*

A LA ROYNE DE NAVARRE.

Que me mettiez ainsi au choiz de dire
　　Combien je veulx avoir de vous de gage,
Je doubte fort si j'y dois contredire
Ou accorder, voire et en quel langage :
Car, si je dy trop, veu le personnage,
Je vous feray grant tort, et à moy honte;

1. Ainsi s'appeloit le chancelier de Marguerite, duchesse d'Alençon. Les hommes les plus remarquables furent successivement revêtus par elle de cette charge : Brinon, Groslot, l'une des victimes de la Saint-Barthélemy, et autres. Le chancelier dressoit chaque année le budget de la maison royale, que l'on appeloit l'*estat*, et tous les poëtes pensionnés avoient grand intérêt à le ménager.

Si je dis peu et que je me mescompte,
Veu que n'ay rien, ce n'est pas saine chose,
Et diroit on que tiendrois peu de compte
De royauté.... Parquoy rien dire n'ose.

A LA DICTE DAME.

Baillé m'avez de la besongne à faire,
Et pour ouvrer je m'appareille aussi.
Ce nonobstant, encor pour mon affaire
Je vous escris, comme voyez icy,
Veu que ne puis pour vous escrire ainsi
Comme je suis. Pourtant donc vous requiers je
Que m'ordonniez lieu hors trouble et soucy,
Et j'escriray aussi droict comme un cierge.

DU GOUST DU VIN RETROUVÉ.

Autour de la machine ronde
Tournant, virant et voltigeant,
Cherchois la chose qu'en ce monde
Ne se recouvre pour argent,
Et dont m'avoit fait indigent
Ce monstre laid dict *maladie*:
Bacchus, à la tête etourdie,
Qui est bon gaudisseur divin,
Par une risée esbaudie,
Me l'a rendu, le goust du vin.

DE L'APPETIT RECOUVERT.

O petit, petit appetit!
Helas! qu'estois tu devenu?
Maintenant, petit à petit,
Me seras tantost revenu.
Or sois tu le très bien venu
Et ne t'en vas, qui que t'harcelle;
Mais tu as perdu la vaisselle
Où le noble escu navarrois
Donne lieu au devy de celle
Que disois que plus ne verrois.

A MADAME MARGUERITE, FILLE DU ROY.

Vous voulez donc voir Dedalus qui vole,
O Marguerite! où nostre espoir espère?
Que verrez vous? une naïfve idole,
Un filz qui est par trop rebelle au père.
En ceste chair, digne de vitupère,
N'est le meilleur regarder la personne;
Mais vostre tante, en qui tout bien consonne,
Ha un Miroir sans macule ni vice (1),
Où maint esprit se voit et se façonne.
Là la congneuz avant que je la visse.

1. *Le Miroir de l'âme pescheresse*, imprimé en 1533 à Alençon.

A LA ROYNE DE NAVARRE.

Quand premier ma rustique Muse,
　　Pleine de grand' legereté,
Qui de nature ne s'amuse
Voluntiers qu'à joyeuseté,
Salua Vostre Majesté,
Elle avoit d'autres cas à dire
Et ne pensoit pas vous escrire
A jamais supplication,
Où on treuve trop à redire
Et n'y a nulle invention;
Mais c'estoit son intention
De parler de la loy de Christ,
Dont souvent faictes mention;
Autrement, jamais n'eust escript.

A BLAISE VOLLET, DE DYE.

Jaques le Gros n'ayme que les jambons,
　　Et mesmement des jambons de Maiance;
Mais, comme il dict, ilz ne luy sont pas bons
S'ilz ne sont bien salez par excellence.
Beaucoup plutost au merluz il se lance
Qu'il ne faict pas à quelque esturgeon fraiz.
Vous avez beau faire grands coustz et fraiz,
Si au festin vous l'avez appelé,
Vous y perdrez tous voz exquis apprestz :
Jacques le Gros n'ayme que du salé.

A LA ROYNE DE NAVARRE.

Or, vous voyez ma valeur toute nue,
Et sçavez jà bien quel est mon sçavoir.
Puis donc qu'avez ma plume retenue,
Feray d'ecrire et voler bon debvoir.
J'escris toujours pour vous de mon pouvoir,
Et pour escrire encor mieulx m'appareille.
Veu tant d'escriptz, requiers, pour la pareille,
Que me baillez de la vostre escripture
Un mot flory de grâce non pareille,
Pour tout l'heureuz heur de Bonne adventure.

A MADEMOYSELLE DE SAINCT PATER.

Pourray je avoir un privilége
De *dame* ou *damoiselle* dire,
Puisque c'est pis que sacrilége
L'un de ces motz pour l'autre eslire ?
Hyer il me convint desdire
Et rescinder la queue *oyselle*,
Car j'avois dict tout d'une tire
A la Royne : *madamoyselle*.

A LA ROYNE DE NAVARRE.

En escrivant vos immortalitez,
Où il y ha tant de subtilitez,
Tant de propos de haulte invention,
Tant de thresors et tant d'utilitez,
Mes sens en sont tout rehabilitez ;
Ma plume y prent sa recreation,

Voulant voler à l'imitation ;
Mais il n'y a aucune convenance :
D'ont, puisqu'elle ha telle occupation,
Où elle peult prendre erudition,
De plus rithmer devroit faire abstinence.

A LADICTE DAME.

Le vostre volant Dedalus,
Interrogué à quoy tenoit
Qu'il n'avoit un Bucephalus,
Ains voloit où il cheminoit,
Dict que point ne s'en estonnoit :
« Car, dict-il (veu ce que poursuys),
De plus gens de bien que ne suis
S'en vont à pied à l'adventure ;
Mais aussi (comme dire puis)
Gens aussi vains vont sur monture. »

A ELLE ENCORE.

Pour vostre lictière (1) presente
Je n'ay rien que je vous presente,

1. Quoiqu'il soit question quelque part, dans ces vers, de magnifiques charrois, le mode de voyage que préféroit Marguerite étoit la litière. Ses principales poésies et les contes de l'*Heptameron*, fruits des loisirs de ses longues pérégrinations, furent écrits en litière. Branthome, que jamais on n'interroge en vain sur les usages des grands seigneurs ses contemporains, dit, au livre des capitaines étrangers : « Je me souviens, moy estant petit garçon, nourry en la cour de ceste grande royne de Navarre, Marguerite, ne luy avoir jamais veu que trois mullets de coffre et six de ses deux lictières ; bien avoit-elle trois ou quatre chariots pour ses filles. »

Sinon ce vostre immortel livre (1),
Lequel pour lire je vous livre,
Par tel si (2) que me le rendrez,
Et mes faultes y reprendrez :
Mes faultes (dis je) d'escrivain,
Qui fais souvent maint escript vain,
Car leans la mienne escriture
Faict grand tort à votre facture ;
Mais du tout me corrigeray,
Quand temps, loysir et lieu j'auray.

D'UNE MULE QU'ON MENOIT VENDRE.

La mule de monsieur porte un chappeau de paille,
Dont chascun dit ainsi : « C'est un signe d'argent :
Car il fault que vrayment madame rien ne vaille,
Ou que, sauf vostre honneur, monsieur n'ay point d'argent (3). »

SUR UN OUVRAGE DE MOUCHES A MIEL ATTACHÉ A UN COULDRIER.

C'est un couvent ou republique
De mouches moult ingenieuses,
Lesquelles ne sont point oyseuses :
Car chascune au labeur s'applique.

1. Peut-être l'*Heptameron*, dont la copie lui auroit été confiée.
2. De telle façon.
3. Encore aujourd'hui l'on attache un bouchon de paille à la tête ou à la queue des animaux qu'on mène en foire.

DE Z ET S, A SES DISCIPLES.

Vous avez tousjours S à mettre
A la fin de chasque plurier,
Sinon qu'il y ait une lettre
Crestée au bout du singulier;
Et, quand E y ha son entier,
Bonté vous guide à ses bont*ez*;
Si vous suyvez autre sentier,
Voz bonnes notes mal notez.

SUR L'EGLOGUE FAICTE PAR CLAUDE LEMAISTRE, LYONNOIS.

O doulce nièce tant requise !
La joye qui m'est advenue
A ta plus qu'heureuse venue
En vers ne peult estre comprise,
Veu que les vers, selon leur guise,
Tousjours veulent qu'on les mesure,
Et ma joye passe mesure.

A ANTOINE DU MOULIN, MASCONNOIS.

Rhosne mignon, qui Saône et Sorgue meines,
Et qui du père et du filz gentement
Vas arrosant les deux amples domaines(1),

1. Le Dauphiné, qui appartenoit au fils aîné des rois de France, avoit à l'ouest le Rhône pour limites.

En divisant leurs confins justement;
Soit donc temoing ton beau tiers bastiment (1),
Non loing duquel Laure ha sa sepulture,
Que ceste povre et lasse creature,
En s'en allant, comme chose sans nom,
Je ne sçay où chercher son adventure,
Ha rencontré un amy de renom.

DE LA ROYNE DE NAVARRE.

A quoi tient il qu'il y ha si grand'presse
De gens ceans qu'on ne se peult tourner?
Ilz viennent veoir (ce croy je) ma maistresse,
Et, pour l'ouyr, ayment bien sejourner.
Ouy, mais j'en voy plusieurs se prosterner
Pour luy parler; dont me faict souvenance
De Athena (2), qui par bonne ordonnance
Veult essayer un chascun professeur;
Mais quelqu'un dict que, vu la contenance,
Elle ressemble un bien bon confesseur.

1. Avignon. Le tombeau de la célèbre maîtresse de Pétrarque, élevé par François Ier, se trouve non loin de cette ville.

2. N'est-ce pas, dit M. P. Lacroix, cette savante *Athenaïs*, fille du philosophe athénien Léonce, rebaptisée sous le nom d'Eudoxie et mariée à Théodose le Jeune en 421? *Athénaïs* avoit été si bien instruite par son père dans les lettres, la philosophie et les mathématiques, que personne parmi ses contemporains ne pouvoit lui être comparé.

ENVOY

PAR JACQUELINE DE STUARD, LYONNOISE.

O quel effort cruel et dangereux
  Quand contre amour amour faict resistence !
O que celuy est vrayment malheureux
Qui contre soy ha soy mesme en deffense !
Je sens en moy ceste grand'violence,
Estant contrainte à autre m'addresser ;
Mais qui pourroit de cela me presser,
Vu que changer n'est point à mon usage ?
Amour luy même, il me le faict laisser,
Pour me venger de son tort et oultrage.

REPONSE.

Le cueur qui dict qu'à changer le contrainct
  Contraire amour d'amour n'a connoissance :
Car qui bien ayme à bien aymer s'astrainct,
Doubtant d'Amour la cautelle et puissance.

Il est si fin, ce dieu de jouyssance,
Que, comme il sçait par semblans attrapper,
Ainsi il feinct de laisser eschapper
La proye, afin d'esprouver sa constance ;
Mais, s'elle cuyde enfin s'emanciper,
Il a pour elle assez de resistance.

A LA DAME PENELOPE.

Vrayment, puisque je m'en advise,
  Bailler vous veulx une devise
De trois lettres tant seulement,

Que vous pourrez facilement
Paindre par tout où vous vouldrez.
T et D assez près joindrez,
Dont les deux boutz esgaulx seront,
Puis les couplez d'un O bien rond,
Le tout en une espère ronde.
Il n'est pas possible en ce monde,
Penelope, je vous asseure,
En inventer une meilleure,
Ne qui plus vostre esprit contente,
Veu la fortune et longue attente
D'Ulixes, dont le souvenir
Vous faict jà vieille devenir (1).

CHANSON.

A Claude Bectone, Daulphinoise.

Si Amour n'estoit tant volage
Ou qu'on le peust voir en tel aage
Qu'il sceust les labeurs estimer,
On pourroit bien sans mal aymer.

Si Amour avoit congnoissance
De son invincible puissance,
Laquelle il oyt tant reclamer,
On pourroit bien sans mal aymer.

Si Amour descouvroit sa veue
Aussi bien qu'il faict sa chair nue,
Quand contre tous se veult armer,
On pourroit bien sans mal aymer.

1. En d'autres termes, il conseille à cette bonne dame de se chercher une *dot*.

Si Amour ne portoit les flèches
Dont aux yeux il faict maintes brèches
Pour enfin les cueurs consommer,
On pourroit bien sans mal aymer.

Si Amour n'avoit l'etincelle,
Qui plus couverte et moins se celle,
Dont il peust la glace enflammer,
On pourroit bien sans mal aymer.

Si Amour, de toute coustume,
Ne portoit le nom d'amertume,
Et qu'en soy n'eût un doux amer,
On pourroit bien sans mal aymer.

RESPONSE.

Si chose aymée est toujours belle,
Si la beauté est eternelle,
Dont le desir n'est à blasmer,
On ne sçauroit que bien aymer.

Si le cueur humain qui desire
En choisissant n'a l'œil au pire
Quand le meilleur sçait estimer,
On ne sçauroit que bien aymer.

Si l'estimer naist de prudence,
Laquelle congnoist l'indigence,
Qui faict l'amour plaindre et pasmer,
On ne sçauroit que bien aymer.

Si le bien est chose plaisante,
Si le bien est chose duysante,
Si au bien se fault conformer,
On ne sçauroit que bien aymer.

Brief, puisque la bonté benigne
De la sapience divine
Se faict charité surnommer,
On ne sçauroit que bien aymer.

CHANSON.

Par ton regard tu me fais esperer,
En espérant m'y convient endurer,
En endurant ne me fault jà complaindre :
Car la complaincte ne peult mon mal estaindre;
Mais du danger seul me peulx retirer.

CHANSON.

Par ton parler me fais en toy fier,
En m'y fiant ne me dois soucier,
Se souciant on ne faict rien que craindre,
Et par la crainte on peult la foy enfraindre :
Or je ne veulx de toy me meffier.

CHANSON.

Par ton amour tu m'apprens à aymer,
En bien aymant de nul mal estimer,
En estimant du grand comme du moindre,
Et moins n'entendz je en charité me feindre
Vers mon prochain, lequel me vient blasmer.

RONDEAULX.

A LA ROYNE DE NAVARRE.

Trop plus qu'heureux je suis par vous, princesse,
Car mes soucys langoureux ont prins cesse,
Puisqu'il vous plaît pour vostre m'avouer :
J'en rimerai doncques, sans m'enrouer,
Jusques à tant que vous me disiez : « Cesse! »

Je ne craindray plus ennuy ne destresse,
Puisque Dieu m'a donné telle maistresse,
Dont ne l'en puis jamais assez louer,
   Trop plus qu'heureux.

Si vous trouvez en moy d'escrire adresse,
Si me gardez du peché de paresse
Et que je n'aye appetit de jouer :
Car au labeur me veulx du tout vouer,
Pour mieulx servir à la vostre noblesse,
   Trop plus qu'heureux.

A LADICTE DAME.

Ce m'est assez, en vous très bien servant,
Si j'acquiers nom de fidèle servant,
Plutost d'effect que non pas de langage;
Achevez-moy l'evangelique gage,
Qui est avoir la vesture en vivant.

Jà vestu m'a, pour son propre escrivant,
Vostre bonté, que je vois observant;

Donnez moy lieu pour vaquer à l'ouvrage,
  Ce m'est assez.

Ayant servy plusieurs, par cy devant,
Où j'ay eté indigence esprouvant,
Tant qu'on disoit : « Cestuy là perd son aage »;
Dieu, maintenant, d'un royal personnage
Face que sois la grâce desservant!
  Ce m'est assez.

A BENOIST BAUMET, LYONNOIS.

En court, pour le beau premier soir,
Couché fuz comme en un pressoir,
En lict bien autre que de plume,
Un petit plus dur qu'une enclume :
On le peult sentir à s'y seoir.

Mais, sans rien m'en apercevoir,
De dormir je feis mon devoir,
Nonobstant la neufve coustume,
  En court.

Il ne m'en doit guères chaloir,
Je n'en puis de rien pis valoir,
Ainsi que j'espère et presume;
Le temps passé je ne résume,
Car d'endurer j'ay bon vouloir,
  En court.

A MATTHIEU DE QUATRE, DE LA MASTRE.

Les aveugles et violeurs,
Pour oster aux gens leurs douleurs,
Chantent toujours belles chansons;

Et, toutefois, par chantz et sons
Ilz ne peuvent chasser les leurs.

Ce qu'ilz chantent en leurs malheurs,
Ils aiment mieulx que les couleurs,
Ou moins qu'enfans longues leçons,
  Les aveugles.

En chantant ilz pensent ailleurs,
Mesmement aux biens des bailleurs;
Autrement, chantz leur sont tansons,
Et n'en prisent point les façons,
Si leurs bissacz n'en sont meilleurs,
  Les aveugles.

A LA REINE DE NAVARRE.

Pour passe temps, donc, de votre lictière,
 Regarderez ceste triste matière,
De corps de Christ seconde passion,
Dont vous prendrez grande compassion,
Quand l'aurez veue et luë tout entière.

C'est povreté, de langueurs courratière,
Et de la croix de Christ vraye heritière,
Qui vous faict cy sa supplication,
  Pour passe temps.

Elle ha espoir, la povre irregulière,
Considerant la bonté singulière
Qui est en vous, qu'à sa profession
Ferez donner quelque perfection;
Vous le pouvez, sœur du roy familière,
  Pour passe temps.

A LA DICTE DAME.

Loysir et liberté,
C'est bien son seul desir :
Ce seroit un plaisir
Pour traicter verité.

L'esprit inquieté
Ne se fait que moysir,
Loysir et liberté,
S'ilz viennent cest esté,
Liberté et loysir,
Ilz la pourront saisir
A perpetuité,
Loysir et liberté.

CARESME PRENANT

EN TARATANTARA (1).

Caresme prenant, c'est pour vray, le diable,
Le diable d'enfer plus insatiable,
Le plus furieux, le plus dissolut,
Le plus empeschant la voie de salut,

---

1. On appelle ainsi des vers de dix pieds dont le repos est après le cinquième. *Taratantara* est un mot de cinq syllabes qui, peut-être, a donné son nom à ce vers, parceque, répété, il en peint la cadence. On cite parmi les anciens exemples de *taratantara* : Le jardin amoureux, contenant toutes les règles d'amour ; Lyon, 1501. Néanmoins, Régnier-Desmarais, à une époque relativement moderne, crut avoir, le premier, fait usage de ce rythme. Plusieurs poètes modernes l'ont aussi employé, mais, que nous sachions, sans lui donner son nom primitif.

Que diable qui soit au profond manoir
Où se tient Pluton, ce roy laid et noir;
C'est le desbaucheur des malings espritz,
Qui souz forte main sont liez et pris.
Tous ses compagnons, jà meschants d'eulx mêmes,
Enhorte et semond à tous maulx extrêmes;
Eacus, Minos et Rhadamantus,
Juges infernaulx, du tout se sont teuz,
Quant de loing ont veu Caresme prenant,
Ce gros diable là, grand à l'avenant,
Qui les invitoit à tous griefz excès,
A vuyder les potz, non pas les procès.
Tisiphone lors ha baillé les champs,
Et ha suspendu la peine aux meschans,
Lesquelz, pour si peu qu'ilz sont relaschez,
Retournent encor à leurs vieulx pechez.
Elle, pour fournir mieulx aux beuveries,
S'en va amasser toutes les furies,
Avec Lachesis, Clotho, Atropos,
Qui ont bon vouloir à vuyder les potz.
Tantalus y court, afin qu'il desjeune,
Et, maulgré les dieux, il rompt son long jeusne.
L'oyseau qui le cueur à Titius mange
S'en est envolé, craignant la revenge;
Puis il congnoist bien que de chair n'a pas
Assez pour fournir à un tel repas.
Sisyphus se paist et prent ses esbas
Sans aller querir sa grand' pierre en bas.
Ixion lié en rouë tournant,
S'estant arresté, boit à tout venant.
Brief, les enfers sont sans reigles ne frein,
Par ce diable là, qui les met en train.
Caron, le naucher hydeux et sauvage,
En se reposant boit sur le rivage,
Et ne pensez pas, non, que ce soit eau,
Car desappuyer ne veult son batteau,
Qui est soustenu par eau sale et trouble:
Il ayme bien mieulx du vin, voire au double.

Qui luy bailleroit des anniversaires
Tout le revenu, et des mortuaires,
Il ne passeroit point, celle journée,
De qui que ce fust nulle âme damnée.
Dueil s'est esbaudy, et de rage court,
Avec les soucys, en la basse court (1).
Crainte à tous forfaictz et maux s'enhardit;
Povreté, ayant trop, si se gaudit;
Faim prent les morceaulx que mâcher ne peult,
Et, comme d'estœufz, esbattre s'en veult.
  Caresme prenant, qui ne quiert qu'à mordre,
Par sa faction met tout en desordre;
Et, ayant esmu ainsi les enfers,
Tous ces diabletons, en chaînes et fers,
Çà hault a mené en cestuy sot monde,
Pour leur faire veoir un triomphe immunde,
De meschanceté un vif exemplaire,
Lequel onc ne peut aux vertueux plaire.
Lors povres humains, las! trop curieux,
Veulent imiter ce tant furieux
Diable folloyant : ilz le contrefont,
Et se vont vantant que vrayment ilz font
Caresme prenant; ilz font donc le diable?
Aussi le font ilz, tant soit amyable
La vieille façon. Et la quarantaine,
Qui s'en vient après, n'est point tant certaine
De tous les bienfaictz qu'elle entreprend faire
Qu'à tous ces maulx là puisse satisfaire
Lesquels en ce jour on commet sans crainte,
Où ses biens sont faitz souvent par contraincte.
Peult un bien forcé un mal voluntaire
Purger devant Dieu? Je ne m'en puis taire :
Chascun à ce jour de riffler s'efforce;
Aux autres suyvants on jeûne par force,
Ou, à tout le moins, on faict abstinence,
Ou, si vous voulez, on faict contenance;

1. Ce vers a été passé dans l'édition de 1841.

Et n'ose juger, de ma phantasie,
Qu'on face telz biens sans hypocrisie;
Mais je suis certain qu'elle n'a point lieu
Aux actes commis ce jour devant Dieu,
Qui ne partent point sinon d'un vain cueur,
Caresme prenant en estant vaincueur.
Afin donc que pis il ne nous advienne,
Requerons à Dieu que plus ne revienne
Ce qui est tous maulx au monde apprenant,
Ce diable mauldict Caresme prenant!

A LA ROYNE DE NAVARRE.

Si j'ay faict Caresme prenant,
Il vous plaira me pardonner :
Car, veu que je suis apprenant,
M'y ha faillu ma part donner.
Il vous ha pleu de m'ordonner
Pour vostre poësie escrire,
Je m'y devois mieulx addonner,
Mais il falloit à ce jour rire.

Fin.

TOUT A UN.

L'IMPRIMEUR AUX IMPRIMEURS.

Si chascun de nous taschoit, pour l'ampliment et perfection de nostre art, de faire de mieulx en mieulx, et non, corrompu de l'esperance du gaing, d'aller par la trace d'autruy, nous n'aurions si mauvais bruyt aujourd'huy que nous avons de faire ouvraiges incorrectz. J'entens, pour mieulx le vous declairer, que nous sommes si addonnez au profit indeu que, incontinent que l'un de nous ha mis quelque belle œuvre en avant, il est par l'autre incontinent refaict : refaict (dis-je) le plus souvent avec mille faultes ; et à ce moyen demeure celuy qui en avoit premierement prins la peine frustré de son labeur, pour autant qu'en vendant les meschans ouvraiges, ne se expedient les bons : à cause du vil pris ou accourent les indoctes, ne sachans que c'est. Et le pis que je y voy, c'est que la faulte advient aux livres nouveaulx le plus souvent, desquelz à juste cause celuy qui premier les met en lumière devroit retirer le profit sans y estre retardé ny empesché. Donc, quant à moy, j'ay deliberé de tenir en mon imprimerie ceste mode, qu'il n'y sera imprimé aucun livre nouveau, qui ayt esté premièrement imprimé par autre, que premier celuy n'ayt retiré le loyer et profit de ses peines et despenses. Si prie tous autres de nostre art qu'ilz veulent tenir ceste façon de faire et l'observer diligemment, attendu que ce sera bien faict, et cause que chascun aura ses gaingz et profitz comme il appartiendra.

II

SUPPLÉMENT

AU

RECUEIL DES ŒUVRES

POUR MAROT, ABSENT,

Contre Sagon.

Velà de quoy (1) ma Muse est anymée :
C'est qu'une plume orde et envenimée,
Plume d'arpye ou de quelque chouette,
Vole et poursuyt du souverain poète
Maro, Françoys, le renom invincible.
Velà de quoy ! Mais est il bien possible
Que Sagon ait ung si lasche et vain cueur
Que par mesdire il vueille estre vainqueur
Du grand poète après lequel il chasse ?

O le beau loz qu'il desire et pourchasse
Par ses bons dieux et par l'infernal Styx !
Nommer se veult second Maromastrix,
Ce sagouin, puisque Marot, facond,
A eu l'honneur d'estre Maro second.
Mais quoy ! l'effort des hayneux perira,
Et des Maroz les œuvres on lira.

De qui eut il, l'impudent sacrilége,
Faveur, creance, adveu ou privilége,
Pour oser rendre ainsi toute troublée
De Parnassus la divine assemblée ?

1. La méchante satire par laquelle Sagon commença le procès de Marot *absent*, c'est-à-dire fuyant la corde et le bûcher, est intitulée : *Le coup d'essay*, et a pour épigraphe ces paroles : « Velà de quoy! » Le caustique Bonaventure les lui renvoie avec beaucoup d'esprit.

O roy Françoys, qui au mylieu resides
Du mont sacré, et aux Muses presides
Comme ung Phebus, la lumière et l'honneur
De nostre siècle, et le noble enseigneur
De poesie en ta françoise langue
(Dont nymphes font maint canticque et harengue,
Et mesmement ta seconde lumière,
Unique sœur, des Muses la première!)
Si que de toy, ô noble roy Françoys !
Nommé sera le langage françoys,
Voire le peuple en immortel renom,
Veu que tu es le premier de ce nom.

O roy Françoys, qui as tant enrichy
Le tien parler, et si bien affranchy,
Que, tout ainsi que le latin langage
Retient le nom (comme pour dot et gage)
Du roy latin, aussi, en verité,
Il sera dict par la posterité,
Lisant ung jour en ses vieilles chroniques
Tes faictz presens, qui luy seront antiques,
Que les Françoys de Françoys leur nom prindrent,
Et osera affermer qu'ilz en vindrent.
Ainsi, ton loz jamais ne cessera
Tant que françoys ton peuple dict sera.

O roy Françoys, dont le nom anobly
Ne pourra point estre mis en oubly,
Ains durera par sa proprieté,
Ou lieu que ceulx des roys qui ont esté
Pourront perir (ainsi comme j'entends)
Avecques ceulx des Faunes du vieulx temps!

O roy Françoys! tes tant dignes aureilles
Ont donc ouy injures non pareilles
Par ce Sagon expressement vomyes
Pour offenser les Muses tes amyes!
Jusques à toy vint le flair du poison
Que ce sot là respandit à foison

En la clère eau de la belle fontaine,
Et ce, devant ta Majesté haultaine;
Mais ta clemence et naïfve bonté
Ont du maling vaincu la volunté,
Car d'ung tel faict tu ne tins pas grand compte,
Veu qu'il causoit à l'aucteur plus de honte
Que de dommage à la sourse tant pure
Qu'elle ne peult jamais par quelque ordure,
Par nul fient ou fiel qui soit au monde,
Estre rendue aucunement immunde.

   Assez appert de quelle affection
Sagon vomist si grande infection :
Luy qui ne quiert fors son nom advancer,
Par ung tel acte a voulu commancer
Que feict celuy qui gloire se donna
D'avoir bruslé le temple à Diana,
Lequel povoit porter en sa bannière,
Comme je croy, la devise dernière
Que cestuy met à la fin de son œuvre
Qui d'iceluy l'entreprise descœuvre.
C'est : « *Aliquid ne nihil* »; quelque chose
De mal, plustost que le fol se repose.

   Nobles espritz, amateurs de sçavoir,
Qu'il vous ennuye et vous est grief de veoir
Vostre Maro indignement traicté,
D'ung coup d'essay trop venimeux traicté,
Faict par Sagon en sa faim saguntine,
Non pas de pain, mais bien de gloire indigne.
Ce bestion, qui ainsi mord et picque,
A donc osé prendre debat et picque
Contre Marot, le poète parfaict,
Qui ne luy a ne peult avoir meffaict.

   Qu'attendez vous, ô poëtes françoys,
Ses bons amys ? Pensez-vous que je soys
Expert assez, ou si seur de mon roolle,
Pour à Phebus porter quelque parolle

De son Maro, que tout seul me laissez
Parler pour luy, et ne vous advancez
A excuser d'iceluy la querelle?

Dont (s'il te plaist), Sire, absoulz le : car elle
N'est pas du tout si griefve ne damnable
Comme la faict cestuy desraisonnable
Accusateur et detracteur pervers,
Qui luy a dict tous les maulx par ses vers
Dont pour ung coup il s'est peu adviser,
Quand rien meilleur n'avoit pour deviser
Son mal penser, mettant loing sa pensée
Pour satisfaire à l'envye insensée
Que de longtemps il a peu allaicter,
Voyant Marot à bon tiltre porter
Le mesme nom du poète romain
(Comme de Dieu, non pas par sort humain),
Veu qu'en françoys a la veine autant digne
Que Maro l'eut en sa langue latine.

Roy plus qu'humain, si j'ose en ta presence
Seul excuser Marot en son absence,
Pardonne moy : beaucoup myeulx le feroient
Plusieurs des tiens, lesquelz triompheroient
En ceste cause avec leur eloquence;
Mais tu en sçais toute la consequence,
Dont, Sire, affin que nous n'importunions
Ta Majesté, et que point n'impugnions
De ton vouloir les bornes et limites,
Tant seullement nous te prions qu'imites
Nostre bon Dieu et toy mesmes aussi
En cest endroit, faisant grace et mercy
A ton Maro, s'il n'a en rien mespris
Dont il deust estre ou puny ou repris.

Pardonne aussi à Sagon, qui l'accuse
Trop follement, et à moy, qui excuse
(Comme je puis) le povre fortuné,
Si luy et moy t'avons importuné

Par nos escriptz, alors que tu veulx prendre
Ton passetemps à ouyr et entendre
Combien ton peuple a de joye et lyesse
Ouyant compter avec quel' hardiesse
Ton ennemy en bataille attendis,
Qui s'enfuyoit comme vaincu tandis
Que tu estois prest à le recevoir;
Pour lequel acte ung roy t'est venu veoir,
Estant joyeux de ta bonne fortune,
Et a passé les Tritons et Neptune,
En esperant avoir ton alliance
Et estre faict premier gendre de France.

   Or fault il bien que le siècle advenir
Ayt de cecy (au moins) le souvenir;
Mais qui sera chroniqueur suffisant,
Tant elegant, tant docte et bien disant,
Pour tous tes faicts luy laisser par escript?

   Julles Cesar tout son cas a escript,
Et de Cesar les vaillances supremes
Nul n'eust pas mieulx escript que Cesar mesmes.
Ce qui advint à Cesar faire ou dire,
Nul, fors Cesar, ne l'eust sceu myeulx descripre.
Ainsi, François, si ta françoyse langue,
Laquelle encor premierement harengue
Par ton moyen et suit les bonnes lettres,
Povoit avoir de toy, en prose ou mètres,
Tes dictz et faictz, qu'elle seroit heureuse!
Qu'elle seroit feconde et plantureuse!
Il n'y auroit langue mieulx embellie,
Ne qui fust plus quelque foys anoblie,
Que ceste cy qui fut de toy nommée
Longtemps avant que l'ayez consommée.

   Tu aurois faict avec couleur nayfve
Du tien esprit une paincture vifve,
Et (quoy que feist le temps et son envye)
Par tes escriptz serois tousjours en vie,

Dont serois veu de la posterité,
Qui te rendroit ton loz bien merité,
Tu parlerois, elle t'escouteroit;
Tu regnerois, elle t'honnoreroit.
Comme feras, ainsi qu'elle l'espère;
Ce temps pendant Dieu te tienne prospère (1)!

CANTIQUE DE MOYSE.

Escoutez, cieulx, et prestez audience
A tous les motz lesquelz je parleray,
Et au propos que de bouche diray
La terre aussi oye et face silence.
 Comparer puis à pluye ma doctrine
Et mon parler à rousée coulant,
Comme pluye est sur l'herbe distillant,
Ou tout ainsi que sur verdure fine.
 J'invoqueray du Seigneur le nom digne,
Loz et honneur à nostre Dieu donnez,
Le roch duquel œuvres sont ordonnez :
Ses voyes sont jugement sans rapine.
 Sans faulseté Dieu seul est veritable,
Bon, juste et droict : en maulx se sont pollutz,
Ceux qui ne sont de ses enfans esleuz,
Genre pervers, race trop detestable.

1. Cette pièce est suivie de celle-ci dans les différents recueils :

> *Ejusdem Bonaventuræ de eodem hepigramma,*
> Forte saguntinus, juvenis tibi, Poebe, pharetram
> Abstulerat, citharam subripuisse ratus,
> Inque tuum gallum deprompsit mille Maronem
> Spicula, sed nullo saucius ille fuit,
> At dum restituit pharetram, crimenque fatetur,
> Ne tibi subripiat plectra sonora cave.
> Nec tu illum pugilis posthac digneris honore,
> Qui vatem voluit sic lacerare tuum.

O peuple fol, mausaige, quiers tu estre
Vers ton Seigneur pour ce recompenseur ?
Mais n'est-il pas ton père et possesseur ?
T'ha il pas faict et formé de sa dextre ?
   Du temps jadis les ans passez remire,
Et quand par toy interrogué sera,
Ton père en bref la te racomptera,
Et les vieillardz t'en sçauront bien que dire.
   Le souverain, lorsque comme heritage
Toutes les gens et hommes divisa,
Ainsi les fins des peuples disposa,
Que d'Israël est le nombre et partage.
   Au Seigneur est son peuple part cherie
Et de son bien Jacob est le cordeau :
Il l'ha trouvé en un désert sans eau,
Où est horreur, solitude et crierie.
   Il en ha eu cure perpetuelle,
Et à l'entour seurement l'a guidé.
D'entendement l'ha fourni et gardé
Comme de l'œil on garde la prunelle.
   A la façon que l'aigle estend ses esles
Sur les petis de son nid hault pendu,
Aussi ha il ses aisles estendu
Et l'ha chargé et porté sur icelles.
   Le seigneur Dieu, sans autre Dieu estrange,
Si l'ha conduict, pour le faire renger
En très haultz lieux, et luy ha faict manger
Des fruictz des champs la moisson et vendange.
   Il luy ha faict sucer de pierre espaisse
L'huile et le miel, et le beurre mollet
De vaches pris, et de brebis le laict,
Et des aigneaux la delicate graisse.
   Des gras moutons et boucz eut en viande,
Avec des dains la graisse, et le froment,
Et le doux jus du raisin largement,
Dont il buvoit la boisson plus friande.
   Cil qui devoit estre adroict et utile
S'est engraissé regimbant ; or t'es tu,

Delaissant Dieu, faict gros, grand et testu,
De son salut as eu la pierre vile.
   Provoqué l'ont par estrange service
Des dieux gentilz, et l'ont fort irrité
Et à courroux par tout l'ha incité
De telz meschans l'abominable vice.
   Sacrifié n'ont à Dieu, mais aux diables :
Aux dieux lesquelz ne leur estoient cogneuz,
Aux dieux nouveaux prochainement venuz,
Qui n'ont esté aux pères redoutables.
   Delaissé as celle pierre feconde,
Dont engendré tu fuz et anobly :
Or as tu bien mys le Dieu en oubly,
Qui t'ha formé, duquel tout bien abonde.
   Et le Seigneur, de ses haultes bastilles,
Ha le tout veu et bien consideré,
Et ha esté de ce exasperé :
Car provoqué l'ont ses filz et ses filles.
   Dont dict d'iceulx : Je cacheray ma face
Pour veoir quelz sont leurs actes à venir,
Genre pervers qu'on ne peult reunir,
Enfans desquelz la foy tantost se passe.
   Provoqué m'ont et incité à ire
Par celuy là qui n'est de Dieu en rien,
Par fole gent et peuple qui n'est mien :
Aussi le veulx provoquer et induire.
   Mon feu ireux, qui des enfers horribles
Brusle le fond, empris devorera
Terre et son fruict, et si embrasera
Des montz haultains les fondemens terribles.
   J'assembleray des maulx la grand cohorte,
Et employray sur iceulx tous mes dardz ;
D'ardeur et faim seront bruslez et ardz,
Exterminez seront en mainte sorte.
   Si envoyray des bestes furieuses
Les dentz agutz, et le venin minant
Des animaulx lesquelz se vont traînant
Par le poulcier, bestes très dangereuses.

Glaive trenchant qui dehors rien ne laisse
Les deffaira, et crainte en la maison
Le jeune filz, la vierge de saison,
Avec l'enfant l'homme blanc de vieillesse.
   Je dy ainsi en ma fureur empraincte.
Bons tant qu'ilz sont je les acculeray,
Et leur renom des gens cesser feray,
Mais du desdaing de l'ennemy euz crainte,
   Si qu'il n'advint que leurs fiers adversaires
Ne vinssent puis à dire, eulx surhausans :
Ce sont les mains de nous autres puissantz ;
Le Seigneur, non, n'ha point faict ces affaires.
   Gens sans conseil et sans intelligence,
O s'ilz estoient sages, et bien prudentz
Pour en cecy prevoir les accidentz
Que cy après seroient de consequence !
   Comme d'iceulx un en poursuivroit mille,
Et des milliers d'eux rendroit esperduz
S'ilz ne sont point de leur pierre venduz,
Et le Seigneur ne le serre et estrille.
   Comme la leur n'est nostre pierre seure ;
Nos ennemys, ce sont juges meschantz ;
De Sodomach est leur vigne, et leurs camps
Sont d'Amorac, leur grange fiel de pure
Et leurs raisins sont raisins d'amertume.
   Leur grief venin, mortel et dangereux,
Est de dragons le venin chalureux,
Le cruel fiel d'aspic que la vie hume.
   N'est pas cela chez moy en abondance,
En lieu obscur caché secretement,
Et enfermé dessoubz scel seurement
En mes thresors, dont le drachme et despense
   De tous meffaictz est mienne la vengeance,
Et m'appartient la retribution ?
Leur pied fauldra, car de perdition
Leur jour est près, et leur cheutte s'advance.
   Or jugera le Seigneur, qui preside
Le peuple sien, et se repentira

Sur ses servans, car force à bas verra
Et eulx deffaictz enserrez sans subside.
   Et dira on : Où sont leurs dieux propices,
Leur pierre aussi où leur fiance estoit,
Desquelz chacun mangeoit et grignottoit
Les bons morceaulx, graisses des sacrifices ?
   Le vin, desquelz beuvoient tout d'une traicte,
Qu'estoit offert pour leurs aspersions,
Viennent telz dieux dont sans dilations
Pour vous ayder et estre une retraicte.
   Or voyez vous que moy, Dieu, seul fay vivre,
Et n'y ha Dieu que moy qui faict mourir,
Je puis navrer, je puis aussi guerir,
Et n'y ha nul qui de ma main delivre.
   Je leveray au ciel, maugré envie,
Ma forte main, et diray haultement :
Moy mesme vy, voire eternellement,
Et sans mourir tousjours je suis en vie.
   Si le taillant de mon glaive j'aguise,
Et qu'en ma main j'aye jugement mis,
Vengeance lors à tous mes ennemis
Retribueray et rendray à ma guise.
   J'enyvreray mes traictz en sang rougeastre ;
Chair mangera le mien glaive à planté,
Pour les occis de la captivité,
Depuis le chef de l'ennemy follastre.
   O gens ! louez le sien peuple amyable,
Car de ses serfz le sang il vengera,
Des ennemys la vengeance fera,
Et à sa gent il sera favorable,

PREMIÈRE COMEDIE

DE

TERENCE

APPELÉE

L'ANDRIE

NOUVELLEMENT TRADUITE ET MISE
EN RYME FRANÇOISE.

———

A LYON

Chez Thibauld Payan

1555

NOTE SUR CETTE TRADUCTION.

A en croire les bibliographes, la première édition de *l'Andrie nouvellement traduite* est de 1537, rien n'est plus certain. Néanmoins aucun d'eux n'en a eu la preuve palpable, c'est-à-dire n'a de ses yeux vu ce précieux texte de 1537. Goujet (*Bibl. franc.*), Beauchamp (*Recherches sur le Théâtre de France*, t. 1, p. 329), ne mettent point son existence en doute, et C. Nodier dit « qu'elle lui est démontrée. » Nulle part on n'en trouve trace.

Papillon (*Bibl. des aut. de Bourg.*) indique une édition du même livre, 1554, aussi invisible que la précédente.

La seule que l'on connoisse est très rare [1] ; c'est celle que nous reproduisons [2].

M. P. Lacroix, à la fin de son édition du *Cymbalum mundi*, a réimprimé cette traduction, en modernisant l'orthographe.

---

1. In-8 de 218 pages, y compris quatre feuillets préliminaires et deux feuillets de table.
2. En l'améliorant toutefois, sans nous amuser à relever de nombreuses variantes qui, la plupart du temps, n'ont pas le sens commun. Voy. un exemple p. 21.

AUX LECTEURS (1).

Je commençay cette traduction,
Quelque temps ha, non en intention
De la porsuivre et donner à la France,
Ne me sentant assez de suffisance
Pour ce comic rendre si proprement
Qu'à Rome il est donné premierement;
Mais seulement, comme par passe temps,
J'y employoys quelque peu de mon temps,

1. Madame Dacier, la traductrice admirée des comédies de Térence, avoit eu connoissance du travail de Des Périers; mais elle ne chercha pas à le lire. « J'en ai assés veu, dit-elle, pour plaindre le sort de Térence d'avoir à ses côtés des compagnes si indignes de lui. » Goujet, critique estimable, n'a pas moins porté depuis ce jugement :

« J'y trouve ce naïf et ce naturel qui ont fait tant de plaisir dans cette traduction de *l'Eunuque* (de Baïf), et je puis dire de même qu'à l'exception d'un petit nombre de passages, la version est exacte et fidèle. Il y a des endroits un peu paraphrasés, mais il y en a aussi qui sont rendus avec une précision dont madame Dacier elle-même s'est quelquefois écartée. » Il blâme ensuite Des Périers d'avoir employé trop de proverbes et de n'avoir pas su trouver, en bien des endroits, « des termes convenables à la délicatesse de nos mœurs ». Le bon chanoine eût voulut sans doute que Des Périers s'exprimât, avant le règne de Henri II, avec la grâce et le goût épurés des meilleurs habitués de l'hôtel Lambert et des salons du quai des Théatins. V. *Bibl. franç.*, t. 4, p. 404.

Après avoir longuement travaillé
En un autre art où je suis appelé,
Qui ne permet qu'ailleurs mon cœur s'addonne,
Ny que grand temps à mon plaisir je donne.
Aussi j'ay bien esté aucunes foys
Sans y toucher plus de cinq et six moys.
Ce neantmoins, à la fin, j'ay tant fait
Que tellement quellement l'ai parfaict,
Sans que pourtant, non plus qu'auparavant,
Lors je pensasse à le mettre en avant.
J'estois content, selon que le loysir
Me le donnoit, d'en prendre le plaisir
Avec aucuns de mes amis privez.
Or, en lisant, ainsi que vous savez,
On repollit et on lime toujours.
De faict aussi, de là à quelques jours,
Je le trouvay un peu plus gracieux
Que de coustume, et qu'il contentoit mieux
Les escoutants : tant que je leur promis
Le publier. Mais, premier, je me mis
Après un autre un peu de plus hault stile,
Aussi beaucoup plus requis et utile
Que le present, où j'ay fait fin aussi,
Esperant bien le joindre à cettuy cy ;
Et estoit l'œuvre assez elabouré.
Ce neantmoins, il est là demouré,
En attendant quelque faveur meilleure
Des temps, qu'el' n'est en règne pour cette heure.
Ce temps pendant jouer vous vous pourrez
De cettuy cy comme faire saurez ;
Ebattez vous : il n'y a qu'amourettes,
Menuz propos et joyeuses sornettes,
Dond le bon peult quelque bon fruit tirer,
Et le maulvays n'en peult guère empirer.
Mais, toutesfois, mon intention bonne
Pour proffiter seulement le vous donne ;
Pour autre chose il n'a esté traduit
Que pour en prendre et cueillir le bon fruit.

Parquoy, que nul ne me vienne accuser
Que je n'ay deu à cecy m'amuser,
Car toute chose on peult voir librement,
Et approuver la bonne seulement.
Si je ne suys, au demourant, assez
Propre, disert, eloquent, excusez
Que cecy n'est que mon apprentissage,
Qui vous promet quelque cas d'avantage.

ARGUMENT SOMMAIRE DE LA COMEDIE,

PAR VERS ALEXANDRINS.

Pamphile, jeune filz, aimoit Glicerion,
Laquelle on estimoit, par fauce opinion,
Sœur de Chrisis, paillarde, et native d'Andrie.
Se sentant grosse, tant le pourchasse et le prie,
Qu'à la fin luy promit de l'espouser, combien
Qu'à une autre accordé son père l'eust très bien,
Fille de Chremès. Or, sitost que ce vieillard,
Père à Pamphile, sceut que son filz autre part
Estoit enamouré, feignit soudainement
De le faire espouser, pour plus certainement
Entendre son vouloir; mais Pamphile, adverty
Par Davus, se consent de prendre ce party.
Le bruit, ce temps pendant, de l'enfant qu'avoit eu
Cette garse commence à courir et est sceu
De Chremès : tellement qu'il ne veult pas entendre
A ces nopces icy, ni recevoir ce gendre,
Mais, de bonheur, trouva et recogneut pour fille
Glicerion, et lors la donna à Pamphile,
Bien joyeux de l'avoir; et, la même journée,
Fut l'autre à Charinus, qui fort l'aimoit, donnée.

LE PROLOGUE.

Quand nostre auteur se mit premierement
A composer, il taschoit seulement
De faire en sorte et si bien que ses fables
Fussent à tous auditeurs agreables;
Mais aujourd'huy clairement aperçoit
Qu'il est bien loing de ce qu'il en pensoit,
Et est contrainct maintenant d'abuser
De son prologue, et, de fait, s'amuser
A satisfaire et respondre à l'injure
D'un vieil autheur (1) qui contre luy murmure,
Sans que par là l'argument il vous die,
Ainsi qu'il deust, de cette comedie.
Mais escoutez le blasme que luy donnent
Ses mesdisantz, qui ainsi le blasonnent :
« Menander a fait cette *Andrie* en grec,
Si a il bien la *Perinthie* avec.
Qui de ces deux l'une ou l'autre saura
De toutes deux l'intelligence aura,
Car c'est un sens et mesme invention,
Quoyqu'en langage et composition
(Comme voyez) il y ayt difference. »
Or est-il vray que nostre autheur Terence
Confesse avoir mis de la *Perinthie,*
En son *Andrie,* une grande partie
Et ce que bon luy a semblé, très bien
Usant d'icelle ainsi comme du sien.
Eh bien! cela à ceux-cy ne plaist point :
« Il ne fault pas (ce font ilz) en ce point

1. Luscius Lanuvinus, qui reprochoit à Térence d'avoir emprunté sa pièce à l'*Andrienne* et à la *Périnthienne* de Ménandre.

Les bons autheurs corrompre. » Mais, vrayment,
Ces gens icy monstrent apertement,
En ce disant (pensans beaucoup savoir),
Qu'ilz n'ont aucun jugément ny savoir :
Car, accusans nostre autheur en cecy,
Il est certain qu'ilz accusent aussi
Tant Nevius, Plautus, que Grunius (1),
Tous ces autheurs desquelz il ayme mieux
En ses escritz suivre la negligence
Que de ceux là la lourde diligence.
Or, avertir les veux bien et leur dire
Qu'à l'avenir ilz cessent de mesdire ;
Qu'aussi quelqu'un leur faulte ne descœuvre.
Là donc, seigneurs, favorisez à l'œuvre,
Oyez l'en paix et le considerez,
Afin qu'après jugiez si vous devrez
Ses autres jeux oüir et escouter,
Ou s'ilz seront de vous à regetter.

1. Il faut lire Ennius ; mais, remarquons avec M. P. Lacroix que ce mot, rimant avec *mieux*, donne une idée singulière de la prononciation de l'auteur.

L'ANDRIE

ACTE PREMIER

SCÈNE PREMIÈRE.

SIMO, Vieillard; SOSIA, Serviteur.

SIMO commence.

Çà, ho! qu'on me porte cela
Là dedans. Ostez vous de là!...
Sosia, tien, je te veux dire
Un petit mot.

SOSIA.   J'enten bien, sire :
Qu'on appareille bien à point
Ces viandes ici ?

SIMO.   Point, point ;
C'est autre chose.

SOSIA.   Est il service

Autre, que faire je vous puisse,
De mon estat ?

SIMO.   Je n'ay que faire
De ton service en cet affaire
Que j'ay de présent ; mais très bien
De ce dont tousjours assez bien
J'ay trouvé proveu [1], Dieu mercy !
Que tu me sois fidèle icy [2]

1. Pour *pourvu*; on trouvera plus loin *prevoir, provoirai*, etc.
2. On s'assurera de la supériorité de cette traduction en la comparant à celles qui parurent à la même époque ; l'une d'elles fait ainsi commencer cette scène :

SIMON.

Allés, ostez ceste viande
Et la portez à la cuisine,
Sans revenir, se ne vous mande
Ou se ne vous fais aucun signe.
Chascun de vous d'icy decline,
Hors toy, Sosia ; vien près moy,
J'ay ung peu à parler à toy.

SOSIA.

Maistre, dy ce qu'il te plaira,
Affin que voise appareiller
La viande, car il sera
Tantost saison de la mangier.

SIMON.

Ce n'est point ce que je requier,
Je pense bien à autre part.

SOSIA.

Si ne me sçauroys je applicquer
A te servir que de mon art.

SIMON.

A ton art ne ay point de regart,
Rien ne me vauldroit ta science ;
A cela que faire je pense,
Baille moy ta foy seulement.

(*Le grant Thérence en françoys, tant en ryme que prose, nouvellement imprimé à Paris, par Guillaume de Bossozel, au Chasteau-Rouge, 1539, in-fol.*

Et sobre.
SOSIA. Or, dictes donq, j'attens.
SIMO. Tu scais combien, depuis le temps
Que bien petit je t'achetay,
Bien chèrement traicté je t'ay
En ton service humainement,
Et enfin aimé tellement,
Que, de serf, libre je t'ay faict ;
Et, cognoissant aussi, de faict,
Que tu avois fait ton devoir,
Tu scais aussi qu'à mon povoir
Je t'en ay fait la récompense ?
SOSIA. J'en ay fort bonne souvenance.
SIMO. Eh bien ! je ne m'en repens pas.
SOSIA. Sire, si j'ay fait ou fais cas
Qui vous ait plu, ou qui vous plaise,
Estimez que j'en suis très aise,
Et me sens fort à vous tenu
De ce que m'avez retenu
Pour agréable. Toutefois,
Ramentant le bien qu'autresfois
Vous m'avez fait, cela approche
D'une manière de reproche,
Comme si j'en fusse ingrat !... Donq',
Dictes moy, sans estre si long,
Vostre volonté, de par Dieu !
SIMO. Je le veux bien. En premier lieu,
Tu dois entendre que ces nopces
Que tu penses vrayes sont faulses.
SOSIA. Qu'est ce qui vous meut donq' de faire
Tout cet aprest ?
SIMO. Tout mon affaire
Te diray, du commencement
Jusques à la fin ; tellement

Que tu sauras quelle est la vie
De mon filz, et que j'ay envie
De faire, et ce de quoy aussy
Je veux que me serves icy.
En premier lieu, tu sais qu'alors
Que mon filz d'enfance fut hors,
Que je luy donnay liberté
De mieux vivre à sa volonté
Qu'auparavant ; car qu'eust on peu
En juger par le passé, veu
Son aage, la crainte, le maistre,
Qui empeschoient de le cognoistre ?

SOSIA. Vous en dictes la vérité.
SIMO. Tu voys que par honnesteté
Jeunes gens s'amusent, les uns
A piquer chevaux, les aucuns
A la chasse ou bien au gibier,
Les autres à estudier
En philosophie : jamais
Mon filz n'y fut trop ardent, mais
Usoit de tout par bon moyen.
J'en estois joyeux !

SOSIA.   Je croy bien,
Car croyez que pour le jourd'huy
Plus grand bien n'est point que cettuy
Garder moyen [1].

SIMO.   De mon filz telle
Estoit la vie sans querelle ;
Mais, au contraire, supportoit
Ceux avecq lesquelz fréquentoit ;
De sorte qu'estoit estimé
Et de ses compaignons aymé,

---

1. Le juste milieu.

Sans qu'aucun lui portast envie.
SOSIA. C'est sagement conduit sa vie ;
Et qui veut régner aujourd'huy,
Faut dissimuler comme luy.
SIMO. Cependant, puis troys mois en çà,
D'Andros venue est par deçà
Une povre fille, chassée
De faim, et aussi délaissée
De ses parents, comme je pense ;
Belle, je dy, par excellence,
D'aage sur le point d'enrager.
SOSIA. Vrayment, il y a grand danger
Qu'elle ne nous apporte rien,
Cette Andrie !
SIMO.   Et dà, assés bien
Se portoit au commencement ;
Petitement, mais chastement
Vivant, et non pas sans grand'peine ;
L'une fois filoit de la laine,
L'autre fois alloit en couture :
Ainsi la povre créature,
Faisant le mieux qu'elle pouvoit,
Sa vie et le temps eschappoit ;
Mais, depuis qu'on l'a caressée,
Et qu'à l'envy on l'a pressée,
L'un et l'autre luy promettant
Dons et presents, elle, d'autant
Que celuy qui est en malaise
Est plus desireux de son aise,
A esté incontinent prise ;
Et, depuis qu'elle s'y est mise,
N'a plus fait autre train. Or, ceux
Qui l'entretenoient aveq' eux
Menoient Pamphile quelquefois

Y banqueter, comme tu vois
Qu'on va par manière d'ebat.
(Quand je l'entens, le cœur me bat!)
Soudain di je : Il est pris au per [1],
C'est faict, il n'en peut eschapper.
Le matin, ordinairement
J'alloys guetter soigneusement
Leurs laquais entrer et sortir,
Les enquestois au départir :
« Écoute un petit, mon garçon !
Qui a couché en la maison
De Chrysis cette nuict icy ? »
(Car cette bonne dame ainsi
S'appeloit.)

SOSIA.   Je l'entens très-bien.
SIMO. « Phædrus, ou Clinias, ou bien
Nyceratus » aucunes foys :
Car, pour te dire, tous ces troys
Faisoient l'amour à cette fille.
—Et Pamphile ?—Quoi ? qui, Pamphile ?
Il a bancqueté aveq' eulx
Et payé son escot. » Joyeux
De telle response j'estois.
Le lendemain m'en enquestois
Encores derechef ; mais oncques
Ne treuvé qu'en sorte quelconques
Aveq' elle il eust accointance.
Par là, je prenois asseurance
De luy, avecques bon presage
De sa continence, veu l'aage :
Car qui frequente telz lubriques
Sans suyvre leurs meurs impudiques,

---

1. Pair.

A l'avenir j'estime et croy
Qu'il saura bien entendre à soy.
D'autant que cela me plaisoit,
D'autant chacun bien m'en disoit ;
Tous me disoient bien fortuné
Pour mon filz bien moriginé.
Brief, pour ce bon bruit, mon Chrémès,
Sans que je l'en eusse jamais
Requis, s'offrit de luy bailler
Son unique fille ; et parler
M'en vint, m'offrant très-gros douaire.
Il me pleut, j'y consens : pour faire
Les nopces, dès l'heure nous prismes
Assignation, que nous meismes
A huy.

SOSIA.   A quoy est ce qu'il tient
Donq, Sire, qu'à bon escient
Aujourd'huy vous ne les parfaictes ?

SIMO. Tu orras. Sus ces entrefaictes,
Et peu après, cette coquine
Chrisis, notre honneste voisine,
Se laissa mourir.

SOSIA.   O quel heur !
Croyez qu'el' me faisoit grand'peur,
Cette Chrisis.

SIMO.   Durant ces jours,
Mon homme, aveq' ses gens tousjours
Qui la dame aymoient, frequentoit,
Et au logis s'entremettoit
De ses obsèques preparer.
Comme eux, vous l'eussiez vu plourer,
Et bien je m'en esjouissois,
Car voicy ce que j'en pensois :
« Ce povre enfant est travaillé

Pour un coup ou deux estre allé
En la maison de cette femme ;
Au priz, s'elle eust esté sa dame,
Que pourroit-il faire ? Mais quoy !
Quel dueil feroit il pour moy,
Qui suis son père ? » Pour le seur,
Je pensoys que d'une douceur
De cueur et d'une humanité
A ce faire il fust incité.
Que dis je plus ? En le voyant
Ainsi pleurant et larmoyant,
Pour l'amour de luy seulement
J'allay à cet enterrement,
Sans penser ny songer adoncques
A mal, ny à choses quelconques.

SOSIA. Cecy quelque mal nous apporte.
SIMO. Je te diray. Le corps on porte
Pour inhumer, et nous après
Suivons le train. Or, par exprès,
Tournant la teste, par fortune,
Entre les autres, j'en vis une
Belle.

SOSIA.   Peut estre ?
SIMO.   Mais la face
Tant belle et tant de bonne grâce,
Son œil tant doux et gracieux,
Qu'il n'est point possible de mieux.
Et parce qu'elle lamentoit
Sus toutes, aussi qu'elle estoit
Plus que nulle belle et honneste,
Aux chambrières je m'enqueste
Qui estoit cette jeune dame.
« La sœur de cette pauvre femme
Qu'on porte là », me dirent elles.

Ho! quand j'entendy ces nouvelles,
Soudain me va frapper au cœur
Que c'estoit cette gente sœur
Qui causoit toute la folie.
« C'est, dis je, la mélancolie
Qui fait tant mon filz tourmenter. »

SOSIA. Je crains fort que vueillez compter
Quelque cas de mauvais icy.

SIMO. Le corps passe outre, et nous aussi;
Jusques au sepulchre allons, lors
On meit dessus le feu le corps.
Maintes plaintes y furent faictes.
Cette sœur, sus ces entrefaictes,
De ce feu assez follement
S'approche; donc, bien cleirement
L'amour que si longtemps couvert
Mon filz avoit fut descouvert :
Demy mort, accourt; il embrasse
Ma Glycerion : « Que sera ce?
Veux tu de toy estre meurtrière? »
Incontinent cette estrangère,
Dessus luy pleurant tendrement,
Se laisse aller tant privément,
Qu'il fut bien aisé a congnoistre
L'amour d'entre eux de longtemps estre
Commencé et accoustumé.

SOSIA. Que dictes vous?

SIMO.   Je, tout fumé
Et bien ennuyé, m'en revois;
Mais encor plus d'ennuy j'avois,
Que par cela ne pouvois prendre
Occasion de le reprendre,
Car dire m'eust peu : « Qu'ay je fait,
Mon père, en quoy j'aye forfait?

J'ay empesché une personne
De se jetter au feu. » Très-bonne
Response, n'est pas ?

SOSIA. C'est bien dit,
Car si à celuy on mesdit
Qui ayde à conserver la vie,
A celuy qui y porte envie
Et y nuit, que pourra l'on faire ?

SIMO. Chremès, averty de l'affaire,
Le lendemain, tout plein d'esmoy,
Criant comme un fol, vint à moy.
« Ho ! dit il, la meschanceté !
On m'a n'a guères rapporté
Que ton filz Pamphile entretient
Cette garse à bon escient. »
Je luy nie ; mais, fort et ferme,
Tousjours le maintient et afferme ;
A la fin, me despars de luy
Ainsi comme d'aveq celuy
Qui me refuse à plat sa fille.

SOSIA. N'en dictes-vous rien à Pamphile ?
SIMO. Encor ne me sembloit il pas,
En tout cela, qu'il y eust cas
Pour le blasmer.

SOSIA. Comme quoy, Sire ?
SIMO. Car voicy ce qu'il m'eust peu dire :
« Mon père, vous mesme savez
Que ce temps cy prefix m'avez
Pour vivre à mon plaisir. Vray est
Qu'il convient que j'y fasse arrest
Bientost, et que le temps j'oublie ;
Mais, ce pendant, je vous supplie
De me laisser ainsi encores. »

SOSIA. Or, quelle occasion donq ores

	Attendez vous pour le reprendre ?
SIMO.	Si je voy qu'il ne veuille prendre

Celle que je luy veux donner,
Pour ne vouloir abandonner
Sa truande, voylà premier
Que corriger et chastier
Je delibère ; et c'est aussi
A quoy je tens, afin que, si
Il venoit à me reffuser,
Je puisse, sans plus l'excuser,
A droit me courroucer ; et joinct
Que je veux aussi par ce poinct
Sentir si mon meschant bourreau
Davus a rien dans son cerveau,
Et faire tant qu'il le descœuvre,
Et qu'à present le mette en euvre,
Afin que garder je me puisse
Qu'il ne me porte prejudice
A l'advenir ; jaçoyt pourtant
Que je m'asseure de luy tant,
Que tous moyens il cherchera
Pour me nuyre, ou il ne pourra ;
Plus pour me faire desplaisir
Que non pas pour faire plaisir
A mon filz, je sçay bien cela.

SOSIA. La raison ?
SIMO.   Mon amy, il a
Ainsi la volonté méchante :
Maling esprit qui le tourmente ;
Si est ce que je lui prometz
Que, si je l'y rencontre !... Mais
D'en parler davantage ici
Il n'est jà besoing. Si aussi

Autrement avient[1], savoir est
Que je treuve mon fils tout prest
De m'obéir, tant je feray
Que Chrémès je regaigneray.
Quand est de toy, premièrement,
Fais que l'on croye assurément
Ces nopces ici; puis, après,
Tien-moy tousjours Davus de près;
Aussi soigneusement regarde
Que fera mon filz, et prens garde
Quel complot ilz prendront entre eux.

SOSIA. C'est assés, j'en seray soigneux.
Irons nous là-dedans, ou quoy?
SIMO. Va devant, je vais après toy.

SCÈNE SECONDE.

SIMO, DAVUS, Serviteur.

SIMO.

C'est chose seure que Pamphile
Ne voudra point de cette fille,
Car j'ay jà vu tout esperdu
Davus, sitost qu'a entendu
Que ces nopces se devoient faire.
Ah! le voilà!

DAVUS.   Si cet affaire
Se fust ainsi legerement
Passé, j'en eusse grandement
Esté esbahi; et aussi,

1. Pour *advient*.

Quand hier je le veis ainsi
Gratieux, si grande douceur
Me fit tout frissonner le cueur.
Chremès l'auroit il esconduit
De sa fille? Au diable le bruit
Ny propos qu'il en ait tenu!
Mais s'est tout ainsi contenu,
Comme celuy qui n'en fait compte.

SIMO. Si feray bien, à ta grand'honte,
Davus, avant que le jeu cesse.

DAVUS. Voyez un petit sa finesse!
Le galant nous veult abuser
Par là, et nous faire penser
Que peu ou point ne s'en soucie,
Pour nous oster de fantaisie;
Et puis, nous enverra il hors?
Il pense nous surprendre alors
Soudain et ces nopces parfaire,
Afin que nous n'y puissions faire
N'y mettre aucun empeschement :
Est-il pas fin?

SIMO.   Voyez comment
Caquette ce meschant bourreau!

DAVUS. Ah! diable, le voylà! tout beau :
Je ne l'avoys encores veu.

SIMO. Davus?

DAVUS.   Plaist il?

SIMO.   Approche un peu.

DAVUS. Que, grand diable! me veut il dire?

SIMO. Dis moy qu'il t'en semble, beau sire?

DAVUS. De quoi?

SIMO.   De quoi? Par cette ville,
Le commun bruit est que Pamphile
Est amoureux.

DAVUS. Luy amoureux!
Ilz ont bien peu à faire, ceux
Qui en parlent!
SIMO. Est-ce point toy
Qui en es cause?
DAVUS. De qui, moy?
SIMO. De m'en enquerir à présent,
Toutesfois il n'est pas décent :
Cela seroit le faict d'un père
Trop rude ; je ne délibère
De m'en soucier davantage.
Aussi, tant que le temps et l'aage
L'ont requis, j'ay souffert qu'il ait
Suyvi son plaisir (qu'il a fait) ;
Mais le jourd'huy requiert qu'il vive
D'une autre façon, et qu'il suyve
Autres meurs qu'il n'a fait. Pourtant,
Je te prie (mais c'est d'autant,
Mon Davus, qu'il en est besoing),
Que tu prennes un peu de soing
De le ranger.
DAVUS. Mais encor, Sire,
Par cela que voulez vous dire ?
SIMO. Je say bien que gens amoureux
Ne sont jamais que maugré eux
Mariez.
DAVUS. On le dit ainsi.
SIMO. Mais jeunes gens souvent aussi,
En fréquentant ceux qui mal vivent,
Après s'en sentent, et les suyvent.
DAVUS. Je ne vous entens nullement.
SIMO. Dy tu, hem ?
DAVUS. Non, Sire, vrayment :
De moy, je suis un povre sot,

	Qui n'entens pas à demi mot
	Comme feroit bien un plus sage.
SIMO.	Tu veux doncques, en brief langage
	Qu'à son de trompe je le crie ?
	Dis tu, Davus ?
DAVUS.	Je vous en prie.
SIMO.	Si je cognois que tu me brasses,
	Ny qu'en ces nopces tu me faces
	Quelque tour autrement que bien,
	Pour m'empescher, montrant combien
	Tu scez de mal et de cautelle,
	Je te mettray à raison telle
	Qu'après que fait foeter t'auray
	Jusqu'au mourir, je t'envoyray
	Delà droit aux galleres ; mais
	A la charge que, si jamais
	T'en fais oster ny retirer,
	Qu'en ta place j'yray tirer.
	Entens tu bien que je veux dire
	A present, quoy ?
DAVUS.	Ah ! vrayment, Sire,
	Vous avez parlé à cette heure
	Bien apertement.
SIMO.	Je t'asseure
	Que plus aisement je souffroys [1]
	Partout ailleurs où tu voudrois
	Me tromper, que non pas ici.
DAVUS.	Eh ! sans vous échauffer ainsi...
SIMO.	Tu te mocques ; je te prometz
	Que ne m'abuseras jamais ;
	Je te le dy, mais par exprès,
	Davus, afin que, puis après,

---

1. Ellipse pour *souffrirois*.

Ne viennes t'excuser à moy
Que n'en savois rien, garde toy.

SCÈNE TROISIÈME.

DAVUS, seul.

Pour certain, Davus, mon amy,
Pas n'as besoing d'estre endormy,
Ny nonchalant à ton affaire :
Car tu vois bien en quelle part
T'a tenu propos ce vieillart
Touchant ces nopces qu'il veult faire.
Si tu n'y pourvois finement,
Toy et ton maistre entierement
Etes perdus et malheureux,
Mais pour tout jamais. Somme toute,
Je me treuve en fort grand doute
Auquel j'obéiray des deux :
Ou à Pamphile, et luy aider ;
Ou au vieillart, et me garder.
D'une part je voy aujourd'huy
Que, si mon Pamphile je laisse,
Il en prendra si grand' tristesse
Qu'il en pourra mourir d'ennuy.
D'autre part, aussi je regarde,
Si je le fais, je me hazarde :
Simo ne m'en pardon'ra rien ;
Et si est par trop difficile
Qu'il soit deceu, car de Pamphile
Dejà l'amour congnoît bien ;

D'autant qu'il craint que je luy dresse
En ces nopces quelque finesse,
Il est au guet incessamment.
En effect, s'il s'en aperçoit,
C'est fait de moy. Mais encor soit
Que je n'y pense aucunement,
S'il en a le moindre soupson,
Droit ou tort, sans autre raison,
Il m'envoyra droit en galère.
Encore, aveq cette infortune,
Il nous en vient, de surcroît, une
Qui gaste bien nostre mistère :
Cette jeune femme estrangère,
Ou la femme, ou la chamberière
De mon maistre, est grosse de luy.
Mais entendez, je vous supplie,
Un petit la grande folie
De ces jeunes gens d'aujourd'huy.
Vraiment l'entreprise tesmoigne
Plustôt son fol ou son yvroigne
Qu'elle ne fait son amoureux :
L'enfant qu'elle aura, filz ou fille,
Doit estre nourry par Pamphile,
Ilz l'ont deliberé entre eux ;
Et puis, maintenant, s'il vous plaist,
Ilz feignent que bourgeoise elle est
D'Athènes, et viennent à dire
Qu'un vieil marchand, jà longtemps a,
Par tourmente de mer, briza
Près l'isle d'Andros son navire :
Le povre marchand y mourut,
Et, quant à sa fille, qu'ell' fut
Jetée à bord par la marine.
Le père de Chrisis, qui vit

Cette garsette là, la prit
Et receut comme une orpheline.
Abus, abus! de moy jamais
Je ne le pourrois croire; mais
Il leur plaist de le dire ainsi...
Ho! je voy là la macquerelle
De nostre bonne damoiselle,
Qui en sort; je m'oste d'icy,
Et vais voir si je verray point
Pamphile, pour, de point en point,
L'advertir de ce que j'ay veu,
Afin au moins qu'il délibère
De son affaire, que son père
Ne le surprenne à despourvu.

SCÈNE QUATRE.

MYSIS, chambrière, seule.

Archillis, je t'ay entendue :
Tu veux que cette morfondue
De Lesbia j'aille chercher?
Elle ne fera qu'empescher,
Car elle est trop subjette à boyre,
Et puis après ne veut rien croire.
Toutefois, et puisqu'il te plaist,
Bien, de par Dieu! j'entens que c'est :
Cette vieille l'ayme pour tant
Que toutes deux boivent d'autant.
O bons dieux! aidez nous en sorte
Que tout nostre cas bien se porte,

Et laissez la vieille pescher
Ailleurs, plustôt qu'à l'accoucher
De cette pauvre jeune femme.
Ho! qu'a Pamphile? Nostre Dame!
Il est tout transi... J'ay grand doute
Qu'il aille mal!... Faut que j'escoute
Un peu, pour voir quelle follie
Apporte sa melancholie.

SCÈNE CINQUIÈME.

PAMPHILE, jeune filz; MYSIS, chambrière.

PAMPHILE.

Las! est ce ainsi qu'un homme
Raisonnable doit faire?
Est ce donq ainsi comme
On commence une affaire?
Est ce ainsi qu'un bon père
Doit son enfant traicter?
Est ce ainsi!...

MYSIS.   Bonne mère!
Que nous veult il compter?

PAMPHILE. Dieu m'en soit temoing doncques
Et les hommes aussi,
Si ailleurs on vit oncques
Plus grand'honte qu'icy!
Si de me marier
Volonté il avoit,
Devoit il pas premier
M'avertir? Si devoit.
Ne m'en devoit il pas

	Communiquer, en somme ?
MYSIS.	O pouvre femme, las !
	Qu'est ce que dit cet homme ?
PAMPHILE.	Eh quoy ! Chremès m'avoit

Sa fille reffusée ;
A present donq, qu'il voit
Qu'ay changé de pensée,
Et que je n'en veux point,
Il se vient raviser.
Qui l'obstine en ce point,
Ny que peut il penser ?
Croit on en cette sorte
M'oster l'affection
Et amour que je porte
A ma Glicerion ?
Non, non, je leur asseure
Que tousjours l'aimeray,
Et faudra que je meure
Lorsque je l'oubliray.
Las ! pourroit on choisir
Homme vivant au monde
Où tant de desplaisir
Et tant d'ennuy abonde !
Dieux des cieux immortelz,
Auxquelz me fie et croy,
Et vous, hommes mortelz,
Helas ! conseillez-moy
Comment ne par quel poinct
Est ce que je doy faire
Afin que n'aye point
Aveq Chremès affaire ?
Mais voyez qu'ilz me font,
Ilz m'estiment bien sot :
Tout accordé ilz ont

L'ANDRIE. ACTE I.

Sans m'en dire un seul mot.
Comment! on me rappelle
Ores, après que j'ay
Esté refusé d'elle!
Qui l'emeut? Je ne sçay.
C'est malheur qu'on me brasse,
Je n'en pense autre chose[1] ;
Un chacun la dechasse,
On veut que je l'espouse!

MYSIS. Pauvrette! ce propos de pœur
Me fait quasi transir le cueur.

PAMPHILE. Mon père, quoy! qu'est ce que faire il pense?
Doit il traiter en telle négligence
Un tel affaire, et de telle importance
    Comme cettuy?
Passant naguère au marché devant luy,
Il m'a huché : « Ho! Pamphile, aujourd'huy
Je te marie. Or, te tiens dès meshuy
    Au logis, va! »
Il m'est advis qu'en ce disant il m'a
Dit tout ainsi : « Ho! Pamphile, vien çà,
Despêche toi, prens moy ce licol là
    Et te va pendre. »
Demouré suis aussi pasle que cendre!
Mais pensez vous qu'aye osé entreprendre
Ny m'essayer de response luy rendre,
    Quand je l'ay veu?
Mais pensez vous qu'aucun moyen aye eu,
Ou controuver quelque cas aye pu,
Pour m'excuser? Non, parler je n'ay sceu
    Non pas mouvoir.

---

1. Ce mot *chose*, *ose*, qu'on trouve plus loin, et autres, se prononçoient donc *chouse*, *ouse*, etc., puisqu'on les trouve rimant avec *épouse*.

Or, si devant me l'eust fait assavoir,
Dira quelcun : « Qu'eus tu fait ? » — Mon devoir
Et à present feisse tout mon pouvoir [voir,
    De l'empescher.
Las ! tout premier, que doys je depescher ?
De toute part ennuy me vient chercher,
Qui çà et là fait mes sens trebuscher
    En mainte sorte.
J'ay, d'une part, l'amour que je luy porte;
Puis, la pitié qu'elle me fait m'enhorte;
Et puis le soing de ces nopces m'importe
    Qu'on commence.
Quand, d'autre part, en mon père je pense,
Je suis honteux s'il faut que je l'offense,
Veu que traité il m'a dès mon enfance
    Si cherement.
Infortuné, helas ! doncques comment
Auray je en moy le cœur ny hardiment
De reculer à son commandement
    Et luy desplaire ?
Dieux ! je ne sçais que doys dire ne faire !

MYSIS.   Povrette ! qu'est ce que j'entens !
    Je crains que cecy mal advienne ;
    Il y faut pourvoir, il est temps,
    Et faut que propos je luy tienne
    De ma maistresse, et qu'il s'en vienne,
    Si possible est, parler à elle :
    Car, quand l'esprit ainsi chancelle,
    Aisement de çà et de là
    On le conduit.

PAMPHILE.   Qui parle là ?
Dieu gard', Mysis !

MYSIS.   Et vous, Pamphile !

PAMPHILE. Eh bien, que fait elle, ma fille ?

L'ANDRIE. ACTE I.   217

MYSIS. Demandez vous ? la povre femme,
Helas ! est presque à rendre l'âme,
Au travail d'enfant qui la presse ;
Mais plus encor souffre d'angoisse
D'aucuns qui rapporté luy ont
Qu'aujourd'huy voz nopces se font,
Craignant que, quand vous aurez pris
Femme, vous l'ayez en mespris.

PAMPHILE. Moy ! que faire je le daignasse !
Moy ! que jamais j'endurasse
Qu'elle demourât abusée,
Celle qui son cueur, sa pensée
A mise en moy, qui de sa vie
Entierement en moy se fie !
Celle qui, bien dire je t'ose,
Pour ma propre et très chère espouse
J'auroy volontiers, je t'asseure !
Croirois tu donc bien, à cette heure,
Veu son esprit tant bien instruit
Et si honnestement conduit,
Que pour povreté eschanger
La voulusse, ni estranger
De moy ? Non, je n'en feray rien.

MYSIS. Vrayment, Monsieur, je le croy bien,
Quand il ne tiendroit qu'en vous; mais
J'ay bien grand doute que jamais
Resister à la grand' colère
Vous ne pourrez de vostre père.

PAMPHILE. Me pense tu bien si gavache,
Ou bien si inhumain et lasche,
Que, veu notre longue acointance,
Nostre amour, nostre congnoissance,
La honte aussi que j'en aurois
Quand ainsi je la laisserois,

     Qu'homme m'en puisse oster le zèle
     Et me garder d'estre fidelle ?
MYSIS.   Certes, Monsieur, vous devez croire
     Que la povrette a merité
     Que luy fassiez honnesteté
     Et en ayez quelque memoire.
PAMPHILE. Las! memoire! O Mysis! Mysis!
     J'ay les paroles de Chrisis
     En mon cueur, qu'elle me dist d'elle.
     Aprochant de sa fin, m'appelle.
     J'aproche, un chacun se retire.
     Estant seulz, me commence à dire :
     « Tu congnois, mon amy Pamphile,
     L'aage et beauté de cette fille ;
     Ny l'un ny l'autre, scez tu bien ?
     Pour son honneur ny pour son bien,
     Ne viennent à propos quelconques.
     Or, mon doux amy, pour Dieu donc-
     Et par ta dextre que voici, [ques,
     Pour le bon naturel aussi
     De toy, et pour la loyauté
     Que luy dois, et, d'autre costé,
     Pour la fâcherie et ennuy
     Que luy voy porter aujourd'huy,
     Pour ton amour, je te supplie
     Que, toy vivant, tu ne l'oublie.
     Tu sçez que t'ay aimé ainsi
     Comme mon frère, et qu'elle aussi
     Tousjours t'a esté reverente
     Et en tout cas obéissante.
     Donq, pour son mary je te laisse,
     Pour son amy je te delaisse :
     Sois et son père et son tuteur,
     Sois de ses biens le protecteur ;

Je te les commetz sous ta foy,
M'asseurant de l'amour de toy. »
Me la baillant, la bonne dame,
Par la main, soudain rendit l'âme.
Prise l'ay, je la garderay.

MYSIS. Vraiment, je m'en assureray.
PAMPHILE. Mais toy, que n'es tu avecq elle?
MYSIS. Et! pource qu'il faut que j'appelle
La sage femme.
PAMPHILE. Va tost, doncque;
Mais garde bien que mot quelconque
De ce trouble icy ne luy die.
Je craindrois que sa maladie
En empirast : entens tu bien?
MYSIS. Bien, Monsieur; je n'en diray rien.

ACTE SECOND

SCÈNE PREMIÈRE.

CHARINUS, jeune enfant; BIRRIA, serviteur; PAMPHILE.

CHARINUS.

Qu'en dis tu, Birria? Pamphile
Espousera il cette fille
Aujourd'huy, comme on dit?
BIRRIA. Ouy.
CHARINUS. Qui te l'a dit?
BIRRIA. Je l'ay ouy
Dire à Davus, n'a guères, comme
J'estois au marché.
CHARINUS. Las! povre hom-
D'autant qu'auparavant, en peur [me!
Et en espoir, mon povre cœur
Estoit attentif, d'autant, las!
A present est il morne et las
Et amorty de grand ennuy
Qu'il reçoit, voyant aujourd'huy
Tout espoir perdu!
BIRRIA. Mais, mon maître,
Puisqu'ainsi est, qu'il ne peut estre
Parfaict selon vostre vouloir,
Deliberez vous de vouloir
Ce que pourrez commodement.
CHARINUS. Je veux avoir tant seulement

L'ANDRIE. ACTE II.

   Ma Philumena.
BIRRIA.   Semi-dieux(1) !
  Il me semble que feriez mieux
  D'essayer, gentement et beau,
  De chasser de vostre cerveau
  Tout cela, que vous amuser
  D'en parler : ce n'est qu'embraser
  Tant plus ce feu qui vous consomme.
CHARINUS. Las ! qu'il est bien aisé à l'homme
  De conseiller en sa santé
  Ceux qui sont en adversité !
  Si tu sentois bien mon tourment,
  Tu parlerois tout autrement.
BIRRIA. Ha dea ! Monsieur, pardonnez moy.
CHARINUS. Mais n'est ce pas là que je voy
  Pamphile ? Je veux essayer,
  Avant que me descourager
  Du tout, tout ce que je pourray.
BIRRIA. Que ferez vous ?
CHARINUS.   Je le prieray,
  Je le supplieray, luy comptant
  Mes amours. Je croy qu'escoutant
  Mes passions, qu'il en aura
  Pitié, et qu'il differera
  Encores quelque peu de temps ;
  Et, ce temps pendant, je m'attens
  Que Dieu nous aydera.
BIRRIA.   Non, non,
  C'est abus.
CHARINUS.   Mais trouve tu bon
  Que je l'aille affronter ?
BIRRIA.   De faict,

1. VAR. : Ce mi dieux !

Ce ne sera point trop mal faict :
Vous luy donnerez à penser
Au moins, s'il vient à l'espouser,
Que quelque jour vous le ferez
Coupault, ou qu'y travaillerez.
Voylà que c'est.

CHARINUS. Va-t'en de là,
Mechant, avec ses supsons, va !

PAMPHILE. Je voy Charinus cette part...
Bonjour, amy.

CHARINUS. Hé ! Dieu te gard,
Pamphile ! Je venois à toy,
Cherchant quelque je ne sçay quoy,
D'espoir, de salut et confort.

PAMPHILE. Tu arrives à mauvais port,
Helas ! car je n'ay, mon amy,
En moy ny conseil ny demi,
Ny aide aveq. Mais di pourtant
Que c'est qui te tourmente tant.

CHARINUS. N'est ce pas huy que l'on t'espouse ?

PAMPHILE. Le bruit en est.

CHARINUS. Las ! si c'est chose
Certaine, par Dieu ! j'en mourray.

PAMPHILE. Mourir, dea ! et pourquoy ?

CHARINUS. Pour vray ;
Et si ay honte de te dire
La raison... Mais dy luy, beau sire
Birria.

BIRRIA. Je le veux.

PAMPHILE. Après ?

BIRRIA. Il est amoureux, je dy, très,
De vostre fiancée.

PAMPHILE. Helas !
Je vois bien que ne sommes pas

Toy et moy, d'une volonté.
Mais, pour Dieu! di moy verité :
Ne la besoignas tu jamais ?
CHARINUS. Je t'assure que nenny.
PAMPHILE. Mais
Je le voudrois bien, entens tu ?
CHARINUS. Je te pri' donques, en vertu
De l'amitié que tu me portes,
Pour les douleurs griéves et fortes
Que me vois pour amour porter,
Que tu t'en vueilles deporter.
PAMPHILE. Croy que j'en feray mon devoir.
CHARINUS. Voire s'il est en ton povoir;
Mais, si tu n'en es pas le maistre,
Ou qu'à gré il te vinst peult estre ?...
PAMPHILE. A gré ?
CHARINUS. A tout le moins, différe
Quelque peu de temps de ce faire,
Et jusqu'à tant qu'allé m'en soye
Aux champs, afin que rien n'en voye.
PAMPHILE. Je ne serois homme de bien,
Charinus, si de ce qui rien
Ne me couste te voulois rendre
Mon obligé : car, pour l'entendre,
Croy que tu ne cherches point tant
L'avoir que je suis bien content
De ne l'avoir point.
CHARINUS. Me voylà,
Mon amy, ressuscité !
PAMPHILE. Là,
Regardez donques, toy et luy,
Le moyen comment aujourd'huy
Vous les destournerez; trouvez,
Cherchez, inventez, controuvez,

	Faictes tant qu'elle vous demeure.
	Quant est de ma part, je t'asseure
	Que je feray tant, si je puis,
	Que je ne l'auray point.
CHARINUS.	Je suis
	Donq satisfait !
PAMPHILE.	Ha Dieu ! voylà
	Mon Davus, je di celuy là
	Du conseil duquel jusqu'icy
	Me suis bien trouvé, Dieu mercy !
CHARINUS.	Toy, scez tu que je te veux dire ?
	Ne vien plus icy me redire
	Chose qui ne soit necessaire
	Et qui ne serve à mon affaire.
	Or, sus, oste toy de ce lieu !
BIRRIA.	Qui ? moy ? très volontiers. A Dieu !

SCÈNE SECONDE.

DAVUS, CHARINUS, PAMPHILE.

DAVUS.

Mon Dieu ! qu'elle est bonne et belle !
O ! qu'elle est bonne, la nouvelle
Que je vois porter à mon maistre !
Mais où, grand diable ! peut il estre ?
Le trouveray je point, afin
Qu'à ce coup cy je mette fin
A sa peur, et le face rire ?

CHARINUS. Il est tout resjouy beau sire :
Il y a quelque cas.

PAMPHILE. Ha ! rien,

L'ANDRIE. ACTE II.

             Mon amy : car, entens tu bien,
             Il ne scet pas ce que j'ay sceu
             Depuis le temps que ne l'ay veu.

DAVUS.   Je suis assuré que, s'il scet
             L'apprest des nopces que luy fait
             Son père...

CHARINUS.   Ne l'entens tu pas ?

DAVUS.   Qu'il me cherchera haut et bas,
             A demi transi... Mais encores
             Où le pourroit on trouver ores ?
             En quel lieu, premier, doy je aller ?

CHARINUS.   Comment ! ne veux tu point parler
             A lui doncques ?

DAVUS.   Ho ! je le voy !

CHARINUS.   Ici, Davus, arreste toy ?

DAVUS.   Qui est cet homme là ? qui ? moy !
             O mon bon maistre, mon amy,
             Je vous cherchois en diligence,
             Et vous aussi, Charin ; je pense
             Que Dieu vous a icy tous deux
             Amenez ; autres je ne veux
             Que vous.

PAMPHILE.   Helas ! je suis destruit,
             Davus !

DAVUS.   Pour Dieu ! oyez sans bruit !

CHARINUS.   Je suis mort !

DAVUS.   Je sais bien la peur
             Que vous avez.

PAMPHILE.   C'est pour le seur
             Que ma vie, à ce coup icy,
             Est en danger.

DAVUS.   Je say aussi
             La crainte que vous avez.

PAMPHILE.   C'est

      Pour moy que l'on fait cet apprest
      De nopces.

DAVUS.   Ho ! je le sçay bien.

PAMPHILE. Aujourd'hui !

DAVUS.   Vous, ne dictes rien :
      Me pensez vous bien si lourdaud
      Que ne sache que l'aune en vaut ?
      Vous craignez, quant à vous, un point,
      De l'espouser : faicte vous point ?
      Et luy, il a peur, au contraire,
      Que vous l'ayez.

CHARINUS.   C'est nostre affaire,
      Davus ; tu as frappé au but.

PAMPHILE. C'est ce que tu dis mesmes.

DAVUS.   Chut !
      En cela, n'y a mal quelconques.
      Regardez moy.

PAMPHILE.   Mais vitte doncques
      Oste ce povre homme transi
      De cette peur ?

DAVUS.   Si fay je aussi,
      Car je vous prometz une chose,
      Que meshuy n'aurez pour espouse
      La fille de Chremès.

PAMPHILE.   Comment
      Le scez tu ?

DAVUS.   Et si fais, vrayment !
      Votre père m'a tantost pris,
      Et ce qu'il avoit entrepris
      Touchant ce cas j'ay sceu de luy,
      Et mesmement que ce jourd'huy
      Vous donnoit femme, et d'autre cas
      Que pour cette heure ne dy pas.
      Incontinent qu'il m'eut lâché,

Je m'en vois tout droit au marché
Vous chercher, pour de poinct en poinct
Vous compter tout cela; mais point
Ne vous y vy, et si montay
Au plus haut, où je m'arrestay,
Regardant çà et là, pour voir
Si vous pourrois apercevoir;
Jamais! Très bien je vey son homme;
A luy m'enquiers; il me dit, somme [1],
Que du jour ne vous avoit veu.
Bien fâché, je commence un peu
A songer que je devois faire.
Or, en pensant à mon affaire,
Et retournant à la maison,
Soudain me va prendre un soupson
De ce qu'avoit dit vostre père :
« Il dit (dy je) qu'il delibère
De faire des nopces. Comment?
Je n'y voy nul commencement;
Je ne voy point que l'on appreste
Viande pour faire la feste. »
Et puis, je disois davantage :
« Ce vieillard fait mauvais visage;
Je ne puis, par cela, penser
Qu'on vueille nopces commencer. »

PAMPHILE. Ne veux tu dire que cela?
DAVUS. Je m'en retourne, puis, de là,
Droit vers la maison à Chremès,
Pour en savoir plus au long; mais
Je ne vey personne dehors;
Si je fus bien joyeux alors,
N'en doutez point.

---

1. Pour *en somme*.

CHARINUS. Et bien! après?
DAVUS. Là devant je m'arreste exprès :
Je n'y voy entrer ne sortir
Nulles femmes, pour assortir
Le logis, devant ny derrière ;
Point de valet ny chambrière
Qui tendist la tapisserie,
Comme l'on fait quand on marie
Les enfants de bonne maison ;
Je n'entendis ny bruit ny son
D'homme vivant, ny d'instrument.
Encor fis je plus hardiment :
Je m'en entray jusqu'au dedans.
PAMPHILE. Ce sont signes bien evidens.
DAVUS. Mais signes de nopces, ou quoy?
PAMPHILE. Non pas, Davus, comme je croy.
DAVUS. Comme je croy! c'est chose seure,
Car entendez qui m'en asseure :
Je treuve (de là me partant)
Le garçon de Chremès, portant
Herbes, comme epinards ou bettes,
Et petis poissons, comme ablettes,
Pour un double ou pour un liard,
Pour le souper de ce vieillard.
CHARINUS. Davus, mon amy, aujourd'huy
Tu m'a mis hors de grand ennuy.
DAVUS. Non ay point.
CHARINUS. Vrayement si as,
Puisqu'il est seur qu'il n'aura pas
Cette fille.
DAVUS. Je suis content [tant;
Qu'il ne l'ait point; mais, quoy! pour-
Pensez vous l'espouser ainsi?
Par Dieu! vous n'avez garde, si

Vous n'en prenez autrement soing.
Croyez que vous avez besoing
De mettre gens après Chremès
Pour le gaigner, ou bien jamais
N'y parviendrez.

CHARINUS.
　　　　　　Tu dis très bien,
Et me le faut faire, combien
Qu'ainsi l'ay desjà pretendu,
Et n'y ay que mon temps perdu.

SCÈNE TROISIÈME.

PAMPHILE, DAVUS.

PAMPHILE.

Mais donc, que veult dire mon pè-
Que pense tu qu'il delibère [re ?
Souz ce semblant faint et caché ?

DAVUS.
Je vous diray : il est fasché
Du refus que Chremès luy fait
De sa fille ; mais, en effect,
Il s'en prent à luy seulement,
Et a raison, tant qu'autrement
Il sache vostre volonté.
S'il voit que, de vostre costé,
Soyez retif, il vous donra [1]
De tout le blasme, et si fera
Beau sabat alors.

PAMPHILE.
　　　　　　Mais pourtant

1. Pour *donnera*.

	Veux tu que j'en endure tant ?
DAVUS.	Oh ! c'est vostre père, Pamphile :
	De le desdire est difficile ;
	Et y a bien un autre point :
	Vostre Glicerion n'a point
	Icy de faveur ny credit ;
	Aussitost fait qu'il aura dit,
	Il controuvera quelque cas
	Pour la chasser tout de ce pas.
PAMPHILE.	Pour la chasser ?
DAVUS.	Bientost encores !
PAMPHILE.	Helas ! Davus, dy moy donc ores
	Le moyen d'y remedier.
DAVUS.	Dites luy, pour expedier,
	Que vous l'espouserez.
PAMPHILE.	Que ?...
DAVUS.	Quoy ?
PAMPHILE.	Que je luy puisse dire, moy !
DAVUS.	Pourquoi non ?
PAMPHILE.	Je ne le puis faire.
DAVUS.	Ne luy dictes pas au contraire.
PAMPHILE.	Me le conseillerois tu bien ?
DAVUS.	Mais voyez aussi le grand bien,
	Ce faisant, qu'il en peut venir.
PAMPHILE.	Qu'est ce qu'il en peult advenir,
	Sinon que frustré je seray
	De m'amye, et epouseray
	Cette autre, que je n'aime point ?
DAVUS.	Non ferez, non, je prens le point
	Que, quand vostre père viendra
	A vous, que telz propos tiendra :
	« Pamphile, je veux qu'aujourd'huy
	Tu prennes femme ! » et vous à luy :
	« Tout ce qu'il vous plaira, mon père. »

Est ce pour le mettre en colère,
Cela, ny le faire tanser?
Nenny. Et si devez penser
Qu'obviant à cette surprise,
Vous luy rendrez son entreprise,
Qu'il estimoit seure, incertaine,
Et si vous mettez hors de peine :
Car il est certain que Chremès
Ne vous accordera jamais
Sa fille à femme. C'est autant
De despesché ; et si, pourtant,
Vous ne delairrez de poursuivre
Tousjours vostre façon de vivre,
Qu'il ne changeast d'opinion.
Or doncques, pour conclusion,
Je vous conseille que ce point
Lui passez, afin qu'il n'ait point
D'occasion de se fascher,
Ores qu'il la vueille chercher.
Et du surplus de nostre affaire,
Je vous prie, laissez m'en faire ;
Non pourtant que je vous promette
Que je face qu'il vous permette
Qu'epousez cette cy qu'aymez ;
Attendu ses meurs, estimez
Que plutost il vous donneroit
La plus coquine qu'il pourroit
Trouver, qu'avecques elle ainsi
Vous souffrir corrompre. Mais, si
Vous venez à luy faire entendre
Que vous estes content de prendre
Cette ci, plus n'en parlera ;
Mais, de par Dieu ! en cherchera
Une autre à loisir. Ce pendant,

J'ay espoir (au moins Dieu aydant)
Que tout ira bien.

PAMPHILE.   Dis tu, toy ?
DAVUS. Mais, je vous supply, croyez moi.
PAMPHILE. Que je te croye ? voire mais
Regarde bien où tu te metz.
DAVUS. Je vous pri', ne m'en parlez plus.
PAMPHILE. Je luy diray donc. Au surplus,
Il nous faut sagement provoir
A ce qu'il ne puisse savoir
Qu'elle est enceincte de mon fait :
Car, de l'enfant, je lui ai fait
La promesse de le nourrir.
DAVUS. Cet homme me fera mourir !
PAMPHILE. Je ne puis aller au contraire,
Tant ell' me pria de ce faire :
Car, en ce faisant, elle croit
Que ne la lairray point.
DAVUS.   Bien, soit !
On y pourvoyra. Mais voyez
Vostre père qui vient... Soyez
Asseuré, Monsieur, je vous prie,
Sans monstrer rien de fascherie.

SCÈNE QUATRIÈME.

SIMO, DAVUS, PHAMPHILE.

SIMO.

Je m'en retourne veoir qu'ilz font,
Et savoir ce qu'ensemble ilz ont
Entrepris et deliberé.

DAVUS.   Il se tient pour tout asseuré
Que vous luy devez refuser
Tout à plat de l'autre espouser.
Il vient luy seul de songer comme
Il vous doit prescher, le povre hom-
En luy mesme bien se propose [me !
De dire quelque bonne chose.
Vous, ne vous estonnez de rien,
Faictes bonne mine.

PAMPHILE.   Ouy bien,
Davus, s'il m'est possible.

DAVUS.   Mais
Croyez moy d'un point : que jamais
De lui vous n'aurez mot quelconque,
Si vous luy accordez. Là doncque !

SCÈNE CINQUIÈME.

BIRRIA, SIMO, DAVUS, PAMPHILE.

BIRRIA.

Tout œuvre laissé par exprès,
Monsieur m'a chargé que de près
Je suive et sache que Pamphile
Fera touchant de cette fille
Que son père luy veut donner ;
Voilà qui me fait tant tourner
A l'entour d'eux. Ha ! je les voy,
Son Davus et luy ; j'attens coy
En ce lieu, pour veoir qu'ils diront.

SIMO.   Les voyez vous venir de front
Les bons marchans ?

DAVUS. Bon courage !
SIMO. Pamphile !
DAVUS. Là, tournez visage,
Comme ne pensant point en luy.
PAMPHILE. Ha ! mon père !
DAVUS. Bon !
SIMO. Aujourd'huy
Tu seras espousé, ainsi
Que je t'avois predit.
DAVUS. Icy
Y a bien à craindre que c'est
Qu'il respondra !
PAMPHILE. Puisqu'il vous plaist,
En celuy, ny tout autre cas,
Desobéir ne vous veux pas.
BIRRIA. Hem !
DAVUS. Dit il le mot ?
BIRRIA. Qu'ay je entendu ?
SIMO. C'est très sagement respondu,
Et fait comme un bon filz doit faire ;
Non pas d'estriver, au contraire.
DAVUS. Suis je pas prophète ?
BIRRIA. Mon maistre,
Comme je puis voir et connoistre,
Se peut bien aller pourchasser
De femme ailleurs.
SIMO. Va t'en dresser
Tout ton cas, et te metz en point,
Afin qu'on ne retarde point
Pour toy, mais qu'il en soit besoing.
PAMPHILE. Bien, mon père,
BIRRIA. Dieu soit tesmoing
S'il se faut plus fier aux hommes !
Mais on dit bien vrai que nous sommes

Toujours plus promptz à faire bien
Pour nous que pour autruy. Or bien,
De ma part, j'ay bien veu la fille
Vrayment assez belle et gentille,
A mon jugement; et, pourtant,
N'est pas Pamphile à blasmer tant
Qu'on diroit bien, si souz les draps
Il l'ayme mieux entre ses bras
Qu'à mon maistre la delaisser.
Bien ! je m'en vois lui annoncer.
Il m'en voudra mal à jamais,
Comme si j'en povois bien mais.

SCÈNE SIXIÈME.

DAVUS, SIMO.

DAVUS.

Ce vieillard me suit il de près !
Il pense qu'en ce lieu exprès
Pour le surprendre je demeure.
SIMO. Que dit Davus ?
DAVUS.   Rien pour cette heure.
SIMO. Mais dis tu que tu ne sais rien ?
DAVUS. Rien, ma foi !
SIMO.   Si pensois je bien,
Vrayment, qu'il y eust quelque cas.
DAVUS. Le seigneur ne s'attendoit pas
Que son filz deust respondre ainsi.
Je le cognois bien, et aussi
Il en est tout fasché, beau sire.
SIMO. Mais vien çà : me pourrois tu dire

Verité ?
DAVUS.   Mais que je la sache.
SIMO. Ce mariage icy ne fasche
Point à mon filz ? Ouy, je pense,
Attendu la longue acointance
De lui et de cette estrangère.
DAVUS. Certes, non fait pas, en manière
Que ce soit, quasi comme rien :
Pour trois ou quatre jours, très bien,
Quelque peu il y pensera,
Mais aussitost se passera.
Autre il est qu'il ne souloit être,
Car il commence à se cognoistre
Doresnavant.
SIMO.   J'estime fort
Cela, vrayment.
DAVUS.   Je suis d'accord.
Je vous dy lors que ses amis
Luy ont accordé et permis,
Et l'aage requis, qu'il a fait
De l'amoureux ; mais, en effet,
Çà esté si très sobrement
Qu'on n'en a rien seu autrement ;
Ne jamais voulu hazarder
Son honneur, mais toujours garder
De blasme et diffame, ainsi comme
Doit faire un honneste jeune homme.
Voyez comme il est destourné
De ce mesnage et a tourné
Son cueur à prendre cette femme
Que luy voulez bailler !
SIMO.   Mon âme !
Si me sembloit il à le veoir
Tout triste.

DAVUS.   Vous devez savoir
Que ce n'est cela qui le fait ;
Mais je ne dy pas qu'il n'y ait
Quelque autre petit cas.
SIMO.   Et qu'est ce ?
DAVUS. Quand tout est dit, une jeunesse.
SIMO. Mais encores di moy que c'est.
DAVUS. Il dit que vous faites l'apprest
De ses nopces trop chichement.
SIMO. Qui ? moy ?
DAVUS.   Qui ? vous ? voire vraiment.
« Quoi ! dit il, l'apprest que l'on dresse,
Il revient à cent solz ; qu'est ce ?
Est-ce point son filz qu'il marie ?
Eh quoi ! qui veut il que je prie,
De mes compaignons, à la feste ?
La chose sera elle honneste
Si je ne les ay point ? » Aussi,
Sire, vous vous monstrez ici,
Quand tout est dit, un peu trop chiche,
Au moins pour un homme bien riche,
Que je ne louë pas.
SIMO.   Tais toy.
DAVUS. Il a son cas par escrit.
SIMO.   Croy
Que j'y besogneray si bien,
Et à point, qu'il n'y faudra rien.
Ho ! quelle folie est cecy ?
Qu'est ce que ce sottart icy
Resve ? S'il y a quelque cas
Qui n'aille bien, ne voicy pas
Celuy qui le peut reparer,
Sans autrement en murmurer ?

ACTE TIERS

SCÈNE PREMIÈRE.

MISIS, SIMO, DAVUS, LESBIA, GLICERION.

MISIS.

Mais il est ainsi, je vous jure,
Lesbia; et, par aventure,
Fauldroit on bien à trouver homme
Autant fidèle à femme comme
Il luy est.

SIMO. Cette chambrière
Demeure chez cette estrangière ;
Hem ! que t'en semble ?

DAVUS. Il est ainsi.

SIMO. Mais qu'a fait ce Pamphile icy ?

DAVUS. Que dit elle ?

MISIS. Il luy a promis
Que, bon gré maugré ses amis,
L'espousera pour le plus court.

SIMO. Hem !

DAVUS. Que pleust à Dieu qu'il feust sourd,
Ou bien cette femme muette !

MISIS. Et a commandé que l'on mette
L'enfant dont elle acouchera
A nourrice, et qu'il defrayra
Le tout.

SIMO. O dieux ! qu'ay je entendu ?
Je suis bien pouvre homme perdu,

S'il est ainsi !

LESBIA.
En verité,
Il est de grand honnesteté,
A ce que tu dis.

MISIS.
Il l'est très.
Or, je vois devant, vien après,
Que ne le facions trop muser.

DAVUS. De quel remède doy je user,
Pour soudain le mettre à l'encontre
De cette grande malencontre ?

SIMO. Et diable ! qui se fust douté
Qu'il eust esté tant rassoté
De cette garse ? Ha ! j'entens bien ;
Ma foy ! je n'y congnoissois rien,
Tant je suis gros lourdaut.

DAVUS.
Mais qu'est ce
Qui congnoist qu'il dit ?

SIMO.
On me dresse,
Pour première entrée de table,
Cette finesse bien notable :
Ell' veut Chremès effarouscher,
Et faint on qu'ell' veut acoucher.

GLICERION. A l'aide ! à l'aide ! mon Dieu, eh !
Dame Juno, en ce meschef,
Secourez-moy !

SIMO.
Si vistement ?
C'est mocqué trop apertement ;
J'en appelle. Quand elle a sceu
Qu'estois icy, tant qu'elle a peu
De s'escrier s'est avansée.
Cette feinte est bien mal dressée,
Davus.

DAVUS. Qui ? moi ?

SIMO. Homme de bien,

Tu commences donc ainsi bien
A ranger ton disciple?

DAVUS.
      Moi?
Je ne sais que c'est.

SIMO.
      Par ta foi?...
Mais voyez où j'en eusse esté,
Si fait j'eusse, à la verité,
Ces nopces! Je l'avois pour bonne!
Si est ce qu'il n'y a personne,
Que ce rustre là qui en sue;
De moy, je joue à boule veue.

SCÈNE SECONDE.

LESBIA, SIMO, DAVUS.

LESBIA.

Archillis, ne t'estonne point:
Car, Dieu mercy, tout vient à point;
Voylà tous signes d'asseurance.
Au surplus, il fault que l'on pense
De la laver: prens en le soing;
Et puis après, il est besoing
Que tu lui baille ce breuvage,
Autant, et non pas davantage
Que j'ay dit; tantôt reviendray.
Par Dieu! s'il fault dire le vray,
Voilà un enfant bien parfaict!
Vous diriez qu'il a esté fait
Tout fin exprès pour regarder.
Le bon Dieu le vueille garder,
Et aussi son père Pamphile!

Jamais à cette povre fille
N'a voulu faire tort.

SIMO.   Comment?
Voudrois tu bien dire autrement,
Que tout ceci ne vinst de toy?
L'homme de bien que tu es!

DAVUS.   Moy?

SIMO. Tant qu'a leans esté cachée,
Jamais n'a parlé d'acouchée;
Mais, m'ayant aperceu, alors
En a parlé, et de dehors
Ell' s'est prise à crier tout hault
A celle du logis. Marault,
Comment n'as-tu donq autre peur
Que je te congnoisse trompeur?
Me penses tu bien si nyais
Que les finesses que me fais
Ne me soient assez descouvertes?
Eh! au moins, fais les plus couvertes,
Afin que donnes à congnoistre
Que tu crains un petit ton maistre;
Sinon, je te jure mon âme!..,

DAVUS. C'est luy tout seul, par Nostre Dame!
Et non moy qui l'abuse..

SIMO.   Or çà,
T'ay je point deffendu, pieçà,
Tout cecy? Quoy! tu n'en fais compte!
N'as tu point peur, n'as tu point honte?
Que diroit celle cy tantost?
Pense tu que croye sitost
Qu'elle ait eu enfant de Pamphile?
Ha! je ne suis pas si facile
A croire.

DAVUS.   Ho! j'entends qu'il dit!

J'ay sa response par escrit
Toute preste.
SIMO. Tu ne dis rien?
DAVUS. Que dirois je? Comme si bien
Ne vous l'avois fait à savoir!
SIMO. A moy, savoir¹?
DAVUS. Qui diable vous l'auroit doncq dit?
Vous mesmes?
SIMO. Je sois maudit
S'il ne se moque!
DAVUS. Ha! vrayment,
Quelqu'un vous l'a dit; autrement,
D'où vous en viendroit ce soupçon?
SIMO. En bonne foy, tu as raison;
Je ne te congnois pas bien, toy.
DAVUS. Vous croyez donq que ce soit moy
Qui vous a cecy suscité?
SIMO. Aussi est ce, à la vérité.
DAVUS. Pas ne suis tel que vous pensez;
Sire, mal vous me congnoissez.
SIMO. Moy, que je ne te congnois pas!
Tu as raison.
DAVUS. Voicy grand cas!
Incontinent que l'on commence
Quelque propos, cet homme pense
Qu'on le trompe.
SIMO. Il est bon ainsi;
J'ay tort, je le confesse.
DAVUS. Aussi,
Je n'ose plus dire le mot.
SIMO. M'estimes tu doncques si sot
Que je pense ny croye rien

---

1. Il manque une partie du vers.

L'ANDRIE. ACTE III. 243

        Qu'elle soit leans acouchée ?
DAVUS.   Et bien !
    N'en pensez rien, j'en suis content ;
    Mais votre pensement, pourtant,
    N'empeschera pas qu'on apporte
    Cet enfant devant vostre porte
    Tantost ; je vous le dis exprès
    Afin que ne disiez après
    Que par le conseil et fallace
    Du povre Davus on le face.
    C'est à ce coup, conclusion,
    Qu'oster vous veux l'opinion
    Qu'avez de moy ainsi mauvaise.
SIMO. Responds, mais qu'il ne te desplaise :
    Comment le sais tu ?
DAVUS.   Eh ! je l'ay
    Ainsi entendu, et est vray.
SIMO. Je voy toutefois, au contraire,
    Des moyens assez pour me faire
    Penser qu'il est tout autrement :
    Elle feignoit premierement
    Que de Pamphile estoit enceincte ;
    Eh bien ! de par Dieu ! cette faincte
    A esté descouverte. Après,
    Sitost qu'elle a veu les apprêtz
    De ces nopces, la bonne dame
    A soudain vers la sage femme
    Envoyé, qui a emprunté
    Cet enfant qu'elle a aporté.
DAVUS. Si vous ne le voyez, pourtant,
    Tantost à l'huis, je suis content
    Que de ces nopces ne soit rien.
SIMO. Et puis donq que tu savois bien
    Le complot qu'ils prenoient ensemble,

Tu en devois, comme il me semble,
Soudain en advertir Pamphile?
DAVUS. Mais qui l'a donq de cette ville
Retiré, sinon moy? Car, somme,
Un chacun de nous sait bien comme
D'elle il souloit estre abusé.
Maintenant il est r'avisé :
Plus ne veut qu'une femme. Or, sus,
Laissez moy faire du parsus,
Et de votre part poursuyvez
Ces nopces, comme vous avez
Encommencé, et les bons dieux
Vous aideront.
SIMO. Va, pour le mieux,
Leans m'attendre, et, ce pendant,
S'il faut rien faire, en m'attendant,
Appreste le. Quand tout est dit,
De croire tout ce qu'il me dit,
Je n'ose pas : car je ne say,
Par Dieu! s'il ment ou s'il dit vray.
Aussi, je ne m'amuse point
A lui; mais ce m'est un grand point
(Et à celui là je m'arreste)
Que mon filz m'a promis. Au reste,
Doncques voicy que je ferai :
Vers Chremès iray, le prieray
Que parfacions ce mariage.
S'il le veut, qu'ay je davantage
Plus affaire, fors de penser
De soudain les faire espouser,
Et dès aujourd'hui? Car voici
Que je pense en moy mesme : si
Mon fils (qui desjà m'a promis)
Recule, il me sera permis

De le contraindre, et à droit ; mais
Je vois là à propos Chremès.

SCÈNE TROISIÈME.

SIMO, CHREMÈS.

SIMO.

Bon jour, Chremès.

CHREMÈS. Ha! sur ma foi,
Je vous cherchois.

SIMO. Si fay je moy
Vous.

CHREMÈS. Vous, soyez le bien venu !
Mais quelques uns m'ont huy tenu
Propos que disiez que Pamphile
Aujourd'hui espousoit ma fille :
C'est ce qui me meut pour savoir
Si vous resvez ou eux, ou voir
Que voulez dire.

SIMO. Vous m'orrez,
Chremès, s'il vous plaist, et saurez,
Par ainsi, ce que demandez.

CHREMÈS. J'entends, de par Dieu ! respondez.

SIMO. Je vous pry, en l'honneur des dieux
Et l'amitié qui en nous deux
(Chremès) dès nostre grand' jeunesse
Est accreue en cette vieillesse,
Avec l'aage, jusques ici,
Et pour la grande amour aussi

Qu'à vostre chère et seule fille
Vous portez, et moy à Pamphile,
Mon filz (qui me pouvez garder,
Plus que tous les humains), qu'aider
Vous me vueillez en cetuy fait,
Et qu'en ce faisant, soit parfait
Ce mariage, comme bien
Nous avons commencé.

CHREMÈS. Ah! rien.
Ne m'en rompez jamais la teste,
Ainsi que si vostre resqueste
Deviez obtenir, seulement
Pour me prier bien fort. Comment!
Pensez vous qu'à present je sois
Autre que pour l'heure j'estois
Que je vous la promis? Si c'est
Le profit des deux, je suis prest.
Qu'on les appelle. Et, au contraire,
Si vous congnoissez que le faire
Plutost vienne au desavantage
De tous deux qu'à leur avantage,
Je vous pry de vouloir entendre
A leur commun proffit, et prendre
Le cas qu'elle soit vostre fille,
Et que soit mon filz que Pamphile.

SIMO. Je ne vous veux pas mieux aussi :
C'est ce que je demande, et, si
Il n'estoit bien venu à point,
Je ne vous en requerrois point.

CHREMÈS. Qu'est ce?

SIMO. Il y a dissention
Entre cette Glicerion
Et mon fils.

CHREMÈS. Et bien?

SIMO. Mais, Chremès,
Telle que je croy que jamais
Ne se ramancheront ensemble.
CHREMÈS. Abus!
SIMO. Pour vray.
CHREMÈS. Il le vous semble.
Amoureux sont ilz courroucez,
Aussitost ils sont rapaisez,
Et s'en aiment mieux puis après.
Et aussi je vous prie exprès,
Chremès, que nous y pourvoyons ;
Ce temps pendant que nous voyons
Le temps propre et l'occasion,
Et qu'il a son affection
Refroidie pour ses querelles,
Que nous allions au devant d'elles,
Le mariant tout chaudement,
Et, s'il se peut, premierement
Que ces mechantes et infectes
Ayent, par larmes contrefaictes,
Reduit ses esprits desvoyés
A compassion ; et croyez
Que, si Dieu plaist, ce mariage
Vous le fera devenir sage
Et de toutes ses meurs changer.
CHREMÈS. Vous le pensez. Pour abreger,
Mon avis et pensée est telle
Qu'il ne pourra vivre aveq elle,
Ny moy aveq luy.
SIMO. Voire mais
Comment le saurez vous, Chremès,
Sans l'essayer ?
CHREMÈS. Mais essayer
Aveq ma fille un tel danger,

     Croyez que cela m'est bien gref.
SIMO. Tout le danger qui y est, bref
     (Que Dieu ne vueille en cet endroit!),
     C'est que séparer les faudroit,
     Le cas advenant. Mais aussi,
     S'il vient à se réduire, ainsi
     Que j'espère, voyez combien,
     Mon amy, vous ferez de bien!
     Tout premier, l'enfant sauverez
     De votre amy, et si aurez
     Aussi un bon gendre pour vous,
     Et donrez un honneste epoux
     Pareillement à vostre fille.
CHREMÈS. Et, puisque la chose est utile,
     Comme vous m'asseurez, bien soit!
     Je ne voudrois, en cet endroit,
     Vous denier chose qui fust
     En ma puissance, et qui vous peust
     Venir à profit.
SIMO.   Sus ma foy!
     (Mon Chremès) à ce coup je voy
     Qu'à bon droit je vous ay aymé
     Et tousjours beaucoup estimé.
CHREMÈS. Au surplus...
SIMO.   Qu'est ce?
CHREMÈS.   Qui sont ceux
     Qui parlent du debat d'entre eux?
     Quant et quant, comment le sçait on?
SIMO. Mon Davus, leur grand factotum,
     Me l'a dit, et si, davantage,
     Me conseille ce mariage
     Et le haster. S'il n'eust esté
     Bien certain de la volonté
     De mon filz, pensez vous, Chremès,

Qu'il me l'eust conseillé ? Jamais.
Mais vous l'orrez tantost. Holà !
Appelez moy... Ha ! le voylà !

SCÊNE QUATRIÉME.

DAVUS, SIMO, CHRÉMÉS.

DAVUS.

Ah ! je m'en venois à vous, Sire.
SIMO. Que fait on leans ?
DAVUS. Que veult on dire
Qu'on ne fait venir cette femme ?
Quoy ! il est nuit.
SIMO. Voyez, mon âme !
Cy devant, Davus, j'avois peur
De toy, que fusses un trompeur,
Comme on voit de ces serviteurs
Assez affetez et menteurs ;
Pour autant, aussi, que Pamphile
S'abusoit de cette autre fille.
DAVUS. Moy ? que jamais...
SIMO. Si toutesfoys,
Le craignant, je t'ay quelquefoys
Celé et caché ce que dire
Te veux bien ores...
DAVUS. Et ! quoy, Sire ?
SIMO. Je ne craindray plus, à cette heure,
De t'en parler, car je m'asseure
Quasi de toi.

DAVUS.   Dea! si Dieu plaist,
Vous congnoistrez de moy que c'est
A la fin.
SIMO.   Quoyque je disse [1]
Et quelque mine que je feisse,
Ces nopces ne devoient point estre.
DAVUS. Et la raison?
SIMO.   Pour vous congnoistre
Tant seulement je l'avois fait.
DAVUS. Que me dites vous?
SIMO.   En effect,
Il est ainsi.
DAVUS.   Voyez un peu!
A peine je m'en fusse peu
Apercevoir. O le fin homme!
SIMO. Mais entens donc un petit comme
Il en va! Soudain que d'icy
Tu t'en fus allé leans, voicy
Chremès qui, comme par souhait,
Vint droit à moy.
DAVUS.   Helas! c'est fait.
SIMO. Tout ce que tu m'avois predit,
Je lui redis.
DAVUS.   Qu'est ce qu'il dit?
SIMO. Tant je le prie qu'il m'accorde
Sa fille.
DAVUS.   Dieux! misericorde!
SIMO. Qu'est ce que tu dis?
DAVUS.   C'est bien,
Mon maître, mais je dy très bien
Besoigné, je vous en asseure.
SIMO. On ne dira plus, à cette heure,

---

[1]. Une syllabe manque à ce vers.

Qu'il tient en luy.
CHREMÈS. Tout de ce pas
Je vois faire aprester le cas
Au logis, et reviens ici
Incontinent.
SIMO. Puis donq qu'aussi
Nous sommes tous tenus à toy
Seul de ce mariage....
DAVUS. A moy,
A moi tout seul ? vraiment !
SIMO. Metz peine
De lui ôter cette vilaine
De l'esprit.
DAVUS. Je vous en asseure.
SIMO. Tu le peux bien faire, à cette heure
Qu'ilz sont en noise.
DAVUS. C'est assez ;
Laissez faire et vous reposez.
SIMO. Pour Dieu, mon ami, fais donq bien.
Mais où est il ?
DAVUS. Je n'en say rien,
S'il n'est au logis.
SIMO. J'y vois voir,
Et cecy luy faire savoir,
Afin qu'il se treuve tout prest.
DAVUS. Or, c'est faict, voilà mon arrest ;
Je puis bien aller tout d'un train
Au gibet, car il est certain
Que rien n'y vauldra le prier.
J'ay tout troublé. J'ay tout premier
Troublé mon maistre ; en second lieu,
J'ay jeté son filz au milieu
De ces nopces, voire en tel point,

Qu'ores, sans qu'il y songe point,
Ni qu'il y pense, on le marie.
Qu'au grand diable la tromperie!
Car jamais on n'en eût parlé
Sans moy qui ai tout réveillé.
Le voilà... c'est fait de moy... Dieu!
Que maintenant ne suis-je en lieu
Où de haut en bas me jetter
Je peusse et me precipter!

SCÈNE CINQUIÈME.

PAMPHILE, DAVUS.

PAMPHILE.

Où est il, ce meschant pendu
Qui m'a destruit?

DAVUS. Je suis perdu.

PAMPHILE. Je confesse qu'à droit
Je seuffre, en cet endroit,
Ce que j'ay mérité,
Et que sot et bien veau,
Sans conseil ne cerveau,
A ce coup, j'ay été.
Me devois je soumettre?
N'y devois je commettre
Mes affaires ainsi
A un tel serviteur,
Esventé et menteur,

Comme ce rustre ici?
Or bien, pour ma follie,
Peine et mélancholie
Tout mon saoul je boiray;
Mais qu'il croye et s'asseure
Que, devant que je meure,
Bien je m'en vengeray.

DAVUS. Si je puis eschapper ce pas,
Du surplus je ne fais plus cas.

PAMPHILE. Qu'est ce que je dois dire?
Maintenant contredire
Me sera il permis
A mon père, auquel j'ay
Que je me mariray
Accordé et promis?
Serois je si hardi
Et fol tant estourdi,
Que d'aller au contraire?
Je ne say que de moy,
Tant suis en grand esmoi,
Je doy dire ne faire.

DAVUS. Hélas! non say je pas
De moy, pauvre homme, las!
Quoy que je resve et pense,
Qu'est ce que je diray?
Qu'encor j'y pourvoiray?
Au moins, pour mon offence
Couvrir, et delayer
La peine et le danger
Où je voy que je suis.

PAMPHILE. Oh!
DAVUS.   Il m'a veu.
PAMPHILE.   Vien, vien,
Aproche, homme de bien!

Que veux tu dire? et puis,
Malheureux, voy tu point
Comment et en quel point
Je suis, pour avoir creu
Ton conseil?

DAVUS. Las! Monsieur,
Pour Dieu, soyez tout seur
Qu'il y sera proveu.

PAMPHILE. Tu y provoyras, toy?
DAVUS. Et voire vrayment moy,
Mais je vous en asseure.
PAMPHILE. Ce feras mon, vrayment,
Aussi honnestement
Que tu as à cette heure!
DAVUS. Mais, j'espère, bien mieux.
PAMPHILE. Homme maudit des dieux,
Qu'en toy me fie encores!
Pense tu reparer
Ny jamais restaurer
Ce que m'as perdu ores?
Dieux! je vous veux prier
A qui plus se fier
Se doit on desormais!
Je, qui estois à l'aise,
Regarde le malaise
Et peine où tu me metz,
Où tu me metz, hélas!
Tout au milieu des lacz
De ces nopces ici!
Mais, malheureux maudit,
T'avois je point predit
Qu'il en viendroit ainsi?
DAVUS. Ouy.
PAMPHILE. Qu'as tu gaigné?

DAVUS. D'estre au gibet traisné.
Mais laissez moi reprendre
Mes sens, et un peu faire
Encore nostre affaire
A port meilleur se rendre.
PAMPHILE. Que n'ay je le loisir
Comme j'ay le désir!
Tu n'en demourrois pas
Impuni; mais besoing
J'ay plutost d'avoir soing
De provoir à mon cas.

ACTE QUATRIÈME

SCÈNE PREMIÈRE.

CHARINUS, PAMPHILE, DAVUS.

CHARINUS.

O dieux puissans! qui eust jamais peu croire
Qu'il fust encor de telles gens memoire
Si malheureux qu'il en règne aujourd'huy,
Qui sont joyeux du desplaisir d'autruy,
Et, qui pis est, avecques le dommage
De leur prochain cherchent leur avantage?
Est ce bien faict? ne sont ils pas meschans,
Ceux là qui vont ces ruines cherchans?
Ilz ont un peu honte de me nier

Ce qu'ilz m'avoient promis du jour d'hier.
Mais, toutesfois, à l'heure qu'on les presse
Bien vivement d'acomplir leur promesse,
Force leur est de montrer quelz ilz sont;
Et, ce faisant, un peu de honte ilz ont.
Mais, nonobstant, nécessité surmonte,
Quand vient au point de leur crainte et leur [honte.
Et puis après, si vous les arrestez,
Ils vous diront, comme tous eshontés :
« Toy, mon amy ? qui es tu ? que te suis je ?
Quelle raison y a il qui m'oblige
De te laisser celle là qui est mienne ?
Je l'aime mieux pour moy que non pas tien- [ne :
Plus est la chair proche que la chemise. »
Mais, direz vous, où est leur foi promise ?
Ny pour cela, ils vous rueront bien loin[1].
Honte n'est pas quand il en est besoing
Comme à present ; mais ilz font, au contraire,
Les honteux, lorsqu'il ne le faut pas faire.
Quoi ? que ferai je ? irai je devers lui
Pour luy montrer qu'il m'a fait aujourd'huy
Un méchant tour ? Du mal luy diray tant
Qu'homme jamais ne luy en dist autant.
Aucun viendra me dire (say je bien) :
« Et puis, après, que gagneras tu ? » Rien ;
Mais si feray, car tant plus l'ennuiray,
D'autant mon cueur de mal deschargeray.

PAMPHILE.   Charinus, j'ay perdu,
    Estant mal entendu,
    Toy et moy, si les dieux
    N'ont pitié de nous deux.

---

1. Cette phrase est obscure ; M. P. Lacroix, pour lui donner un sens, a substitué *oh!* à *ny*.

CHARINUS. Mal entendu ? comment !
Est ce le payement ?
Est ce ainsi qu'envers moy
Tu as gardé ta foy ?
PAMPHILE. Comme entens tu cecy ?
Viens tu encore ici,
Me cuidant pour causer
Tromper et abuser ?
Mais qui te meut, beau sire ?
CHARINUS. Quand tu m'as ouy dire
Que je l'aymois, helas !
Aimée aussi tu l'as.
Pauvre homme que je suis !
A cette heure je puis,
Par la volonté mienne,
Bien connoistre la tienne,
PAMPHILE. Tu t'abuses pourtant.
CHARINUS. Estois tu point content,
Plus qu'assez, de l'avoir,
Sans encor decevoir
Ce pouvre douloureux
Et chetif amoureux,
Et sans ce, quant et quant,
Que tu me tinsses tant
Le bec en l'eau, prens la.
PAMPHILE. Que je la prenne ! Or çà,
Je cognois bien qu'encores
La peine où je suis ores
Ne scez pas, ni aussi
En quel trouble et souci
Suis mis par mon bourreau.
CHARINUS. Est ce rien de nouveau
S'il se mire par toy ?
PAMPHILE. Tu parlerois de moi

           (Que je croy) autrement,
           Si tu savois comment
           Bien ailleurs je pretens.
CHARINUS. Et! voire : car longtemps
           Avec ton père en as
           Estrivé; n'as tu pas?
           C'est pourquoy mal content
           Il est de toy, d'autant
           Qu'aujourd'huy il n'a seu
           Tant faire qu'il ayt peu
           T'y faire condescendre.
PAMPHILE. Mais saurois tu entendre
           Parler jusques au bout?
           Car tu ne scez pas tout,
           Ny la grand brouillerie
           Et griefve fascherie
           Dont mon âme est atteincte.
           Ce n'estoit qu'une faincte
           De ces nopces, ny âme
           Ne me pressoit de femme
           Prendre, helas!
CHARINUS.   Ouy dà,
           Volontiers qu'on t'en a
           Forcé; mais ce a esté
           Force, si volonté
           S'appelle force...
PAMPHILE.   Arreste!
           Tu ne scez pas le reste.
CHARINUS. Et, vraiment, j'entens bien
           Que tu la dois très bien
           Espouser.
PAMPHILE.   Quel tourment!
           Ce mot tant seulement:
           Jamais il n'a cessé,

Mais m'a prié, pressé
Tant de me condescendre
A mon père que rendre
A la fin il m'a fait,
Et respondre de fait
Que la prendrois.

CHARINUS.   O Dieux !
Qui est le malheureux?

PAMPHILE. Davus.

CHARINUS.   Davus?

PAMPHILE.   C'est luy
Qui tout trouble aujourd'huy.

CHARINUS. Raison?

PAMPHILE.   Je n'en say point,
Sauf que je pense un poinct,
Que Dieu est irrité,
A cause que presté
Luy ay par trop l'aureille.

CHARINUS. De luy je m'esmerveille !
L'as tu fait ?

DAVUS.   Je l'ay fait.

CHARINUS. O mechant traître infaict !
Que Dieu punir te puisse,
Au pris de ta malice
Et forfait qu'as commis !
Mais, si les ennemis
Tous ensemble de luy
L'eussent pour le jour d'huy
En ces nopces brouiller
Voulu, que conseiller
Pis lui eussent ils peu?

DAVUS. Las ! j'ay eté deceu
De mon entreprise ores;
Mais, pourtant, j'ay encores

                Bon cueur.
CHARINUS.   Nous voylà bien !
DAVUS.   Et si, par ce moyen,
           N'avons peu rencontrer,
           Il nous y fault rentrer
           D'ailleurs ; si l'un nous a
           Failly, l'autre pourra
           L'amender, je l'espère.
PAMPHILE. J'entens bien : d'une paire
           De nopces, si tu veux,
           Tu nous en feras deux.
DAVUS.   Je say bien, quant à moy,
           D'autant que je vous doy
           (Monsieur) obeissance,
           Que tant que ma puissance
           Pourra faire et s'estendre,
           Que jours et nuitz doy prendre
           Peine pour vous ayder,
           Jusqu'à me hazarder
           A mourir, s'il convient.
           Mais aussi, s'il advient
           Quelquefoys au contraire
           De ce que pensois faire,
           Vous devez supplier
           La faute et l'oublier
           (Monsieur) : car, pris le cas [1]
           Que je ne face pas
           Ce que je veux, si est ce
           Pourtant que je ne laisse
           Que de tout mon pouvoir
           N'en fasse mon devoir.
           Or donq, si me laissez

---

1. Pour : *supposé le cas*.

En paix, et pourchassez
Mieux ailleurs, je vous prie.
PAMPHILE. Repare ta folie
Et mon affaire aussi.
DAVUS. Je le feray ainsi.
PAMPHILE. Mais c'est trop attendu.
DAVUS. Chut! mot [1]! j'ay entendu
Que l'on ouvre cet huys
Leans chez elle.
PAMPHILE. Et puis,
Ne t'en soucie pas.
DAVUS. Je cherche quelque cas.
PAMPHILE. Sus donq, despesche, tost!
DAVUS. Je le feray tantost.

SCÈNE DEUXIÈME.

MISIS, PAMPHILE, CHARINUS, DAVUS.

MISIS.

Je trouveray vostre Pamphile,
S'il est en lieu de cette ville,
Croyez, et vous l'ameneray
Aussitost, ou je ne pourray.
Cependant, Madame, m'amie,
Ne vous melancholiez mie,
Je vous prie.
PAMPHILE. Misis?

---

[1]. Pas un mot! motus!

MISIS.   Qui est ce ?
Ah ! Monsieur, c'est Dieu qui m'adresse
A vous, je croy.
PAMPHILE.   Eh bien ! après ?
MISIS.   J'ay en charge, mais par exprès,
De vous supplier, de par elle,
Que, si à ce coup quelque zèle
Et bonne amour vous luy portez,
Que vers elle vous transportez
Soudain, car grand vouloir elle a
De parler à vous.
PAMPHILE.   Ah ! voilà
Pour m'achever ! Mon mal empire
De pis en pis. Que veux tu dire,
Coquin ? Convient il que, par toy
Et par ton conseil, elle et moy
Nous soyons remis aujourd'huy
En telle misère et ennuy ?
Pourquoy me fait elle appeler,
Sinon qu'elle a ouy parler
De ce mariage ?
CHARINUS.   Helas ! voire,
Dont il ne fust point de memoire
S'il se fust teu.
DAVUS.   Là, là, poussez ;
Si de luy même n'est assez
Eschauffé, echauffez l'encores.
MISIS.   Et voirement, c'est pourquoy ores
La povrette ainsi crie et pleure.
PAMPHILE. Misis, je te jure et t'asseure,
Par tous les dieux qui sont là haut,
Qu'elle n'aura jamais deffaut
De mon costé ; croire m'en dois :
Car, quand bien estre je devrois

L'ANDRIE. ACTE IV.

De tous les humains ennemi,
Tousjours je lui seray ami.
C'est celle que j'ay desirée,
Et à mon gré j'ai rencontrée;
Les meurs de l'un à l'autre plaisent,
Conviennent bien. Au diable voisent
Ceux qui m'en veulent desgoûter!
Car, si mort ne vient me l'oster,
Homme vivant n'y fera rien.

MISIS. Dieu merci, donq me voilà bien.
PAMPHILE. Mais ce que je dy n'est point fable,
Car Dieu n'est point plus veritable
En sa parolle que je suis;
Je ne dy pas que, si je puis
Faire si bien et en tel point
Que mon père ne pense point
Que je l'empesche de parfaire
Ce mariage qu'il veut faire,
Que je n'en sois joyeux; sinon,
Je n'en differeray plus, non.
Mais, puisqu'en sommes si avant,
Je lui feray dorenavant
Congnoistre que c'est moy vrayment
Dont procède l'empeschement.
Qui penses tu que je sois, toy?
CHARINUS. Aussi malheureux comme moy.
PAMPHILE. Je rêve un petit à mon cas.
CHARINUS. Là donq, et ne t'y endors pas;
Si say je bien où tu pretens.
DAVUS. Non, non, mon maistre, en peu de [temps
Je vous remets en vostre entier.
PAMPHILE. Fais donq, car j'en ai tout mestier.
DAVUS. J'ay dejà ce qu'il faut tout prest.
CHARINUS. Je te prie, dis moi que c'est?

DAVUS. Je dy pour luy, et pour vous rien,
Afin que l'entendiez.
CHARINUS. Eh bien !
Si c'est pour luy, pour moy aussi.
PAMPHILE. Mais respondz moi un peu ici :
Qu'est ce que tu me saurois faire ?
DAVUS. A peine, pour y satisfaire,
Ce jour ici (fust il plus long)
Me suffira, et pourtant donq
Ne me venez point arrester,
Pour cette heure, à vous en compter.
Mais je vous pry un peu, pour Dieu !
Allez vous en en autre lieu :
Vous ne me servez que de nuire.
PAMPHILE. Je m'en vois donc voir qu'ell' veut dire,
Ce temps pendant. (Sic.)
DAVUS. Et vous ?
CHARINUS. Veux tu que je te die
Verité ?
DAVUS. Mais je vous en prie.
Pensez comme il en comptera
Tantost.
CHARINUS. Qu'est ce que l'on fera
De moy, mon bon ami ?
DAVUS. Vrayment,
Vous estes un fascheux !... Comment !
Fay je point pour vous assez ores,
Quand delay je vous donne encores
D'un petit jour, en retardant
Les nopces de luy cependant.
CHARINUS. Mais, mon Davus ?
DAVUS. Qu'est ce autre chose ?
CHARINUS. Mon ami, fay que je l'espouse.
DAVUS. Trut avant !

CHARINUS.   Pour le moins, revien
Par mon logis, si tu fais rien.
DAVUS. Que gagneroy je à retourner,
Car je ne vois pas besogner
Pour vous ?
CHARINUS.   Encor, s'il se trouvoit.
DAVUS. Or, sus, sus, bien.
CHARINUS.   S'il y avoit,
Au logis tu me trouveras.
DAVUS. Toy, Misis, tu demoureras
Un bien peu ici, jusqu'à tant
Que revienne.
MISIS.   Pourquoy ?
DAVUS.   Pour tant
Qu'il en est besoing.
MISIS.   Va donq tôt.
DAVUS. Je seray de retour tantost.

SCÈNE TROISIÈME.

MISIS, seule.

Or ne sont les choses humaines
Perpetuelles, ny certaines.
Or çà, je pensois que Pamphile
Fust tout le bien de cette fille,
Son reconfort et son repos [1],
Son ami, son cueur, son epoux,
Et homme qui la secourir

---

1. Ce mot se prononçoit *repous*; quelquefois on l'écrivoit aussi de la sorte.

L'eust voulu jusques au mourir.
Toutefois, voyez aujourd'huy
Le mal qu'elle souffre pour luy !
Vrayment, s'il luy a fait du bien,
La povrette le gagne bien :
Le mal passe le plaisir, somme.
Mais d'où vient Davus ? Ho ! mon homme,
Qu'as tu là ? Mais où (je te prie)
Porte tu cet enfant qui crie ?

SCÈNE QUATRIÈME.

DAVUS, MISIS.

DAVUS.

Misis, à ce coup j'ay affaire
De toy : montre que tu scey faire.
La memoire prompte avoir faut,
L'esprit aussi subtil et caut,
Pour respondre à propos.

MISIS.   Eh bien !
Qu'est ce que tu veux faire ?

DAVUS.   Tien
Cet enfant là, et me le porte
Vitement tout devant la porte
De chez nous.

MISIS.   Comment l'entens tu ?
Que dessus les pavez tout nu
Je l'aille mettre ?

DAVUS.   Nenny dà.

Mais prens moy sus cet autel là
De cette herbe, et en metz dessouz.

MISIS. Eh! vrayment, c'est bien à propos!
Fay ton commandement toy mesme.

DAVUS. Diable! tu n'entens pas mon thesme!
Voy tu bien, je le fais exprès
Afin que, si mon maistre, après,
Vient m'accuser, que hardiment
Je luy jure qu'aucunement
Je l'ay mis là.

MISIS.   Oh! depuis quand,
Beau sire, es tu devenu tant
Consciencieux?

DAVUS.   Or, sus, sus.
Fay tost; je te pry qu'au parsus
Tu sache que je delibère...
Auf, auf[1]!

MISIS.   Qu'as tu?

DAVUS.   Voicy le père
De nostre espousée qui vient;
Autrement faire me convient
Que je ne pensois.

MISIS.   Pour tout vray,
Je ne t'entens pas.

DAVUS.   Je feindray
De venir devers la main droitte;
Toi, regarde bien d'estre adroitte
A me respondre et faire en sorte
Que ta response se rapporte
A ma demande et vienne au point.

MISIS. Je te dy que je n'entens point

---

1. Aujourd'hui nous écrivons et nous prononçons *ouf!*

Tout ce que tu dis ; toutefoys
Davus, mon amy, si tu vois
Que je te serve en quelque cas,
J'attendray : je ne voudrois pas
Qu'il tînt, en ce que pourrois faire,
Que ne feissions bien nostre affaire.

SCÈNE CINQUIÈME.

CHREMÈS, MISIS, DAVUS.

CHREMÈS.

Puisque j'ay dressé tout mon cas
Pour ces nopces, tout de ce pas
Je m'en revois dire à mes gens
Qu'ilz s'en viennent, et qu'il est temps.
Oh ! qu'est cela ? Hé ! par mon âme,
C'est un enfant !... Ho ! bonne femme,
Dis, est ce toy qui as là mis
Ce petit enfant ?

MISIS.   Mes amis,
Où sera il allé ?

CHREMÈS.   Comment !
Ne respons tu point ?

MISIS.   Ah ! vrayment,
Je ne le voy plus. O povrette !
M'auroit il bien laissé seulette,
Pour s'enfuir ?

DAVUS.   Vah ! que de gens
Au marché ! vah ! que de sergentz,

De procureurs et d'avocatz
Qui plaident là! Croyez d'un cas
Que les vivres se vendront bien.
Mais que puis je plus dire? Rien.

MISIS. Tu as bonne grâce, vrayment,
De me laisser seule!

DAVUS. Comment?
(Misis) quels beaux jeux sont ceci?
Qu'est cela? Cet enfant ici,
A qui est il? qui l'a mis là?

MISIS. Resve tu point, qui de cela
Me vient enquester?

DAVUS. Et qui doncque,
Quand je ne voy autre quelconque?

CHREMÈS. Eh! vraiment, je m'en emerveille!
Comment! fais tu la sourde aureille?

MISIS. Auf!

DAVUS. Tire toy à droit.

MISIS. Mais voyre,
Es tu hors de bonne memoyre?
N'est ce pas toy, dis, maistre sot?...

DAVUS. Si tu dis aujourd'huy un mot
Qu'au pris que je t'enquesteray,
Garde bien!

MISIS. Mechant!

DAVUS. Dis moy vray,
Et parle qu'un chacun l'entende.
D'où est il? diras tu, truande!

MISIS. D'où il est? Il est de chez Vous.

DAVUS. Il est, le diable! de chez nous!
Pensez vous que telle paillarde
Comme cette cy prenne garde
A son honneur, ni tienne compte
Que l'on connoisse ici sa honte?

CHREMÈS. A ce que je voy à cette heure,
Cette chamberière demeure
Chez l'Andrie.

DAVUS. Donc, vous pensez
Que nous soyons si aisez
A abuser?

CHREMÈS. Je, Dieu merci!
Suis venu tout à temps ici.

DAVUS. Scez tu quoy. Prens le et me l'em-
Viste de devant cette porte.   [porte
(Ne bouge, quoyque je te die,
Entens tu?)

MISIS. Que Dieu te maudie,
Tant tu me mets en grand esmoy!

DAVUS. Est ce à toy que je parle, ou quoy?
MISIS. Que veux tu?
DAVUS. Que je veux? vien çà.
De chez qui est cet enfant là?
Comment! ne me respons tu rien?

MISIS. Mais que tu ne le scey pas bien?
DAVUS. Vertubieu! ne te chaille point
Que je sache, et responds au poinct
Que je demande?

MISIS. De chez vous.
DAVUS. De chez nous? De qui? de chez nous?
MISIS. C'est de Pamphile.
DAVUS. Comme quoy
De Pamphile?

MISIS. Mais, par ta foy,
Qu'il n'est pas à luy?

CHREMÈS. Comme l'on voit,
De ce mariage à bon droit
Toujours j'ai esté desgousté.

DAVUS. O la grande mechancété!

MISIS.	Que grand diable as tu à crier ?
DAVUS.	N'est ce pas cy l'enfant qu'hier
	Je vei porter chez vous si tard ?
MISIS.	Vah ! que tu es un grand bavard !
DAVUS.	Si y vey je aller la matrone,
	Plus vilaine que vieux lard jaune.
MISIS.	Ha ! je loue Dieu grandement
	De ce qu'à son accouchement
	Y avoit des femmes de bien.
DAVUS.	Cette cy ne connoist pas bien
	Cet homme à qui l'affaire touche.
	Certes, Chremès est si farouche
	Que, si cet enfant aperçoit,
	Il ne voudra, pour rien qui soit,
	Plus entendre à ce mariage.
	Eh ! je croy, de meilleur courage
	Le fera, quand il le verra.
CHREMÈS.	Je t'asseure que non fera.
DAVUS.	Or, bref, je te prometz que, si
	Tu ne me l'emportez d'ici
	Tout incontinent, que, par Dieu !
	Je le jetteray au milieu
	De cette rue ; et si t'asseure
	Que je te traisneray une heure
	Dedans la fange avecques lui.
MISIS.	Tu n'es pas bien sage aujourd'huy,
	Vrayment.
DAVUS.	Jamais une cautelle
	N'est seule ; tousjours après elle
	En tire une autre : par la ville,
	Ilz ont fait bruit que cette fille
	Est bourgeoise d'Athènes...
CHREMÈS.	Hein !
DAVUS.	Et que, contraint à ce moyen

	Par la loȳ, faudra qu'il l'espouse.
MISIS.	N'en savois tu donc autre chose ?
	Voire dea, elle l'est.
CHREMÈS.	O Dieu !
	Que j'ay cuidé jouer beau jeu
	Et me mettre en un grand danger,
	Bien lourdement, sans y songer !
DAVUS.	Qui est là ? O sire Chremès,
	Vous venez tout à propos ; mais
	Oyez un peu.
CHREMÈS.	J'ay ouy tout.
DAVUS.	Ah ! non avez.
CHREMÈS.	Jusques au bout.
DAVUS.	Dites vous ? Qui se fust douté
	De cette grand' meschanceté ?
	Mais empoignons cette coquine,
	Et la menons souz la courtine,
	Là dedans, foitter bien à point.
	Voire, c'est luy. Ne pense pas
	Tromper Davus seulement ?
MISIS.	Las !
	Povre femme ! Certes, bon homme,
	Mon amy, je veux qu'on m'assomme
	Si j'ay menti en tout cecy
	D'un seul mot.
CHREMÈS.	Je say bien aussi
	Comme il en va. Or, dy moy, toy,
	Simo est il leans ?
DAVUS.	Je le croy.
MISIS.	Va, va, ne me viens pas flatter,
	Mechant ; je m'en vais le compter
	A ma maîtresse.
DAVUS.	Hé ! grosse lourde,
	Tu ne scez que vaut cette bourde.

MISIS.	Aussi n'en veux je rien savoir.
DAVUS.	Cet homme que tu as peu voir
	Est le père de cette fille
	Que l'on veut donner à Pamphile ;
	Nous n'eussions sceu mieux ordonner
	Que nous avons pour lui donner
	Entendre toute la besoigne.
MISIS.	Eh ! voire mais, monsieur l'ivrogne,
	Ne le devois tu pas predire ?
DAVUS.	Comment ! trouves tu rien à dire
	De ce qu'au naturel on fait,
	Au prix de ce qu'on contrefait ?

SCÈNE SIXIÈME.

CRITO, MISIS, DAVUS.

CRITO.

C'est en ce lieu (comme on m'a dit)
Que Chrisis souloit se tenir,
Qui a mieux aymé en credit
Riche putain s'entretenir
Ici, que de se contenir
Chaste au païs en povreté.
Le bien qu'elle avoit acquesté
Est à moi seul ; car de sa souche,
Soit droite ligne, ou de costé,
N'a point laissé parent plus proche.
Mais j'en voy qui m'en pourront dire
Nouvelles. Bonjour !

MISIS.   Eh ! beau sire,

Est ce là Crito que je voy,
Cousin de feue Chrisis ? Ma foy,
Si est.

CRITO. Eh ! Dieu te gard', Misis.
MISIS. Bonjour, Crito.
CRITO. Et quoi ! Chrisis
S'est elle ainsi laissé mourir ?
MISIS. Nous en sommes au pain querir,
Mon amy.
CRITO. Comment ! entre vous
Vous trouvez vous pas bien ?
MISIS. Qui, nous ?
Ainsi que nous pouvons, mi dieux !
Non comme nous voudrions, bien mieux.
CRITO. Et Glicerion, que fait elle ?
Ha elle point ouy nouvelle
De ses parentz en ce païs ?
MISIS. Plust à Dieu !
CRITO. Je m'en ebahis !
Or, puisqu'elle n'en trouve point,
Je croy que je viens mal à point ;
Et, si l'on m'en eust averti,
Jamais mon pied n'en fust sorti
De mon païs : car, pour le seur,
Un chacun croit qu'elle soit sœur
De feue Chrisis ; et si me doute
Que dejà elle aura pris toute
Sa succession. D'en plaider
Je ne me veux point hasarder :
Je suis estranger ; tous les jours
On voit faire assez de telz tours.
Après, il n'est pas qu'elle n'ayt
Quelque amy qui fasse son faict
De son procès, et la deffende :

Car desjà estoit assez grande
Quand elle vint ici ; et puis
Ils viendront dire que je suis
Un affronteur, qui veut destruire
Les pauvres mineurs. A vray dire,
De lui oster ce peu de bien
Qu'elle a, je ne ferois pas bien.

MISIS. Vous parlez comme il appartient ;
Crito, allez, cela vous vient
D'un bon cœur.

CRITO. Or, sus, menez moy
Devers elle ; car, par ma foy,
Je suis quasi venu exprès
Pour la voir.

DAVUS. Je m'en vais après ;
Car oster me faut de la voye
De ce vieillard, qu'il ne me voye.

ACTE CINQUIÈME

SCÈNE PREMIÈRE.

CHREMÈS, SIMO.

CHREMÈS.

Or, Simo, pensez
Qu'assez, plus qu'assez,
J'ay pour vostre affaire,

Par le passé, fait
Autant, en effect,
Qu'on ne sauroit faire :
Hazardé me suis,
Dire je le puis,
Par trop cy devant,
Plus que ne feray ;
Ouie, je rêveray
Bien dorenavant !
Cessez donc pourtant
De m'en prier tant,
Compère : aussi bien,
(Quoique m'en priez
Ni m'en suppliez),
Je n'en feray rien.
Pour plaisir vous faire
Et cuider complaire,
Ma fille ay baillée,
Quasi en danger
(Sans mal y songer)
D'en estre affolée.

SIMO. Las ! je vous veux, au contraire, prier,
Et supplier, que le propos premier
Entretenez, comme m'avez promis,
Et qu'à present en effet il soit mis.

CHREMÈS. Mais considerez
Combien vous errez,
Cherchant seulement
Moyen de parfaire
Ce que voulez faire,
Sans savoir comment :
Car vous n'avez point
D'honneur un seul point
En vostre requeste ;

Et si n'entendez
Ce que demandez,
Tant estes moleste !
Je croy bien que si
Y pensiez, qu'aussi
Vous, par aventure,
Pourriez bien cesser
De me pourchasser
D'une telle injure.

SIMO. Injure ! comment ?
CHREMÈS. Injure vrayment :
Premier, pour remettre
Ce fol de Pamphile,
Vous m'avez ma fille
Contrainct luy promettre,
Luy qui n'en eut oncque
Volonté quelconque,
J'en suis adverty.
Tant que sa paillarde
Tiendra, il n'a garde
De prendre party.
Quel gentil mesnage !
Quel beau mariage !
Quelle faute grande
Me faisiez vous faire,
Le voulant distraire
De cette truande,
Voulant marier
(Pour le chastier)
Ma fille avec luy,
Qui de sa folie
La melancolie
Eust eu et l'ennuy !
Eh bien ! vous savez

    Que cela avez
    De moy obtenu,
    Et ce qu'ay promis,
    Quand le temps permis
    L'a, je l'ay tenu ;
    Mais, puisqu'à present
    Il n'est pas decent,
    Vous perdez vos peines :
    Car, pour tout certain,
    Est cette putain
    Bourgeoise d'Athènes ;
    Et, qui est le pis,
    Elle a eu un filz,
    Chacun le scet bien.
    Sans en parler tant,
    Soyez donc content,
    Je n'en feray rien.

SIMO. Je vous requier que ne prestiez l'aureille
A ces causeurs qui vous content merveille ;
Car ilz auroient une joie indicible
Que mon filz fût mechant incorrigible ;
Et me croyez, que toutes ces menées
Par ces mechans ont esté controuvées,
Quand entendu ont le bruit de ces nopces ;
Car, pour certain, sont toutes choses fausses ;
Et s'il advient, un coup, que leur affaire
Soit descouvert, vous les verrez bien taire.

CHREMÈS.   Vous vous abusez,
    Si vous le pensez
    En cette manière :
    Davus (qu'ainsi soit !)
    Naguère en tançoit
    A la chamberière.

SIMO. Je le say bien.
CHREMÈS. Mais
C'est, je vous prometz
Ainsi, comme ceux
Lesquelz pensoient bien
Qu'on n'entendist rien
De leurs propos, qu'eux.
SIMO. Je le croy bien ; car mon Davus aussi
M'avoit predit qu'on le feroit ainsi ;
Et si voulois aujourd'huy vous le dire,
Mais souvenu ne m'en est point, beau sire.

SCÈNE SECONDE.

DAVUS, CHREMÈS, SIMO, DROMO.

DAVUS.

Reposez vous en dessus moy.
CHREMÈS. N'est ce pas Davus que je voy ?
SIMO. Mais d'où sort il, ny de quel lieu ?
DAVUS. J'espère qu'au plaisir de Dieu
Vostre cas viendra à bon port,
Avecques l'aide et le support
De moi et de cet estranger.
SIMO. Ne voicy pas pour enrager ?
DAVUS. Jamais il ne nous advint mieux,
Que de ce bon vieillard.
SIMO. O Dieux !
Qu'a ce mechant, ny qui diable est ce

Qui sitost l'a mis en liesse?

DAVUS. Tout nostre cas pour le jourd'huy
Est seur.

SIMO. Doy je parler à luy?

DAVUS. Las! voicy mon maistre venir...
Bon Dieu! que puis je devenir?

SIMO. Dieu gard' l'homme de bien!

DAVUS. Hé! Sire,
Vous, Chremès, que voulez vous dire?
Tout est prest leans.

SIMO. C'est mon, vrayment;
Je croy qu'y as soigneusement
Operé.

DAVUS. S'il vous semble bon
Faites les appeler.

SIMO. C'est mon!
Tu es un très homme de bien;
Volontiers tu ne scez pas bien,
Que mon filz n'y est pas? Et si
Tu m'oses bien encor ici
Tenir telz propos! Mais, dis, toy,
Quelle affaire as tu leans?

DAVUS. Qui, moy?

SIMO. Toy.

DAVUS. Est ce moy?

SIMO. Toy, je t'asseure.

DAVUS. Ma foy, Monsieur, tout à ceste heure,
Tant seulement j'y suis entré.

SIMO. Voyez comme il m'a rencontré
Ainsi! Que si je m'enquestois
Quel temps il y a...

DAVUS. J'y estois
Aveq vostre filz.

L'ANDRIE. ACTE V.

SIMO.   Mon filz, diable !
Il y est donq ! ô miserable,
Je desespère. Mais vien çà,
Bourreau : m'avois tu point, pieçà,
Dit qu'ilz etoient en noise ?

DAVUS.   Aussi,
Sire, est il vray.

SIMO.   S'il est ainsi,
Que fait il donq là aveq elle ?

CHREMÈS. Qu'il y fait ? Pensez qu'il querelle.
Qu'y feroit il doncques ?

DAVUS.   Ho, mais,
Vous entendrez, sire Chremès,
Bien une autre méchanceté :
N'a guère un vieillard edenté
Entra leans, lequel vous porte
Une care d'homme de sorte,
Homme qu'on jugeroit, à voir,
Estre de prix et de savoir ;
Qui vous a une gravité
En sa face, et fidelité
En ses propos.

SIMO.   Que veut il dire
De nouveau ?

DAVUS.   Ha, rien, ma foy, Sire,
Que ce qu'il dit leans.

SIMO.   Après,
Que dit il ?

DAVUS.   Qu'il dist ? Par exprès,
(Que je ne puis croire qu'à peine)
Que Glycerion est d'Athène,
Et bourgeoise.

SIMO.   Auf ! Dromo, viens çà !
Dromo !

DROMO.	Qui a il ?
SIMO.	Dromo, là !
DAVUS.	Encores un petit mot, Sire.
SIMO.	Ha ! si tu me viens plus rien dire !... Dromo !
DAVUS.	Un peu de patience.
DROMO.	Que vous plaist il ?
SIMO.	Or, sus, avance ; Trousse le moi... Scez tu que c'est ?
DROMO.	Qui ?
SIMO.	Davus.
DROMO.	Pourquoy ?
SIMO.	Il me plaist, Mais empoigne viste ! As tu fait ?
DAVUS.	Hélas ! Sire, qu'ay je forfait ?
SIMO.	Empoigne !
DAVUS.	Non, si j'ay en rien Vous menty, Sire, je veux bien Et suis content que l'on me boute En pièces !
SIMO.	Bah ! je n'oy plus goutte : Croy que je te feray sentir Ta faute, avant que de partir.
DAVUS.	Si n'ay je dit que vérité.
SIMO.	Je veux qu'il me soit garrotté Cependant, et soigneusement Me soit gardé, scez tu comment ? Qu'il ait les deux bras et les pieds Ensemble bien estroit liéz ; Puis, le guinde haut : as tu fait ?... Je te feray huy par effet (Si je vi encores) cognoistre Que mal c'est de moquer son maistre, Et à luy, de tromper son père.

CHREMÈS.	Sans vous mettre tant en cholère...
SIMO.	Chremès, mais ne voyez vous point
	Qu'en mon filz n'y a un seul point
	D'amour ny d'honneur envers moy ?
	La peine que je prens, l'esmoy
	Que pour luy me voyez avoir,
	Ne vous font ilz point esmouvoir ?
	Pamphile ! Pamphile ! dehors !
	N'aye point de honte, non, sors.

SCÈNE TROISIÈME.

PAMPHILE, SIMO, CHREMÈS.

PAMPHILE.

O dieux ! qu'ay je entendu ?
Hélas ! je suis perdu !
C'est la voix de mon père.

SIMO.	Que dis tu ? malheureux,
	Mais le plus d'entre ceux
	Qui fut onq né de mère !
CHREMÈS.	Mais plustost d'un beau coup
	(Simo) dites luy tout
	Ce qu'avez à luy dire,
	Sans que criez ainsi.
SIMO.	C'est bien dit ; comme si
	On luy pût trop mesdire !
	Eh bien ! quelle nouvelle ?
	Glycérion est elle
	Bourgeoise ?

PAMPHILE.   On dit qu'el' l'est.
SIMO.   On dit qu'ell' l'est ? Hé dieux !
         Si ce malicieux
         De sa response est prest,
         Voyez si repentance
         Il a de son offense !
         O paillard obstiné !
         Voyez s'il en a honte,
         S'il en fait cas ny compte,
         Ny en est estonné !
         Las ! sera il bien tant
         Méchant et inconstant,
         Et vilain et infâme,
         Que, contre nostre loy,
         Nos mœurs et maugré moy,
         Il la prenne pour femme ?
PAMPHILE. Malheureux que je suis !
SIMO.   Tel dire je te puis.
         Ne le savois tu pas ?
         T'ay je point autrefois,
         Mais je dy tant de fois,
         Repris d'un mesme cas ?
         Seul en ta volonté,
         Tu as tousjours été
         Opiniastre. Aussi,
         Maintenant voy (pauvre homme !)
         Et considère comme
         C'est qu'il t'en prend icy !
         Mais je suis bien grand beste
         De m'en rompre la teste
         En ma foible vieillesse,
         Et des maux endurer
         Tant, et me macerer
         Pour ta folle jeunesse !

              Si tu fais la folie,
              Faut il que la supplie
              Et que seul je la porte ?
              Non, non : espouse la,
              Viz aveq elle, va !
              De moy, je m'en déporte.

PAMPHILE. Mon père !

SIMO.   Père, quoy ?
              D'un tel père que moy
              Bien peu tu te soucie :
              Maison tu as trouvée,
              Femme d'enfants douée,
              Contre ma fantaisie.
              Voilà l'homme tout prest
              Qui témoigne qu'elle est
              Bourgeoise. J'ai tort, bien !

PAMPHILE. Mon père, je vous prie
              Qu'un petit mot je die.

SIMO. Que me diras tu ? Rien.

CHREMÈS. Pour le moins, permetez
              Qu'il parle, et escoutez
              Qu'il vous dira, beau sire.

SIMO. Que je l'escoute ? mais
              Qu'entendrai je, Chremès ?

CHREMÈS. Entendez qu'il veult dire.

SIMO. Qu'il die, de par Dieu !
              J'escoute.

PAMPHILE.   En premier lieu,
              Nier je ne vous puis
              Que je l'ayme, et que suis
              Abusé d'elle, aussi
              Je le confesse ; et, si
              En cela je mesprens,

(Mon père), je me rens,
Je le confesse aussi.
Regardez qu'il vous plaist;
Commandez, je suis prest.
Voulez vous quelque chose ?
Voulez vous qu'aujourd'huy
Ou la fille de luy
Ou une autre j'espouse ?
Vous plaist il qu'abandonne
Et que congé je donne
A cette povre fille ?
Eh bien ! je le feray
Au mieux que je pourray,
Quoyqu'il soit difficile ;
Seulement, je vous prie
Que vous ne pensez mie
Que j'aye suborné
Ce vieillard estranger,
Ou bien, pour me purger,
Qu'il vous soit amené.

SIMO. Que tu l'amènes, toy ?
PAMPHILE. Las ! accordez le moy.
CHREMÈS. Il ne demande rien
Qui ne soit de raison.
Donq, sans autre soupçon,
Veuillez le, et ferez bien.
PAMPHILE. Accordez le, pour Dieu !
SIMO. Bien ! qu'il vienne en ce lieu ;
Mais qu'il ne pense point,
Quand viendra à parler,
Me venir babiller
Ny mentir d'un seul point.
CHREMÈS. Ha ! Simo, considère

Que, pour l'offense grande
D'un enfant, peu d'amende
Suffit envers un père.

SCÈNE QUATRIÈME.

CRITO, CHREMÈS, SIMO, PAMPHILE.

CRITO.

Ne m'en priez plus, et pensez
Que je suis de ce faire assez
Adverti ; quand ce ne seroit
Que je veux bien en cet endroit
Vous faire plaisir, et aussi
Qu'au vray je sais qu'il est ainsi ;
Et d'autre part, que je veux bien
Faire, si je puis, quelque bien
A ma pauvre Glycérion.

CHREMÈS. Je voy, à mon opinion,
Crito d'Andrie... Et voirement,
C'est luy ! Bonjour, Crito. Comment ?
Qui te meut, que tu te pourmeines
A cette heure ici en Athènes ?
C'est nouveauté.

CRITO. Vous voyez ; mais
Dictes moy un petit, Chremès,
Est ce pas Simo que je voy ?

CHREMÈS. C'est luy.

SIMO. Tu me cherches donq, quoy ?
Viens tu icy faire la noyse

     Que Glicérion est bourgeoise ?
CRITO. Voudriez vous donc dire autrement ?
SIMO. Si je le veux dire ! Comment !
     Es tu venu à cours battu
     Exprès ?
CRITO.   Pourquoi ?
SIMO.   Demande tu ?
     Pense tu qu'il demeure ainsi ?
     Penses tu donq venir ici
     Attirer, par vaine promesse,
     Des enfans la simple jeunesse
     Bien morigenée et nourrie,
     Souz ombre d'une tromperie
     Qu'à force tu leur fais acroire ?
CRITO. Mais estes vous en bonn' mémoire,
     En assemblant un mariage
     Avecques un concubinage ? [peur
PAMPHILE. Je suis mort, dieux ! tant j'ay grand'
     Que cet étranger n'ait bon cueur,
     Et que muet il ne demeure !
CHREMÈS. Non, non, Simo, je vous asseure
     Que si vous congnoissiez cet homme
     Que vous n'en parleriez pas comme
     Vous faictes ; je le congnois bien
     Et say qu'il est homme de bien.
SIMO. Luy, homme de bien ! C'est grand cas.
     Et comment ? Ne voyez vous pas
     Que tout exprès il est venu
     Icy, faisant de l'incogneu,
     Comme celui qu'on ne veit oncques,
     Pour troubler ces nopces ? Et donc-
     Qu'on luy ajoute foy ! Chremès, [ques,
     Pour Dieu, ne m'en parlez jamais.
PAMPHILE. Hélas ! si je ne craignois point

    Mon père, je say quelque point
    Pour avertir cet estranger,
    Qui le sauroit bien revenger.
SIMO.   Affronteur!
CRITO.   Quoy?
CHREMÈS.   C'est sa nature.
    Laissez le là.
CRITO.   Que j'en endure!
    Qu'il regarde bien, s'il est sage,
    Que c'est qu'il dit! Si davantage
    Il m'injurie à son plaisir,
    Je luy diray son desplaisir.
    Moi, de tout ceci qui se fait,
    Que m'en chault il? Est ce mon faict?
    Si la faute commise avez,
    N'est ce raison que la buvez?
    De moy, si je suis escouté,
    Vous connoistrez si vérité
    Je di, ou non. Il fut un homme
    Natif d'Athènes (ainsi comme
    Il disoit), lequel, tourmenté
    Dessus la mer, fut rejetté
    Par la tourmente dedans l'isle
    D'Andros avecques cette fille,
    Petite lors. En sa misère
    (De fortune), il treuve le père
    De Chrisis, qui humainement
    Le receut...
SIMO.   Bon commencement
    De la farce!
CHREMÈS.   Laissez le dire.
CRITO. Je croy que cet homme se mire
    A rompre mon propos.
CHREMÈS.   Poursuy,

	Crito, sans t'amuser à luy.
CRITO.	Celui duquel il fut receu
	Etoit mon parent, dont je sceu
	(Hantant léans) de ce povre homme
	Qu'il estoit d'Athènes. Or, somme,
	Il mourut après quelque temps.
CHREMÈS.	Et son nom?
CRITO.	Et son nom?... J'entends
	Que c'estoit Phania.
CHREMÈS.	Ha dieux!
CRITO.	Certainement, je pense, mieux
	Qu'autrement, que c'estoit ainsi;
	Et c'estoit Phania aussi :
	Il m'en souvient encore bien,
	Et se disoit Rhamnusien [1].
CHREMÈS.	O dieux!
CRITO.	Je ne suis pas, Chremès,
	Tout seul à qui il l'a dit, mais
	Assez d'autres, en Andros, l'ont
	Ouy, qui le tesmoigneront
	Comme moy.
CHREMÈS.	Plust à Dieu, beau sire,
	Qu'il fust ainsi que le désire!
	Mais cette fille qu'il avoit,
	Sais tu si sienne il l'avouoit?
CRITO.	Ha! non, Chremès.
CHREMÈS.	Et à qui doncques?
CRITO.	A son frère.
CHREMÈS.	Je ne fus oncques
	Plus deceu si ce n'est la mienne.
CRITO.	Que pense tu dire, la tienne?
SIMO.	Que pense tu dire, ta fille?

1. Né à Rhamnuse. Voy. dans la table une note sur cette ville.

PAMPHILE. Dresse tes oreilles, Pamphile.
SIMO. Qu'en crois tu ?
CRITO. Ce Phania là
Mon frère étoit.
SIMO. Je say cela,
Et l'ay connu.
CHREMÈS. Luy donq, voyant
La guerre ici et s'enfuyant
En Asie après moy, ma fille
N'osa laisser en cette ville
Pour son honneur, et aveq luy
L'emmena; ny jusques à luy
N'en ay ouy parler depuis.
PAMPHILE. Je ne say quasi qui je suis,
Tant je me sens tous mes espritz
De peur, d'espoir, de joie espris,
De veoir cette merveille ici,
Et le bien qui soudain ainsi
M'est advenu !
SIMO. Puisque la treuves
Etre tienne par tant de preuves,
J'en suis très joyeux.
PAMPHILE. Je le croy,
Mon père.
CHREMÈS. Mais je ne say quoy
Me tient encore un peu en doute.
PAMPHILE. On vous devroit, en somme toute,
Rendre moine [1], de venir faire
Doute d'une chose tant claire ;
C'est chercher un nœud sur un jong.
CRITO. Bien ! dictes moy que c'est donc.

1. C'est traduire d'une façon assez bizarre la phrase de Térence : « *Dignus es, cum tua religione, odium!* ».

CHREMÈS.	Le nom point à propos ne vient.
CRITO.	Quand tout est dit, il me souvient
	Qu'elle s'appeloit autrement,
	Petite garse.
CHREMÈS.	Mais comment,
	Crito, ne vous en souvient il?
PAMPHILE.	Faut il qu'en danger et péril,
	Par son oubliance, soit mis
	Un si grand bien qui m'est promis,
	Veu que je m'en puis mettre hors!...
	Et non vrayment!... Ho! Chremès,
	On l'appeloit Pasibula. [lors
CRITO.	Tu l'as trouvé!
CHREMÈS.	C'est cettui là.
PAMPHILE.	Elle me l'a dit maintesfois.
SIMO.	Je pense, Chremès, que tu crois
	Que de cette recognoissance
	Sommes tous joyeux?
CHREMÈS.	Je le pense,
	Vrayment, Simo.
PAMPHILE.	Eh bien! mon père,
	Qu'en dites vous?
SIMO.	La grand' cholère
	Que j'avois contre toy se passe,
	Et es remis piéçà en grâce.
PAMPHILE.	O le bon père que voici!
	Et vous, je croy, Chremès, aussi
	N'empeschez point que ne retienne
	Vostre fille tousjours pour mienne,
	Comme j'ay fait?
CHREMÈS.	Je m'y accorde,
	Mais que Simo ne le discorde.
PAMPHILE.	Eh bien, mon père?
SIMO.	Je le veux.

CHREMÈS. Le jour des nopces de vous deux,
Je vous prometz donner, Pamphile,
Mille ecuz avecques ma fille.
PAMPHILE. Je les accepte.
CHREMÈS. Or, c'est donq fait.
Après, je vois voir qu'elle fait;
Mais je te supply, Crito, vien
Avecques moy, car je croy bien
Qu'à peine la reconnoistray,
SIMO. Mais mandez la.
PAMPHILE. Vous dites vray;
Je vois charger de cet affaire
Davus.
SIMO. Il ne le sauroit faire.
PAMPHILE. Et la raison?
SIMO. Il est après
Autre chose, qui de plus près
Luy touche que ne fait cela.
PAMPHILE. Voih! qu'a il affaire ainsi là?
SIMO. Mon amy, il est en prison.
PAMPHILE. Mon père, ce n'est pas raison.
SIMO. Si est bien, je l'ai ordonné.
PAMPHILE. Je vous pry qu'il me soit donné.
SIMO. Or sus, va, soit!
PAMPHILE. Mais sans demeure.
SIMO. Tu le verras tout à cette heure.
PAMPHILE. O la bienheureuse journée!
O journée bien fortunée!

SCÈNE CINQUIÈME.

CHARINUS, PAMPHILE.

CHARINUS.

Je vois voir que Pamphile fait;
Ho! je le vois.

PAMPHILE. Quelqu'un, de faict,
Pensera que je ne croy rien
De cecy; mais si say je bien
Qu'il est vray, et me plaist aussi
Grandement de le croire ainsi;
Et croy que la vie eternelle
Des puissants dieux est dicte telle,
Parce qu'en leur eternité
Ilz ont toute leur volupté.
Et moy, je me pense immortel
D'avoir receu un plaisir tel,
S'il ne m'y survient malencontre.
Ne saurois je trouver rencontre
De quelqu'un pour m'aider à rire,
A qui je le pusse redire?
Je voy Davus... Je ne sache homme
Que j'aimasse mieux trouver. Somme,
Quand cettui là mon bien saura,
Dessus tous plaisir en aura.

SCÈNE SIXIÈME.

DAVUS, PAMPHILE, CHARINUS.

DAVUS.

Où est il, où est il, ce maistre
Pamphile ? Mais où peut il estre ?
PAMPHILE. Davus !
DAVUS. Qui est cela qui m'y [1] ?
Ho hé, moy, maistre mon amy.
PAMPHILE. De ma fortune scez tu rien ?
DAVUS. Non pas de la vostre, mais bien
Say je qu'il m'est mesadvenu.
PAMPHILE. Je le say.
DAVUS. Il est advenu,
Comme il advient communement,
Que vous avez premierement
Sceu mon mal et mon infortune
Que moy votre bonne fortune.
PAMPHILE. Ma Glycérion en ce lieu
A trouvé ses parens.
DAVUS. O Dieu !
Que voyla qui va bien !
CHARINUS. Hem !
PAMPHILE. Somme,
Père n'ayma oncques mieux homme
Que cettui là m'aime aujourd'huy.

---

1. *Quis homo'st*, dit le latin, c'est-à-dire : « Quel homme fait *st* ? »

DAVUS. Qui ?
PAMPHILE. Chremès.
DAVUS. Bon !
PAMPHILE. Ny plus en luy
Ne tient que sa fille n'espouse.
CHARINUS. Songeroit il point cette chose
Qu'en veillant il désiroit tant ?
PAMPHILE. Et nostre enfant ?
DAVUS. Soyez content,
Car c'est l'enfant que Dieu a fait,
Que je croy, pour être parfaict.
CHARINUS. S'il est vray, je suis trop heureux ;
Il vault mieux que je parle à eux.
PAMPHILE. Qui est cettuy là que j'entens ?
Charinus, tu viens tout à temps.
CHARINUS. Tout va bien, Dieu merci !
PAMPHILE. Comment ?
As tu ouy ?
CHARINUS. Entièrement.
Mais donq, puisque tu as fortune
Tant favorable et opportune,
Je te prie que de la mienne
Au moins quelque peu te souvienne.
A present, gouverne Chremès,
Qui ne te desdira jamais ;
Si pour moy le veux supplier.
PAMPHILE. Je ne te saurois oublier ;
Mais nous pourrions trop les attendre
A sortir. Allons le donq prendre
Chez Glicérion, où il est.
Toy, Davus, fais que tout soit prest
Là dedans... Qu'attens tu plus, quoy ?
Appelle quelqu'un aveq toy,
Que je ne te le die plus.

DAVUS. Je m'y en vais. Quant au surplus,
Messieurs, je vous veux advertir
De ne les attendre à sortir ;
Car leans accordz se feront,
Et tout d'un train les mariront,
Que je croy bien. Quant est de vous,
Seigneurs, réjouissez vous tous.

FIN DE LA COMÉDIE DE TÉRENCE NOMMÉE ANDRIE,
NOUVELLEMENT MISE EN VERS FRANÇOYS (1).

1. Dans l'édition de 1555, vient après cette pièce, comme on l'a déjà dit, la traduction des *Quatre princesses de vie humaine*. L'errata est suivi de cet avis :

AUX LECTEURS.

Amis lecteurs, il vous plaira prendre en gré le passetemps et esbatement de celuy qui vous a fait voir en vers françoys la première comedie de Terence, representée et rendue au mieux, et le plus facilement que luy a esté possible ; attendans de brief le reste, c'est assavoir les autres comedies dudict comique Terence, tout d'une mesme main. A Dieu.

CYMBALUM MUNDI.

HISTOIRE BIBLIOGRAPHIQUE

DU

CYMBALUM MUNDI.

Le 7 mars 1537, Pierre Lizet, président du Parlement (1), fit connoître aux conseillers que, plusieurs jours auparavant, il avoit reçu un paquet contenant deux lettres, l'une du roi, l'autre du chancelier Du Bourg, et un petit livre en françois intitulé : *Cymbalum mundi*. Le roi lui disoit qu'il avoit fait lire cet ouvrage, qu'on y avoit trouvé de grands abus et hérésies; qu'en conséquence il falloit détruire l'édition et sévir contre l'imprimeur. « Suivant ce commandement, ajouta Lizet, j'ai fait faire telles diligences que, hier, on s'est emparé de cet imprimeur, qui se nomme Jean Morin. » La matière mise en délibération, l'inculpé fut condamné sans doute « à ne revoir ses pieds de sa vie (2) », c'est-

---

1. Voyez tome 2, p. 84, note 3.
2. Allusion à une expression de Des Périers dans le premier dialogue du *Cymbalum*. Tout ce qui précède est em-

à-dire à expirer sans secours au fond d'un cachot du Châtelet, car on ne retrouve de lui que la lettre suivante :

A MONSEIGNEUR LE CHANCELIER,

« Suplie humblement Jehan Morin, pauvre jeune garson, libraire de Paris, que, comme ainsi soit qu'il ayt par ignorance, et sans aucun vouloir de mal faire ou meprendre, imprimé un petit livret appelé *Cymbalum mundi*, lequel livre seroit tombé en scandale et reprehension d'erreur, à cause de quoy ledit suppliant, pour ce qu'il l'a imprimé, auroit esté mis en prison à Paris, et à present y seroit detenu en grande pauvreté

prunté aux registres du Parlement ; nous croyons intéressant de donner l'arrêt en entier :

DU 7 MARS 1537, AVANT PAQUES.

Ce jour messire *Pierre Lizet*, premier président en la Cour de céans, a dit à ycelle que mardi dernier, sur le soir, il reçut un paquet où y avoit une Lettre du Roy et une du Chancelier, avec un petit livre en langue françoise, intitulé : CYMBALUM MUNDI, et lui mandoit le Roy qu'il avoit fait veoir ledict livre et y trouvoit de grands abus et héresies, et que, à cette cause, il eust à s'enquérir du compositeur et de l'imprimeur, pour l'en avertir, et, après, procéder à telle punition qu'il verroit estre à faire. Suivant lequel commandement il avoit fait telle diligence, que, hier, il fit prendre ledit imprimeur, qui s'appelloit *Jehan Morin*, et étoit prisonnier, et avoit fait visiter sa boutique, et avoit l'on trouvé plusieurs fols et erronés livres en ycelle, venant d'Allemagne, mesme de *Clément Marot*, que l'on vouloit faire imprimer. A dit aussi que aucuns théologiens l'avoient averti qu'il y avoit de présent en cette ville plusieurs imprimeurs et libraires étrangers, qui ne vendoient sinon livres parmi lesquels y avoit beaucoup d'erreurs, et qu'il y falloit pourvoir promptement, étant certain que l'on feroit service à Dieu, bien à la chose publique, et service très-agréable au Roy, lequel luy escrit que l'on ne luy pouvoit faire service plus agréable que d'y donner prompte provision. Sur ce, la matière mise en délibération, etc.

Le libraire Jean Morin resta si peu connu, malgré son éphémère célébrité, que le catalogue de La Caille ne le mentionne pas.

et dommage à luy insuportable, qu'il vous plaise d'une benigne grace luy faire ce bien de luy octroier lettres et mander à M. le premier president de Paris et à M. le lieutenant criminel que voulez bien qu'il soit relasché à caution de se representer toutefois et quantes que le commandement luy en sera fait, attendu que, par sa deposition, il a déclaré l'auteur dudit livre, et que, en ce cas, il est du tout innocent, et qu'il n'y eut mis sa marque ny son nom s'il y eut pensé aucun mal; ce faisant ferez bien et justice, et l'obligerez à jamais prier Dieu pour votre prosperité et santé [1]. »

Le pauvre libraire fut-il élargi? Quelques-uns le pensent. Toujours est-il que les autres poursuites eurent leur cours et que le *Cymbalum* fut saisi. Voyons, cependant, si quelque exemplaire n'échappa pas à la proscription.

Avant 1711, douze écrivains avoient parlé du *Cymbalum mundi* : c'étoient Henri Estienne [2], La Croix du Maine [3], Du Verdier [4], J. Chassanion [5], E. Pasquier [6], le père M. Mersenne [7], Spizelius [8], Moreri, N. Catherinot [9], Morhofius [10], Bay-

---

1. Cette lettre avoit été copiée en *fac simile* par Dupuy sur l'exemplaire du *Cymbalum* de 1538, qui existe sous le n. Z.1203 à la Bibliothèque impériale.
2. *Introduction au traité de la conformité des merveilles anciennes*, etc., édit. 1607, p. 249 et 332.
3. *Bibl. franç.*, p. 36, 37.
4. *Bibl. franç.*, p. 1177.
5. *Histoires mémorables des punitions de Dieu*, etc. Genève, 1586, in-8, p. 170.
6. *Lettres*, 1, p. 493.
7. *Questiones in genes.*, ch. 1, vers. 1, col. 669-674. Par une singularité digne d'être mentionnée, la feuille où devroit se trouver le passage en question manque à presque tous les exemplaires : un carton en tient la place.
8. *Scrutinium atheismi*, etc., 1663, in-8, p. 56.
9. *Annales typographiques*. Bourges, 1683, in-4.
10. *Polyhistor*. Lubecæ, 1688, in-4, p. 74.

le (1), Struve (2). De ces douze écrivains, le second et le troisième seulement consultèrent l'édition de 1537, les autres avouèrent qu'ils ne l'avoient jamais pu rencontrer (3).

Vers 1711, P. Marchand, voulant combler cette lacune par une réimpression et imposer aux auteurs l'obligation de ne juger de ce livre qu'après lecture, se mit à la recherche de l'œuvre du malheureux Jean Morin; mais n'en ayant pas trouvé trace, il se prit à douter de son existence: « Je ne sais si le *Cymbalum mundi* a été imprimé en 1537 », écrit-il, et, en désespoir de cause, il reproduit la seconde édition, donnée en 1538 à Lyon par Benoist Bonyn. Son travail ne fut pas accueilli favorablement, et La Monnoye s'occupoit à le purger de ses fautes quand la mort le surprit. Ceux qui publièrent ses notes ne manquèrent pas d'ajouter, pour leur donner de la valeur: « Nous avons été assez heureux pour retrouver un exemplaire de la première édition, faite à Paris en 1537. C'est sur cet exemplaire, peut-être unique, qu'on a revu le texte, etc. » L'audacieuse annonce fit fortune; cette édition de 1732, dite de La Monnoye, reparut à plusieurs reprises dans son intégrité (4)

Voici le moyen dont on usa pour faire accepter comme de 1537 le texte de 1538. On mit dans la préface:

---

1. *Dict.* Cet auteur, toujours si judicieux, a copié sans critique Du Verdier. Cf. la *Bibl. franç.*, édit. 1772, t. 5, p. 531.

2. *Introductio ad notitiam rei litterariæ.* Iéna, Baïlliar, 1806, in-8, p. 433.

3. Deux ou trois estropient gravement le nom de son auteur. Mersenne l'appelle *Peresius*, et il se demande si son ouvrage attaque dans sa base la religion catholique; il ne le croit donc pas *impiissimus*, comme l'a prétendu Voetius et comme après lui l'ont répété les critiques et les bibliographes allemands du XVIIIe siècle.

4. Les notes de La Monnoye avoient été déjà imprimées en partie à la fin de la 16e édition des *Nouvelles récréations.* Voy. t. 2, p. IX.

« Le *Cymbalum* étoit imprimé avant le mois de mars
1537, avant Pâques, c'est-à-dire, comme nous comptons
à présent, 1538; l'exemplaire sur lequel nous donnons
cette édition en est une preuve incontestable. » Preuve
incontestable, en effet, puisqu'il portoit MDXXXVIII,
date de la réimpression de Bonyn, et non de la première édition, sur laquelle on lisoit bien positivement
MDXXXVII, comme on le verra plus loin. De 1754 à
1829, le *Cymbalum mundi* resta dans le plus injuste
oubli. A cette dernière époque, un habile homme, un
fureteur infatigable, en ayant découvert une clef, le re-
mit pour ainsi dire à l'ordre du jour. Nous nous sommes prononcé sur son travail; en ce moment il s'agit
d'y choisir un extrait et de montrer qu'alors le *Cymbalum* de Jean Morin étoit aussi inconnu qu'un siècle
auparavant : « Vous savez, dit-il dans sa lettre au baron de Schonen ([1]), qu'il y a eu quatre éditions du
Cymbalum. Les deux premières, ayant été condamnées
aux flammes par le Parlement, sont si rares, que De
Bure ([2]) croyoit qu'il n'existoit plus de son temps qu'un
seul exemplaire de la première, lequel avoit passé du
cabinet de de Boze dans celui de Gaignat, et étoit le
même, sans doute, que celui de l'abbé de Rothelin,
et que je ne connois que deux exemplaires de la seconde dans Paris: celui de la Bibliothèque du roi, —
encore a-t-il été volé depuis, m'a-t-on dit, — et celui de M. Charles Nodier. Comme *aucun bibliographe
ne dit avoir vu l'édition de* 1537 qui est citée par La
Croix du Maine, que La Monnoye et Prosper Marchand même ne l'ont point connue, on pourroit croire
qu'elle n'existe pas. Mais son existence est confirmée
par les catalogues de Gaignat et de Rothelin, que je
viens de citer. »

1. Composée en 1829 et insérée avec additions dans l'édition du *Cymbalum* faite par M. P. Lacroix en 1841. Il y a
eu un tirage à part.
2. *Catalogues de Gaignat et de La Vallière.*

En effet, un exemplaire de 1537 passa dans ces deux célèbres ventes, et c'est la seule preuve certaine qu'on ait eue de son existence; par malheur, on ne prit pas note de l'heureux dépôt dans lequel il entroit.

Nodier, dix ans plus tard ([1]), répétoit à peu de chose près ce qu'on vient de lire; seulement il se trompoit en avançant que la Bibliothèque du roi avoit possédé au XVIIIe siècle un *Cymbalum* de 1537, Marchand nous assurant positivement le contraire. M. Paul Lacroix, à qui l'on doit la dernière édition du *Cymbalum*, cite Nodier sans réflexions; il n'annonce même pas d'après quelle édition il imprime la sienne, sans doute pour éviter au public la peine d'une comparaison. Le dernier bibliographe qui, à notre connoissance, ait parlé du *Cymbalum*, est le savant M. Brunet ([2]); il ne l'avoit pas vu non plus, et se contente de citer De Bure. Il est donc maintenant de toute évidence qu'à part La Croix du Maine, du Verdier et De Bure, nul n'a parlé en connoissance de cause de l'édition du *Cymbalum* faite par Jean Morin. Son dernier exemplaire, celui sans doute des bibliothèques de Boze, Gaignat, Rothelin, n'est pas détruit pourtant; nous avons eu le plaisir de le retrouver, il y a quelques mois, à la Bibliothèque de Versailles ([3]), où il a dû entrer après la mort du riche amateur qui l'avait acheté à la vente de Rothelin. C'est un in-8 de trente-deux feuillets, à vingt-sept lignes par page. Son ancien propriétaire en connoissoit bien la valeur, car il avoit fait inscrire sur le dos par le relieur : « *Vray Cymbalum* », et avoit copié sur le *verso* d'une des gar-

---

1. Dans un article de la *Revue des Deux-Mondes*, d'octobre 1839. — La clef publiée par Techener, *Bulletin du bibliophile*, 2e série, n'avoit rien appris de nouveau; elle étoit empruntée à l'édition de 1732, dont nous parlerons plus loin.
2. *Manuel du Libraire*, 2, p. 63.
3. Il est coté E 409 f.

des la lettre de Jean Morin que nous avons reproduite.

Les variantes que nous avons relevées sont importantes pour l'orthographe et pour le sens de plusieurs phrases; elles fournissent la preuve nouvelle que Prosper Marchand n'avoit pas connu la bonne édition (1).

Résumons-nous. Notre édition du *Cymbalum mundi* est la dixième, si les témoignages des bibliographes nos prédécesseurs ne nous trompent point :

1º Paris, Jean Morin, 1537, pet. in-8 ; lettres rondes.

2º Lyon, Benoist Bonyn (2), 1538 (3), in-8, goth. de 28 ff. — Du Verdier, p. 1177, l'indique à tort comme in-16.

Cette réimpression, l'on ne sait pour quelle cause, est devenue aussi rare que l'édition originale. Il est à supposer que le Parlement la poursuivit également.

3º Amsterdam, par Félix de Commercy (Prosper Marchand), 1711, in-12 de 144 pages, avec un avertissement curieux de six pages et une lettre critique.

4º Amsterdam (Paris), 1732, in-12 de 245 pages,

---

1. Ce qui ne l'avoit point empêché de terminer son errata par les observations suivantes :

« Dans cet *errata* on ne comprend point toutes les fautes qui sont contre l'uniformité de l'orthographe. On trouve beaucoup de ces fautes dans l'édition de 1537, soit que l'ignorance des copistes en soit cause, soit qu'il faille les attribuer à la négligence de l'auteur même ; mais il est certain qu'en réimprimant les vieilles éditions il faudroit observer constamment l'orthographe reçue dans le temps de la composition de l'ouvrage, ou celle par laquelle des auteurs, tels que *Maigret, Pelletier, Ramus*, etc , ont affecté de se distinguer. »

2. On croit, peut-être à tort, que ce nom est le masque de Michel Parmentier, parce que l'estampe dont le livre est orné se retrouve sur plusieurs autres édités par ses soins, tels que les *Epigrammes* de Jehan Voulté (Johannes Vulteius), 1537, in-8, etc.

3. Papillon, qui indique une édition de 1638, veut évidemment désigner celle-là ; il y a faute d'impression. (Bibliothèque des auteurs de Bourgogne, Dijon, Marteret, 1742, in fol., p. 176.)

avec jolies figures de Picart réinsérées dans les éditions suivantes.

L'avertissement a disparu; une préface de trente pages et les notes de La Monnoye le remplacent (1).

Cette édition fut vivement critiquée par Michault, qui, le premier, découvrit que Rhetulus (second dialogue) étoit Luther, et non l'obscur Thurel. Il ajoute que « un véritable savant, qui ne passe pas sa vie à des vétilles et à des rapsodies littéraires », lui a appris que Drarig ou Girard (même dialogue) n'est autre qu'Erasme. (*Mélanges historiques et philologiques*. Paris, Tilliard, 1754, 2 vol. in-12; t. I, p. 145, etc.) Voy. encore le *Journal de Verdun*, nov. 1732, p. 330.

5° Amsterdam (Paris), 1735. — Édition indiquée par M. Johanneau dans sa lettre au baron de Schonen, p. 78. (Ed. du *Cymb.* 1841.)

6° Amsterdam (Paris), 1738, in-16. — (Voy. Notice sur Bon. Des Périers par M. Lacroix, dans son éd. du *Cymb.*, p. 14.)

7° *Cymbalum mundi, ou Dialogues satyriques sur différens sujets, par Bonavanture Des Périers, avec une lettre critique dans laquelle on fait l'histoire, l'analyse et l'apologie de cet ouvrage, par Prosper Marchand, nouvelle édition, revue, corrigée et augmentée de notes et remarques communiquées par plusieurs savans.* A Amsterdam et à Leipzig, chez Arkstée et Merkus, 1753, in-12.

8° Le même... Amsterdam (Paris), 1755 (2).

9° *Le Cymbalum mundi et autres œuvres de Bonaventure Des Périers, réunies pour la première fois et accompagnées de notices et de notes par Paul L. Jacob, avec une*

---

1. Falconet, médecin consultant du roi, Lancelot et autres savants, ont aussi collaboré à cette édition.

2. M. Brunet (*Manuel du Libraire*, art. Des Périers) ne cite pas les éditions cinquième et sixième; en récompense, il est seul à parler de la huitième. Quoi qu'il en soit, les bibliographes reconnoissent que les éditions faites depuis 1732 ne sont que des reproductions du travail de La Monnoye et autres.

lettre à M. de Schonen, contenant une clef du Cymbalum par M. Eloi Johanneau. Paris, C. Gosselin, 1841, in-18, form. angl.

Nous compléterons ce tableau par un mot sur les éditions du *Cymbalum* que l'on peut appeler fabuleuses; elles sont au nombre de trois : 1º Une édition latine antérieure à toutes les autres. « Il y a tout lieu de douter, dit Marchand (1), si le *Cymbalum mundi* a été composé en latin ou en françois par Des Périers. On est partagé sur ce point (2). Quelques-uns veulent même qu'il n'en soit pas l'auteur, et soutiennent qu'il n'en a fait que la traduction (3). Quelques recherches que j'aye faites pour le trouver en latin, je n'ai pu y réussir. » 2º L'édition françoise qui seroit sortie des presses de Bourges, dont parlent Catherinot, Beyer et Vogt. « S'il faut en croire Nicolas Catherinot, dont le témoignage, de médiocre valeur, a cependant été accueilli par Beyer et par Vogt, la première édition de ce livre fameux sortit des presses de Bourges; ce qu'il y a de certain, c'est que cette édition n'a jamais été vue par Catherinot lui-même, qui en convient, et on est fort autorisé à la tenir au nombre des livres imaginaires (4). » 3º L'édition qui, selon Placcius, auroit été im-

---

1. *Lettre*, p. 8.
2. La Croix du Maine et le P. Mersenne disent qu'il le composa en latin et qu'ensuite il le traduisit en françois. Voetius cite ce dernier sans le discuter (*Disput. select.*, t. 1, p. 199). Au nom « Barthelemy Aneau », Du Verdier prouve assez clairement que le *Cymbalum* ne sauroit être une traduction. Les rédacteurs du Catalogue de la bibliothèque de Versailles (fin du XVIIIe siècle) ont donc complétement fait preuve d'ignorance en classant le célèbre pamphlet parmi les « *Dialogues en latin* ».
3. Spizelius, *Scrutinium*, etc. (*Loc. cit.*)
4. Nodier, article cité plus haut et réimprimé par M. P. Lacroix dans son édition des *Nouvelles récréations*. (Voy. notre t 2, p. xv.) Nicolas Catherinot, si souvent à côté de la vérité, n'est point ici dans son tort; mais bien Beyer, Vogt et Nodier (sauf le respect que je leur dois!). Au com-

primée en 1682 (1). Il en cite pour garant le *Scrutinium* de Spizelius; mais cet ouvrage ne dit pas un mot à ce sujet.

Il nous reste à nous excuser de nous être étendu si longuement sur un petit livre qui tiendroit fort à son aise dans le feuilleton d'un de nos grands journaux; mais, si les faits que nous venons d'exposer manquent d'intérêt, ils ont le mérite, au moins, de rectifier plusieurs faits erronés, et si Des Périers revenoit au monde, il ne seroit pas en droit de nous dire, en citant sa *Pronostication des Pronostications*, comme aux écrivains qui se sont escrimés à lui attribuer les œuvres d'autrui :

O curieux ! jamais n'es à recoi;
Tu vas toujours quérant je ne sais quoi.
Je ne sais quoi, aussi ne sais-tu pas,
Et bien souvent perds ton temps et tes pas (2).

mencement de son opuscule intitulé : *Annales typographiques* (Bourges, Cristo, 1683, in-4), Catherinot avertit le lecteur qu'il va donner chronologiquement les titres des ouvrages imprimés dans le Berry, ou hors du Berry par des personnes originaires de cette province ou tenant à elle en quelque façon; et plus loin, aux années 1537 et 1558, il mentionne le *Cymbolum mundi* (*sic*) et les *Comptes*. Est-ce à dire que le *Cymbolum* et les *Nouvelles récréations* parurent pour la première fois à Bourges ? Nullement; mais Des Périers, étant valet de chambre d'une duchesse de Berry, devoit, à ce titre, prendre place dans un catalogue complet des célébrités berruyères.

1. *Theatrum anonymorum*. Hambourg, 1708, in-fol., p. 105.

2. Nous ne terminerons pas sans remercier notre savant confrère M. Ludovic Lalanne d'avoir bien voulu donner asile dans les colonnes de l'*Atheneum françois* du 8 décembre 1855 à la communication que nous lui avions faite de notre découverte du *Cymbalum* de 1537.

CYMBALUM MUNDI

EN FRANÇOYS

CONTENANT

QUATRE DIALOGUES POETIQUES

Fort antiques

JOYEUX ET FACETIEUX

Ενγε Ξοφος
I. M.

Probitas laudatur et alget

MDXXXVII

THOMAS DU CLEVIER

A SON AMY

PIERRE TRYOCAN S. (¹).

Il y a huyct ans ou environ, cher amy, que je te promis de te rendre en langaige françois le petit traité que je te monstrai, intitulé Cymbalum mundi (²), contenant quatre Dialogues poetiques, lequel j'avoys trouvé en une vieille librairie d'ung monastére qui

---

1. En lisant *du Clenier* au lieu de *du Clevier*, on trouve cet anagramme : *Thomas Incrédule à son ami Pierre Croyant*. La lettre *S* finale signifie *salut !* elle a été mal à propos reliée parfois au mot *Tryocan*.

2. La Croix du Maine traduit ces mots par *clochette du monde* ; le *cymbalum* étoit, en effet, l'une des six espèces de cloches jadis en usage, et dont voici les noms : SQUILLA, *in triclinio* ; CYMBALUM, *in claustro* ; NOLA, *in choro* ; NOLULA, *in horologio* ; CAMPANA, *in refectorio* ; et SIGNUM, *in turri*. Voici l'excellente raison d'être que M. Eloi Johanneau a donnée de ce titre : « C'est le nom de Thomas, que prend l'auteur de cet ouvrage, qui m'a fait connoître l'origine et la signification du titre de *Cymbalum mundi*. La voici : Ayant remarqué que l'apôtre *Thomas* étoit surnommé *Didyme*, ainsi que le dit l'Evangile de saint Jean, ch. 11, v. 16, *Thomas qui dicitur Didymus*, et qu'il y avoit un grammairien célèbre d'Alexandrie, du même nom de Didyme, qu'on surnommoit *Cymbalum mundi*, à cause du bruit qu'il faisoit par ses nombreux ouvrages, qu'on disoit monter jusqu'à 3,500, j'ai

est auprès de la cité de Dabas (1), de laquelle promesse j'ay tant faict par mes journées, que je m'en suis acquité au moins mal que j'ay peu. Que si je ne te l'ay rendu de mot selon le latin (2), tu doibs entendre que cela a esté faict tout exprès,

pensé que c'est parce que Des Périers prend le nom de Thomas, que c'est parce qu'il fait l'incrédule comme cet apôtre, dans ce petit livre, qu'il lui a donné le titre de *Cymbalum mundi*, la cymbale retentissante du monde, *æs sonans aut cymbalum tinniens*, comme le dit saint Paul de lui-même (I *Corinth.*, ch. 13, v. 1), et comme Tibère le disoit d'Apion le grammairien, selon Pline, dans son épître dédicatoire, n° 20 : *Apion, grammaticus hic quem Tiberius Cæsar Cymbalum mundi vocabat, cum publicæ famæ tympanum potius videri posset*, « Apion le grammairien, que Tibère appeloit la *Cymbale du monde*, et qui pourroit paroître plutôt un mauvais tambourin. » C'est donc parce que Des Périers s'attendoit bien que son petit livre, malgré l'obscurité profonde d'une allégorie plutôt soupçonnée jusqu'ici qu'expliquée, malgré les notes des quatre savants qui s'en sont occupés et ont tâché de l'éclaircir, feroit du bruit dans le monde, comme un airain sonore ou une cymbale retentissante, qu'il lui a donné le titre de *Cymbalum mundi*, cymbale ou tocsin du monde. »

1. M. P. Lacroix persiste à croire que le célèbre pamphlet a pu être écrit d'abord en latin ; ni La Monnoye, ni Prosper Marchand, ni M. Johanneau, ne sont de cet avis.

2. Je pense que ce doit être la ville de Lyon, que l'auteur habitoit alors. *Dabas* doit être pour *d'à bas* : on a dit et écrit *abas* en un seul mot, pour *à bas*, en espagnol *abaxo*, en italien *abbasso* et même *dabbasso*, en bas, au-dessous, en descendant, comme *à val* pour *aval* ; de plus, c'est ainsi qu'on lit *çabas* en un seul mot dans le premier dialogue, p. 32 : « Juno, dit Mercure descendu du ciel, m'a donné charge en passant, que je lui apporte quelque ceincture à la nouvelle façon, s'il n'y en avoit point *çabas*. » C'est ainsi que Voltaire a dit : « Les trois gueules du chien de *là-bas* », pour de l'enfer. La cité de *Dabas* étant celle de Lyon, qui est *d'à bas* ou en aval de la Saône par rapport à l'Ile-Barbe, alors le monastère voisin de la cité de *Dabas* seroit celui de l'Ile-Barbe, qui étoit dans une île de la même rivière, en amont de Lyon. Ce qui le confirme, c'est : 1° la Relation

affin de suyvre le plus qu'il me seroit possible les façons de parler qui sont en nostre langue françoise : laquelle chose cognoistras facilement aux formes de juremens qui y sont, quand pour me HERCULE, *per* JOVEM Dispeream.
. . . . ÆDEPOL, per STYGEM, proh JUPITER, *et aultres semblables, j'ay mis ceux-là dont nos bons gallands usent, assavoir :* morbieu, sambieu, je puisse mourir (1), *comme voulant plustost translater et interpréter l'affection de celuy qui parle, que ces propres paroles ; semblablement, pour* vin de Phalerne, *j'ay mis* vin de Beaulne, *à celle fin qu'il te fust plus familier et intelligible. J'ay aussi voulu adjouster à* PROTEUS maistre Gonin (2), *pour myeulx te déclairer que*

que Des Périers a écrite en vers, d'un *Voyage que la cour fit de Lyon à Notre-Dame de l'Isle* (-Barbe), le 15 mai 1539 ; c'est 2º que dans le premier dialogue il fait passer Mercure par la rue des Orfèvres et par la rue des Merciers, qui sont deux rues de la ville de Lyon, et descendre dans le cabaret du *Charbom-Blanc*, qui a donné son nom à une rue de la même ville. (E. J.)

1. Ces serments reviennent à chaque page et ne sont rien moins qu'édifiants. Les protestants sévères, entre les mains desquels tomba le *Cymbalum*, ne furent pas les derniers à s'en apercevoir, et ce motif, avec d'autres aussi graves, leur fit rejeter le livre comme impie. Ronsard ne nous apprend-il pas que ces farouches puristes s'observoient jusqu'à ne jurer jamais que *certes* ! (*Œuvres*, édit. in-fol., 1623, p. 1358 verso), serment fort anodin, qui leur venoit en droite ligne de la cour de Charles VII, où le bonhomme Alain Chartier n'employoit guère que cette exclamation : *acertes*. Cependant, tout innocente qu'elle paroisse, l'expression « certes » ne vaut pas encore celle de ce jeune homme dont nous parle Belleforest, dont le plus grand juron, dans ses colères violentes, étoit : « Par le corps de la geline ! » (*Civile conversation*, trad. de Guazzo, 1579, in-16, p. 49 verso.)

2. Acrobate et faiseur de tours, fort connu vers le milieu du XVIe siècle. Branthome a fait l'éloge de ses joyeusetés, escroqueries qualifiées, qui, de nos jours, mèneroient loin. Son nom est resté comme synonyme de filou. Par le vin de Phalerne ou de Beaune, Des Périers entend celui de la com-

c'est que Proteus. *Quant aux chansons que* Cupido *chante au troysiesme dialogue, il y avoit au texte certains vers lyriques d'amourettes, au-lieu desquelz j'ay mieulx aymé mettre des chansons de nostre temps, voyant qu'elles serviront autant à-propos que lesditz vers lyriques, lesquelz (selon mon jugement), si je les eusse translatez, n'eussent point eu tant de grace. Or je te l'envoye tel qu'il est, mais c'est soubz condition que tu te garderas d'en bailler aulcune copie, à celle fin que de main en main il ne vienne à tomber en celles de ceulx qui se meslent du fait de l'imprimerie, lequel art (où il souloit apporter jadis plusieurs comoditez aux lettres) parce qu'il est maintenant trop commun, faict que ce qui est imprimé n'a point tant de grace et est moins estimé que s'il demouroit encore en sa simple escripture* (1), *si ce n'estoit que l'impression fust nette et bien correcte. Je t'envoiray plusieurs autres bonnes choses, si je cognoy que tu n'ayes point trouvé cecy maulvais. Et à Dieu, mon cher amy, auquel je prie qu'il te tienne en sa grace et te doint ce que ton petit cueur désire* (2).

munion, et maître Gonin n'est point autre que le prêtre catholique qui change en Dieu le pain et le vin pendant la messe.

1. Il ne faut pas prendre ces mots à la lettre, ni se figurer que le *Cymbalum* ait été imprimé sur une copie subreptice; tous les jours encore certains auteurs, plus présomptueux qu'ils ne le paroissent, nous annoncent dans leurs préfaces qu'ils ont cédé, en se faisant imprimer, *aux sollicitations de nombreux amis* : la phrase est stéréotypée.

2. Avant de commencer la lecture des dialogues, les lecteurs doivent se précautionner contre les fatigues que leur pourroient occasionner les fréquents anachronismes qu'ils y trouveront : ainsi Jupiter charge Mercure de commissions dont il ne peut guère s'acquitter qu'environ seize siècles l'une après l'autre, ou bien il fait parler de Sapho à Hylactor, qui, ayant été chien d'Actéon, auroit dû, pour la connoître, avoir vécu tout au moins sept cents ans.

CYMBALUM MUNDI

DIALOGUE PREMIER (¹)

LES PERSONNAGES :

Mercure, Byrphanes, Curtalius, l'Hostesse (²).

Mercure.

Il est bien vray qu'il m'a commandé que je luy feisse relier ce Livre tout à neuf ; mais je ne sçay s'il le demande en aix de bois ou en aix de

---

1. Le titre de chaque dialogue étoit, dans les éditions du XVIIIe siècle et dans celle de M. Paul Lacroix, suivi d'un assez long argument ou résumé du dialogue ; nous les avons supprimés tous les quatre : ils n'étoient d'aucune utilité et ôtoient à la lecture quelque peu de son charme.

2. Le premier de ces personnages, Mercure, est Jésus-Christ, dans l'idée de l'auteur ; l'hôtesse n'est autre que Marthe, à qui l'Eglise donne le nom d'hôtesse de Jésus-Christ. (Voy. le *Martyrologe* de Chastelain, p. 375 et 527.) Le second et le troisième nous paroissent de fantaisie : il n'y a aucune raison pour reconnoître dans l'un Benoît Court, juris-consulte lyonnois, auteur de commentaires sur les *Arrêts d'a-*

papier (¹). Il ne m'a point dict s'il le veult en veau ou couvert de veloux. Je doubte aussi s'il entend que je le fasse dorer, et changer la façon des fers et des cloux pour le faire à la mode qui court (²). J'ay grand peur qu'il ne soit pas bien à son gré. Il me haste si fort et me donne tant de choses à faire à ung coup, que j'oublie l'une pour l'autre. Davantage, Vénus m'a dict je ne sçay quoy, que je disse aux jouvencelles de Cypre, touchant leur beau tainct. Juno m'a donné charge en passant que je luy apporte quelque dorure, quelque jaseran ou quelque ceincture à la nouvelle façon, s'il en y a point çà-bas. Je sçay bien que Pallas me demandera si ses poetes auront rien faict de nouveau. Puis il me fault aller mener à Charon XXVII ames de coquins qui sont mors de langueur ce jourd'huy par les rues, et treze qui se sont entretuez aux cabaretz, et dix-huict au bordeau; huict

---

mour de Martial d'Auvergne, ou Hilaire Courtois d'Evreux, avocat au présidial de Mantes, et dans l'autre Claude Rousselet (*Byrphanes* est composé de θυῤῥός, pour πυῤῥός, roux, d'où Burrhus, Byrrhus et Pyrrhus, noms propres, et de φαίνω, briller), de Lyon, auteur d'épigrammes latines, ou le Rosso, dit maître Roux, célèbre peintre employé par François Ier à Fontainebleau, ou encore cent écrivains ou artistes; mais nous nous rangerions assez volontiers du parti de ceux qui verroient dans ces deux noms, Byrphanes et Curtalius, des allusions aux Grecs et aux Latins, dont le Christ venoit renverser les autels.

1. En carton.
2. Depuis le commencement du siècle, dit M. Paul Lacroix, on avoit abandonné les anciennes reliures chargées de clous d'argent et de cuivre, et de lourds fermoirs de métal; les reliures les plus estimées étoient en veau brun ou fauve, avec ces dorures légères et ces fers à froid si élégants qu'on admire et qu'on imite encore aujourd'hui.

petitz enfans que les Vestales (¹) ont suffocquez, et cinq druydes qui se sont laissez mourir de manie et male-rage. Quand auray-je faict toutes ces commissions? Où est-ce que l'on relie le mieux? A Athènes, en Germanie, à Venise ou à Romme? Il me semble que c'est à Athènes. Il vault mieux que je y descende; je passeray par la rue des orfevres (²) et par la rue des Merciers, où je verray s'il y a rien pour madame Juno. Et puis de-là je m'en iray aux libraires, pour chercher quelque chose de nouveau à Pallas. Or me convient-il garder surtout que l'on ne sache de quelle maison je suis : car où les Athéniens ne surfont la chose aux aultres que deux foys autant qu'elle vault, ilz me la vouldroyent vendre quatre foys au double.

BYRPHANES. Que regardes-tu là, mon compagnon?

CURTALIUS. Que je regarde? Je voy maintenant ce que j'ay tant de foys trouvé en escript, et que je ne pouvois croire.

BYRPHANES. Et que dyable est-ce?

CURTALIUS. C'est Mercure, le messagier des dieux, que j'ay veu descendre du ciel en terre (³).

---

1. Dans ces Dialogues les Vestales sont les religieuses ; on désigne les moines sous le nom de druides. Il y a ici une allusion à la dissolution dont alors les couvents offroient le triste spectacle, et à un genre de crime qui s'y commettoit fréquemment.

2. Les trois dernières éditions portoient à tort *orpheuvres*. Ne croit-on pas entendre Jésus-Christ qui prédit la ruine de Jérusalem pour n'avoir pas cru en lui, pour l'aveuglement de cette ville, et pour n'avoir pas connu le temps de sa visite. Voy. saint Luc, ch. 19. (E. J.)

3. Ainsi Dieu le père, au dire des apôtres, envoya son

Byrphanes. O! quelle resverie! Il le te semble, povre homme! tu as cela songé en veillant. Sus, sus, allons boire, et ne pense plus à telle vaine illusion.

Curtalius. Par le corbieu! il n'y a rien plus vray; ce n'est pas mocquerie. Il s'est là posé, et croy qu'il passera tantost par ici. Attendons ung petit. Tien, le voys-tu là?

Byrphanes. Il ne s'en fault guéres que je ne croye ce que tu me diz, veu aussi que je voy la chose à l'œil. Pardieu! voilà ung homme acoustré de la sorte que les poetes nous descripvent Mercure. Je ne sçay que faire de croire que ce le soit.

Curtalius. Tay-toy; voyons ung petit qu'il deviendra. Il vient droit à nous.

Mercure. Dieu gard les compaignons. Vend-on bon vin céans? Corbieu! j'ay grand soif (1).

Curtalius. Monsieur, je pense qu'il n'en y a point de meilleur dedans Athenes. Et puis, Monsieur, quelles nouvelles?

Mercure. Par mon ame! je n'en sçay nulles. Je viens icy pour en apprendre. Hostesse, faictes venir du vin, s'il vous plait.

Curtalius. Je t'asseure que c'est Mercure sans aultre; je le cognoys à son maintien, et voylà quelque cas qu'il apporte des cieulx. Si

---

fils parmi nous pour enseigner la loi nouvelle; quelques commentateurs ont dit que sa mission avoit été de la *relier* à l'ancienne. Le jeu de mots pourroit être ingénieux, s'il ne faisoit un lourd contresens.

1. Encore une expression empruntée à l'Evangile: « *sitio!* » que Rabelais a aussi parodiée (V. l. 1, ch. 5). On croit voir dans tout ce qui suit une allégorie de la Cène.

nous vallons rien, nous sçaurons que c'est, et luy deroberons, si tu m'en veulx croire.

BYRPHANES. Ce seroit à nous une grande vertu et gloire, de desrober non seulement ung larron, mais l'auteur de tous larrecins, tel qu'il est.

CURTALIUS. Il laissera son pacquet sur ce lict, et s'en ira tantost veoir par toute la maison de ceans s'il trouvera rien mal mis à point, pour le happer et mettre en sa pouche; cependant nous verrons que c'est qu'il porte là.

BYRPHANES. C'est très bien dict à toy.

MERCURE. Le vin est il venu? Çà, compagnons, passons de là en ceste chambre, et allons taster du vin.

CURTALIUS. Nous ne faisons que partir de boire; toutesfois, monsieur, nous sommes contens de vous tenir compagnie et de boire encor avec vous.

MERCURE. Or, messieurs, tandis que le vin viendra, je m'en voys ung petit à l'esbat; faictes reinsser des verres cependant, et apporter quelque chose à manger.

CURTALIUS. Le voys tu là, le galand? Je cognois ses façons de faire. Je veulx qu'on me pende s'il retourne qu'il n'ayt fouillé par tous les coings de ceans, et qu'il n'ayt faict sa main (1), comment que ce soit, et t'asseure bien qu'il ne retournera pas si tost. Pour ce, voyons cependant que c'est qu'il a icy, et le desrobons aussi, si nous pouvons.

1. C'est-à-dire qu'il ne se soit garni la main.

Des Periers. I

BYRPHANES. Despeschons nous donc, qu'il ne nous surprenne sur le faict.

CURTALIUS. Voicy ung livre.

BYRPHANES. Quel livre est ce?

CURTALIUS. *Quæ in hoc libro continentur :*

Chronica rerum memorabilium quas Jupiter gessit antequam esset ipse. Fatorum prescriptum, sive eorum quæ futura sunt certæ dispositiones.

Catalogus Heroum Immortalium qui cum Jove vitam victuri sunt sempiternam (1).

Vertubieu! voicy ung beau livre, mon compagnon! Je croy qu'il ne s'en vend point de tel dedans Athènes. Sçays tu que nous ferons? Nous en avons ung de là, qui est bien de ce volume, et aussi grand : va le querir, et le mettons en son sac en lieu de cestui cy, et le refermons comme il estoit; il ne s'en doutera jà.

BYRPHANES. Par le corbieu! nous sommes riches. Nous trouverons tel libraire qui nous baillera dix mil escuz de la copie. C'est le livre de Jupiter (2), lequel Mercure vient faire relier

1. Nous ne reconnoissons pas dans ce titre, comme on l'a fait jusqu'ici, — à part pourtant M. P. Lacroix, qui exprime un doute, — les livres de l'Ancien Testament. Jésus-Christ apporta la nouvelle loi, laquelle, en effet, dans les cieux, où elle auroit été conçue de toute éternité, se lassoit d'attendre et tomboit de vieillesse. Que de livres dépérissent en moins de temps! Et puis, n'est-il pas plus rationnel que l'ouvrage substitué par Byrphanes et Curtalius, où Dieu le père retrouvera ses péchés mignons, soit la mythologie antique, et que celui à l'aide duquel ils vont prédire l'avenir soit le Nouveau Testament, où, en effet, se trouvent en germe les dogmes de l'Eglise catholique?

2. Dieu le père : « Le poëte comique, dit Celse à Origène (*In Orig.*, l. 6, n. 78), a écrit que Jupiter envoya Mercure

(comme je pense), car il tombe tout en pièces de vieillesse. Tien, voylà celuy que tu diz, lequel ne vault de guères mieulx, et te prometz que, à les veoir, il n'y a pas grand différence de l'ung à l'aultre (1).

CURTALIUS. Voylà qui va bien, le pacquet est tout ainsi qu'il estoit ; il n'y sçauroit rien cognoistre.

MERCURE. Sus, beuvons, compagnons! Je viens de visiter le logis de ceans, lequel me semble bien beau.

BYRPHANES. Le logis est beau, monsieur, pour cela qu'il contient.

MERCURE. Et puis, que dit on de nouveau ?

CURTALIUS. Nous n'en sçavons rien, monsieur, si nous n'en apprenons de vous.

MERCURE. Or bien, je boy à vous, messieurs.

BYRPHANES. Monsieur, vous soyez le très-bien venu : nous vous allons pleiger.

MERCURE. Quel vin est ce cy ?

CURTALIUS. Vin de Beaulne.

MERCURE. Vin de Beaulne ? Corbieu ! Jupiter ne boit point de nectar meilleur.

BYRPHANES. Ce vin est bon ; mais il ne fault pas acomparager le vin de ce monde au nectar de Jupiter.

---

aux Athéniens et aux Lacédémoniens. Toi, chrétien, ne penses-tu pas être plus ridicule quand tu assures que le fils de Dieu a été envoyé aux Juifs ? » M. E. Johanneau cite encore une satire allégorique qui a paru en 1709, sous le titre de *Mercure aux prises avec les philosophes* : « Jupiter, par un effet de sa miséricorde, a envoyé son fils, et a retiré, par sa mort, un grand nombre d'hommes de la vie éternelle. »

1. Il veut dire que les superstitions du paganisme ne diffèrent pas autant qu'on pourroit le croire des us et coutumes de la religion catholique.

MERCURE. Je reny bieu, Jupiter n'est point servy de meilleur nectar.

CURTALIUS. Advisez bien que c'est que vous dictes : car vous blasphémez grandement, et diz que vous n'estes pas homme de bien si vous voulez soustenir cela, voire par le sambieu !

MERCURE. Mon amy, ne vous colerez pas tant. J'ay tasté des deux, et vous dys que cestuy cy vault mieulx.

CURTALIUS. Monsieur, je ne me colère point, ny je n'ay point beu de nectar, comme vous dictes qu'avez faict, mais nous croyons ce qu'en est escript et ce que l'on en dict. Vous ne devez point faire comparaison de quelque vin qui croisse en ce monde icy au nectar de Jupiter. Vous ne seriez pas soustenu en cette cause.

MERCURE. Je ne sçay comment vous le croyez, mais il est ainsi comme je vous diz.

CURTALIUS. Je puisse mourir de male mort, monsieur (et me pardonnez s'il vous plaist), si vous voulez maintenir ceste opinion, si je ne vous fais mettre en lieu où vous ne verrés voz pieds de troys moys, tant pour cela que pour quelque chose que vous ne cuydez pas que je sache. (Escoute, mon compagnon, il a desrobé je sçay bien quoy là hault en la chambre. Par le corbieu ! il n'y a rien si vray.) Je ne sçay qui vous estes, mais ce n'est pas bien faict à vous de tenir ces propos là ; vous vous en pourriez bien repentir, et d'autres cas que vous avez faictz il n'y a pas long temps ; et sortez de ceans hardyment, car, par la morbieu ! si je sors premier que vous, ce sera à voz depens. Je vous ameneray des gens qu'il vauldroit mieulx que vous eussiez à faire à tous les diables d'enfer que au moindre d'eulx.

BYRPHANES. Monsieur, il dict vray : vous ne devez point ainsi vilainement blasphemer; et ne vous fiez en mon compagnon que bien à point. Par le corbieu! il ne vous dict chose qu'il ne face, si vous luy eschauffez guères le poil.

MERCURE. C'est pitié d'avoir affaire aux hommes! Que le grand diable ayt part à l'heure que mon père Jupiter me donna jamais l'office pour traficquer et converser entre les humains! Hostesse, tenez, payez vous, prenez là ce qu'il vous fault. Et bien, estes vous contente?

L'HOSTESSE. Ouy, monsieur.

MERCURE. Madame, que je vous dye ung mot à l'oreille, si vous plait. Sçavez vous point comment s'appellent ces deux compagnons qui ont beu delà avec moy?

L'HOSTESSE. L'ung s'appelle Byrphanes, et l'aultre Curtalius.

MERCURE. C'est assez; à Dieu, madame. Mais pour le plaisir que m'avez faict, tant de m'avoir donné de si bon vin que de me dire les noms de ces mechans, je vous promectz et asseure que votre vie sera allongée de cinquante ans en bonne santé et joyeuse liberté, oultre l'institution et ordonnance de mes cousines les Destinées.

L'HOSTESSE. Vous me promettez merveilles, monsieur, pour ung rien; mais je ne le puis croire, pour ce que je suis bien asseurée que cela ne pourroit jamais advenir. Je croy que vous le vouldriez bien; aussy feroy je de ma part, car je seroye bien heureuse de vivre si longuement en tel estat que vous me dictes. Mais si ne s'en fera il rien pourtant.

MERCURE. Dictes vous? ha vous en riez et vous vous en mocquez? Non, vous ne vivrez pas tant voirement, et si serez tout le temps de vostre vie en servitude, et malade toutes les lunes jusques au sang (1). Or voy je bien que la maulvaistié des femmes surmontera celle des hommes. Hardiment, il ne s'en fera rien, puisque vous ne l'avez pas voulu croire (2). Vous n'aurez jamais hoste (quelque plaisir que luy ayez faict) qui vous paye de si riches promesses (3). Voylà de dangereux maraudz! Tudieu! Je n'euz jamais plus belle paour, car je croy qu'ilz m'ont bien veu prendre ce petit ymage d'argent qui estoit sur le buffet en hault, que j'ay desrobé pour en faire un present à mon cousin Ganymèdes, lequel me baille tousjours ce qui reste en la coupe de Jupiter après qu'il a pris son nectar. C'estoit de quoy ilz parloient ensemble. S'ilz m'eussent une foys pris, j'estoye infame, moy et tout mon

1. Allusion au flux mensuel.
2. Ne vous semble-t-il pas entendre les promesses de la vie éternelle que Jésus-Christ fit à la Samaritaine auprès du puits de Jacob, à la ville de Jérusalem, à toute la Judée, si elle croyoit en lui; et Jésus-Christ qui dit à la Samaritaine : « Celui qui boira de l'eau que je lui donnerai n'aura jamais soif; l'eau que je lui donnerai deviendra en lui une fontaine qui rejaillira jusque dans la vie éternelle. » Et la Samaritaine qui lui répond en doutant : « D'où avez-vous donc de l'eau vive? » Ne vous semble-t-il pas entendre toute la Judée répondre aux promesses de la vie éternelle que lui fait Jésus-Christ, si elle croit en lui, avec la même incrédulité que l'hôtesse à Mercure? (E. J.)
3. La suite est un long *a parte*.

lignage céleste. Mais si jamais ilz tumbent en mes mains, je les recommanderay à Charon, qu'il les face ung petit chommer sur le rivage, et qu'il ne les passe de trois mil ans. Et si vous joueray encores un bon tour, messieurs Byrphanes et Curtalius, car devant que je rende le Livre d'imortalité à Jupiter mon père, lequel je vois faire relier, j'en effaceray vos beaux noms, si je les y trouve escriptz, et celuy de vostre belle hostesse, qui est si desdaigneuse qu'elle ne veult croire ni accepter que l'on luy face du bien.

CURTALIUS. Par mon ame, nous luy en avons bien baillé (1)! C'estoit ainsi qu'il failloit besongner, Byrphanes, afin d'en vuyder la place. C'est Mercure luy-mesme, sans faillir (2).

BYRPHANES. C'est luy sans autre, voyrement. Voylà le plus heureux larcin qui fust jamais faict, car nous avons desrobé le prince et patron des robeurs (3), qui est ung acte digne de memoire immortelle; et si avons recouvert ung livre dont il n'est point de semblable au monde.

CURTALIUS. La pippée est bonne, veu que au lieu du sien nous lui en avons mis ung qui parle bien d'autres matiéres. Je ne crains que une chose : c'est que si Jupiter le voit et qu'il trouve son livre perdu, il n'en fouldroye et abysme tout ce povre monde icy, qui n'en peult mais, pour la

---

1. VAR. : *nous l'avons bien baillé.*
2. N'est-ce pas ainsi que saint Pierre et les apôtres reconnoissent Jésus-Christ après la cène qu'il a faite avec eux dans le cénacle; que leurs yeux furent ouverts; que les Juifs le reconnoissent pour Dieu après sa passion? « En vérité, cet homme étoit fils de Dieu », disoient ces derniers. (E. J.)
3. Il a en effet dépossédé les prêtres juifs et païens.

punition de nostre forfait (¹). Il n'y auroit guères à faire, car il est assez tempestatif quand il se y met. Mais je te diray que nous ferons. Pour ce que je pense que tout ainsi que rien n'est contenu en ce livre qui ne se face, ainsi rien ne se faict qui n'y soit contenu. Nous regarderons seulement si cestuy nostre larcin y est point predict et pronostiqué, et s'il dict point que nous le rendrons quelquefoys, à celle fin que nous soyons plus asseurez du faict.

BYRPHANES. S'il y est, nous le trouverons en cest endroict, car voicy le titre : *Fata et eventus anni*. . . . .

CURTALIUS. St, st. Cache ce livre, car j'oy Ardelio (²) qui vient, lequel le vouldroit veoir. Nous le verrons plus amplement une autre foys tout à loysir.

---

1. Allusions aux tourments qu'eurent à endurer les premiers chrétiens.
2. Voy., sur ce nom, la première note du dialogue troisième.

DIALOGUE II (¹).

PERSONNAGES:

TRIGABUS, MERCURE, RHETULUS, CUBERCUS, DRARIG (²)

TRIGABUS.

Je puisse mourir, Mercure, si tu es qu'ung abuseur, et fusses tu filz de Jupiter troys foys ; affin que je te le dye, tu ez un caut varlet. Te souvient il du bon tour que tu feiz ? Oncques puis ne fuz tu icy.

---

1. Ce dialogue est peut-être le plus remarquable des quatre, à considérer sa hardiesse et sa violence. L'auteur y tourne en ridicule toutes les croyances reconnues de son temps ; le Christ, déjà par lui transformé en fripon, va se voir maintenant proclamé tel ; Luther, chef de la réforme, n'est pas représenté d'une façon moins satirique que son antagoniste d'un instant, Martin Bucer : catholiques et protestants tombent dans le même sac, Des Périers se joue également des uns et des autres. Il y a longtemps, du reste, que l'allégorie est devinée ; ces réflexions, écrites par La-Monnoye, contiennent de trop curieuses réticences pour que nous ne les réimprimions pas :

« Si j'osois debiter ici mes soupçons, je dirois que Mercure jouë dans ces Dialogues un rolle bien odieux pour le Christianisme. Je dirois, par exemple, qu'on pretend ici ridiculiser celui qui nous apporta, descendant des Cieux, la verité eternelle ; verité qui, par les divisions qu'elle a causées, a (s'il est permis de le dire) bouleversé tout l'univers ; permettant qu'à cause d'elle il se remplît de schismes, d'heresies, d'opinions extravagantes, etc. Je dirois encore que la suite du discours que *Trigabus* tient ici est une raillerie impie et outrée de ce que cette verité a operé, quand elle a commencé de s'etablir ici-bas, et qu'on a affecté d'y meler des contradictions et des operations ridicules pour la mieux détruire. Si ces soupçons avoient lieu, adieu la sainteté du *Cymbalum* et du pieux dessein de ruiner le paganisme. » (Edit. du *Cymbalum mundi* de 1753, p. 175.)

2. De tous ces noms, deux seulement, le troisième et le

Tu en baillas bien à noz resveurs de philosophes.

MERCURE. Comment donc ?

TRIGABUS. Comment ? quant tu leur dis que tu avois la pierre philosophale (¹) et la leur monstras, pour laquelle ilz sont encore en grant peine, dont ilz t'importunèrent tant par leurs prières, que toy, doubtant à qui tu la donneroys entière, vins à la briser et mettre en pouldre, et puis la repandiz par l'areine du theatre où ilz estoyent disputans (comme ilz ont de coustume), à celle fin que ung chascun en eust quelque peu ; leur disant qu'ilz cherchassent bien, et que s'ilz pouvoient recouvrer d'icelle pierre phi-

---

quatrième, nous semblent désigner des personnages contemporains de Des Périers. *Rhetulus*, c'est Lutherus, comme l'avoient deviné Lancelot ou Falconet ; il faut reconnoître dans *Cubercus* le fameux théologien Martin Bucer (*Bucerus* ou *Buccerus*), né à Strasbourg vers la fin du XVe siècle, mort à Cambridge en 1551. Bucer, après avoir essayé d'introduire un schisme dans la nouvelle église, se soumit à Luther et décida le grand réformateur suisse, Ulric Zuingle, à en faire autant. Les disputes des deux antagonistes religieux vont être vivement dessinées et critiquées dans ce dialogue. Le premier personnage et le dernier portent des noms inventés à plaisir et ne se rapportant pas spécialement à quelqu'un ; cependant l'on peut, dans l'un, retrouver ces mots : « triple gabeur ou railleur », qui conviennent assez bien à l'auteur, lequel paroît s'être mis en scène, et l'autre est évidemment l'anagramme de Girard ; mais quel Girard ? Ce nom est bien connu aujourd'hui, il ne l'étoit pas moins au XVIe siècle. Nous pensons que Des Périers l'a pris au hasard parmi les plus communs, ne voulant pas mettre en jeu personne ; rappelons cependant qu'aux yeux d'un certain nombre d'érudits du siècle dernier Girard désignoit Érasme. Voy. Michault, *Mélanges historiques et philologiques*; Paris, Tilliard, 1754, 2 vol. in-12, t. I, p. 145, etc.

1. Que tu apportois la vraie religion.

losophale tant petite pièce fust elle, ilz feroient merveilles, transmuroyent les metaulx, romproyent les barres des portes ouvertes, gariroyent ceulx qui n'auroyent point de mal, interpréteroyent le langage des oyseaulx, impetreroient facilement tout ce qu'ilz vouldroyent des dieux, pourveu que ce fust chose licite et qui deust advenir, comme après le beau temps la pluye, fleurs et serain au primtemps, en esté pouldre et chaleurs, fruictz en automne, froid et fanges en hyver; bref, qu'ilz feroyent toutes choses et plusieurs aultres (¹). Vrayement, ilz n'ont cessé depuis ce temps de fouiller et remuer le sable du theatre, pour en cuyder trouver des pièces. C'est un passe temps que de les voir esplucher. Tu dirois proprement que ce sont petiz enfans qui s'esbattent à la pouldrette (²), sinon quand ilz viennent à se battre.

1. N'est-ce pas là une dérision évidente des miracles de Jésus-Christ, des promesses qu'il fit à ses apôtres et à tous ceux qui croiroient à son Evangile? N'est-ce pas une ironie de ce qu'on lit dans ce livre sacré, que Jésus alloit annonçant l'Evangile, guérissant toutes les maladies; qu'alors il appela les douze apôtres, qu'il leur donna pouvoir sur tous les esprits impurs afin de les chasser, et de guérir toutes sortes d'infirmités, de rendre la santé aux malades, l'ouïe aux sourds, la vue aux aveugles, de ressusciter les morts; qu'il leur promit que tout ce qu'ils demanderoient à son père en son nom, il le leur donnera? « Voici, leur dit-il après sa résurrection, les miracles que feront ceux qui auront cru : Ils chasseront les démons en mon nom; ils parleront de nouvelles langues; ils feront mourir les serpents, et, s'ils boivent du poison, ils n'en recevront aucun mal; ils imposeront les mains sur les malades, et ils leur rendront la santé. » (E. J.)

2. Qui jouent dans le sable.

MERCURE. Et bien, n'en y a il pas eu ung qui en ayt trouvé quelque pièce ?

TRIGABUS. Pas ung, de par le dyable ! Mais il n'y a celuy qui ne se vante qu'il en a grande quantité; tellement que si tout ce qu'ilz en monstrent estoit amassé ensemble, il seroit dix foys plus gros que n'estoit la pierre en son entier.

MERCURE. Il pourroit bien estre que pour des pièces d'icelle pierre philosophale, ilz auroient choisi parmy le sable du sable mesmes, et si n'y auroit pas guères à faire, car il est bien difficile de les cognoistre d'entre le sable, pource qu'il n'y a comme point de différence (1).

TRIGABUS. Je ne sçay; mais j'ay veu plusieurs affermer qu'ilz en avoient trouvé de la vraye, et puis bientost après doubter si c'en estoit, et finablement jetter là toutes les pièces qu'ilz en avoient, pour se mettre à en chercher d'aultres. Puis de rechef après en avoir bien amassé, ne se pouvoient asseurer ny persuader que c'en fust. Tellement que jamais ne fut exhibé ung tel jeu, ung si plaisant esbatement, ny une si noble fable que ceste cy. Corbieu ! tu les nous as bien mis en besongne, noz veaulx de philosophes !

MERCURE. N'ay pas ?

TRIGABUS. Sambieu ! je vouldroie que tu eusses veu ung peu le desduit, comment ilz s'entrebattent par terre, et comment ilz ostent des mains l'ung de l'aultre les myes d'areine (2) qu'ilz trouvent; comment ilz rechignent entre eulx,

---

1. En d'autres termes : pourquoi chercher à distinguer la religion catholique des autres religions chrétiennes, puisqu'il n'y a pas de différence ?

2. De sable.

quant ilz viennent à confronter ce qu'ilz en ont trouvé. L'ung se vante qu'il en a plus que son compagnon ; l'autre lui dict que ce n'est pas de la vraye. L'ung veult enseigner comme c'est qu'il en fault trouver, et si n'en peut pas recouvrer luy mesmes ; l'autre luy respond qu'il le sçait aussi bien et mieulx que luy. L'ung dict que pour en trouver des pièces il se fault vestir de rouge et vert ; l'aultre dict qu'il vauldroit mieulx estre vestu de jaune et bleu. L'ung est d'opinion qu'il ne fault manger que six fois le jour avec certaine diette ; l'aultre tient que de dormir avec les femmes n'y est pas bon (1). L'ung dict qu'il fault avoir de la chandelle, et fust ce en plain mydi ; l'autre dict du contraire. Ilz crient, ilz se demeinent, ilz se injurient, et dieu sçait les beaulx procès criminelz qui en sourdent. Tellement qu'il n'y a court, rue, temple, fontaine, four, molin, place, cabaret, ny bourdeau, que tout ne soit plein de leurs parolles, caquetz, disputes, factions et envies. Et si en y a aulcuns d'entre eulx qui sont si outrecuidez et opiniastres, que pour la grande persuasion qu'ilz ont que l'areine par eulx choisie est de la vraye pierre philosophale, promettent rendre raison et juger de tout, des cieulx, des champs Elisiens, de vice, de vertu, de vie, de mort, de paix, de guerre, du passé, de l'advenir, de toutes choses et plusieurs aultres ; tellement qu'il n'y a rien en ce monde dequoy il ne faille qu'ilz en tiennent leurs propos, voire jus-

---

1. Allusions à autant de règles liturgiques et canoniques.

ques aux petis chiens des garses des druydes, et jusques aux poupées de leurs petis enfans (1). Il est bien vray qu'il y en a quelques ungs (ainsi que j'ay ouy dire) lesquelz on estime en avoir trouvé des pièces ; mais icelles n'ont eu aucune vertu ne propriété, sinon qu'ilz en ont transformé des hommes en cigales (2), qui ne font aultre chose que cacqueter jusques à la mort ; d'aultres en perroquetz injurieux (3), non entendans ce qu'ils jargonnent ; et d'aultres en asnes propres à porter gros faix et opiniastres à endurer force coups de bastons (4). Bref, c'est le plus beau passetemps et la plus joyeuse risée, de considérer leur façon de faire, que l'on vit oncques et dont l'on ouyt jamais parler.

MERCURE. A bon escient (5)?

TRIGABUS. Voire, par le corbieu! Et si tu ne m'en veulx croire, vien t'en, je te mèneray au theatre (6), où tu verras le mistère, et en riras tout ton beau saoul.

MERCURE. C'est très bien dict, allons y ; mais j'ay grand paour qu'ilz me cognoissent.

TRIGABUS. Oste ta verge, tes talaires et ton chapeau ; ilz ne te cognoistront jamais ainsi.

MERCURE. Non, non ; je ferai bien mieulx : je m'en voys changer mon visage en aultre for-

---

1. Des neveux de leurs frères, comme Des Périers le dira malignement plus tard dans ses *Nouvelles récréations*.

2. Allusion aux chants des ecclésiastiques.

3. L'auteur désigne les prédicateurs, qui, de son temps, n'étoient pas des plus réservés.

4. Les personnes laïques.

5. Quoi! vraiment?

6. C'est l'église qu'il entend par ce mot.

me. Or me regarde bien au visage, pour veoir que je deviendray.

Trigabus. Vertu bieu ! qu'est cecy ? quel Proteus ou maistre Gonin tu es ! Comment ! tu as tantost eu changé de visage ! Ou tu estois un beau jeune gars, tu t'es faict devenir ung vieillart tout gris. Ha ! j'entendz bien maintenant dont cela procède : c'est par la vertu des motz que je t'ay veu cependant mormonner entre tes lèvres (1). Mais, par le corbieu ! si faut il que tu m'en monstres la science, ou tu ne seras pas mon amy ; je payeray tout ce que tu vouldras. S'il advient que je sache une foys cela, et que je prenne tel visage que je vouldray, je feray tant que l'on parlera de moy. Or je ne t'abandonneray jamais que tu ne le me ayes enseigné. Je te supplie, Mercure, mon amy, apprens moy les parolles qu'il fault dire, afin que je tienne cela de toy.

Mercure. Vraiement, je le veulx bien, pource que tu es bon compagnon ; je le t'enseigneray avant que je parte d'avec toy. Allons premièrement aux areines, et puis après je te le diray.

Trigabus. Or bien, je me fie en ta parolle. Voy tu cestuy là qui se promène si brusquement ? Je vouldrois que tu l'ouysses un petit raisonner. Tu ne vis oncques en ta vie le plus plaisant ba-

---

1. Ne reconnoissez-vous pas encore là une parodie de la transfiguration de Jésus-Christ, une ironie du fils qui est égal à son père et aussi *vieux* que lui, et surtout de la transsubstantiation, et des paroles de la sainte cène et de la messe qui opèrent un changement pareil; paroles et cérémonies mystiques que Jésus-Christ apprit en effet à ses apôtres, avant de les quitter pour remonter au ciel? (E. J.)

din de philosophe. Il monstre je ne sçay quel petit grain d'areine et dict par ses bons dieulx que c'est de la vraye pierre philosophale, voire et du fin cueur d'icelle. Tien, là ; comment il torne les yeulx en la teste. Est il content de sa personne ! Voy tu comment il n'estime rien le monde au pris de soy ?

MERCURE. En voylà ung aultre qui n'est pas moins rebarbatif que luy (1). Approchons nous ung petit, et voïons les mines qu'ilz feront entre eulx, et oyons les propos qu'ilz tiendront.

TRIGABUS. C'est bien dict.

RHETULUS. Vous avez beau chercher, messieurs ; car c'est moy qui ay trouvé la féve du gasteau.

CUBERCUS. Mon amy, ne vous glorifiez jà tant. La pierre philosophale est de telle proprieté, qu'elle pert sa vertu si l'homme presume trop de soy, après qu'il en a trouvé des pieces. Je pense bien que vous en avez ; mais souffrez que les aultres en cherchent et en aient aussi bien que vous, si leur est possible. Mercure, qui la nous a baillée, n'entend point que nous usions de ces reprouches entre nous, mais veult que nous nous entraymions l'un l'aultre comme fréres (2) ; car il ne nous a pas mis à la queste d'une si noble et divine chose pour dissension, mais plustost pour dilection. Toutes fois (à ce que je voy) nous faisons tout le contraire (3).

RHETULUS. Or, vous avez beau dire, ce

---

1. Il montre Rhetulus et Cubercus.
2. La morale du Christ est-elle assez bien indiquée ?
3. C'est bien l'auteur de la réconciliation de Zuingle et de Luther qui vient de parler là.

n'est que sable, tout ce que vous autres avez amassé.

DRARIG. Vous mentez par la gorge. En voylà une piéce, qui est de la vraye pierre philosophale, mieulx que la vostre.

RHETULUS. N'as tu pas de honte de presenter cela pour pierre philosophale? Est il pas bon à veoir que ce n'est que sable? Phy, phy, oste cela.

DRARIG. Pourquoy me l'as tu faict tumber? Elle sera perdue. Je puisse mourir de male rage, si j'étoie homme de guerre, ou que j'eusse une espée, si je ne te tuoye tout roide, sans jamais bouger de la place! Comment est il possible que je la puisse trouver maintenant? J'avois tant pris de peine à la chercher, et ce meschant, mauldit et abominable, la m'a fait perdre.

RHETULUS. Tu n'as pas perdu grand chose, ne te chaille.

DRARIG. Grant chose! Il n'y a tresor en ce monde pour lequel je l'eusse voulu bailler. Que males furies te puissent tourmenter. O traistre, envieux que tu es, ne me pouvois tu autrement nuyre, sinon de me faire perdre en ung moment tous mes labeurs depuis trente ans? Je m'en vengerai quoy qu'il tarde.

CUBERCUS. J'en ay quinze ou seze piéces, entre lesquelles je suis bien asseuré qu'il en y a quatre (pour le moins) qui sont de la plus vraye qu'il est possible de recouvrer (1).

1. On veut, avec assez de raison, que ce soient les quatre Evangiles. Nous nous rangeons d'autant plus aisément à cet avis que Bucer avoit publié un ouvrage recommandable intitulé : *Les explications de l'Evangile.*

TRIGABUS. Or ça, messieurs, dictes nous (s'il vous plaist) que c'est que vous autres philosophes cherchez tant tous les jours parmy l'areine de ce theatre?

CUBERCUS. A quoy faire demandez vous? Sçavez vous pas bien que nous cherchons des pieces de la pierre philosophale, laquelle Mercure mist jadis en pouldre, et nous la repandit en ce lieu?

TRIGABUS. Et pourquoy faire de ces pieces?

CUBERCUS. Pourquoy faire dea? Pour transmuer les metaulx, pour faire tout ce que nous vouldrions, et impetrer tout ce que nous demanderions des dieux.

MERCURE. Est il bien possible?

CUBERCUS. S'il est possible? En doubtés vous?

MERCURE. Voire, j'en doubte, car vous qui avez dict n'a guéres que vous en aviez pour le moins quatre pieces de la vraye, pourriez bien faire par le moyen de l'une (si toutes ne les y voulez employer) que vostre compagnon pourroit facilement recouvrer la sienne, laquelle l'autre luy a faict perdre, dont il est demy enragé. Et moy, qui n'ay point d'argent, vous prieroy voluntiers que ce fust vostre bon plaisir de me convertir en escuz quinze livres de monnoye (sans plus) que j'ay en ma bourse; vous n'y sçauriez rien perdre, il ne vous pourroit couster que le vouloir, ou la parolle, si tant estoit que ces pieces (que vous avez) eussent tant d'efficace que vous dictes.

CUBERCUS. Je vous diray, monsieur, il ne se fault pas prendre ainsi. Vous devez entendre qu'il n'est pas possible que la pierre soit de telle vertu qu'elle estoit jadis, quand elle fut brisée nouvellement par Mercure; pour ce qu'elle est toute esventée, depuis le temps qu'il l'a respandue par le theatre. Et si vous dy bien ung point, qu'il n'est ja besoing qu'elle monstre sa valeur, quant ainsi seroit qu'elle l'auroit encores. Et davantage, Mercure luy peult soustraire et restituer sa vertu ainsi qu'il luy plaît.

MERCURE. Il n'est ja besoing, dictes vous? Et pourquoy vous rompez vous donc la teste, les yeux et les reins à la chercher si obstinement?

RHETULUS. Non, non, ne dictes point cela; car elle est autant puissante et vertueuse qu'elle fut jamais, non obstant qu'elle soit esventée, comme vous dictes. Si ce que vous en avez ne monstre point par œuvre et par effect quelque vertu, c'est bien signé que ce n'en est point de la vraye. Quant au regard de ce que j'en ay, je vous advertiz bien d'ung cas, que j'en fay ce que je veulx : car non seulement je transmue les métaulx, comme l'or en plomb (je vous dy le pomb en l'or), mais aussi j'en fay transformation sur les hommes, quand par leurs opinions transmuées, bien plus dures que nul métal, je leur fay prendre autre façon de vivre : car à ceulx qui n'osoient na guéres regarder les Vestales, je fay maintenant trouver bon de coucher avec elles; ceulx qui se soloient habiller à la Bouhémienne, je les fay acoustrer à la Turque; ceux qui par cy devant alloient à cheval, je les fay troter à piedz; ceux qui avoient coustume de donner, je les contrains de demander(¹). Et si fay bien mieulx, car je fay parler de moy par toute la Grèce; tellement qu'il en y a telz qui soustiendront jusques à la mort, contre tous, que j'en ay de la vraye; et plusieurs autres belles choses que je fay par le moyen d'icelles pièces, lesquelles seroient trop longues à racompter. Or ça, bon homme, que te semble-il de noz philosophes?

MERCURE. Il me semble qu'ilz ne sont guères sages, monsieur, ne vous aussi.

RHETULUS. Pourquoy?

MERCURE. De se tant travailler et debatre pour trouver et choysir par l'areine de si petites pièces d'une pierre mise en pouldre, et de perdre ainsi leur temps en ce monde icy, sans faire autre chose que chercher ce que à l'aventure il n'est pas possible de trouver, et qui (peult estre) n'y est pas. Et puis, ne dictes vous pas que ce fust Mercure qui la vous brisa et respandit par le theatre?

RHETULUS. Voire, ce fust Mercure.

MERCURE. O povres gens! vous fiez vous en Mercure, le grand aucteur de tous abuz et tromperie(²)? Sçavez-vous pas bien qu'il n'a que le

---

1. Ce passage est une longue allusion aux plus importantes réformes apportées par Luther. Tant de maisons furent ruinées par ses doctrines! tant d'autres furent enrichies! tant d'ecclésiastiques se marièrent à son exemple! tant de moines jetèrent le froc aux orties et rentrèrent dans la vie privée! Pourquoi a-t-on pensé que les vêtements turcs et bohémiens s'appliquoient à autre chose qu'à ce bouleversement général!

2. Voilà où, de par le pamphlétaire, Jésus-Christ tombe au rang des fourbes.

bec, et que par ses belles raisons et persuasions il vous feroit bien entendre des vessies que sont lanternes, et de nuées que sont poilles d'airain ? Ne doubtez vous point qu'il ne vous ait baillé quelque aultre pierre des champs, ou, peult estre, de l'areine mesmes, et puis qu'il vous ayt faict à croire que c'est la pierre philosophale, pour se mocquer de vous, et prendre son passe-temps des labeurs, colères et debatz qu'il vous voit avoir en cuydant trouver la chose laquelle n'est point (1) ?

RHETULUS. Ne dictes pas cela, monsieur, car, sans faillir, c'estoit la pierre philosophale. On en a trouvé des piéces, et en a l'on veu certaines experiences.

MERCURE. Vous le dictes, mais j'en doubte ; car il me semble que, si cela fust, vous feriez choses plus merveilleuses, veu la proprieté que vous dictes qu'elle a. Et mesmement, comme gens de bon vouloir que vous estes, pourriez faire devenir tous les povres riches, ou, à tout le moins, vous leur feriez avoir tout ce qui leur est necessaire sans truander.

RHETULUS. Ces belistres sont de besoing au monde, car si tous estoient riches l'on ne trouveroit point à qui donner pour exercer la belle vertu de liberalité.

MERCURE. Vous trouveriez aysement les choses perdues et sçauriez les cas dont les hommes doubtent, affin de les mettre d'appointement ;

---

1. Tout ce paragraphe, où chaque mot est un trait acéré qui pénètre profondément dans l'esprit du lecteur, peut appuyer l'opinion de ceux qui donnent au mot *Trigabus* le sens de « railleur impitoyable » ; car c'est ce personnage qui parle ici par la bouche de Mercure.

selon la verité, laquelle vous seroit bien cognue.

RHETULUS. Et que diroyent les juges, advocatz et enquesteurs? Que feroient ilz de tous leurs codes, pandectes et digestes, qui est une chose tant honneste et utile?

MERCURE. Quand il y auroit quelcun qui seroit malade et on vous manderoit, vous ne feriez que mettre une petite pièce d'icelle pierre philosophale sur le patient, qu'il seroit gari incontinent.

RHETULUS. Et de quoy serviroient les medecins et apoticaires, et leurs beaulx livres de Galien, Avicenne, Hippocrates, Egineta(1) et autres, qui leur coustent tant? Et puis, par ce moyen, tout le monde vouldroit tousjours guerir de toutes maladies, et jamais nul ne vouldroit mourir, laquelle chose seroit trop desraisonnable.

TRIGABUS. En voylà ung lequel semble avoir trouvé quelque chose. Tenez, comment les aultres y accourent d'envie et se mettent à chercher au mesme lieu.

RHETULUS. Ils font très bien de chercher, car ce qui n'est trouvé se trouvera.

MERCURE. Voire. Mais depuis le temps que vous cherchez, si n'est il point de bruit que vous ayez faict aulcun acte digne de la pierre philosophale, qui me faict doubter que ce ne l'est point; ou, si ce l'est, qu'elle n'a point tant de vertu que l'on dict, mais que ce ne sont que parolles, et que vostre pierre ne sert que à faire des comptes.

RHETULUS. Je vous ay ja dict plusieurs cas que j'ay faict par le moyen de ce que j'en ay.

---

1. Paul, appelé d'Egine, de la ville de Grèce où il naquit, fameux médecin du VIIe siècle.

MERCURE. Et puis, qu'est ce que cela? Le grand babil et hault caquet que vous avez en est cause, et non pas vostre grain de sable. Vous tenez cela tant seulement de Mercure, et non aultre chose, car tout ainsi qu'il vous a payez de parolles, vous faisant acroire que c'estoit la pierre philosophale, aussi contentez vous tout le monde de belle pure parole. Voilà dequoy je pense que vous estes tenuz à Mercure.

TRIGABUS. Je puisse mourir, si j'estoye que du Sénat, si je ne vous envoyoye bien tous à la charrue, aux vignes ou en galléres. Pensez vous qu'il faict beau veoir ung tas de gros veaux perdre tout le temps de leur vie à chercher des petites pierres, comme les enfans? Encores si cela venoit à quelque proffit, je ne diroys pas; mais ilz ne font rien de tout ce qu'ilz cuydent, qu'ilz resvent et promettent. Par le corbieu! ilz sont plus enfans que les enfans mesmes, car des enfans encor en faict on quelque chose et s'en sert l'on aulcunement. S'ilz s'amusent à quelque jeu, l'on les faict cesser aiseement pour les faire besongner; mais ces badins et resveurs de philosophes, quant ilz se sont une foys mis à chercher des grains d'areine parmy ce theatre, pensant trouver quelque piéce de leur belle pierre philosophale, on ne les peult jamais retirer de ce sot jeu de barbue et perpetuelle enfance; ains vieillissent et meurent sur la besongne. Combien en ay je veu qui devoyent faire merveilles? Ouy dea, des naveaulx, ils en ont belles lettres!

RHETULUS. On n'en trouve pas des piéces ainsi que l'on vouldroit bien; et puis Mercure n'est pas tousjours favorable à tous.

MERCURE. Je le pense.

RHETULUS. Or, messieurs, il ne vous desplaira point si je prens congé de vous, car voylà monsieur le senateur Venulus (1), avec lequel j'ay promis d'aller souper, qui m'envoye querir par son serviteur.

MERCURE. A Dieu donc, monsieur.

TRIGABUS. Voylà de mes gens ! il sera assis au hault bout de la table (2), on luy trenchera du meilleur, il aura l'audivit (3) et le caquet par dessus tous, et Dieu sçayt s'il leur en comptera de belles !

MERCURE. Et tout par le moyen de ma pierre philosophale ?

TRIGABUS. Et quoy donc ? Quand ce ne seroit jà que les repues franches qu'ilz en ont, ilz sont grandement tenus à toy, Mercure.

MERCURE. Tu voy dequoy sert mon art. Or il me fault aller faire encor quelque message secret, de par Jupiter mon père, à une dame, laquelle demeure auprès du temple d'Apollo ; et puis il

---

1. Les commentateurs se sont égarés en cherchant à reconnoître une physionomie sous chacun des noms inventés par Des Périers. Pour les uns, Venulus est le masque de Calvin ; pour d'autres, celui d'un conseiller au Parlement, bien confus de l'honneur qu'on lui veut faire ; pourquoi ne pas voir tout naturellement un artifice à l'aide duquel le poète va terminer son Dialogue ? N'est-ce pas pour s'être exagéré la difficulté que La Monnoye n'avoit, dans l'anagramme si simple de Rhetulus, découvert que Thurelus, Pierre Thurel, célèbre astrologue, principal du collége de Dijon ?

2. M. Paul Lacroix (édit. du *Cymbalum mundi*, p. 51) remarque fort justement qu'il y a peut-être ici une allusion à la belle figure que Luther faisoit à table.

3. Le crédit.

me fault aussi ung petit veoir ma mye devant que je retorne : à Dieu.

TRIGABUS. Tu ne me veulx donc pas tenir promesse?

MERCURE. Dequoy?

TRIGABUS. De m'enseigner les motz qu'il fault dire pour changer ma trongne et mon visage en telle forme que je vouldray.

MERCURE. Ouy dea, c'est bien dict. Escoute en l'oreille.

TRIGABUS. Comment? Je ne t'oy pas. Je ne sçay que tu dis; parle plus hault.

MERCURE. Voylà toute la recepte, ne l'oblie pas.

TRIGABUS. Qu'a il dict? Par le sambieu! je ne l'ay point entendu, et croy qu'il ne m'a rien dict, car je n'ay rien ouy. S'il m'eust voulu enseigner cela, j'eusse faict mille gentillesses, je n'eusse jamais eu paour d'avoir faulte de rien, car quand j'eusse eu affaire d'argent, je n'eusse faict que transmuer mon visage en celluy de quelcun à qui ses trésoriers en doibvent, et m'en feusse allé le recevoir pour luy ; et pour bien jouyr de mes amours et entrer sans danger chez ma mye, j'eusse pris souvent la forme et la face de l'une de ses voisines, à celle fin que l'on ne m'eust cogneu, et plusieurs aultres bons tours que j'eusse faict. O la bonne façon de masques que c'eust esté, s'il m'eust voulu dire les mots et qu'il ne m'eust point abusé! Or je reviens à moy mesmes et cognois que l'homme est bien fol lequel s'attend avoir quelque cas de cela qui n'est point, et plus malheureux celui qui espére chose impossible.

DIALOGUE III.

PERSONNAGES :

Mercure, Cupido, Celia, Phlegon, Statius, Ardelio(1).

Mercure.

Encores suis je grandement esmerveillé com-

---

1. « L'auteur, dit La Monnoye, donne à cette belle inhumaine le nom de Célie, peut-être à l'occasion de la maîtresse d'Angerianus, nommée Célie, des rigueurs de laquelle le poète se plaint. » — « Mais, ajoute M. P. Lacroix, les poésies amoureuses de Girolamo Angeriano étoient à peine connues en France à cette époque, avant qu'on les eût réimprimées à Paris ; on ne voit pas d'ailleurs ce que Bonaventure Des Periers avoit de commun avec le poète napolitain. Il vaut mieux supposer que le nom de *Celia* doit être écrit *Clelia*, et que l'auteur a pris comme type de la virginité cette belle Romaine appelée *Clelia virgo* par les historiens romains, laquelle, envoyée en otage à Porsenna, qui assiégeoit Rome, passa le Tibre à la nage et vint se réfugier parmi ses concitoyens. Bonaventure Des Periers a voulu représenter sous ce nom quelque grande dame de la cour, peut-être Marguerite de Navarre elle-même, qu'il aimoit en secret et à laquelle il n'osoit avouer cet amour. *Celia* pourroit être encore la *Délie* de Maurice Scève, poète de Lyon, qui a composé un poème sur cette dame, qu'il surnomme *objet de plus haute vertu*. » Nous ne partageons pas l'opinion d'aucun de ces commentateurs. Sous le nom de Célie, Des Périers ne cache qu'une femme amante, prise en général ; son but, dans une partie de ce Dialogue, a été de prouver que l'amour avoit plus d'influence sur l'humanité que n'importe quelle religion. Par une bonne raison l'auteur n'a pu faire allusion à Marguerite de Navarre : il la met en scène sous le nom de Minerve dans ce Dialogue même. Le cheval Phlégon personnifie le bas clergé, ou simplement les moines, alors esclaves de la papauté et des abbés commendataires, dont le rôle est joué par le palefrenier Statius. M. Johanneau voit autre chose que nous dans cet animal savant : « *Phlégon* est un cheval

ment il (¹) peult avoir si belle patience. Le qui parle et se plaint de celui qui est monté dessus. Son nom grec, qui est celui d'un des quatre chevaux du soleil, est le participe présent de φλέγω, brûler, enflammer, embraser, mettre en feu, être ardent. Il signifie donc un alezan brûlé, ardent, et doit désigner le peuple, qui, comme ce cheval qui rue et parle, se révolta, en Saxe d'abord, puis dans presque toute l'Allemagne septentrionale, contre Charles-Quint, pour soutenir la doctrine de Luther, et fit entendre ses doléances ou plutôt ses remontrances à la diète de Spire en 1529, où les luthériens acquirent le nom de *protestants*, pour avoir *protesté* contre les actes de cette assemblée et de celle de Ratisbonne; et à celle d'Augsbourg en 1530, où ils présentèrent leur confession de foi, et dans laquelle il fut ordonné encore, par un édit de l'empereur, de suivre la religion de l'Eglise romaine, lequel fut suivi de la ligue offensive et défensive de Smalkade entre les princes protestants, à laquelle s'associa François Ier. Ce qui confirme mes conjectures sur le sens de cette allégorie, c'est que Charles-Quint disoit, comme vous savez, qu'il parleroit espagnol à Dieu, françois aux hommes, italien à sa maîtresse, anglais aux oiseaux, allemand aux chevaux ou à son cheval, et que ce mot célèbre devoit être connu de Des Périers. »

Sans avoir rien découvert sous le masque de Statius, La Monnoye a donné cependant l'excellente note qui suit : « Parmi les anciens Latins, c'étoit un nom de valet, comme l'a remarqué Aulu-Gelle, liv. 4 des *Nuits attiques*, chap. 20, où, de plus, il rapporte ce fait que notre auteur a eu en vue, savoir que les censeurs, dans une revue qu'ils faisoient des chevaliers romains, ayant demandé à l'un d'eux pourquoi, frais et dodu comme il étoit, son cheval étoit si maigre : « C'est, leur répondit-il, que je prends moi-même soin de « ma nourriture, et que je me repose de celle de mon cheval « sur mon valet Statius. » Le jurisconsulte Masurius Sabinus, dont Aulu-Gelle cite tout au long le passage, ajoute que la réponse du chevalier ayant paru peu respectueuse, il avoit été dégradé et mis au rang des taillables. »

Dans *Ardelio*, dont le nom latin, dérivé d'*Ardeo*, signifie, comme celui de Phlégon, un boute-feu, un brouillon qui se mêle de tout et doit être Luther, M. Johanneau a cru reconnoître François Ier. Nous ne pensons pas que ce Dialogue, ni le premier, où Ardelio est déjà nommé, offrent rien qui puisse autoriser cette supposition.

1. Dieu le père ou Jupiter.

forfaict de Lycaon (1), pour lequel il fit jadis venir le déluge sur la terre, n'estoit point tant abominable que cestuy cy. Je ne sçay à quoy il tient qu'il n'en a desjà du tout fouldroyé et perdu ce malheureux monde, de dire que ces traistres humains non seulement luy ayent osé retenir son livre, où est toute sa prescience, mais encores, comme si c'estoit par injure et mocquerie, ilz luy en ont envoyé ung au lieu d'icelluy, contenant tous ses petis passe temps d'amours et de jeunesse, lesquelz il pensoyt bien avoir faictz à cachette de Juno, des dieux et de tous les hommes. Comme quand il se feit Taureau pour ravir Europe ; quand il se desguisa en Cygne pour aller à Læda ; quand il print la forme d'Amphytrion pour coucher avec Alcmena ; quand il se transmua en pluye d'or pour jouyr de Danae ; quand il se transforma en Diane (2), en Pasteur (3), en Feu (4), en aigle (5), en serpent (6), et plusieurs aultres menues follies, qu'il n'appartenoit point aux hommes de sçavoir, et encore moins les escrire. Pensez, si Juno trouve une foys ce livre, et qu'elle vienne à lire tous ces beaulx faictz, quelle feste elle luy menera ? Je m'esbahis comment il ne m'a getté du hault en bas, comme il fit jadis Vulcanus, lequel en est encor boiteux du coup qu'il print et sera toute

---

1. On sait qu'un sort affreux étoit réservé aux étrangers qui s'aventuroient sur les terres de ce roi d'Arcadie. Jupiter, auquel un jour il servit de la chair humaine dans un festin, le fit périr.

2. Pour Calypso.
3. Pour Mnémosyne.
4. Pour Egine.
5. Pour Ganymède et Astérie.
6. Pour Proserpine.

sa vie. Je me fusse rompu le col, car je n'avois pas mes talaires aux piedz pour voler et me garder de tumber. Il est vray que ce a esté bien ma faulte en partie ; car je y devoye bien prendre garde, de par dieu! avant que l'emporter de chez le relieur. Mais qu'y eusse je faict ? C'estoit la veille des Bacchanales, il estoit nuict. Et puis tant de commissions que je avoys encores à faire me troubloyent si fort l'entendement, que je ne sçavoye que je faisoye. D'aultre part, je me fioye bien au relieur, car il me sembloit bien bon homme; aussi est il, quand ne seroit ja que pour les bons livres qu'il relie et manie tous les jours. J'ay esté vers luy depuis. Il m'a juré avec grandz sermens qu'il m'avoit rendu le mesme livre que je luy avoye baillé, dont je suis bien asseuré qu'il ne m'a esté changé en ses mains. Où est ce que je fuz ce jour là ? Il m'y fault songer. Ces meschans avec lesquelz je beu en l'hostellerie du Charbon Blanc le m'auroyent ilz point desrobé et mys cestuy cy en son lieu ? Il pourroit bien estre ; car je m'absentay d'eulx assez long-temps, cependant qu'on estoit allé tirer le vin. Par mon serment, je ne sçay comment ce vieulx rassoté n'a honte ! Ne pouvoit-il pas avoir veu autresfoys dedans ce livre (ouquel il cognoissoit toutes choses) que icelluy livre debvoit quelquefoys devenir (1) ? Je croy que sa lumière l'a esblouy ; car il failloit bien que cestuy accident y fust predict, aussi bien que tous les aultres, ou que le livre fust faulx. Or s'il s'en courrousse, qu'il s'en deschausse (2). Je

---

1. Allusion moqueuse à la prescience de Dieu.
2. On diroit aujourd'hui d'une façon beaucoup plus vul-

n'y sçaurois que faire. Qu'est ce qu'il m'a baillé icy en mémoire ? De par Jupiter l'altitonnant soit faict un cry public par tous les carrefours d'Athènes, et, s'il est besoing, aux quatre coings du monde, que s'il y a personne qui ayt trouvé ung livre intitulé : *Quæ in hoc libro continentur : Chronica rerum memorabilium quas Jupiter gessit antequam esset ipse. Fatorum præscriptum, sive eorum quæ futura sunt certæ dispositiones. Catalogus Heroum Immortalium qui cum Jove vitam victuri sunt sempiternam*, ou s'il y a quelc'un qui sçache aulcune nouvelle d'icelluy livre, lequel appartient à Jupiter, qu'il le rende à Mercure, lequel il trouvera tous les jours en l'académie, ou en la grande Place, et icelluy aura pour son vin la première requeste qu'il luy fera. Que s'il ne le rend dedans huict jours après le cry faict, Jupiter a délibéré de s'en aller par les douze maisons du ciel, où il pourra aussi bien deviner celuy qui l'aura que les astrologues ; dont fauldra que icelluy qui l'a le rende, non sans grande confusion et punition de sa personne. » Et qu'est cecy ? « Mémoire à Mercure de bailler à Cléopatra, de par Juno(1), la recepte qui est cy dedans ce papier ployée, pour faire des enfans, et en delivrer avec aussi grand

---

gaire : « Qu'il aille se coucher ! » C'est tout ce qu'il nous semble possible de voir dans cette expression, qu'autrefois l'on annotoit ainsi : « Mauvais jeu de mots par allusion de *courroux* à *courroie*, qui avoit apparemment cours dans le peuple, dit La Monnoye. Mais il vaut mieux supposer qu'on prononçoit déchousse ou bien courroce, ce qui établissoit une certaine analogie de consonnance entre ces deux mots. » Il faut avoir bien envie de trouver ici un calembour pour parler ainsi.

1. *Juno* paroît être le masque de la vierge Marie.

joye que quand on les conçeoit, et apporter ce qui s'ensuyt. » Voire dea, apporter! Je le feray tantost, attendez vous y. « Premièrement, ung perroquet qui sçache chanter toute l'*Iliade* d'Homère; ung corbeau qui puisse causer et haranguer à tous propos, une pie qui sçache tous les préceptes de philosophie, ung singe qui joue au quillard, une guenon pour luy tenir son miroir le matin quand elle s'accoustre, ung miroir d'acier de Venise (¹) des plus grandz qu'il pourra trouver; de la civette, de la ceruse, une grosse de lunettes, des gandz perfumez; le carequant de pierrerie qui faict faire les Cent nouvelles nouvelles (²); Ovide, de l'art d'aymer; et six paires de potences d'hebène. » Je ne puisse jamais remonter aux cieulx, si je faiz rien de tout cela. Et voylà son mémoire et sa recepte en pièces, elle yra chercher ung autre vallet que moy. Par le corbieu! comment me seroit il possible de porter toutes ces besongnes là hault? Ces femmes icy veulent que l'on leur face mille services, comme si l'on estoit bien tenu à elles; mais au diable l'une qui dye : Tien, Mercure, voylà pour avoir un feutre de chappeau. Et puis qu'est cecy?

1. Dans l'antiquité et au Moyen Age, les miroirs étoient faits de métal poli. Venise n'a jamais été célèbre que par ceux de cristal; c'est en se jouant que Des Périers y fait facriquer des miroirs d'acier.

2. « C'est sans doute, dit M. P. Lacroix, un chapelet composé de cent grains qui représentent des *Ave*, de même que les Cent Nouvelles nouvelles pourroient être galamment représentées dans un collier par cent pierreries de diverses sortes. Ce *carcan* joyeux seroit moins monotone que le chapelet catholique. » M. P. Lacroix lisoit *que fait faire :* en lisant *qui fait faire*, selon la bonne édition, il faut interpréter carequant par talisman.

« Mémoire à Mercure de dire à Cupidon, de par sa mère Vénus (ha! est ce vous, Vénus? vous serez obéye vrayement), que le plustost qu'il pourra il s'en voise tromper et abuser ces Vestales (lesquelles cuydent estre si sages et prudentes) pour leur remonstrer ung petit leur malheureuse follie et témérité; et que pour ce faire il s'adresse à Somnus, qui luy prestera voluntiers de ses garsons (1), avec lesquelz il yra de nuyct à icelles Vestales, et leur fera taster et trouver bon en dormant ce qu'en veillant elles ne cessent de blasmer; et qu'il escoute bien les propos de regretz et repentances que chascune tiendra à par soy, pour luy en mander toutes nouvelles bien au long et le plustost qu'il luy sera possible. Item, dire à ces dames et damoyselles qu'elles n'oublient pas leurs touretz de nez (2) quand elles yront par la ville; car ilz sont bien bons pour se rire et mocquer de plusieurs choses que l'on voit sans que le monde s'en aperçoive. Item, advertir ces jeunes filles qu'elles ne faillent pas d'arrouser leurs violettes devers le soir, quand il fera seicheresse, et qu'elles ne se voisent pas coucher de si bonne heure qu'elles n'ayent receu et donné le bon soir à leurs amys; et qu'elles se donnent bien garde de se coiffer sans miroir, et

---

1. Les rêves.
2. Masque, sorte de loup à l'aide duquel les dames de condition préservoient jadis le haut de leur visage des injures de l'air et du soleil; il remplaçoit le voile. Les miniatures des manuscrits en offrent un grand nombre d'exemples. Voy. le mot *Touret* dans la table de l'*Heptameron* publié par la société des bibliophiles françois; M. de Lincy, éditeur de cet excellent livre, a, dans ses notes, à plusieurs reprises, parlé de cet ornement féminin.

qu'elles apprennent et recordent souvent toutes les chansons nouvelles; qu'elles soyent gracieuses, courtoises et amyables aux amans; qu'elles ayent plusieurs Ouyz aux yeulx, et force Nenniz en la bouche(1); et que surtout elles se fácent bien prier; à tout le moins que par leurs dictz elles ne viennent point si tost à declairer leur volunté, ains qu'elles la dissimulent le plus qu'elles pourront, pour ce que c'est tout le bon, la parolle faict le jeu. » Bien, il n'y aura point de faulte, si je treuve Cupidon. Encores des commissions? Ha! c'est madame Minerve (2). Je cognois bien son escripture. Certes, je ne luy vouldroye faillir, pour perdre mon immortalité. « Memoire à Mercure de dire aux poëtes, de par Minerve, qu'ilz se deportent de plus escrire l'ung contre l'autre, ou elle les desadvouera (3), car elle n'en ayme ny appreuve aucunement la façon; et qu'ilz ne s'amusent point tant à la vaine parolle de mensonge, qu'ilz ne prennent garde à l'utile silence de verité; et que s'ilz veullent escrire d'amour, que ce soit le plus honestement, chastement et divinement qu'il leur sera possible, et à l'exemple d'elle. Davantage, sçavoir si le poëte Pindarus a riens encores mis en lumière, et recouvrer tout ce qu'il aura faict, et apporter tout ce qu'il pourra trouver de la façon des painctres Apelles, Zeuxis, Parrasius et aultres de ce temps, mesmement touchant le faict de broderie, tapisserie,

---

1. Allusion aux épigrammes 147 et suivantes de Clément Marot.
2. Lisez : Marguerite de Navarre.
3. Allusion à la querelle poétique dont nous avons parlé ci-dessus dans une note des poésies.

et patrons d'ouvrages à l'esguille. Et advertir toute la compagnie des neuf Muses qu'elles se donnent bien garde d'ung tas de gens qui leurs font la court, faisans semblant les servir et aymer ; mais ce n'est que pour quelque temps, afin qu'ilz acquèrent bruyt et nom des poètes, et que par le moyen d'elles (comme de toutes aultres choses, dont ilz se sçavent bien ayder) ilz puissent trouver accès envers Plutus, pour les richesses duquel elles se sont veu souvent estre mesprisées et abandonnées ; dont elles devroyent bien estre sages doresenavant. » Vrayement, madame Minerve, je le feray pour l'amour de vous. Qui est cestuy là qui vole là ? Par dieu ! je gage que c'est Cupido. Cupido !

CUPIDO. Qui est ce là ? Hé ! bon jour, Mercure. Est ce toy ? et puis, quelles nouvelles ? Que se dict de bon là hault en vostre court celeste ? Jupiter est il plus amoureux ?

MERCURE. Amoureux, de par le diable ! il n'a garde pour le present, mais la mémoire et souvenance de ses amours luy torne maintenant en grand ennuy et fascherie.

CUPIDO. Comment donc ?

MERCURE. Pource que ces paillars humains en ont faict ung livre, lequel de male adventure je luy ay apporté au lieu du sien, où il regardoit tousjours quant il vouloit commander quel temps il devoit faire, lequel j'estoye allé faire relier ; mais il m'a esté changé. Je m'en voys pour le faire crier à son de trompe, affin que s'il y a quelcun qui l'ayt, qu'il le rende. Il m'en a bien cuidé manger.

CUPIDO. Il me semble que j'ay ouy parler

d'ung livre le plus merveilleux que l'on vit oncques, que deux compagnons ont, avec lequel (ainsi qu'on dict) ilz disent la bonne adventure à ung chascun, et sçavent aussi bien deviner ce qui est à venir, que jamais fit Tyresias, ou le chesne de Dodone. Plusieurs astrologues briguent pour l'avoir ou en recouvrer la copie; car ilz disent qu'ilz feroient leurs ephemerides, pronostications et almanachs, beaucoup plus seurs et veritables. Et davantage, ces gallantz promettent aux gens de les enroler au livre d'immortalité pour certaine somme d'argent.

MERCURE. Voire? par le corbieu! c'est ce livre là sans aultre. Il n'y a que danger qu'ilz n'y escripvent des usuriers, rongeurs de povres gens, des bougres, des larrons, et qu'ilz en effacent des gens de bien, pource qu'ilz n'ont que leur donner. Jupiter en auroit bien, de par le diable! Et où les pourroys je trouver?

CUPIDO. Je ne t'en sçaurois que dire, car je ne suis point curieux de ces matiéres là. Je ne pense sinon à mez petitz jeux, menuz plaisirs et joyeux esbattemens, et entretenir ces jeunes dames, à jouer au cachemouchet au domicile de leurs petits cueurs, où je picque et laisse souvent de mes legéres flesches; à voltiger par leurs cerveaulx et leur chatoiller leurs tendres mouelles et delicates entrailles; à me monstrer et promener dedans leurs ryans yeulx, ainsi qu'en belles petites galleries; à baiser et succer leurs lévres vermeilles; à me laisser couler entre leurs durs tétins, et puis de là me desrober et m'en aller en la vallée de joyssance, où est la fontaine de Jouvence, en laquelle je me joue, je me rafreschy et recrée et y faiz mon heureux sejour.

MERCURE. Ta mère m'a icy baillé ung memoire pour t'advertir de quelque chose. Tien, tu le verras tout à loisir et feras le contenu, car j'ay grand haste ; adieu.

CUPIDO. Tout beau, tout beau, seigneur Mercure.

MERCURE. Vertubieu! tu me arracheras mes talaires; laisse moy aller, Cupido, je te prie. Je n'ay pas si grande envie de jouer que toy.

CUPIDO. Pourtant que je suis jeunette,
Amy n'en prenez esmoy :
Je feroys myeux la chosette,
Qu'une plus vieille que moy (1).

MERCURE. Ha que tu as bon temps! tu ne te soucyes guères s'il doit plouvoir ou neiger, comme faict nostre Jupiter, lequel en a perdu le livre.

CUPIDO.   Tousjours
Les amoureux auront bons jours,
Tousjours, et en tout temps,
Les amoureux auront bon temps.

MERCURE. Voire, voire, nous en sommes bien.

CUPIDO. Il y a, madamoyselle,
Il y a je ne sçay quoy.....

---

1. Imitation de la 36e chanson de Cl. Marot.

    Pourtant si je suis brunette,
    Ami, n'en prenez esmoy :
    Autant suis ferme et jeunette
    Qu'une plus blanche que moy.

Qui est ceste belle jeune fille que je voy là-bas en ung verger seullette? Est elle point encore amoureuse? Il fault que je la voye en face. Nenny, et toutesfoys je sçay bien que son amy languit pour l'amour d'elle. Ha! vous aymerez, belle dame sans mercy, avant qu'ayez marché trois pas.

CELINA. O ingrate et mescognoissante que je suis! En quelle peine est il maintenant pour l'amour de moy? Or cognois je à ceste heure (mais las! c'est bien trop tard) que la puissance d'amour est merveilleusement grande et que l'on ne peult eviter la vengence d'iceluy. N'ay je pas grand tort d'ainsi mespriser et esconduire cestuy qui m'ayme tant, voire plus que soy mesmes? Veulx je tousjours estre autant insensible qu'une statue de marbre? Vivray je tousjours ainsi seullette(1)? Helas! il ne tient qu'à moy; ce n'est que ma faulte et folle opinion. Ha, petiz oysillons, que vous me chantez et monstrez bien ma leçon! Que nature est bonne mére, de m'enseigner par voz motetz et petitz jeux que les creatures ne se peuvent passer de leurs semblables! Or vous feroys je voluntiers une requeste, c'est que vous ne m'importunissiez plus par voz menuz jargons, car j'entendz trop ce que vous voulez dire, et que ne me feissiez plus voir les spectacles de voz amoureux assemblemens, car cela ne me peult resjouyr, ains me faict juger que je suis la plus malheu-

---

1. Ces mots nous confirment dans l'opinion que Célie est une religieuse repentante d'avoir pour les cloîtres abandonné l'amour.

reuse creature qui soit en ce monde. Hélas! quand reviendra il, mon amy? J'ay grand paour que je ne luy aye esté si farrouche, qu'il ne retourne plus. Si fera, s'il m'a autant aymée ou ayme encores comme je l'ayme maintenant. Il me tarde bien que je ne le voy. S'il revient jamais, je luy serai plus gracieuse et luy feray bien ung plus doulx racueil et meilleur traictement que je n'ay pas faict par cy devant.

CUPIDO.   Va, va, de par dieu! va, dict la fillette,
Puisque remède n'y puis mettre...

Or elle est bien, la bonne dame; elle en a ce qu'il luy en fault.

MERCURE. N'est ce pas pitié? soit que je vienne en terre, ou que je retourne aux cieulx, tousjours le monde et les dieux me demandent si j'ay ou si je sçay rien de nouveau. Il fauldroit une mer de nouvelles pour leur en pescher tous les jours de fresches. Je vous diray, à celle fin que le monde ayt de quoy en forger et que j'en puisse porter là hault, je m'en voys faire tout à ceste heure que ce cheval là parlera à son palefernier, qui est dessus, pour veoir qu'il dira. Ce sera quelque chose de nouveau, à tout le moins. Gargabanado, Phorbantas, Sarmotoragos (1). O qu'ay je faict! J'ay presque proferé tout hault les parolles qu'il faut dire pour faire parler les bestes. Je suis bien fol, quant je y pense. Si j'eusse tout dict, et qu'il y eust icy quelcun

1. D'après M. Johanneau, ces mots seroient une allusion moqueuse aux paroles sacramentelles de la messe.

qui m'eust ouy, il en eust peu apprendre la science.

PHLEGON LE CHEVAL. Il a esté ung temps que les bestes parloyent ; mais si le parler ne nous eust point esté osté, non plus qu'à vous, vous ne nous trouveriez pas si bestes que vous faictes.

STATIUS. Qu'est ce à dire cecy ? Par la vertubieu, mon cheval parle !

PHLEGON. Voire dea, je parle. Et pourquoy non ? Entre vous hommes, pour ce que à vous seulz la parolle est demourée, et que nous povres bestes n'avons point d'intelligence entre nous, par cela que nous ne pouvons rien dire, vous sçavez bien usurper toute puissance sur nous, et non seulement dictes de nous tout ce qu'il vous plait, mais aussi vous montez sur nous, vous nous picquez, vous nous battez ; il fault que nous vous portions, que nous vous vestions, que nous vous nourrissions ; et vous nous vendez, vous nous tuez, vous nous mangez. Dont vient cela ? C'est par faulte que nous ne parlons pas. Que si nous sçavions parler et dire nos raisons, vous estes tant humains (ou devez estre) que après nous avoir ouy, vous nous traicteriez aultrement, comme je pense.

STATIUS. Par la morbieu ! il ne fut oncques parlé de chose si estrange que ceste cy. Bonnes gens, je vous prie, venez ouyr ceste merveille ; autrement vous ne le croiryez pas : par le sang bieu, mon cheval parle !

ARDELIO. Qu'i a il là, que tant de gens y accourrent et s'assemblent en ung troupeau ? Il me fault voir que c'est.

STATIUS. Ardelio, tu ne sçay pas? par le corbieu, mon cheval parle!

ARDELIO. Diz tu? voylà grand merveille! Et que dict il?

STATIUS. Je ne sçay, car je suis tant estonné d'ouyr sortir parolles d'une telle bouche, que je n'entends point à ce qu'il dict.

ARDELIO. Metz pied à terre et l'escoutons ung petit raisonner. Retirez vous, messieurs, s'il vous plait; faictes place, vous verrez aussi bien de loing que de près.

STATIUS. Or ça, que veulx tu dire, belle beste, par tes parolles?

PHLEGON. Gens de bien, puis qu'il a pleu au bon Mercure de m'avoir restitué le parler, et que vous en voz affaires prenez bien tant de loisir de vouloir escouter la cause d'ung povre animau que je suis, vous devez sçavoir que cestuy mon palefrenier me faict toutes les rudesses qu'il peult, et non seulement il me bat, il me picque, il me laisse mourir de fain, mais.....

STATIUS. Je te laisse mourir de fain?

PHLEGON. Voire, tu me laisses mourir de fain.

STATIUS. Par la morbieu! vous mentez; et, si vous le voulez soustenir, je vous couperay la gorge (1).

ARDELIO. Non ferez, dea. Seriez vous bien si hardy de ruer ung cheval qui sçait parler? Il est pour faire ung present au roy Ptolomée, le plus exquis qu'on vist jamais; et si vous advertiz bien que tout le trésor de Crésus ne le pourroit pas

---

1. Allusion aux anathèmes de la papauté.

payer. Pour ce, advisez bien que vous ferez et ne le touschez point, si vous estes sage.

STATIUS. Pourquoy dict il donc ce qui n'est pas vray?

PHLEGON. Te souvient il point, quant dernierement on t'avoit baillé de l'argent pour la despense de quatre chevaulx que nous sommes, qui tu faisois ton compte ainsi : Vous avez force fein et force paille, faictes grand chére; vous n'aurez que pour tant d'aveine le jour, la reste sera pour aller banqueter avec m'amye (1).

STATIUS. Il t'eust myeux valu que tu n'eusses jamais parlé; ne te soucyes.

PHLEGON. Encores ne m'en chault il de tout cela, mais quant je rencontre quelque jument au moys que nous sommes en amour (ce qui ne nous advient qu'une foys l'an), il ne me veult pas souffrir monter sur elle, et toutesfois je le laisse bien tant de foys le jour monter sur moy. Vous, hommes, voulez ung droict pour vous et ung aultre pour voz voisins. Vous estes bien contens d'avoir tous voz plaisirs naturelz, mais vous ne les voulez pas laisser prendre aux autres, et mesmement à nous, povres bestes. Combien de fois t'ay je veu amener des garses en l'estable pour coucher avec toy? Combien de fois m'a il fallu estre tesmoing de ton beau gouvernement? Je ne te vouldrois pas requerir que tu me laissasses ainsi amener des jumens en l'estable pour moy comme tu amaine des garses pour toy; mais quant

---

1. On sait qu'à cette époque beaucoup de monastères ne comptoient plus qu'un petit nombre de moines, qui vivoient dans la privation, tandis que les abbés jouissoient de revenus immenses.

nous allons aux champs, tu le me pourrois bien laisser faire (¹) en la saison, à tout le moins ung petit coup. Il y a six ans qu'il me chevauche, et si ne m'a pas encores laissé faire cela une povre foys.

Ardelio. Par dieu! tu as raison, mon amy, tu es le plus gentil cheval et la plus noble beste que je veiz jamais. Touche là; j'ay une jument qui est à ton commandement. Je la te presteray voluntiers, pour ce que tu es bon compaignon et que tu le vaulx (²). Tu en feras ton plaisir, et, de ma part, je serois très aise et joyeulx si je pouvois avoir de ta semence, quant ce ne seroit jà que pour dire : Voylà de la race du cheval qui parloit.

Statius. Par le corbieu! je vous en garderay bien, puisque vous vous estes meslé de parler si avant. Sus! sus! allons, et vous deliberez de trotter hardiment, et ne faictes point la beste, si vous estes sage, que je ne vous avance bien de ce baston.

Ardelio. A dieu, à dieu, compagnon; te voylà bien peneux de ce que ton cheval a si bien parlé à toy.

Statius. Par la vertu bieu! je l'accoustreray

---

1. Faire, dit Falconet, comme les Latins, *facere in re venered*; l'Espagnol dit *hacerlo*. Des Périers, dans ses Contes, dit *faiseur*, au même sens que *faire* est ici; *le* pour *la chose*, trois lignes plus bas il dit *cela*. Les Latins se servoient à peu près de même du pronon *ille*. Voy. Scaliger sur *Catulle Carm.*, 8, et D. Herald *sur res illas d'Arnobe*, liv. 3.

2. Les plaintes qu'on vient d'entendre sont claires; la réponse d'Ardelio (Luther) ne l'est pas moins : il annonce qu'il va rendre possible le mariage des prêtres par la réforme dont il est l'auteur.

bien, si je puis estre à l'estable, quelque parleur qu'il soit.

ARDELIO. Or jamais je n'eusse creu qu'ung cheval eust parlé, si je ne l'eusse veu et ouy. Voylà ung cheval qui vault cent milions d'escuz. Cent milions d'escuz! on ne le sçauroit trop estimer. Je m'en voys conter le cas à maistre Cerdonius (1), lequel ne l'oblira pas en ses annalles.

MERCURE. Voylà desjà quelque chose de nouveau, pour le moins. Je suis bien ayse qu'il y avoit belle compaignie de gens, Dieu mercy! qui ont ouy et veu le cas. Le bruit en sera tantost par la ville, quelcun le mettra par escript, et, par adventure, qui y adjoustera du sien pour enrichir le compte. Je suis asseuré que j'en trouverai tantost la copie à vendre vers ces libraires. Cependant qu'il viendra quelques autres nouvelles, je m'en voys faire mes commissions, et spécialement chercher la trompette de la ville pour faire crier s'il y a personne qui ayt point trouvé ce diable de livre (2).

1. Ce nom, dérivé du grec κέρδος, gain, lucre, désigne un annaliste à gages qui ne craint pas, pour de l'argent, de raconter dans son histoire toutes sortes de faussetés.

2. Je vois, dit E. Johanneau, dans le rôle que l'auteur fait jouer ici à Mercure, une parodie de celui que l'Evangile prête à Jésus-Christ, qui y dit : « Ne pensez pas que je sois venu apporter la paix en terre; je n'y suis pas venu apporter la paix, mais l'épée. Car je suis venu mettre la division entre le fils et le père, entre la mère et la fille, entre la belle-mère et la belle-fille; et les domestiques de l'homme seront ses ennemis. »

DIALOGUE IV (1)

DE DEUX CHIENS

HYLACTOR ET PAMPHAGUS (2).

S'il plaisoit à Anubis (3) que je peusse trouver ung chien lequel sceust parler, entendre et tenir propos, comme je fay, que je seroye ayse ! car je ne me veulx pas avancer de parler que ce ne soit à mon semblable. Et, toutesfoys, je suis bien asseuré que si je vouloye dire la moindre parolle devant les hommes, que je seroye le plus heureux chien qui fut jamais. Je ne sçay prince ne roy en ce monde qui fut digne de m'avoir, veu l'estime que l'on pourroit faire de moy. Si j'en avoye tant seulement dict autant que j'en vien de dire en quel-

---

1. On s'est aperçu déjà que les dialogues précédents ne tenoient les uns aux autres que par des points de tangence d'une extrême ténuité ; celui qu'on va lire leur est complétement étranger. Des Périers y fait même preuve d'autres sentiments, il s'amende. Le christianisme, dont il vient de se moquer, ne sera plus, en général, l'objet de ses sarcasmes ; il s'attaquera particulièrement au catholicisme et prendra en main la défense de la réforme, dont la plupart de ses amis suivent les enseignements.

2. Ces noms viennent du grec ; le premier signifie *aboyeur*, le second *dévore tout*. Des Périers paroît avoir eu le dessein de mettre en scène deux moines défroqués partisans de la réforme, ou même les chefs des grandes querelles religieuses, Luther et Calvin.

3. Dieu d'Egypte à tête de chien.

que compaignie de gens, le bruyt en seroit desjà jusques aux Indes, et diroit l'on par tout : « Il y a en ung tel lieu ung chien qui parle. » On viendroit de tous les quartiers du monde là où je seroye, et bailleroit l'on de l'argent pour me veoir et ouyr parler. Et encores ceulx qui m'auroyent veu et ouy gaigneroyent souvent leur escot à racompter aux estrangers et aux pays loingtains de ma façon et de mes propos. Je ne pense pas que l'on ait veu chose plus merveilleuse, plus exquise, ne plus delectable. Si me garderay je bien, toutesfoys, de rien dire devant les hommes que je n'aye trouvé premierement quelque chien qui parle comme moy, car il n'est pas possible qu'il n'en y ayt encores quelc'un au monde. Je sçay bien qu'il ne me sçauroit eschapper si petit mot que incontinent ilz ne courrussent tous à moy pour en ouyr davantage. Et peult estre que, à ceste cause, ilz me voudroyent adorer en Grèce, ainsi que l'on a faict Anubis en Egypte, tant y sont les humains curieux de nouveauté. Or encores n'ay je rien dict et ne diray entre les hommes que je n'aye trouvé quelque chien qui ayt parlé à moy. Toutesfois, que c'est une grand peine de se taire, mesmement à ceulx qui ont beaucoup de choses à dire, comme moy ! Mais voicy que je fay : quant je me trouve seulet et que je voy que personne ne me peut ouyr, je me prens à dire à part moy tout ce que j'ay sur le cueur, et vuyde ainsi mon flux de ventre, je vous dy de langue, sans que le monde en soit abreuvé. Et, bien souvent, en allant par les rues à l'heure que tout le monde est couché, j'appelle pour mon passe temps quelcun de noz voisins par son nom et luy fay mettre la teste à la fenestre et crier une heure : « Qui est là ? » Après qu'il a prou cryé, et que personne ne luy respond, il se colère, et moy de rire ! Et quant les bons compagnons de chiens s'assemblent pour aller battre le pavé, je m'y trouve voulentiers, affin que je parle librement entre eulx, pour veoir si j'en trouveray point qui entende et parle comme moy, car ce me seroit une grande consolation, et la chose que plus je desire en ce monde. Or, quand nous jouons ensemble et nous mordons l'ung l'autre, je leur dy tousjours quelque chose en l'oreille, les appellant par leurs noms et surnoms, en leur demandant s'ilz parlent point, de laquelle chose ilz sont aussi estonnez que si cornes leur venoyent : car voyans cela ils ne sçavent que penser, si je suis homme desguisé en chien ou chien qui parle. Et afin que je die tousjours quelque chose et que je ne demeure sans parler, je me prens à crier : « Au meurtre ! bonnes gens, au meurtre ! » Adonc tous les voisins s'esveillent et se mettent aux fenestres. Mais quand ilz voyent que ce n'est que mocquerie, ilz s'en retournent coucher. Cela faict, je passe en une aultre rue, et crye tant que je puis : « Aux larrons ! aux larrons ! Les boutiques sont ouvertes ! » Cependant qu'ilz se lièvent je m'en voys plus avant, et quant j'ay passé un coing de rue, je commence à crier : « Au feu ! au feu ! le feu est en vostre maison ! » Incontinent vous les verriez tous saillir en place, Les ungs en chemises, les aultres tous nudz, les femmes toutes deschevelées, cryans : « Où est ce ? où est ce ? » Et quant ilz ont prou esté en ceste sueur et qu'ilz ont bien cherché et regardé par tout, ilz trouvent à la fin que ce n'est rien, dont s'en retournent achever leurs besongnes et dormir seurement. Puis quant j'ay bien faict toutes les follies de mes *nuictz attiques* jusques au chapitre *Qui sunt leves et importuni loquutores* (¹), pour mieulx passer le demourant de mes phantasies, ung peu devant que le jour vienne, je me transporte au parc de noz ouailles faire le loup en la paille; ou je m'en voys desraciner quelque arbre mal planté, ou brouiller et mesler les filetz de ces pescheurs, ou mettre des os et des pierres au lieu du trésor que Pycargus (²) l'usurier a caché en son champ; ou je voys pisser aux potz du potier et chier en ses beaulx vases; et si d'aventure je rencontre le guet (³), j'en mors trois ou quatre pour mon plaisir, et puis je m'en fuy tant que je puis, criant: « Qui me pourra prendre, si me prenne! » Mais, quoy qu'il en soit, si suis je bien marry que je ne trouve quelque compaignon lequel sçache aussi parler. Toutesfois si ay je bonne esperance d'en trouver, ou il n'y en aura point au monde. Voylà Gargilius (⁴) avec tous ses chiens qui s'en va à la chasse. Je m'en voy esbattre avec eulx, affin de sçavoir s'il en y a point en la compaignie quelcun qui parle. « Dieu gard les com-

---

1. Voy. liv. I, ch. 15.
2. En grec *cul blanc* étoit le nom d'un aigle qu'on appelle aujourd'hui *jean-le-blanc*. On n'a pas remarqué l'allusion tant soit peu impie de ce passage pour n'avoir pas réfléchi que jean-le blanc étoit aussi le nom dérisoire que certains huguenots donnoient, au XVIe siècle, à l'hostie consacrée. Voy. la *Légende véritable de Jean-le-blanc*, 1677, in-12, pièce comprise dans le cabinet jésuitique.
3. Sans doute l'inquisition ou ses suppôts.
4. Nom d'un chasseur tourné en dérision par Horace.

paignons! Dieu gard Espagnol(¹) mon amy! Dieu gard mon compagnon levrier.» Ouy dea! ilz sont tous muetz; au dyable le mot que l'on sçauroit avoir d'eulx! N'est ce pas pitié? Puisque ainsi est que je n'en trouve pas ung qui me puisse respondre, je vouldrois sçavoir quelque poison ou herbe qui me feist perdre la parolle et me rendist aussi bien muet qu'ilz sont. Je seroye bien plus heureux que de languir ainsi du miserable desir que j'ay de parler, et ne trouver oreilles commodes pour ce faire. Et toy, compaignon, ne sçaurois tu rien dire! Parlez à des bestes. Dy, hé, matin, parles tu point?

PAMPHAGUS. Qui appelles tu matin? Matin toy mesmes!

HYLACTOR. Hé! mon compagnon, mon amy, pardonne moy, s'il te plait, et m'accolle, je te prie. Tu es celuy que j'ay le plus desiré et cherché en ce monde, et voylà ung sault pour l'amour de Diane, qui m'a rendu tant heureux en ceste chasse que je y ay trouvé ce que je cherchoye. En voylà encor ung autre pour toy, gentil Anubis, et cestuy là pour Cerberus, qui garde les enfers. Dy moy ton nom, s'il te plait?

PAMPHAGUS. Pamphagus.

HYLACTOR. Est ce toy, Pamphagus, mon cousin, mon amy? Tu cognois donc bien Hylactor?

PAMPHAGUS. Voire dea, je cognois bien Hylactor: où est il?

HYLACTOR. C'est moy.

---

1. Epagneul. La race de ces chiens est originaire d'Espagne.

PAMPHAGUS. Par ta foy? Pardonne moy, Hylactor, mon amy; je ne te pouvoye recognoistre, car tu as une oreille couppée (¹), et je ne sçay quelle cicatrice au front que tu ne soulois pas avoir; dont t'est venu cela?

HYLACTOR. Ne t'en enquiers plus avant, je te prie : la chose ne vauldroit pas le racompter; parlons d'autre matière. Où as tu esté, et qu'as tu faict depuis que nous perdismes nostre bon maistre Acteon (²)?

PAMPHAGUS. Ha! le grand malheur! tu me renouvelles mes douleurs. O! que je perdiz beaucoup en sa mort, Hylactor, mon amy! car je faisoye grande chère, lors, où maintenant je meurs de fain.

HYLACTOR. Par mon serment! nous avions bon temps, quand je y pense. C'estoit ung homme de bien que Acteon et vray gentilhomme, car il aymoit bien les chiens. On n'eust osé frapper le moindre de nous, quoy qu'il eust faict; et avec cela que nous estions bien traictez : tout ce que nous pouvions prendre, feust en la cuisine, au garde manger ou ailleurs, estoit nostre, sans que personne eust esté si hardy de nous battre ou toucher, car il l'avoit ainsi ordonné pour nous nourrir plus liberalement.

PAMPHAGUS. Helas! il est vray. Le maistre

---

1. Parmi les supplices réservés à ceux de la nouvelle religion, l'*essorillement* étoit, en effet, l'un des plus communs. Des Periers fait ici une allusion générale aux cruautés des catholiques.

2. Hylactor et Pamphagus étoient, d'après la Fable, chiens d'Actéon. Voy. Ovide, *Mét.*, liv. 3, ch. 3.

que je sers maintenant n'est pas tel, il s'en fault beaucoup; car il ne tient compte de nous, ny ses gens ne nous baillent rien à manger la pluspart du temps; et toutes les foys que l'on nous trouve en la cuysine, on nous hue, on nous hare, on nous menace, on nous chasse, on nous bat, tellement que nous sommes plus murdris et deschirez de coups que vieulx coquins.

Hylactor. Voylà que c'est, Pamphagus, mon amy, il fault prendre en pacience. Le meilleur remède que je sache pour les doleurs presentes, c'est d'oublier les joyes passées, en esperance de mieulx avoir. Ainsi que au contraire le souvenir des maulx passez, sans crainte d'iceulx, ny de pis, faict trouver les biens presens bien meilleurs et beaucoup plus doulx. Or sçais tu que nous ferons, Pamphagus, mon cousin? Laissons leur courir le lièvre, et nous escartons toy et moy pour deviser ung petit plus à loisir.

Pamphagus. J'en suis content; mais il ne nous fault guères demourer.

Hylactor. Tant peu que tu vouldras; peult estre que nous ne nous reverrons de long temps. Je seray bien ayse de te dire plusieurs choses et d'en entendre aussi de toy. Nous voicy bien; ilz ne nous sçauroient veoir en ce petit boscage, et puis leur gibbier ne s'adresse pas par deçà. Cependant je te demanderoye voluntiers si tu sçays point la cause pourquoy toy et moy parlons, et tous les autres chiens sont muetz, car je n'en trouvay jamais qui me sceust rien dire fors que toy, et si en ay beaucoup veu en mon temps.

Pamphagus. N'en sçais tu rien? Je te la voys

dire. Te souvientil quand noz compagnons Melanchètes, Theridamas et Orèsitrophus (1) saillirent sus Acteon leur bon maistre et le nostre, lequel Diane avoit nouvellement transformé en cerf, et que nous autres accourusmes et luy baillasmes tant de coups de dentz qu'il mourut en la place (2)? Tu dois sçavoir, comme j'ay depuis veu en je ne sçay quel livre qui est en nostre maison...

HYLACTOR. Comment! tu sçais donc bien lire? où as tu apprins cela?

PAMPHAGUS. Je te le diray après, mais escoute cecy premièrement. Tu doys entendre que quand ung chascun de nous faisoit ses effortz de le mordre, d'adventure je le mordy en la langue, laquelle il tiroit hors la bouche, si bien que j'en emportay une bonne piéce que j'aval-

1. Les noms de ces trois animaux se retrouvent aussi dans Ovide : le premier veut dire qui a le poil noir; le second, qui dompte les bêtes; le troisième, nourri dans les montagnes.

2. Selon nous, Actéon seroit le Christ, dont l'Eglise, — ici Diane, — a fait un Dieu. Plus bas, par là langue d'Actéon, Des Periers entend les Evangiles, sur lesquels furent d'abord concentrés les efforts des nouveaux réformés pour en rétablir le vrai sens. Ajoutons que l'auteur semble prédire, en appuyant sur la mort d'Actéon, que la réforme aura été le dernier soupir de la religion chrétienne, et qu'en livrant les Evangiles au libre examen on a rendu impossible tout culte à leur héros. Cette interprétation, beaucoup moins spécieuse qu'elle ne le paroît et tout à fait dans l'esprit de Des Periers, nous a été suscitée par cette note de M. P. Lacroix :

« On pourroit supposer, avec quelque vraisemblance, que les chiens *Pamphagus* et *Hylactor* représentent Luther et Calvin, qui, en dévorant la langue de Jésus-Christ, c'est-à-dire l'Evangile, ont appris la parole évangélique et la répètent aux hommes sans pouvoir se faire entendre d'eux. Cette explication concorde assez bien avec tous les détails de ce dialogue. »

lay. Or dict le compte que cela fut cause de me faire parler; il n'y a rien si vray, car aussi Diane le vouloit. Mais pour ce que je n'ay point encores parlé devant les hommes, on cuyde que ce ne soit qu'une fable; toutesfoys, si est on tousjours après pour trouver les chiens qui mangèrent de la langue d'Acteon cerf; car le livre dict qu'il y en eust deux, dont j'en suis l'ung.

Hylactor. Corbieu! je suis donc l'autre, car j'ay souvenance que je mangeay ung bon loppin de sa langue; mais je n'eussé jamais pensé que la parolle me fust venue à cause de cela.

Pamphagus. Je t'asseure, Hylactor, mon amy, qu'il en est ainsi que je le te dy, car je l'ay veu en escript.

Hylactor. Tu es bien heureux de te cognoistré ainsi aux livres, où l'on voit tant de bonnes choses. Que c'est un beau passe temps! Je vouldroye que Diane m'eust faict la grace d'en sçavoir autant que toy.

Pamphagus. Et je vouldroye bien que je n'en sceusse ja tant, car dequoy sert cela à ung chien, ny le parler avec? Ung chien ne doibt autre chose sçavoir sinon abayer aux estrangers, servir de garde à la maison, flatter les domestiques, aller à la chasse, courir le lièvre et le prendre, ronger les os, lescher la vaisselle et suivre son maistre.

Hylactor. Il est vray; mais toutesfoys si faict il bon sçavoir quelque chose davantage; car on ne sçait où l'on se trouve. Comment, tu n'as donc point encore donné à entendre aux gens que tu sçais parler?

PAMPHAGUS. Non.

HYLACTOR. Et pourquoy?

PAMPHAGUS. Pour ce qu'il ne m'en chault; car j'ayme mieulx me taire.

HYLACTOR. Toutesfoys, si tu voulois dire quelque chose devant les hommes, tu sçais bien que les gens de la ville non seulement te iroyent escouter, s'esmerveillans et prenans plaisir à te ouyr; mais aussi ceulx de tout le pays à l'environ, voire de tous costez du monde, viendroyent à toy, pour te veoir et ouyr parler. N'estimes tu rien veoir à l'entour de toy dix millions d'oreilles qui t'escoutent, et autant d'yeulx qui te regardent en face?

PAMPHAGUS. Je sçay bien tout cela. Mais quel prouffit m'en viendroit dadvantage? Je n'ayme point la gloire de causer, affin que je le te dye, car avec ce que ce me seroit une peine, il n'y auroit si petit coquin à qui il ne me faillist tenir propos et rendre raison. On me tiendroit en chambre, je le sçay bien; on me froteroit, on me pigneroit, on m'accoustreroit, on m'adoreroit, on me doreroit, on me dorelotteroit; bref, je suis bien asseuré que l'on me vouldroit faire vivre autrement que le naturel d'ung chien ne requiert. Mais.....

HYLACTOR. Et bien? serois tu pas content de vivre ung petit à la façon des hommes?

PAMPHAGUS. A la façon des hommes! Je te jure par les trois testes de Cerberus que j'ayme mieulx estre tousjours ce que je suys, que plus avant ressembler les hommes en leur miserable façon de vivre, quand ne seroit ja que pour le trop parler dont il me fauldroit user avec eulx.

HYLACTOR. Je ne suis pas de ton opinion. Vray est que je n'ay point encores parlé devant eulx. Mais sans cela que j'avoye en phantasie de trouver premierement quelque compagnon qui sceut parler comme nous, je n'eusse pas tant mis à leur dire quelque chose ; car j'en vivroye mieux, plus honnorablement et magnifiquement. Ma parolle seroit preferée à celle de tous les hommes, quoy que je disse : car incontinent que j'ouvriroye la bouche pour parler, l'on feroit faire silence pour m'escouter. Ne sçay je pas bien que c'est que des hommes ? Ilz se faschent voulentiers des choses presentes, accoustumées, familières et certaines, et ayment tousjours mieulx les absentes, nouvelles, estrangères et impossibles. Et sont si sottement curieux, qu'il ne fauldroit qu'une petite plume qui s'eslevast de terre le moins du monde pour les amuser tous quantz qu'ilz sont.

PAMPHAGUS. Il n'y a rien si vray, que les hommes se faschent d'ouyr parler l'ung l'autre et vouldroyent bien ouyr quelque chose d'ailleurs que d'eulx mesmes. Mais considerez aussi qu'à la longue il leur ennuiroit de te ouyr causer. Ung present n'est jamais si beau ne si plaisant qu'à l'heure qu'on le presente et que avec belles parolles on le faict trouver bon ; on n'a jamais tant de plaisir avec Lycisca (1) que la première foys que l'on la couvre ; ung collier n'est jamais si neuf que le premier jour qu'on le mect : car le temps

---

1. Nom dérivé du grec, qui signifie petite louve : c'est une chienne de chasse ou lice née d'une chienne et d'un loup.

envieillit toutes choses, et leur faict perdre la grâce de nouveauté. Auroit on prou ouy parler les chiens, on vouldroit ouyr parler les chatz, les beufs, les chèvres, les ouailles, les asnes, les porceaulx, les pulces, les oyseaulx, les poissons, et tous aultres animaulx. Et puis qu'auroit l'on davantage quand tout seroit dict ? Si tu considères bien, il vault mieulx que tu soys encores à parler, que si tu eusse desjà tout dict.

HYLACTOR. Or je ne m'en pourrois pas tenir longuement.

PAMPHAGUS. Je m'en raporte à toy. On te aura en fort grand admiration pour ung temps ; on te prisera beaucoup ; tu mengeras de bons morceaulx, tu seras bien servy de tout, excepté que l'on ne te dira pas : Duquel voulez vous ? car tu ne boys point de vin, comme je croy (1). Au reste, tu auras tout ce que tu demanderas, mais tu ne seras pas en telle liberté que tu desireroys ; car bien souvent il te fauldra parler à l'heure que tu vouldrois dormir et prendre ton repos ; et puis, je ne sçay si à la fin on se faschera point de toy. Or il est temps de nous retirer par devers noz gens, allons nous en à eulx ; mais il fault faire semblant d'avoir bien couru et travaillé, et d'estre hors d'aleine.

HYLACTOR. Qu'est ce que je voy là au chemin ?

PAMPHAGUS. C'est ung paquet de lettres qui est tumbé à quelc'un.

HYLACTOR. Je te prie, desplie le et regarde veoir que c'est, puisque tu sçais bien lire.

---

1. Car tu n'admets pas la présence réelle dans le vin de la cène.

PAMPHAGUS. « Aux antipodes supérieurs. »

HYLACTOR. Aux antipodes supérieurs ! Je croy qu'il y aura quelque chose de nouveau.

PAMPHAGUS. « Les antipodes inférieurs, aux antipodes supérieurs (1). »

HYLACTOR. Mon Dieu, qu'elles viennent de bien loing.

PAMPHAGUS. « Messieurs les antipodes, par le desir que nous avons de humainement converser avec vous, à celle fin d'apprendre de voz bonnes façons de vivre et vous communiquer des nostres, suyvans le conseil des astres, avions faict passer par le centre de la terre aulcuns de noz gens pour aller par devers vous; mais vous, ayans aperceu cela, leur avez estouppé le trou de vostre costé, de sorte qu'il fault qu'ilz demeurent aux entrailles de la terre. Or nous vous prions que vostre bon plaisir soit leur donner passage, autrement nous vous en ferons sortir par de là de tant de costez et en si grande abondance, que vous ne sçaurez auquel courir. Tellement que ce que l'on vous prie faire de grace et amour, serez contrains souffrir par force, à vostre grande honte et confusion, et à Dieu soyez. Voz bons amys, les antipodes inférieurs. » Voylà bien des nouvelles.

HYLACTOR. C'est mon, et merveilleuses.

PAMPHAGUS. Escoute : on me husche ; il m'en

---

1. Les chrétiens, suivant Des Periers, se trouvant aux antipodes de la vérité, ces lettres arrivent directement des lieux qu'elle habite. On croiroit cet épisode imité de Pline, qui dit, à la fin du livre II, qu'on trouva dans le tombeau de Dionysodore une lettre de ce géomètre adressée *ad superos*.

fault aller. Nous lirons le demeurant des lettres une aultre foys.

Hylactor. Mais où est ce que tu les mettras ? Cache les là en quelque trou de cette pyramide et les couvre d'une pierre, on ne les trouvera jamais ; et puis aujourd'huy à quelque heure, si nous sommes de loysir, ou demain, qui est le jour des Saturnalles, nous les viendrons achever de lire, car j'espère qu'il y aura quelques bonnes nouvelles. Aussi bien te veulx je apprendre plusieurs belles fables que j'ay oy racompter autrefois, comme la fable de Prometheus, la fable du grand Hercules de Libye, la fable du Jugement de Pâris, la fable de Saphon, la fable de Erus qui revesquit (1), et la chanson

---

1. Voici, sur ces différentes allégories, l'opinion, assez fondée, de M. Eloi Johanneau :

« La fable de Prométhée doit être celle de la création du premier homme, puisque la fable des Grecs nous apprend que Prométhée forma, comme le dieu des Juifs, le corps du premier homme avec de la boue détrempée.

« Par celle du *grand Hercule de Libye* et de ses douze travaux, l'auteur a sans doute voulu faire allusion à Jésus-Christ et à ses douze apôtres. C'est par une allusion semblable à François Ier, à qui on donnoit le nom d'*Hercule* et le surnom de *Grand*, et qui avoit conquis le Milanais sur Sforce, surnommé le *Maure*, que Rabelais dit dans les *Fanfreluches antidotées*, strophe V :

En cest arrest le courbeau fut pelé
Par Hercules qui venoit de Libye,

ainsi que je crois l'avoir prouvé dans mon commentaire sur ce petit poëme jusqu'alors inintelligible.

« Par la fable du *Jugement de Pâris* il vouloit peut-être faire allusion au *jugement dernier*. Mais les deux autres fables dont il se proposoit de s'entretenir, et qu'il gardoit pour la bonne bouche, sont bien autrement importantes. La fable de *Saphon* est évidemment celle de *Psaphon*, et non pas de *Sapho*, comme l'a cru un commentateur qui a pris de là occasion de faire à tort un reproche à l'auteur d'avoir péché contre l'unité de temps. Voici cette fable, qu'Hylactor avoit promis d'apprendre à Pamphagus, et qui, en effet, est peu connue : *Psaphon*, dieu de la Libye, avoit appris à

de Ricochet (¹), si d'adventure tu ne la sçaiz.

PAMPHAGUS. Tu m'en bailles bien ! Je suis tout bersé de telles matières. Hastons nous, je te prie, et nous taisons, que noz gens, qui sont icy près, ne nous oyent parler.

HYLACTOR. Je ne parleray donc meshuy? Si feray, par Diane, si je puis estre en nostre maison,

quelques oiseaux à répéter ces mots : Μέγας θεὸς Ψάφων, *Psaphon est un grand dieu;* et il les lâcha ensuite dans les bois, où, à force de les entendre répéter, les peuples crurent qu'il étoit inspiré des dieux et lui rendirent les honneurs divins. Ce stratagème, auquel Psaphon dut sa divinité, a eu, comme le remarque M. Noel dans son *Dictionnaire des noms propres*, plus d'un imitateur, et il a presque toujours réussi. Elien raconte le même trait d'Hannon (*Hist. div.*, l. XIV, ch. 32.) Quand on a la clef des dialogues de Des Periers, de l'esprit dans lequel ils sont écrits, on ne peut s'empêcher de croire qu'il ait voulu faire ici un rapprochement de Psaphon avec l'Homme-Dieu et ses apôtres.

« Quant à la fable de *Érus qui revéquit,* il y a encore ici une allusion évidente à Jésus-Christ, qui ressuscita le troisième jour. « Des Periers, dit un de ses annotateurs, pourroit bien avoir en « vue quelque chose de plus réel que la fable d'Érus, mais qu'il « n'ose pas dire ouvertement, non plus que tout ce qu'il se con- « tente d'insinuer dans ces dialogues.» Voici cette fable : Macrobe (l. I, ch. 1 et 2, du *Songe de Scipion*) parle d'un soldat pamphilien, nommé *Érus*, qui ressuscita douze jours après sa mort. Elle est aussi rapportée par Platon (liv. X de sa *République*), par Plutarque, par Cicéron et par Valère-Maxime. Platon suppose qu'un certain Arménien, nommé *Her*, est ressuscité, et met dans sa bouche la doctrine de la métempsychose. Macrobe dit qu'Érus ressuscita dix jours après sa mort. (Voy. l'édition *Variorum*, p. 118.) Mais le nombre de jours ne fait rien à l'affaire, pas plus que le nombre de pas que fit saint Denis après avoir été décapité, et qui a fait dire si plaisamment à madame du Deffand qu'en pareil cas il n'y a que le premier pas qui coûte ; ce qui suffiroit seul pour prouver que c'est une fable allégorique, et que le nom de *Érus*, *Hérus* ou *Her*, est en rapport avec elle, et signifie un mort enterré, un homme mort déifié, un *héros*, soit qu'il vienne de ἥρως ou de ἔρεσυς par contraction ou par apocope. »

1. On a appelé ainsi une chanson où le même mot revient souvent, comme, au jeu de ce nom, le palet revient sur l'eau. Nous croyons voir une allusion aux prières de l'Eglise catholique dites litanies et au chapelet.

car je ne m'en pourroie plus tenir. A Dieu donc.

PAMPHAGUS. Et n'oublie pas de bien ouvrir la bouche et tirer la langue, affin de faire les mines d'avoir bien couru.

PAMPHAGUS (¹). Ce follastre Hylactor ne se pourra tenir de parler, affin que le monde parle aussi de luy. Il ne sçauroit dire si peu de parolles qu'il n'assemblist tantost beaucoup de gens, et que le bruit n'en coure incontinent par toute la ville : tant sont les hommes curieux et devisans voluntiers des choses nouvelles et estrangères !

Fin du present livre intitulé Cymbalum Mundi, *en françoys, imprimé nouvellement à Paris pour Jehan Morin, libraire, demourant audict lieu, en la rue Sainct Jacques, à l'enseigne du Croyssant.*
M. D. XXXVII (²).

1. Il est seul.
2. M. Brunet, dans son *Manuel du Libraire*, indique très exactement cet *Explicit*. Guill. Fr. de Bure et G. Martin en parlent *de visu* : le premier, dans sa *Bibliographie instructive;* le second, dans le *Catalogue de Boze* (Paris, 1753, in-8, p. 258). Le *Cymbalum* de 1537 parut, au XVIIIe siècle, dans quatre ventes, dont voici l'ordre : Rothelin (1746), de Boze (1753), Gaignat (1769), La Vallière (1783). L'exemplaire de La Vallière provenoit des cabinets de Boze et Gaignat (V. *Catal. de La Vallière*, etc., Ire partie, t. 2, p. 738); mais il n'est pas prouvé que ce fût le même que celui de Rothelin. Je ne saurois par conséquent dire si le *Cymbalum* existant à la Bibliothèque de Versailles vient de Rothelin ou de La Vallière; faisons seulement remarquer qu'il n'entra dans ce dépôt qu'à la Révolution. Cette note peut se rattacher aux pages 305 et 306 ci-dessus et les compléter.

TABLE DES MATIÈRES

CONTENUES DANS CE VOLUME.

	Pages.
Dédicace	v
La vie et les œuvres de Bonaventure Des Periers	vij
Glossaire et table des noms de personnes et de lieux	xcxix

ŒUVRES DIVERSES.

Note bibliographique des œuvres diverses	cxxxiij
I. Recueil des Œuvres	1
Dedicace à la royne de Navarre	3
Vœu	5
Le Discours de la Queste d'Amytié, dict *Lysis*	7
Queste d'Amytié	46
Du voyage de Lyon à Notre-Dame-de-l'Isle[-Barbe]	54
Des Roses	68
Epistre à madame Marguerite	72
A Clément Marot	75
Le Blason du Nombril	77
Prophétie	80
L'Homme de bien	81
Victimæ Pascalis laudes	83
Pour le Jour des Estrennes	84
Cantique de la Vierge	85
Le Cantique de Siméon	87
L'Avarice	88
Compte nouveau	89
Chant de vendanges	92
Du Jeu	96
Des Mal-contens	97

Epistre à mon petit et grand amy Robert de Andossille. 102
Le Cri touchant de trouver la bonne femme. 103
Au roy Françoys, de la mort de son fils. 107
A luy-mesme 108
Epitaphe de Françoys, dauphin. 109
Bonaventure à Marot, à son retour de Ferrare. . . . 110
Les Quatre Princesses de vie humaine. 111
Prognostication des prognostications 130
Ballade à la royne de Navarre. 139
A la dicte dame. 140
A elle encores. 141
Au roy de Navarre. 143
A la royne de Navarre. 143
Invective contre renommée. 144
A madame de Sainct-Pater. 145

ÉPIGRAMMES. — De la royne de Navarre 147
A ladicte dame. 147
A elle encores 148
De soy mesme et de son maistre Ant. Du Moulin . . . 148
A Jean de Tournes 149
A M. le vicomte du Perche. 149
A la royne de Navarre 150
A ladicte dame 150
A maistre Noel Alibert. 151
A madame la seneschale de Poitou 151
A la royne de Navarre 152
A ladicte dame. 152
A M. le chancelier d'Alençon 153
A la royne de Navarre 153
A ladicte dame. 154
Du Goust du vin retrouvé 154
De l'Appetit recouvert 155
A madame Marguerite 155
A la royne de Navarre 156
A Blaise Vollet de Dye. 156
A la royne de Navarre. 157
A mademoyselle de Sainct-Pater 157
A la royne de Navarre 157
A ladicte dame. 158
A elle encores 158
D'une Mule qu'on menoit vendre. 159

Sur un ouvrage de mouches à miel	159
De Z et S à ses disciples	160
Sur l'eglogue faicte par Cl. Le Maistre	160
A Ant. Du Moulin	160
A la royne de Navarre	161
Envoy par Jacqueline de Stuard	162
Response	162
A la dame Penelope	163
Chanson à Claude Bectone	163
Response	164
Chanson	165
Id.	165
Id.	165
RONDEAULX. — A la royne de Navarre	166
A Benoist Baumet	167
A Matthieu de Quatre	167
A la royne de Navarre	168
A ladicte dame	169
Caresme prenant	169
A la royne de Navarre	172
L'imprimeur aux imprimeurs	173
II. SUPPLÉMENT AU RECUEIL DES ŒUVRES	175
Pour Marot absent contre Sagon	177
Cantique de Moyse	182

L'ANDRIE.

Note bibliographique	188
Aux lecteurs	189
Argument	191
Prologue	192
Acte I	195
Acte II	220
Acte III	238
Acte IV	255
Acte V	275

CYMBALUM MUNDI.

Histoire bibliographique du Cymbalum mundi	301
Thomas du Clevier à Pierre Tryocan	313

Dialogue I 317
Dialogue II. 329
Dialogue III 346
Dialogue IV 364

ERRATA.

Page liij, ligne 15, *au lieu de* : 1551, *lisez* : 1541.

Page 47, ligne 19, *au lieu de* : Pierides, *lisez* : Piereides.

Page 58, ligne 5, *au lieu de :*
    En toute façon si gourrière,
lisez :
    En toute façon gourrière.

Page 127, ligne 23, *au lieu de* : Ne ponne point, *lisez* : Ne donne point.

Page 135, ligne 6, *au lieu de* : Brif, *lisez* : Brief.

Page 316, note 2, ligne 6, *au lieu de* : Ou bien il fait, *lisez* : Ou bien on fait.

Page 367, note 2, ligne 3, *au lieu de* : Tant soit peu impie, *lisez* : Tant soit peu satyrique.

Passim, au lieu : Des Périers, *lisez* : Des Periers.

FIN DU TOME PREMIER.

www.ingramcontent.com/pod-product-compliance
Lightning Source LLC
Chambersburg PA
CBHW051129230426

43670CB00007B/740